Goldmann Science Fiction

SCIENCE FICTION
ROMAN

Wladimir Sawtschenko

Das dreifache Ich

ОТКРЫТИЕ СЕБЯ

Deutsche
Erstveröffentlichung

Wilhelm Goldmann Verlag

Aus dem Russischen übertragen von
Corinna und Gottfried Wojtek

Herausgegeben von Dr. Herbert W. Franke

Made in Germany · 8/81 · 1. Auflage · 1110

Umschlagentwurf: Atelier Adolf & Angelika Bachmann, München
Umschlagillustration: Hans Ulrich Osterwalder, Hamburg
Druck: Mohndruck Graphische Betriebe GmbH, Gütersloh
Verlagsnummer: 23386
Lektorat: Peter Wilfert · Herstellung: Peter Papenbrok
ISBN 3-442-23386-0

Mensch, hilf dir selbst!

Ludwig
van Beethoven

Erster Teil

Schritte im Rücken

Erstes Kapitel

Vor Arbeiten an der elektrischen Leitung ist der Strom abzuschalten.
Arbeitsschutzplakat

Um drei Uhr nachts gab es in der Leitung, die das Labor für neue Systeme mit Strom versorgte, einen Kurzschluß. Der Relaisschutzautomat in der Energiestation des Dneprowsker Instituts für Systemologie tat, was alle Schutzautomaten in so einem Fall tun: Er schaltete die Leitung ab, ließ auf der Tafel im Dienstzimmer ein rotes Lämpchen aufflackern und setzte die Alarmklingel in Tätigkeit.

Georgi Prachow, der diensthabende Elektriker, stellte die Klingel unverzüglich ab, weil sie ihn beim Studium des »Lehrbuchs für den angehenden Motorradfahrer« störte – Georgi stand kurz vor der Fahrprüfung –, und warf hin und wieder einen ungehaltenen und erwartungsvollen Blick auf das flackernde Lämpchen, denn gewöhnlich behoben die Labors lokale Kurzschlüsse selbst.

Als ihm nach einer Stunde klar wurde, daß er sich erheben müsse, klappte er das Buch zu, griff nach der Werkzeugtasche und den Schutzhandschuhen, stellte den Blechpfeil an der Tür so ein, daß er auf »Labor für neue Systeme« wies, und verließ das Dienstzimmer. Die dunklen Bäume des Institutsparks schwammen bis in Gürtelhöhe im Nebel. Die von Kühlrohren gestützten Öltransformatoren der Energiestation glichen dicken, unförmigen Weibern. Vom grauenden Himmel hob sich undeutlich das alte Institutsgebäude ab mit seinem klobigen Balkon und den verschnörkelten Türmchen. Links von ihm bemühte sich das Parallelepiped der neuen Forschungsabteilung vergeblich, den ersten Schein des anbrechenden Junitages zu verdecken. Georgi sah auf die Uhr (es war zehn nach vier), steckte sich eine Zigarette an und tastete sich, mit seiner Tasche durch den Nebel rudernd, zu jener Ecke des Parks, wo das Labor für neue Systeme untergebracht war. Zwanzig Minuten später rasten zwei Autos zum Ort des Geschehens: ein Rettungswagen und der Einsatzwagen der Dneprowsker städtischen Miliz.

Ein großer, hagerer Mann in hellem Honanseidenanzug eilte quer durch den Park. Seine Schuhe hinterließen im taufeuchten, grauschimmernden Gras lange dunkle Spuren. Der Morgenwind zauste sein schütteres graues Haar. In der Lücke zwischen dem alten und dem neuen Gebäude erstrahlte der Himmel im ersten gleißenden gelbrosa Schein des neuen Tages; in den Zweigen zwitscherten Vögel. Arkadi Arkadjewitsch Asarow achtete nicht darauf. »Im Labor für neue Systeme ist was passiert, Genosse Direktor«, hatte vor wenigen Minuten eine unwirsche Stimme am Telefon gesagt. »Es gibt Geschädigte, bitte kommen Sie.«

Der frühe Anruf hatte bei Asarow eine Nervenschwäche ausgelöst, sein Körper war wie mit Watte ausgestopft, er konnte keinen klaren Gedanken fassen, das Leben widerte ihn an. »Im Labor ist was passiert . . . bitte kommen Sie . . .« Bestimmt war das einer von der Miliz, bohrte es in seinem Kopf. Es gibt Geschädigte . . . was für ein idiotisches Wort! Wer wurde geschädigt? Was wurde geschädigt? Ist jemand zu Tode gekommen, verletzt worden, oder hat sich jemand die Hosen verbrannt? Anscheinend eine ernste Sache. Schon wieder! Erst kriecht ein Student in die Gammastrahlung, um ein Experiment zu beschleunigen, nun das . . . Der zweite Fall innerhalb eines halben Jahres. Aber Kriwoscheïn war doch kein Student, kein grünes Jüngelchen mehr. Was konnte da nur passiert sein? Sie hatten nachts gearbeitet, waren übermüdet und . . . Man mußte die Nachtarbeit verbieten, kategorisch verbieten!

Als Akademiemitglied Asarow vor fünf Jahren die Leitung des in Dneprowsk eingerichteten Instituts für Systemologie übernahm, schwebte ihm vor, ein wissenschaftliches System zu schaffen, das eine Fortsetzung seines Gehirns wäre. Die Struktur des Instituts folgte in seinen Träumen dem vertikalen Zweigprinzip: Er würde die allgemeinen Ideen für die Erforschung und den Bau der Systeme liefern, die Abteilungs- und Laborleiter würden sie detaillieren, den Mitarbeitern konkrete Aufgaben stellen, und diese würden dann schon alles machen. Seine Aufgabe wäre es, die gewonnenen Ergebnisse zusammenzufassen und neue, fundamentale Ideen zu entwickeln. Doch die Wirklichkeit hatte sein Traumgebilde zerstört. Das äußerte sich in vielem: in der Begriffsstutzigkeit einiger Mitarbeiter und in der übermäßigen Selbständigkeit anderer, in Verstößen gegen den Terminplan des Baus, was zur Folge hatte, daß das Lager und der Wirtschaftshof des Instituts immer noch mit nicht ausgepackten technischen Anlagen vollgestellt waren, in der Beschäftigung mit allem möglichen Kleinkram, in Skandalen, Havarien und Zwischenfällen verschiedenster Art. Von Bitterkeit erfüllt, mußte sich Asarow eingestehen, daß er der Realisierung seiner Absichten heute nicht näher war als vor fünf Jahren.

Das flache Gebäude mit dem Ziegeldach schimmerte idyllisch durch die blühenden Linden, die einen angenehmen Duft ausströmten. Auf dem Rasen vor der Treppe standen ein weißer Krankenwagen und ein blauer Wolga mit roten Streifen. Vor dem Labor verlangsamte Asarow den Schritt und überlegte. Er war in den anderthalb Jahren seit Bestehen des Labors nur ein einziges Mal in dem Gebäude gewesen, und das auch nur zu einem kurzen Rundgang, so daß er sich jetzt nur verschwommen erinnerte, wie es innen aussah.

Labor für neue Systeme ... Im Grunde genommen hatte Asarow bislang keinen Grund gehabt, dieses Labor allzu ernst zu nehmen, zumal es nicht auf seine Idee hin gegründet worden war, sondern seine Geburt einer widrigen Fügung der Umstände verdankte: 80 000 Rubel hatten »untergebracht« werden müssen. Bis Jahresende waren es nur noch anderthalb Monate gewesen, und »nichtuntergebrachte« Gelder haben die unangenehme Eigenschaft, daß sie aus dem Plan des folgenden Jahres gestrichen werden. Im Institutsseminar hatte Asarow zu einem »Wettbewerb« aufgerufen: Wer übernimmt es, diese achtzigtausend bis zum Jahresende einigermaßen sinnvoll auszugeben? Kriwoschein hatte vorgeschlagen, ein »Labor für Zufallsforschung« einzurichten. Andere Vorschläge gab es nicht, also hatte Asarow zugestimmt. Ihm war nicht ganz wohl dabei gewesen, darum hatte er dem Labor den weniger verfänglichen Namen »Labor für neue Systeme« gegeben. Labore werden nicht jedem anvertraut, und Kriwoschein war noch ein unbeschriebenes Blatt: kein schlechter Schalttechniker, aber mehr auch nicht. Sollte er vorerst seine Selbständigkeit genießen und das Labor ausrüsten; wenn erst die Forschungen begannen, würde er ganz von selbst einen Leiter anfordern. Dann konnte man sich einen Kandidaten oder besser noch einen Doktor der Wissenschaften suchen und für diesen das Profil des Labors festlegen.

Selbstverständlich schloß Asarow die Möglichkeit nicht aus, daß es Kriwoschein noch zu etwas bringen könnte. Die Idee, die er vergangenen Sommer vor dem Wissenschaftlichen Rat dargelegt hatte, über ... ach ja, über die Selbstorganisation elektronischer Systeme durch Eingabe einer willkürlichen Information, hätte die Grundlage einer Kandidaten-, ja sogar einer Doktorarbeit bilden können. Aber da Kriwoschein mit keinem Menschen auskam, war kaum daran zu denken. Er hätte auch damals auf der Sitzung des Wissenschaftlichen Rates die Bemerkungen Professor Voltampernows nicht so kritisieren dürfen, daß der Ärmste hinterher Tropfen nehmen mußte. Nein, die Überheblichkeit dieses Kriwoschein war einfach unverzeihlich! Außerdem gab es bis zum heutigen Tage keinerlei Zeichen dafür, daß seine Idee etwas taugte. Zugegeben, ein Jahr war eine kurze Zeitspanne, aber ein Ingenieur war ja auch kein Doktor der Wissenschaften, der es sich erlauben konnte, sich für Jahrzehnte in die Tiefenforschung zurückzuziehen.

Und erst der jüngste Skandal! Asarow verzog ungehalten das Gesicht, so frisch war die Erinnerung daran, wie Kriwoschein vor anderthalb Monaten den wissenschaftlichen Sekretär des Instituts zu Fall gebracht hatte, als der im Konstruktionsbüro seine Dissertation öffentlich verteidigte. Eigentlich war Kriwoschein ja nicht allein gegen ihn aufgetreten, aber hätte er nicht angefangen, wäre bestimmt alles gut gegangen. Da war er einfach in einer fremden Abteilung aufgekreuzt, um einen Institutskollegen unmöglich zu machen! So etwas warf ein schlechtes Licht auf das Institut und auf ihn, Akademiemitglied Asarow. Allerdings hätte er selbst diese Dissertation auch nicht so positiv einschätzen dürfen; aber er hatte sich gesagt, daß es nicht schlecht wäre, wenn das Institut einen Doktor der Wissenschaften hervorbrächte; außerdem waren schon ganz andere Dissertationen durchgekommen. Aber dieser Kriwoschein ... Asarow hatte ihm damals sehr deutlich zu verstehen gegeben, daß er nicht gewillt sei, ihn am Institut zu behalten. Doch all diese Erinnerungen waren jetzt nicht nur unangenehm, sondern auch unangebracht.

Im Gebäude herrschte ein ziemliches Durcheinander. Der Gedanke, jetzt hineingehen, sich das anschauen und Erklärungen abgeben zu müssen, löste bei Asarow ein Gefühl aus, das große Ähnlichkeit mit Zahnschmerzen hatte. Immer dieser Kriwoschein! dachte er wütend. Wenn er auch an dieser Sache schuld ist ...! Asarow stieg die Treppe hinauf, eilte den schmalen, mit Geräten und Kisten vollgestellten Korridor entlang, trat in einen Raum und schaute sich um.

Das große sechsfenstrige Zimmer erinnerte nur entfernt an ein Labor für elektronisch-mathematische Forschungen. Die Metall- und Plasteparallelepipede der Generatoren und Oszillographen mit den Lüftungsschlitzen in den Wänden standen auf dem Fußboden, auf den Tischen und in den Regalen zwischen großen Flaschen, Gefäßen, Kolben und Schalen. Kolben standen auch auf den Schränken und den grünen Kästen der Selengleichrichter. Den mittleren Teil des Raumes nahm eine formlose Apparatur ein, die von Schläuchen, Kabeln und seltsam gewundenen, verzweigten Rohren durchzogen war. Dahinter war das Steuerpult der elektronischen Maschine kaum noch zu sehen.

»Der Puls ist zu fühlen«, sagte eine Frauenstimme links von Asarow.

Asarow blickte sich um. Der von Flaschen und Apparaten freie Raum zwischen Tür und Wand lag im Halbdunkel. Dort hoben zwei Sanitäter vorsichtig einen Mann in grauem Laborantenkittel vom Boden auf und legten ihn auf eine Trage; sein Kopf hing nach hinten herab, die Haare waren mit einer öligen Flüssigkeit getränkt. Eine kleine Ärztin untersuchte den Mann.

»Schockzustand«, stellte sie fest. »Adrenalin spritzen und künstlich beatmen.«

Asarow trat näher: ein junger Bursche, sehr blasses Gesicht, regelmäßige Züge, dunkelblondes Haar. Nein, Kriwoscheïn war das nicht, aber wer dann? Einer der Sanitäter hielt die Spritze bereit. Asarow atmete tief und wäre fast erstickt: ein Geruch von Säure, verbrannter Isolierung und etwas sehr Scharfem schlug ihm entgegen. Auf dem Boden breitete sich eine dickflüssige Lache aus.

Ein hagerer Mann in blauem Anzug betrat den Raum; alles an ihm war matt und ausdruckslos: graues, zur Seite gekämmtes Haar, kleine graue, eng beieinander liegende Augen im breitwangigen, knochigen Gesicht, schlecht rasierte, eingefallene Wangen. Der Ankömmling grüßte Asarow kurz. Der erwiderte den Gruß ebenso knapp. Sie kannten sich. Untersuchungsführer Onissimow hatte im Februar den Fall »Strahleneinwirkung auf den Praktikanten Gorschkow« bearbeitet.

»Beginnen wir mit der Identifizierung der Leiche«, sagte der Untersuchungsführer mürrisch, und Asarows Herzschlag stockte. »Darf ich Sie hierher bitten?!«

Asarow folgte ihm in die Ecke an der Tür, wo sich ein graues Wachstuch bauschte, unter dem gelbliche Zehenknöchel hervorragten.

»Der Dienstausweis, den wir in der Kleidung des Toten gefunden haben«, sagte der Untersuchungsführer, als diktiere er ein Protokoll, während er den Rand des Wachstuchs anhob, »lautet auf den Namen Valentin Wassiljewitsch Kriwoscheïn. Bestätigen Sie die Identität?«

Asarow hatte noch nicht oft in seinem Leben einen Toten gesehen. Er bekam plötzlich keine Luft mehr und öffnete den Hemdkragen. Unter dem Wachstuch tauchten verklebtes, kurzgeschnittenes Haar, vorstehende Augen, eingefallene Wangen, nach unten gezogene Mundwinkel, der Adamsapfel am stark geäderten Hals und vorstehende Schlüsselbeine auf... Wie mager er geworden war!

»Ja.«

»Danke.« Der Untersuchungsführer ließ das Wachstuch wieder sinken.

Kriwoscheïn also! Vorgestern früh hatten sie sich am alten Gebäude gesehen und sich wie immer korrekt gegrüßt. Vor zwei Tagen war Kriwoscheïn noch ein wenig sympathischer, stämmiger, etwas fülliger Mann gewesen. Und jetzt schien es, als habe ihm der Tod alle Lebenssäfte ausgesogen und nur die von grauer Haut überzogenen Knochen übriggelassen. Kriwoscheïn hat bestimmt gewußt, welche Rolle ihm bei der Einrichtung des Labors zugedacht war, durchzuckte es Asarow.

Der Untersuchungsführer ging hinaus.

»Oje-oje! Tz-tz-tz«, drang es an Asarows Ohr.

Er drehte sich um. In der Tür stand der wissenschaftliche Sekretär Garri Charitonowitsch Chilobok. Sein gepflegtes Gesicht war vom Schlaf noch verquollen. Chilobok war das, was man einen interessanten Mann nennt: stattlicher, gutgebauter Körper, wohlgeformter Kopf, kastanienbraune Locken, silbern schimmernde Schläfen, braune Augen, eine große, ebenmäßige Nase, deren Schönheit und Männlichkeit durch den dunklen Schnurrbart noch unterstrichen wurde. Sein Äußeres wurde übrigens ein wenig beeinträchtigt durch die scharfen Falten an den Mundwinkeln, die eine Folge seines ständigen angestrengten Lächelns und eines etwas zu klein geratenen Kinns waren.

Jetzt lag ängstliche Neugier in den braunen Augen des Dozenten.

»Guten Morgen, Arkadi Arkadjewitsch! Was ist denn bei Kriwoscheïn wieder los? Ich komme vorbei und frage mich, was die Wagen vorm Labor sollen? Ich geh rein... Haben Sie übrigens die Schnelldrucker gesehen, die bei ihm im Korridor stehen, Arkadi Arkadjewitsch? Mitten zwischen allem möglichen Gerümpel. Eine Aktennotiz nach der anderen hat Valentin Wassiljewitsch geschrieben, um sie zu bekommen. Ich bin der Meinung, er soll sie abgeben, wenn er sie nicht braucht.« Chilobok seufzte bekümmert, sein Blick wanderte nach rechts. »Das ist doch wieder ein Student! Oje-oje! Ein Kreuz ist das.« Da bemerkte er den zurückkehrenden Untersuchungsführer und verzog sein Gesicht zu einem Lächeln. »Oh, guten Tag, Apollon Matwejewitsch! Wieder mal bei uns?«

»Matwej Apollonowitsch«, korrigierte ihn Onissimow, während er ihm grüßend zunickte.

Er öffnete einen gelben Holzkasten, nahm ein Reagenzglas heraus und hockte sich neben die Pfütze.

»Richtig, Matwej Apollonowitsch, entschuldigen Sie vielmals. Ich kann mich noch vom letztenmal her gut an Sie erinnern. Natürlich haben wir noch oft an Sie gedacht, Matwej Apollonowitsch, Ihre Sachlichkeit und so...«, sagte Chilobok beflissen.

»Genosse Direktor, welche Arbeiten wurden in diesem Labor durchgeführt?« fiel ihm der Untersuchungsführer ins Wort, während er etwas von der Flüssigkeit in das Reagenzglas tat.

»Die Erforschung selbstorganisierender elektronischer Systeme mit integraler Informationseingabe«, antwortete Asarow. »So hatte Valentin Wassiljewitsch Kriwoscheïn jedenfalls sein Planthema für dieses Jahr formuliert.«

»Klar.« Onissimow richtete sich auf, schnupperte an der Flüssigkeit, wischte das Reagenzglas mit einem Wattebausch ab und stellte es in den Kasten. »War im Rahmen dieser Arbeiten auch die Verwendung von Giftchemikalien vorgesehen?«

»Keine Ahnung. Ich glaube nicht, daß so etwas vorgesehen war, Kriwoscheïn hat die Forschungsarbeit nach eigenem Ermessen betrieben.«

»Was ist denn bloß bei Kriwoscheïn passiert, daß man sogar Sie zu so früher Stunde beunruhigt hat, Arkadi Arkadjewitsch?« erkundigte sich Chilobok mit gedämpfter Stimme.

»Das ist ja eben die Frage«, sagte Onissimow, zu Asarow gewandt. »Der Kurzschluß hat nichts zu sagen, er ist eine Folge des Unglücks und nicht dessen Ursache, das haben wir schon geklärt. Keinerlei Anzeichen von Stromschädigungen, keine Verletzungen, und doch ist der Mann tot. Was ist denn das da, wozu dient es?«

Er hob einen merkwürdigen Gegenstand vom Boden auf, der dem Helm eines antiken Kriegers glich, nur daß er vernickelt, mit Knöpfen übersät und mit Bündeln verschiedenfarbiger dünner Kabel umwickelt war. Die Kabel liefen zu den Rohren und Kolben des riesigen Computers in der äußersten Ecke des Raums.

»Das?« Asarow zuckte die Schultern. »Hm . . .«

»Man nennt es ›Monomachhelm‹«, kam ihm Chilobok zu Hilfe. »Genauer gesagt, ist das ein SEG-1, ein System von Elektrodengebern zum Ablesen der Hirnströme. Wieso ich das weiß, Arkadi Arkadjewitsch? Kriwoscheïn hat doch bei mir noch einen bestellt.«

»Klar. Wenn Sie gestatten, nehme ich ihn mit, weil er sich auf dem Kopf des Toten befand.«

Onissimow rollte die Kabel zusammen und verzog sich in einen anderen Teil des Raumes.

»Wer ist tot, Arkadi Arkadjewitsch?« flüsterte Chilobok.

»Kriwoscheïn.«

»Du meine Güte, wie denn das? Da hat er ja wieder was angestellt! Und Sie, Arkadi Arkadjewitsch, haben nun wieder die Sorgen und Unannehmlichkeiten.«

Der Untersuchungsführer kam zurück. Er wickelte den Monomachhelm in ein Stück Papier und packte ihn in seinen Kasten. In der Stille waren nur die Atemzüge der Sanitäter zu hören, die sich um den bewußtlosen Praktikanten bemühten.

»Warum war Kriwoscheïn nackt?« fragte Onissimow plötzlich.

»Er war nackt?« fragte Asarow verblüfft. »Also haben nicht die Ärzte ihn ausgezogen? Keine Ahnung, ich kann mir das nicht erklären.«

»Hm, klar. Was meinen Sie, wozu dieses Becken hier diente? Etwa zum Baden?« Der Untersuchungsführer wies auf ein rechteckiges Plastbecken, das umgekippt zwischen zerschlagenen und zerdrückten Kolben lag. Die durchsichtigen Wände wiesen Spuren und Rückstände einer gelblichgrauen Substanz auf. Neben dem Behälter lagen die Scherben eines großen Spiegels.

»Zum Baden?!« Die Fragerei ging Asarow allmählich auf die Nerven. »Ich fürchte, Sie haben sehr eigenartige Vorstellungen von der Bestimmung eines wissenschaftlichen Labors, Genosse . . . äh, äh . . . Untersuchungsführer!«

»Der Spiegel muß direkt daneben gestanden haben, ein schöner, mannshoher Spiegel«, spann Onissimow seinen Faden weiter. »Wozu kann er bestimmt gewesen sein?«

»Ich habe keine Ahnung! Ich kann doch nicht in alle technischen Einzelheiten aller hundertsechzig Arbeiten meines Instituts eindringen!«

»Sie müssen wissen, Apollon Matwej . . . Verzeihung, Matwej Apollonowitsch«, eilte Dozent Chilobok dem Institutsdirektor erneut zu Hilfe, »Arkadi Arkadjewitsch leitet das gesamte Institut, gehört fünf verschiedenen Kommissionen an, ist verantwortlicher Redakteur einer wissenschaftlichen Zeitschrift und kann sich naturgemäß nicht mit den Details jeder Arbeit abgeben, dafür hat er seine Leute. Zudem war der Verstorbene eine ziemlich eigenwillige Natur, er beriet sich nicht gern mit jemandem, weihte keinen in seine Pläne ein, informierte niemanden über seine Ergebnisse, und den Arbeitsschutz, das muß leider gesagt werden, hat er ziemlich oft vernachlässigt. Natürlich, ich weiß, ›de mortuis nil nisi bene‹, wie man so sagt, was soviel heißt, daß man von Toten nur Gutes sagen soll oder gar nichts, verstehen Sie, aber was wahr ist, muß auch wahr bleiben. Wissen Sie noch, Arkadi Arkadjewitsch, was vorletzten Winter passiert ist? Damals war er noch Mitarbeiter unseres ehemaligen Kollegen Iwanow, im Januar, nein, im Februar – oder war's doch im Januar? Erinnern Sie sich, damals hat er das ganze untere Stockwerk überschwemmt, was erheblichen Schaden verursachte und den Fortgang der Arbeiten störte.«

»Was sind Sie doch für ein mieser Patron, Chilobok!« klang es plötzlich von der Trage herüber. Der Student versuchte sich aufzurichten. »Sie, Sie ... Schade, daß wir Sie damals ungeschoren gelassen haben!«

Alle wandten sich dem Studenten zu. Seine Stimme glich so sehr der Stimme Kriwoscheïns – der gleiche heisere Klang, die gleiche Art, die Endsilben zu verschlucken –, daß Asarow ein Schauer über den Rücken lief. Der Laborant sank entkräftet zurück. Zufrieden wischten sich die Sanitäter den Schweiß von der Stirn: Er war wieder zu sich gekommen, der Gute! Die Ärztin gab eine Anweisung, die Sanitäter hoben die Trage an und trugen sie zum Ausgang. Asarow musterte den jungen Mann aufmerksam. Wieder stockte sein Herz. Der Laborant ähnelte Kriwoscheïn, ohne daß man auf den ersten Blick hätte sagen können, wieso. Und nicht einmal so sehr dem lebenden als dem Leichnam unter dem Wachstuch.

»Bitte schön, auch den Praktikanten hat er aufgewiegelt«, meinte Chilobok ungewohnt sanftmütig.

»Warum hat er Sie so ... tituliert?« Onissimow wandte sich an Chilobok. »Hatten Sie Streit mit ihm?«

»Du lieber Gott, nein!« Der Dozent zuckte ehrlich betroffen die Schultern. »Ich habe doch nur ein einziges Mal mit ihm gesprochen, als ich ihn auf Kriwoscheïns Wunsch hin zum Praktikum in dessen Labor einwies, weil dieser ...«

»Krawez, Viktor Vitaljewitsch«, präzisierte Onissimow auf Grund seiner Notizen.

»... richtig ... ein Verwandter Kriwoscheïns war, der von der Charkower Universität kam, im Winter hat man uns von dort fünfzehn Studenten zu einem einjährigen Praktikum geschickt. Zum Laboranten hat Kriwoscheïn ihn gemacht, weil er sein Verwandter war. Warum auch nicht, wir sind ja alle nur Menschen ...«

»Genug davon, Garri Charitonowitsch!« fiel ihm Asarow ins Wort.

»Klar.« Onissimow nickte. »Sagen Sie, hatte der Tote außer Krawez noch andere Angehörige?«

»Wie soll ich sagen, Matwej Apollonowitsch«, Chilobok seufzte schwer, »offiziell nicht, aber inoffiziell ... Eine Frau kam immer zu ihm, ich weiß nicht, seine Braut oder so; Jelena Iwanowna Kolomijez. Sie arbeitet im Konstruktionsbüro gleich nebenan, eine sehr sympathische Person.«

»Klar. Wie ich sehe, sind Sie auf dem laufenden.« Onissimow grinste und ging zur Tür.

Wenige Augenblicke später kehrte er mit einem Fotoapparat zurück und richtete den Belichtungsmesser auf die Ecke.

»Solange die Untersuchung nicht abgeschlossen ist, muß ich das Labor leider versiegeln. Die Leiche kommt zur Obduktion ins Gerichtsmedizinische Institut. Die Genossen, die sich um die Beerdigung kümmern werden, sollen sich dorthin wenden.« Der Untersuchungsführer ging in die Ecke und griff nach dem Wachstuch, das Kriwoscheïns Leichnam bedeckte. »Treten Sie bitte etwas vom Fenster weg, damit ich mehr Licht habe. Ich will Sie auch nicht länger aufhalten, Genossen. Entschuldigen Sie die Beläst ...« Mitten im Wort stockte er und riß das Wachstuch mit einem Ruck zurück. Auf dem braunen Linoleum lag ein Skelett. Es war von einer gelblichen Pfütze umgeben, die die verschwommenen Umrisse des menschlichen Körpers bewahrte.

»Oh!« Chilobok schlug überrascht die Hände zusammen und flüchtete hinaus.

Asarow fühlte, wie seine Knie weich wurden; er stützte sich gegen die Wand. Mechanisch faltete der Untersuchungsführer das Wachstuch zusammen, starrte wie gebannt auf das Skelett, das ihn anbleckte. Geräuschlos löste sich eine dunkelblonde Haarsträhne vom Totenschädel und fiel in die Pfütze.

»Klar ...«, murmelte Onissimow verwirrt. Dann wandte er sich Asarow zu und blickte mißbilligend in dessen weit aufgerissene Augen. »Dinge gibt's bei Ihnen, Genosse Direktor!«

Zweites Kapitel

»Was können Sie zu Ihrer Rechtfertigung vorbringen?«
»Sehen Sie, das war ...«
»Das genügt. Erschießen. Der nächste!«

Gespräch

Im Grunde genommen war dem Untersuchungsführer überhaupt nichts klar. Das war nur so eine Redensart von früher, die er einfach nicht ablegen konnte. Mehr noch, er war über die Wendung der Dinge betroffen und sehr beunruhigt. Eine halbe Stunde vor dem Anruf aus dem Institut für Systemologie war der Gerichtsmediziner Subato, der in dieser Nacht zusammen mit ihm Dienst hatte, zu einem Verkehrsunfall außerhalb der Stadt gefahren. So hatte sich Onissimow allein ins Institut begeben müssen. Und nun das: anstelle des noch nicht erkalteten Leichnams lag dort ein Skelett! Das hatte es in der kriminalistischen Praxis noch nie gegeben. Niemand würde glauben, daß sich eine Leiche *von selbst* in ein Skelett verwandelt hatte. Auslachen würde man ihn! Der Rettungswagen war inzwischen weggefahren, sonst hätten zumindest die Sanitäter den Tatbestand bestätigen können. Und er hatte es nicht mehr geschafft, die Leiche zu fotografieren. Kurz gesagt, Onissimow sah das Ganze als eine Kette ernsthafter Versäumnisse in der Untersuchungsführung an. Deshalb besorgte er sich, bevor er das Institutsgelände verließ, die schriftlichen Aussagen des Elektrikers Prachow und des Akademiemitglieds Asarow.

Der Elektriker Georgi Danilowitsch Prachow, zwanzig Jahre alt, Russe, ledig, wehrdienstpflichtig, parteilos, sagte aus: »... Als ich ins Labor kam, brannte die Deckenbeleuchtung, nur das Starkstromnetz war gestört. Im Raum herrschte ein Gestank, daß ich mich beinahe übergeben hätte – wie im Krankenhaus. Das erste, was ich sah, war ein nackter Mann, der in einem umgestürzten Becken lag. Sein Kopf und seine Arme hingen runter, auf dem Kopf hatte er einen Apparat aus Metall. Aus dem Becken floß so etwas wie Blutserum. Der andere, ein Student, neu bei uns, ich kenne ihn vom Sehen, lag mit dem Gesicht nach oben und mit ausgebreiteten Armen daneben. Ich stürzte zu dem, der in dem Becken lag, und zog ihn raus. Er war noch warm und ganz glitschig, so daß ich ihn gar nicht richtig packen konnte. Ich stieß ihn an – er schien tot zu sein. Am Gesicht erkannte ich ihn, es war Valentin Wassiljewitsch Kriwoscheïn, dem ich im Institut oft begegnet bin. Der Student atmete, war aber bewußtlos. Da sich außer der Betriebswache nachts niemand auf dem Gelände befindet, rief ich telefonisch den Rettungswagen und die Miliz. Der Kurzschluß war in dem Starkstromkabel aufgetreten, das in einem Aluminiumrohr unten an der Wand lang zur Schalttafel im Labor führt. Das Becken hatte eine Flasche zerschlagen, in der Säure gewesen sein muß, die an dieser Stelle alles zerfressen und den Kurzschluß verursacht hat.«

Daß er erst eine Stunde nach dem Alarmsignal des Automaten zur Unglücksstelle gekommen war, verschwieg er wohlweislich.

Der Institutsdirektor Arkadi Arkadjewitsch Asarow, Doktor der physikalisch-mathematischen Wissenschaften und ordentliches Mitglied der Akademie der Wissenschaften, achtundfünfzig Jahre alt, Russe, verheiratet, nicht wehrdienstpflichtig, Mitglied der KPdSU, bestätigte, an dem Leichnam, der ihm am Ort des Geschehens von Untersuchungsführer Onissimow gezeigt wurde, die Gesichtszüge des Laborleiters Valentin Wassiljewitsch Kriwoscheïn erkannt zu haben. Ihn habe dessen »unglaublich schlechte körperliche Verfassung verblüfft, unglaublich deshalb, weil sie mit seiner früheren Konstitution überhaupt nicht in Einklang stand«.

Um halb elf vormittags kehrte Onissimow in sein Arbeitszimmer im Erdgeschoß des städtischen Milizamtes zurück, dessen vergitterte Fenster auf den belebten Marx-Prospekt hinausgingen. Er meldete dem diensthabenden Major Rabinowitsch den Vorfall, gab das Reagenzglas mit der Flüssigkeit ins chemische Labor und rief dann in der Unfallklinik an, um sich nach dem Befinden des einzigen Augenzeugen zu erkundigen. Er erhielt die Auskunft, der Laborant fühle sich wohl und bitte um seine Entlassung.

»Gut, entlassen Sie ihn, ich schicke gleich einen Wagen, der ihn hierherbringt«, stimmte Onissimow zu.

Kaum hatte er den Wagen bestellt, da polterte der Gerichtsmediziner Subato, ein vitaler, lautstarker Mann mit behaarten Händen, ins Zimmer.

»Matwej, was hast du mir denn da angeschleppt?« Empört ließ er sich auf einen Stuhl fallen, der unter ihm knarrte. »Was soll der Unfug? Wie kann ich an einem Skelett die Todesursache feststellen?«

»Ich habe mitgebracht, was noch da war«, antwortete Onissimow achselzuckend. »Gut, daß du kommst. Da kann ich dich gleich folgendes fragen: Wie kann sich eine Leiche in ein Skelett verwandeln?«

»Das kann ich dir sofort beantworten: durch Zersetzung der Gewebe, was unter normalen Bedingungen Wochen, ja Monate dauert. Das ist das einzige, wozu ein Leichnam von sich aus in der Lage ist.«

»Dann will ich die Frage anders formulieren: Wie kann ein Leichnam in ein Skelett verwandelt werden?«

»Indem man die Haut abzieht, die weichen Gewebe abtrennt und in Wasser kocht, bis sich die Knochen herauslösen. Es empfiehlt sich aber, das Wasser zu wechseln. Könntest du mir nicht klipp und klar erzählen, was passiert ist?«

Onissimow erzählte.

»Dinge sind das! Zu schade, daß ich nicht dabei war!« Subato schlug sich ärgerlich auf die Knie.

»Und was war auf der Chaussee los?«

»Ach, ein betrunkener Motorradfahrer hat eine Kuh angefahren. Beide sind wohlauf. Du behauptest also, der Leichnam wäre ›zusammengeschrumpft‹?« Subato blinzelte skeptisch und näherte sein dickes Gesicht Onissimow. »Matwej, das ist Unsinn, so etwas gibt es nicht. Ein Mensch ist kein Eiszapfen, auch ein Toter nicht. Haben die dich nicht hinters Licht geführt?«

»Wie meinst du das?«

»Wie ich's sage: Während du draußen warst, haben sie dir das Skelett anstelle der Leiche untergeschoben und die Spuren verwischt!«

»Was quatschst du da: untergeschoben! Dann müßte Asarow ja auch seine Finger drinhaben! Aber er sagt das aus...« Onissimow suchte eifrig nach Asarows Aussage.

»Was die da schon aussagen!« Subato machte eine wellenförmige Bewegung mit seinen behaarten Fingern. »Kannst du dich erinnern, als damals der Student in die Strahlung geriet, hat der Laborleiter auch alles auf die Wissenschaft abgewälzt. Einmal handelte es sich um eine noch wenig erforschte Erscheinung, dann wieder hatte angeblich die Gammastrahlung die Kristallzellen des Dosimeters zerstört ... Aber als man der Sache auf den Grund ging, stellte sich heraus, daß die Studenten die Anweisung über die Arbeit mit Isotopen unterschreiben, ohne sie gelesen zu haben. Keiner will die Verantwortung tragen, nicht mal die Akademiker, und schon gar nicht, wenn es um so etwas geht. Versuch dich zu erinnern: Hast du sie mit der Leiche allein gelassen?«

»Ja«, sagte Onissimow kleinlaut, »zweimal.«

»Dann ist deine Leiche in der Tat ›zusammengeschrumpft‹!« Subato lachte schadenfroh.

Onissimow dachte nach, dann schüttelte er den Kopf. »Nein, ich laß mich von dir nicht irremachen. Ich hab's doch gesehen. Aber was soll jetzt aus dem Skelett werden?«

»Zum Teufel damit! Moment mal, ich hab da eine Idee! Bring den Schädel in die Modellierwerkstatt. Dort soll man das Gesicht nach der Methode Professor Gerassimows rekonstruieren, die können das. Wenn es übereinstimmt, dann ... dann wird das die kriminalistische Sensation des Jahrhunderts! Wenn nicht ...«, Subato maß Onissimow mit einem bedauernden Blick, »dann möchte ich bei dem Gespräch mit Alexej Ignatjewitsch nicht in deiner Haut stecken! Na gut, ich nehme das selbst in die Hand.« Er stand auf. »Du kriegst dein Gutachten, obwohl es nur ein Gerippe ist.«

Subato ging.

Wenn die ihn nun wirklich reingelegt hatten? Onissimow erinnerte sich der feindseligen Blicke Asarows, des liebedienerischen Benehmens des Dozenten Chilobok, und er fröstelte. Und ich hab mir die Leiche durch die Lappen gehen lassen, das Hauptbeweismittel! Ach, du meine Güte!

Er wählte die Nummer des chemischen Labors.

»Viktoria Stepanowna? Hier Onissimow. Haben Sie die Flüssigkeit untersucht?«

»Ja, Matwej Apollonowitsch, sie setzt sich zusammen aus 85 Prozent Wasser, 13 Prozent Eiweiß, 0,5 Prozent Aminosäuren, 0,4 Prozent Fettsäuren und so weiter. Kurz gesagt, es handelt sich um menschliches Blutplasma. Auf Grund der Hämagglutinine gehört es zur ersten Gruppe, der Wassergehalt ist herabgesetzt.«

»Klar. Kann es schädlich wirken?«

»Soviel mir bekannt ist, nein.«

»Klar. Und wenn man beispielsweise darin badet?«

»Könnte man drin ertrinken. Genügt Ihnen das?«

»Besten Dank!« Gereizt warf Onissimow den Hörer auf die Gabel. Sehr witzig! Aber wie es aussah, kam ein Unglücksfall nicht in Betracht. Sollte der Laborant den Mann im Becken ertränkt haben? Nein, danach sah es nicht aus.

Die Sache gefiel Onissimow von Minute zu Minute weniger. Er breitete die Papiere, die er sich in der Kaderabteilung des Instituts und im Labor beschafft habe, auf dem Tisch aus und vertiefte sich darin. Das Schrillen des Telefons störte ihn auf.

»Matwej, du mußt einen ausgeben!« dröhnte Subatos sieghafte Stimme im Hörer. »Obwohl es nur ein Skelett ist, habe ich doch einiges festgestellt: Auf der rechten Seite des Thorax in der Mitte der sechsten und der siebenten Rippe finden sich tiefe, querlaufende Risse. Solche Risse sind meist die Folge eines Schlages mit einem schweren, stumpfen Gegenstand oder des Aufpralls auf einen stumpfen Gegenstand. Die Bruchfläche an den Rissen ist frisch ...«

»Klar!«

»Die Risse an sich können nicht den Tod verursacht haben, aber vielleicht hat ein kräftiger Schlag innere Organe schwer geschädigt, und die fehlen ja leider. So sieht's aus. Soll mich freuen, wenn dir das weiterhilft.«

»Und ob! Hast du den Schädel weggeschickt?«

»Ja. Man hat mir versprochen, die Sache schnell zu erledigen.«

Also handelte es sich nicht um einen Betriebsunfall. Weder eine Flüssigkeit noch ein Kurzschluß können einem Menschen die Rippen brechen. Halten wir fest, dort waren zwei: ein Toter und ein Verletzter. Sieht ganz so aus, als hätten sich beide tüchtig geprügelt. Onissimow fühlte sich erleichtert. Er sah wieder Land in Sicht und entwarf den Text eines dringenden Telegramms nach Charkow.

Es war ein glühendheißer Junitag. Die Sonne brachte den Asphalt zum Schmelzen. Die Hitze drang auch in Onissimows Arbeitszimmer, und er schaltete den Tischventilator ein.

Die Antwort der Charkower Miliz traf Punkt 13 Uhr ein.

Um 13.30 Uhr wurde der Laborant Krawez gebracht. Beim Betreten des Zimmers schaute er sich aufmerksam um und grinste, als er die Gitter vor den Fenstern bemerkte: »Die sind wohl dazu da, daß man schneller gesteht?«

»Aber nein, was Sie denken!« entgegnete Onissimow gutmütig. »In diesem Haus war früher ein Großhandelslager, darum sind im Erdgeschoß alle Fenster vergittert. Wir werden die Gitter in Kürze entfernen, hier steigt schon keiner ein, hahaha. Nehmen Sie Platz. Haben Sie sich wieder erholt, sind Sie vernehmungsfähig?«

»Jawohl.«

Der Laborant durchquerte das Zimmer und setzte sich auf einen Stuhl vorm Fenster. Onissimow musterte ihn. Er war noch jung, nicht älter als vierundzwanzig und hatte große Ähnlichkeit mit Kriwoscheïn. So mochte der vor zehn Jahren ausgesehen haben. Onissimow warf einen Blick auf das Foto in Kriwoscheïns Personalakte. Nein, Kriwoscheïn hatte wohl doch nicht so ausgesehen, denn der hier war ein bildhübscher Bursche und wirkte wie ein Mannequin mit seinem gepflegten Äußeren und den regelmäßigen Gesichtszügen. Diesen Eindruck störten nur die klaren blauen Augen, nein, nicht die Augen, sondern die leicht zusammengekniffenen Lider. Der Laborant musterte den Untersuchungsführer mit einem klugen, wachsamen Blick. Merkwürdig, was er für alte Augen hat, dachte Onissimow. Aber von der Schlägerei hat er sich rasch erholt. Keinerlei Spuren mehr. Na, dann wollen wir mal!

»Sie haben aber große Ähnlichkeit mit dem verstorbenen Kriwoscheïn.«

»Dem verstorbenen?« Der Laborant preßte die Kiefer zusammen und schloß für einen Augenblick die Augen. »Heißt das, er . . .«

»Ja, das heißt es«, bestätigte Onissimow hart. Starke Nerven hatte sein Gegenüber nicht. »Aber immer der Reihe nach.« Er legte ein Blatt Papier vor sich hin und öffnete den Füllfederhalter. »Alter, Arbeits- beziehungsweise Studienort, wohnhaft wo?«

»Das ist Ihnen doch bestimmt bekannt!«

»Bekannt oder nicht, die Ordnung verlangt, daß der Vernommene die Angaben selber macht.«

Kriwoscheïn ist also tot. Was soll ich jetzt machen? dachte Krawez. Eine Katastrophe! Wäre ich doch bloß aus der Klinik geflohen. Was soll ich sagen?

»Schreiben Sie bitte: Krawez, Viktor Vitaljewitsch, vierundzwanzig Jahre, Student im fünften Studienjahr an der physikalischen Fakultät der Universität Charkow. Ständiger Wohnsitz Charkow, Cholodnaja gora 17. Bin zum Praktikum hier.«

»Klar.« Anstatt mitzuschreiben, drehte Onissimow den Füllhalter hin und her. »Sind Sie mit Kriwoscheïn verwandt, wenn ja, in welchem Grade?«

»Nur sehr entfernt«, der Student grinste verlegen, »so über sieben Ecken.«

»Klar!« Onissimow legte den Füllhalter aus der Hand und griff nach einem Telegramm; seine Stimme nahm einen strengen Ton an. »Das Ganze hat nur einen Haken, Bürger: Es stimmt nicht.«

»Was stimmt nicht?«

»Ihre Version, Sie seien Krawez, lebten in Charkow, studierten dort und so weiter. An der Charkower Universität gibt es keinen Studenten dieses Namens. Und in der Cholodnaja gora haben Sie auch nicht gewohnt.«

Der Vernommene bekam einen roten Kopf. Reingefallen! Hol's der Henker. Wie sollte er sich jetzt bloß herausreden?

»Sagen Sie die Wahrheit. Und schön ausführlich. Vergessen Sie nicht, daß es um einen Todesfall geht.«

Die Wahrheit, das war leicht gesagt!

»Begreifen Sie doch, die Wahrheit, wie soll ich Ihnen das erklären, das ist eine lange Geschichte und sehr kompliziert«, stammelte der Laborant verlegen. »Das hat was mit Informationstheorie zu tun, mit der Modellierung von Zufallsprozessen . . .«

»Bloß keine Ausflüchte, Bürger«, brummte Onissimow mürrisch. »Eine Theorie kann niemanden umbringen – dafür sprechen die Praxis und die Tatsachen.«

»Aber verstehen Sie doch, möglicherweise ist überhaupt niemand umgekommen, das läßt sich nachweisen, zumindest kann man versuchen, es nachzuweisen. Es handelt sich darum, daß . . . Sehen Sie, Bürger Untersuchungsführer . . . (Warum hab ich ihn mit ›Bürger Untersuchungsführer‹ angeredet, noch bin ich ja nicht verhaftet!) Sehen Sie, der Mensch, das ist vor allem – na ja, nicht bloß ein Stück Protoplasma, das um die siebzig Kilogramm wiegt . . . das sind fünfzig Liter Wasser, zwanzig Kilogramm Eiweißstoffe, Fette und Kohlehydrate, Enzyme, Fermente und lauter solches Zeug. Der Mensch ist vor allem Information. Ein ganzer Klumpen von Informationen. Und wenn sie nicht verschwunden ist, lebt der Mensch . . .« Er verstummte und biß sich auf die Lippen. Nein, das war ein sinnloses Unterfangen, das lohnte die Mühe nicht.

»Ich höre, fahren Sie fort«, sagte Onissimow innerlich feixend.

Der Laborant maß ihn mit einem schiefen Blick, setzte sich bequemer zurecht und sagte schwach lächelnd: »Kurz gesagt und ohne jede Theorie: Valentin Wassiljewitsch Kriwoschein – das bin ich. Sie können es ins Protokoll aufnehmen.«

Das kam so unerwartet, daß es Onissimow für einen Moment die Sprache verschlug. Ob er den Mann nicht besser zum Psychiater schickte? Aber die blauen Augen des Vernommenen schauten durchaus intelligent drein, und in ihrer Tiefe verbarg sich ein spöttisches Lächeln. Gerade dieses Lächeln löste Onissimow aus seiner Erstarrung.

»Klar!« Er stand schwerfällig auf. »Halten Sie mich für einen Idioten? Wollen Sie so tun, als wäre ich nicht am Unfallort gewesen, als könnte ich mich nicht an sein Gesicht erinnern?« Er stützte sich mit den Händen auf die Tischplatte. »Wenn Sie sich nicht weiter äußern wollen, um so schlimmer für Sie. Wir kriegen doch alles raus. Geben Sie zu, daß Ihre Papiere gefälscht sind?«

Aus! Er mußte das Spiel aufgeben!

»Nein, das müssen Sie erst beweisen. Genausogut könnten Sie mich selbst für gefälscht halten!« Der Laborant drehte sich zum Fenster um.

»Spielen Sie nicht den Hanswurst, Bürger!« Onissimow hob die Stimme. »Mit welcher Absicht haben Sie sich in das Labor eingeschlichen? Was ist zwischen Ihnen und Kriwoscheïn vorgefallen? Antworten Sie!«

»Ich werde nichts mehr sagen!«

Im stillen machte sich Onissimow Vorwürfe wegen seiner Unbeherrschtheit. Er setzte sich wieder hin, schwieg eine Weile und fuhr freundlich fort: »Hören Sie, denken Sie nicht, daß ich Ihnen einen Strick drehen will. Ich habe lediglich die Dinge zu untersuchen und einen Bericht abzufassen. Alles Weitere ist Sache der Staatsanwaltschaft, und die Entscheidung liegt dann beim Gericht. Aber Sie schaden sich doch selbst. Sie begreifen eins nicht: Wenn Sie später, unter dem Druck der Beweise, gestehen, dann hat das nicht mehr den gleichen Wert, als wenn Sie jetzt ein freimütiges Geständnis ablegen. Vielleicht ist alles gar nicht so schlimm. Einstweilen aber spricht alles gegen Sie. Das Bild der Verletzungen an der Leiche, die Angaben der Sachverständigen und andere Umstände mehr. Alles läuft darauf hinaus«, er beugte sich über den Tisch vor und senkte die Stimme, »daß Sie dem Toten ... das Sterben ... erleichtert haben.«

Der Vernommene ließ den Kopf sinken und schlug die Hände vors Gesicht. Vor seinen Augen erstand wieder dieses Bild: Das im Versuchsbecken zuckende Gerippe mit dem Kopf Kriwoscheïns, seine eigenen Hände, die den Beckenrand umklammerten ... die warme Flüssigkeit, die sie umspülte und – der Schlag!

»Ich weiß selber nicht, ob ich oder ...«, murmelte er dumpf. »Ich kann das nicht begreifen.« Er hob den Blick. »Hören Sie, ich muß zurück ins Labor!«

Fast wäre Onissimow aufgesprungen. Einen so schnellen Sieg hatte er nicht erwartet.

»Schon gut, so was kommt vor«, er nickte mitfühlend. »Wenn man über eine Beleidigung wütend ist oder in der Selbstverteidigung zu weit gegangen ist... Wir wollen ins Labor, dort können Sie mir erklären, was zwischen Ihnen beiden vorgefallen ist.« Er zog den am Schreibtischrand liegenden Monomachhelm zu sich heran und fragte wie nebenbei: »Haben Sie ihm damit den Schlag versetzt? Ganz schön schwer das Ding.«

»Nun ist's aber genug!« protestierte Krawez und richtete sich auf. »Es hat keinen Sinn, das Gespräch fortzusetzen. Sie wollen mir einen Mord anhängen. Übrigens, das ›schwere Ding‹ kostet fünftausend Rubel. Gehen Sie vorsichtiger damit um.«

»Sie wollen also nicht aussagen?«

»Nein.«

»Klar.« Onissimow drückte auf einen Knopf. »Dann müssen wir Sie eben bis zur Klärung des Falls in Gewahrsam nehmen.«

In der Tür tauchte ein schlaksiger, hagerer Milizionär mit schmalem Gesicht und langer Hakennase auf.

»Gajewoi?« Onissimow musterte ihn zweifelnd. »Ist sonst keiner da?«

»Alles unterwegs, Genosse Hauptmann. Die anderen sind zum Strand, dort ist einiges los.«

»Ist ein Wagen da?«

»Der GAS.«

»Bringen Sie den Mann ins Untersuchungsgefängnis. Es ist völlig sinnlos, daß Sie uns und sich selbst nicht helfen wollen, Bürger. Damit erschweren Sie nur Ihre Lage.«

In der Tür drehte sich der Laborant noch einmal um. »Und Sie sind völlig unbegründet der Meinung, Kriwoscheïn wäre tot.«

Einer von den Schnöseln, für die ein guter Abgang die Hauptsache ist. Onissimow grinste. Die Brüder kennen wir. Wenn er erst ein bißchen gesessen hat, wird er's sich schon überlegen.

Onissimow steckte sich eine Zigarette an und trommelte mit den Fingern auf die Glasplatte des Schreibtisches. Ursprünglich hatte er aus den Indizien (den gefälschten Papieren, den Gutachten der Sachverständigen, den Umständen des Vorfalls) geschlossen, der »Laborant« sei, wenn schon nicht der Mörder Kriwoscheïns, so doch mitschuldig an seinem Tod. Während der Vernehmung hatte sich dieser Eindruck jedoch nicht bestätigt. Das lag nicht daran, was der Vernommene gesagt hatte, sondern wie er es gesagt hatte. Das Ganze sah nach fahrlässiger Tötung aus. Er hatte ja selber gesagt: »Ich weiß nicht, ob ich ...« Aber das Skelett! Wie war das möglich in der kurzen Zeit? Vielleicht war es untergeschoben? Und der Versuch, sich mit einer »theoretischen Begründung« für Kriwoscheïn auszugeben. War das simuliert? Aber wo sollte so einer das herhaben, ein junger Bursche, völlig unerfahren... Und dann: Welche Motive gäbe es für einen vorsätzlichen Mord? Worum war es dort bloß gegangen? Und die gefälschten Papiere? Onissimows Gedanken gerieten in eine Sackgasse. Na, er würde der Sache schon auf den Grund kommen. Er stand auf und schaute in den Gang hinaus. Dort wanderte bereits Dozent Chilobok auf und ab.

»Darf ich bitten! Ich habe Sie hergebeten, Genosse Chilobok, um . . .«, begann Onissimow.

»Ja, ja, ich verstehe«, der Dozent nickte, »Kriwoscheïn hat's erwischt, und ich hab die Scherereien. Andere Leute sterben an Altersschwäche, was Gott auch uns beiden vergönnen möge, nicht wahr, Matwej Apollonowitsch, aber bei Kriwoscheïn ist nichts wie bei anderen Menschen. Nun ja, natürlich tut es mir leid um ihn, denken Sie da nicht falsch von mir, um einen Menschen tut es einem immer leid, stimmt's? Aber Valentin Wassiljewitsch hat mir soviel Sorgen und Unannehmlichkeiten bereitet, und alles nur, weil er ein Querkopf war, niemanden respektierte und sich immer wieder vom Kollektiv absonderte . . .«

»Klar. Ich möchte nur ergründen, womit sich Kriwoscheïn in seinem Labor befaßt hat. Sie sind doch der wissenschaftliche Sekretär und müßten . . .«

»Genau das habe ich vermutet!« Chilobok lächelte selbstgefällig. »Ich habe den Themenplan mitgebracht.« Er blätterte in einem Schnellhefter. »Bitte sehr, hier: Thema 152, Spezifik: Forschungsarbeit, Bezeichnung: Selbstorganisation komplizierter elektronischer Systeme mit integraler Informationseingabe, Ziel der Arbeit: Selbstorganisation eines komplizierten Systems zu einem komplizierteren bei integraler Eingabe von Information durch Aufstockung des Systems entsprechend seinen Ausgabesignalen, Finanzierung: Haushalt, Art der Arbeit: mathematische, logische und experimentelle Forschung, Leiter der Arbeiten: leitender Ingenieur V. W. Kriwoscheïn, Ausführender: dito . . .«

»Worin bestand das Wesen seiner Forschungen?«

»Das Wesen? Hm . . .«, Chiloboks Gesicht wurde ernst, »Selbstorganisation von Systemen, das heißt, eine Maschine baut sich selbst, verstehen Sie? Auch in Amerika beschäftigt man sich damit.«

»Und was hat Kriwoscheïn nun konkret gemacht?«

»Konkret . . . Er hat ein neues Herangehen an die Bildung dieser Systeme durch . . . Integration vorgeschlagen, nein, durch Selbstorganisation ... Man weiß noch nicht, was dabei herausgekommen ist.« Chilobok lächelte breit und gewinnend. »Wissen Sie, Matwej Apollonowitsch, im Institut gibt es so viele Themen, so viele Arbeiten. Und alle soll man kennen, alle im Kopf behalten. Da wäre es schon besser, sich einmal die Protokolle des Wissenschaftlichen Rates anzusehen.«

»Er hat also auf einer Sitzung des Wissenschaftlichen Rates über seine Arbeit berichtet?«

»Natürlich! Bei uns werden alle Arbeiten diskutiert, bevor sie in den Plan aufgenommen werden. Schließlich erhalten wir unsere Mittel erst, nachdem wir alles begründet haben, oder was dachten Sie?!«

»Und was hat er begründet?«

»Na was schon?« Der wissenschaftliche Sekretär hob herablassend die Brauen. »Seine Idee, bezüglich des neuen Herangehens an die Selbstorganisation. Es wäre aber doch besser, in den Protokollen nachzusehen, Matwej Apollonowitsch.« Er seufzte. »Immerhin ist das schon ein Jahr her. Bei uns finden jede Woche, wenn nicht noch öfter, Besprechungen, Beratungen, Kommissionssitzungen statt. Und überall muß ich dabeisein, die Referate organisieren, selbst das Wort ergreifen, die Einladungen rausschicken. Von hier aus muß ich sofort in die Gesellschaft zur Verbreitung wissenschaftlicher Kenntnisse. Dort wird heute beraten, wie wissenschaftliche Kader während der Ernte in den Kolchosen Vorlesungen halten können. Nicht einmal zum Mittagessen werde ich kommen. Wenn ich nur bald Urlaub machen könnte.«

»Klar. Und sein Thema wurde vom Wissenschaftlichen Rat bestätigt?«

»Natürlich! Es gab allerdings eine Menge Einwände und eine harte Diskussion, Kriwoscheïn hat sich damals unmöglich aufgeführt, Professor Voltampernow mußte nach der Sitzung Baldriantropfen nehmen. Können Sie sich das vorstellen? Der Direktion wurde empfohlen, Kriwoscheïn wegen seines ungebührlichen Benehmens einen Verweis zu erteilen. Ich habe das Schriftstück selbst ausgearbeitet. Aber das Thema wurde selbstverständlich bestätigt. Wenn einer mit neuen Ideen kommt, soll er's doch probieren. Das ist in der Wissenschaft nun mal so. Außerdem wurde er von Arkadi Arkadjewitsch unterstützt. Arkadi Arkadjewitsch ist ein gütiger Mensch, und er hat Kriwoscheïn ein eigenes Labor zugewiesen, weil dieser Querkopf mit keinem auskam. Allerdings war das ein Labor zum Lachen. Im Strukturplan war es gar nicht enthalten, hatte nur eine einzige Planstelle ... Aber im Wissenschaftlichen Rat hatte man dem zugestimmt. Ich war auch dafür.«

»Warum waren Sie denn dafür?« Onissimow trocknete sich mit dem Taschentuch die schweißbedeckte Stirn.

»Was heißt warum? Natürlich um das Thema in den Plan aufzunehmen und Mittel dafür zu bekommen. Planmäßigkeit ist das Fundament unserer Gesellschaft, müssen Sie wissen.«

»Klar. Was meinen Sie, Garri Charitonowitsch, was hat sich dort abgespielt?«

»Hm ... Woher soll ich das wissen, verehrter Matwej Apollonowitsch? Ich bin wissenschaftlicher Sekretär, habe nur mit Papierkram zu tun. Das muß Ihnen doch einleuchten. Seit dem Winter hat er mit diesem Laboranten zusammengearbeitet. Der muß es wissen. Zudem war er Augenzeuge.«

»Wissen Sie eigentlich, daß dieser Praktikant nicht der ist, für den er sich ausgibt?« fragte Onissimow streng. »Er heißt weder Krawez, noch ist er Student.«

»So? Na so was. Ich habe schon gesehen, daß Sie ihn festgenommen haben.« Chilobok riß verwundert die Augen auf. »Nein, nein. woher sollte ich das wissen, das ist Sache unserer Kaderabteilung. Und wer ist er?«

»Das werden wir noch klären. Sie sagen, die Amerikaner beschäftigen sich mit ähnlichen Arbeiten und interessieren sich sehr dafür?«

»Ja. Sie meinen also, er ...?«

»Na, na, nicht so eilig!« Onissimow lächelte. »Ich wäge einfach alle Möglichkeiten ab.« Er warf einen Blick auf das Blatt Papier, auf dem er sich seine Fragen notiert hatte. »Sagen Sie, Garri Charitonowitsch, gab es irgendwelche Anzeichen, daß Kriwoscheïn geistig nicht ganz normal war?«

Chilobok lächelte befriedigt. »Sehen Sie, auf dem Weg zu Ihnen habe ich mir noch einmal alles durch den Kopf gehen lassen und habe geschwankt: Soll ich's sagen oder nicht? Vielleicht ist es unwichtig. Aber wenn Sie selber danach fragen ... Manchmal hatte er schon einen Spleen. Da fällt mir ein, letztes Jahr im Juli – damals leitete ich nebenbei noch das Labor für experimentelle Anlagen; weil wir keinen geeigneten Spezialisten finden konnten, hatte ich, damit uns keine Planstelle gestrichen würde, auch diese Arbeit noch übernommen. Sie müssen wissen, daß man uns diese Planstelle sonst bestimmt gestrichen hätte, so ist es nun mal bei uns. Na ja, kurz zuvor hatte mein Labor von Kriwoscheïn einen Auftrag zur Herstellung eines neuen Systems von enzephalographischen Biopotentialgebern erhalten, nun ja, so etwas wie dieses SEG-1, der Monomachhelm, den Sie dort auf dem Tisch liegen haben, nur viel komplizierter und nach Kriwoscheïns Angaben vielseitig verwendbar. Warum man diesen Auftrag von ihm überhaupt annahm, statt sich der Wissenschaft zu widmen, war mir nie ganz klar.«

Da es für Onissimow ungewohnt war, sich mit wissenschaftlichen Fragen zu beschäftigen, wurde sein untrainiertes Gehirn allmählich von einer schläfrigen Benommenheit gelähmt. Gewöhnlich schritt er ein, wenn von dem konkreten Thema, das ihn interessierte, abgegangen wurde, doch diesmal vermochte er als echter Russe seine Hochachtung vor der Wissenschaft, vor akademischen Titeln, Graden und Begleitumständen nicht zu unterdrücken. Er hatte diese Hochachtung immer schon gehegt, und seit er bei der kürzlichen Untersuchung im Institut Einblick in die Gehaltsliste der Wissenschaftler genommen hatte, war sie sogar noch gestiegen. So wagte es Onissimow auch nicht, Chiloboks freien Redefluß zu unterbrechen. Vor ihm saß schließlich ein Mensch, der gut doppelt soviel verdiente wie er, der Hauptmann der Miliz Onissimow, und das noch auf gesetzlicher Grundlage.

»Na ja, stellen Sie sich vor, einmal – ich war gerade im Labor«, fuhr Chilobok fort, »kommt Kriwoscheïn zu mir, ohne Kittel, beachten Sie das! Das ist bei uns nicht statthaft. Im Institut gilt die strikte Anweisung, daß Ingenieure und Wissenschaftler weiße Kittel, Techniker und Laboranten aber graue beziehungsweise blaue zu tragen haben. Schließlich kommen oft ausländische Delegationen zu uns, und da geht es einfach nicht anders. Er aber setzte sich einfach darüber hinweg. Dann erkundigte er sich bei mir, und in welchem Ton noch dazu: ›Wann erledigen Sie endlich den Auftrag über das neue System?‹ In aller Ruhe erläuterte ich ihm: ›So und so steht es, Valentin Wassiljewitsch, wenn Ihr Auftrag an der Reihe ist, wird er auch erledigt werden. Es ist gar nicht so einfach, alles so zu machen, wie Sie es da aufgezeichnet haben, die Montage der Verbindungen ist äußerst kompliziert. Viele Transistoren werden durch neue ersetzt werden müssen ...‹ Kurz und gut, ich versuchte ihm so gut es ging klarzumachen, er müsse etwas zurückstecken. Er jedoch: ›Wenn Sie den Termin nicht halten können, hätten Sie den Auftrag nicht annehmen dürfen!‹ Wieder erläuterte ich ihm die Schwierigkeiten unserer Lage, sagte, das Labor werde mit Aufträgen überschwemmt, doch Kriwoscheïn fiel mir ins Wort: ›Ist der Auftrag nicht binnen zwei Wochen erledigt, schreibe ich eine Beschwerde über Sie und gebe den Auftrag an Schüler in einem Amateurelektronikzirkel! Die machen das schneller und billiger!‹ Das mit den Kosten war auf mich gemünzt, schon früher hatte er solche Andeutungen gemacht, immer nur Geschwafel! Dann knallte er die Tür hinter sich zu und ging.«

Onissimow nickte gemessen und preßte die Kinnladen zusammen, um ein Gähnen zu unterdrücken.

Chilobok schwadronierte weiter. »Fünf Minuten später – beachten Sie das! –, kaum fünf Minuten waren vergangen, ich hatte noch gar nicht mit den Werkstätten telefonieren können, tauchte Kriwoscheïn wieder bei mir auf, diesmal in einem grauen Kittel, und legte von neuem los: ›Garri Charitonowitsch, wann wird endlich der Auftrag für das Gebersystem erledigt?‹ – ›Erlauben Sie, Valentin Wassiljewitsch‹, sagte ich, ›ich habe Ihnen doch eben erst alles erklärt!‹ Er aber ließ mich gar nicht zu Worte kommen und sagte wieder: ›Wenn Sie's nicht können, hätten Sie es nicht übernehmen dürfen . . .‹ Und wieder sprach er von einer Beschwerde, von Schülern und von den Kosten.« Chilobok beugte sich zu Onissimow vor. »Kurz gesagt, das gleiche wie fünf Minuten vorher, mit den gleichen Worten! Können Sie sich das vorstellen?«

»Interessant, interessant!« Onissimow nickte.

»Das war aber nicht das einzige Mal, daß Kriwoscheïn sich so seltsam verhielt. Einmal vergaß er abends das Wasser abzustellen, und das hatte eine Überschwemmung im ganzen Geschoß unter dem Labor zur Folge. Ein andermal – der Hausmeister hat sich bei mir darüber beschwert – entfachte er im Park aus Lochstreifen ein riesiges Feuer. Man mußte also . . .«, der Dozent preßte vielsagend die vom Bart umrahmten vollen roten Lippen zusammen, »mit allem rechnen. Und warum das alles? Hervortun wollte er sich, lud sich mehr Arbeit auf, als er schaffen konnte. Wann immer man das Institut verließ, in seinen Fenstern brannte Licht. Viele von uns spotteten: Kriwoscheïn macht nicht erst seine Dissertation, sondern gleich eine Entdeckung. Nun hat sich's ausentdeckt.«

»Klar«, wieder warf Onissimow rasch einen Blick auf den vor ihm liegenden Zettel. »Sie erwähnten etwas von näheren Beziehungen zu einer Frau. Wissen Sie, um wen es sich handelt?«

»Jelena Iwanowna Kolomijez? Gewiß doch. Frauen wie sie gibt es nur wenige in unserer Stadt, müssen Sie wissen. Sehr auffallend elegant, nett, kurz gesagt, eine . . .« Chilobok ergänzte seine nicht in Worte zu fassende Begeisterung über Jelena Iwanownas Reize mit kurvenförmigen Handbewegungen. Seine braunen Augen leuchteten. »Ich habe mich immer schon gewundert – andere übrigens auch –, was sie an ihm gefunden haben kann. Schließlich war Kriwoschein ..., natürlich: ›de mortuis nil nisi bene‹, aber warum es verhehlen? Sie haben ja selbst gesehen, wie er aussah. Angezogen hat er sich unmöglich, und gehinkt hat er ... Sie besuchte ihn immer in Akademgorodok, ich wohne im Haus nebenan. In letzter Zeit habe ich sie jedoch nicht mehr gesehen. Wahrscheinlich sind sie auseinandergegangen wie Schiffe auf hoher See, haha! Sie meinen, daß sie auch in die Geschichte verwickelt ist?«

»Vorläufig meine ich überhaupt nichts, Garri Charitonowitsch, ich versuche lediglich Licht in die Sache zu bringen.« Onissimow erhob sich erleichtert. »Ich danke Ihnen. Ich muß Sie wohl nicht erst darauf hinweisen, daß Sie Stillschweigen zu bewahren haben ...«

»Natürlich, versteht sich! Sie brauchen mir nicht zu danken, das war doch meine Pflicht, sozusagen. Ich stehe Ihnen immer zur Verfügung.«

Nachdem der Dozent gegangen war, setzte Onissimow seinen Kopf dem Luftstrom des Ventilators aus. Einige Minuten saß er reglos da und konnte keinen klaren Gedanken fassen. Wie das Summen einer Fliege an einer Scheibe klang Chiloboks Stimme in seinem Kopf nach.

Moment mal! Onissimow schüttelte den Kopf, um zu sich zu kommen. Im Grunde genommen ist überhaupt nichts klarer geworden, eine geschlagene Stunde haben wir über den Fall geredet, und es ist nichts dabei herausgekommen. Pah, wissenschaftlicher Sekretär, Dozent, Kandidat der Wissenschaften – wollte er etwas verschleiern? Nein, nein, irgend etwas stimmte da nicht!

Das Telefon schrillte.

»Hier Onissimow.«

Einige Sekunden lang war im Hörer nur stoßweises Atmen zu hören, die Person am anderen Ende schien völlig außer Atem zu sein. »Genosse ... Hauptmann ... Gajewoi meldet. Der Festgenommene ... ist entkommen!«

»Entkommen? Wie das? Berichten Sie!«

»Wir fuhren im GAS, Timofejew am Steuer und ich neben dem Festgenommenen!« schrie der Milizionär in die Muschel. »So, wie wir's immer machen. Sie hatten ja nichts von strenger Bewachung gesagt, Genosse Hauptmann, na ja, und ich dachte: Wo soll er schon hin, Sie haben doch seine Papiere. Am Stadtpark ist er bei voller Fahrt rausgesprungen, über den Zaun, und weg war er! Timofejew und ich sind natürlich hinter ihm her, aber er hat in dem unübersichtlichen Gelände ein ganz schönes Tempo vorgelegt ... Ich habe ihm nicht nachgeschossen, weil ich keine diesbezüglichen Anweisungen von Ihnen erhalten hatte. Das wäre alles.«

»Klar. Kommen Sie aufs Amt, schreiben Sie einen Bericht für den Diensthabenden. Sie arbeiten schlecht, Gajewoi!«

»Vielleicht sollten wir etwas unternehmen, Genosse Hauptmann?« klang es verzagt aus dem Hörer.

»Das können wir auch ohne Sie. Kommen Sie schnellstens zurück, Sie werden an der Fahndung teilnehmen. Ende!« Onissimow warf den Hörer hin.

So ein Schauspieler! Und ich hab noch geschwankt ... Das ist er, natürlich. Er hat weder Papiere noch Geld bei sich. Was hatte er eigentlich an? Hemd und Hose. So wird er nicht weit kommen. Wenn er Helfershelfer gehabt hat, sieht es schon schlechter aus ...

Zehn Minuten später tauchte Gajewoi auf, völlig niedergeschmettert von seinem Schuldbewußtsein. Onissimow rief die Fahndungsgruppe zusammen, übergab ihr das Foto und eine Personenbeschreibung und wies auf besondere Kennzeichen hin. Die Gruppe machte sich auf in die Stadt.

Danach rief der Daktyloskop bei Onissimow an. Er berichtete, die im Labor abgenommenen Fingerabdrücke stimmten zum Teil mit den Kontrollabdrücken des Laboranten überein; zum Teil stammten sie von einem anderen Menschen. Weder die einen noch die anderen wären bereits in der Kartei.

Der andere – das war der Tote. Klar. Das entwickelte sich zu einem komplizierten Fall, sah gar nicht nach einer gewöhnlichen Straftat aus. Onissimow schaute bekümmert zum Fenster hinaus. Die Schatten der Bäume auf dem Asphalt wurden länger, aber die Hitze ließ nicht nach. An der Bushaltestelle drängten sich Mädchen in bunten Kleidern und Sonnenbrillen. Die fuhren jetzt zum Strand. Am ärgerlichsten für Onissimow war, daß er noch immer keine Version über den Tathergang hatte.

Gegen Abend, als Onissimow die Vorladungen für den nächsten Tag ausfertigte, trat der Milizchef der Stadt bei ihm ein. Nun war es soweit! Bedrückt stand Onissimow auf.

»Setzen Sie sich doch.« Schwer ließ sich der Oberst auf einen Stuhl sinken. »Was sind das für Komplikationen in Ihrem Fall: Keine Leiche, der Festgenommene geflüchtet, he? Berichten Sie!«

Onissimow berichtete.

»Hm ...« Der Chef runzelte die dichten grauen Brauen. »Na, dieses Bürschchen werden wir uns schon schnappen. Flughafen, Eisenbahn und Busbahnhöfe unter Beobachtung?«

»Selbstverständlich, Alexej Ignatjewitsch, die habe ich sofort verständigt.«

»Also kommt er nicht aus der Stadt raus. Aber das mit der Leiche... wirklich interessant! Teufel noch mal! Haben Sie am Tatort auch wirklich nichts versiebt?« Er musterte Onissimow prüfend mit seinen klugen Äuglein. »Vielleicht... denken Sie daran, in Gorkis ›Klim Samgin‹ sagt auch jemand: ›Vielleicht ist gar kein Junge dagewesen?‹ Na?«

»Aber die Rettungsärztin hat doch den Tod festgestellt, Alexej Ignatjewitsch.«

»Auch Ärzte können sich irren! Zudem ist die Ärztin keine Sachverständige, die Todesursache hat sie nicht festgestellt. Es ist keine Leiche da. Mit dem Skelett allein kann Subato wenig anfangen. Es leuchtet Ihnen doch wohl ein – wenn Sie nicht erklären können, wieso sich die Leiche binnen einer Viertelstunde in ein Gerippe verwandelt hat, wessen Leiche es war und was die Todesursache war, wird kein Gericht der Welt das als Beweis anerkennen. Heutzutage geben die Gerichte auch klarere Fälle zur weiteren Untersuchung zurück oder stellen die Verfahren mangels stichhaltiger Beweise ein. Natürlich ist es gut, daß das Gesetz streng und vorsichtig zugleich ist. Aber was hilft das?« Er seufzte laut. »Ein schwieriger Fall, was? Haben Sie schon eine Version?«

»Nur eine vage Vorstellung«, sagte Onissimow beschämt, »ich weiß bloß nicht, was Sie davon halten werden, Alexej Ignatjewitsch. Meiner Meinung nach ist das kein Kriminalfall. Nach Aussage des wissenschaftlichen Sekretärs des Instituts interessiert man sich in den Vereinigten Staaten für das Problem, an dem Kriwoschein arbeitete. Das als erstes. Zweitens: Der ›Laborant‹ Krawez macht auf Grund seines Verhaltens und seines, na ja, kulturellen Niveaus weder den Eindruck eines Studenten noch den eines Kriminellen. Seine Flucht war außerdem ein Meisterstück. Und drittens haben wir seine Fingerabdrücke nicht in der Kartei. Könnte man nicht...?« Onissimow verstummte und sah seinen Chef fragend an.

»...den Fall der Staatssicherheit übergeben?« führte dieser den Gedanken mit soldatischer Geradheit zu Ende und schüttelte den Kopf. »Nur nichts überstürzen! Wenn wir, die Miliz, ein Verbrechen mit sozusagen ausländischem Akzent aufklären, dann schadet das weder der Gesellschaft noch uns, kann also nur gut sein. Wenn aber die Organe der Staatssicherheit ein ganz gewöhnliches Verbrechen oder einen Verstoß gegen die Arbeitsschutzbestimmungen aufdecken, den eigentlich wir hätten klären müssen, dann... Sie wissen ja selbst, wir sind im letzten Halbjahr, was den Prozentsatz der geklärten Fälle betrifft, ohnehin auf dem letzten Platz gelandet.« Er warf Onissimow einen gutmütig-vorwurfsvollen Blick zu. »Verlieren Sie nur nicht den Mut! Nicht umsonst heißt es, die verwickeltsten Verbrechen seien auch die einfachsten. Vielleicht ist hier nur alles so verschleiert, weil sich der Fall in einer wissenschaftlichen Institution abspielt. Da gibt es Probleme, Kenntnisse, Titel, Termini ..., da soll sich der Teufel auskennen. Übereilen Sie nichts, überprüfen Sie alle Varianten, vielleicht ist es wie bei Krylow: ›Das Kästchen ließ sich einfach öffnen‹ ... Nun, viel Erfolg!« Der Chef stand auf und reichte Onissimow die Hand. »Sie werden diesen Fall schon bewältigen, davon bin ich überzeugt.«

Onissimow erhob sich gleichfalls, drückte die ihm dargebotene Hand und begleitete den Oberst mit einem Blick, in dem wieder ein Hoffnungsschimmer lag. Man kann sagen, was man will, aber es macht viel aus, das Vertrauen der Vorgesetzten zu besitzen!

Drittes Kapitel

Leute, die da meinen, das menschliche Leben hätte sich von Urzeiten an nur rein äußerlich und nicht in seinem Grunde verändert, vergleichen das Holzfeuer, an dem sich die Troglodyten die Abende vertrieben, mit dem Fernsehapparat, der unsere Zeitgenossen unterhält. Über diesen Vergleich läßt sich streiten, weil das Holzfeuer leuchtet und zugleich wärmt, während der Fernsehapparat lediglich leuchtet, und das auch nur auf einer Seite.

Ingenieur K. Prutkow,
Sentenz Nr. 111

Der junge Mann auf der oberen Liege im Wagen des Schnellzuges Nowosibirsk–Dneprowsk erregte das Interesse einer molligen, blauäugigen Blondine mittleren Alters. Sein vom Wind gegerbtes Gesicht hatte grobe, aber ebenmäßige Züge, das lockige dunkle Haar wies einen starken Grauschimmer auf, er hatte starke, sonnengebräunte Hände mit kräftigen Fingern und Spuren von Schwielen an den Handflächen, gleichzeitig ein freundliches Lächeln, ansprechende Umgangsformen (freiwillig hatte er ihr die untere Liege abgetreten, als sie in Charkow zugestiegen war), und er verstand es, sich intelligent auszudrücken. Das quadratische Kinn in die Hand gestützt, lag der Bursche da, schaute interessiert auf die vorbeihuschenden Bäume, Häuser, Bäche, Wegweiser und lächelte. Kurz gesagt, ein interessanter Mann!

»Sie sind wohl aus dieser Gegend?« erkundigte sich die Mitreisende.

»Ja.«

»Schon lange nicht mehr hiergewesen?«

»Ein Jahr.«

Jetzt erkannte er schon manches. Eben hatte der Zug den aufgeschütteten Damm der Chaussee unterquert, auf der er mit Lena auf dem Motorrad dahingerast war. Dort der Eichenwald, in dem sich die Dneprowsker in ihrer Freizeit erholten. Da das alte Flußbett mit den einsamen sandigen Ufern und dem ruhigen Wasser ... Dort das Vorwerk Wytrebenka – und dort, was war das für eine Baustelle! Sicher eine chemische Fabrik ... Seinen Erinnerungen nachhängend, lächelte er und wurde gleich darauf wieder ernst. Eigentlich war er ja niemals mit Lena Motorrad gefahren, war nie in diesem Wald gewesen und auch nicht am Wasser – all das war ohne ihn geschehen. Er hatte bloß ein Gespräch mit angehört, bei dem er, wenn man's genau nahm, nicht einmal persönlich dabeigewesen war.

»Das ist doch eine Gelegenheit: Varianten des menschlichen Lebens! Eine Schiffswerft in Wladiwostok sucht einen Elektroingenieur für den Außendienst. Wohnraum wird gestellt. Bin ich etwa nicht Elektroingenieur? Montagearbeiten im Außendienst – was kann es Besseres geben? Eine Woge des Stillen Ozeans peitscht über die Armaturen! Du läßt das Kabel nach, leckst dir die salzigen Spritzer von den Lippen, kurz gesagt, überwindest die Elemente!«

»Ja, aber ...«

»Ich weiß schon, vorher war das nicht möglich. Vorher! Wir beide sind schließlich pflichtbewußte Menschen, wie könnte man denn seine Arbeit im Stich lassen und wegfahren, nur um seinen Wandertrieb zu befriedigen. Wir alle bleiben, wo wir sind, und mit uns bleibt die Sehnsucht nach jenen Orten, an denen man noch nicht war und auch niemals sein wird, nach den Menschen, denen man nicht begegnet, nach den Taten und Ereignissen, an denen man nicht teilhaben kann. Wir töten diese Sehnsucht mit Büchern, Filmen und Träumen, denn schließlich kann der Mensch nicht mehrere Leben auf einmal leben! Jetzt aber ...«

»Jetzt aber ist es doch genau das gleiche. Du fährst nach Wladiwostok, um dir die Spritzer von den Lippen zu lecken, und ich bleibe mit meiner Unzufriedenheit zurück.«

»Wir können uns ja abwechseln. Jeder ein halbes Jahr niemand wird es merken. Ach, das ist Unsinn: Durch ein halbes Jahr Lebenserfahrung werden wir uns voneinander unterscheiden ...«

»Das ist es ja! Schlägt der Mensch den einen Lebensweg ein, wird er ein anderer, als er geworden wäre, hätte er einen anderen eingeschlagen.«

... Dennoch hatte er sich nach Wladiwostok aufgemacht, nicht etwa, um seiner Unzufriedenheit zu entrinnen, sondern um vor den schrecklichen Erinnerungen zu flüchten. Er wäre auch noch weiter geflohen, doch weiter als bis zum Ozean ging es nicht. Die freie Stelle bei den Montagearbeiten in den Häfen war allerdings schon besetzt, aber schließlich war es auch keine schlechte Arbeit, Unterwasserfelsen zu sprengen und Liegeplätze für Schiffe in Ordnung zu bringen. Romantik gab es mehr als genug: Mit dem Sauerstoffgerät in die blaugrüne Tiefe tauchen, seinen schwankenden Schatten auf dem von der Brandung abgeschliffenen steinernen Grund erblicken, Bohrlöcher in die Felsen treiben, Dynamitpatronen hineinstopfen, die Zündschnur anstecken und, die Fische auseinanderjagend, die Augenblicke später bäuchlings auf der Oberfläche treiben würden, Hals über Kopf zurück zum Dienstboot schwimmen ... Später dann, als die Sehnsucht nach seiner Arbeit als Ingenieur erwacht war, hatte er dort die elektrohydraulische Sprengung eingeführt, die sicherer ist als die Dynamitsprengung und produktiver dazu. So hatte er doch ein Andenken an sich zurückgelassen.

»Kommen Sie von weither?« brach die Dame erneut in seine Erinnerungen ein.

»Aus dem Fernen Osten.«

»Hat man Sie zur Arbeit angeworben, oder waren sie so dort?«

Er warf einen kurzen Blick nach unten und sagte schmunzelnd: »Ich war dort zur Kur.«

Die Blondine nickte furchtsam und teilnahmsvoll. Sie wußte schon, was für Kuren es dort gab. Das hätte sie von dem jungen Mann nicht gedacht. Sie holte ein Buch aus der Reisetasche und vertiefte sich in ihre Lektüre.

... Ja, dort hatte die Heilung begonnen. Die Kumpel aus der Brigade staunten über seine Furchtlosigkeit, und in der Tat, er fürchtete sich vor nichts. Kraft, Geschicklichkeit, exakte Berechnung. Und keine Tiefenströmung konnte ihm etwas anhaben. Dort bestimmte er selbst über sein Leben, wovor sollte er sich also fürchten? Das Schrecklichste hatte er in Dneprowsk durchgemacht, als Kriwoscheïn Herr über sein Leben und seinen Tod gewesen war. Sogar über viele Tode. Was Kriwoscheïn mit ihm getan hatte, war schlimmer, als einen Gefesselten zu foltern! Unwillkürlich spannte sich der Körper des jungen Mannes. Ein Schauer überlief ihn, so wütend war er. Doch in dem einen Jahr am Ozean hatten die Monsune vieles aus ihm herausgeblasen: die Niedergeschlagenheit, die panische Angst, ja sogar die zärtlichen Gefühle für Lena. Die Wut aber war geblieben.

Lohnte sich die Rückkehr überhaupt? Der Ozean, in dessen Nähe man sich klein und bescheiden vorkam, die Kumpel, die schwere und interessante Arbeit, die Anerkennung aller. Dort hatte er zu sich selbst gefunden. Hier aber ... Wer weiß, wie sich die Dinge bei Kriwoscheïn entwickelt hatten!

Aber er mußte zurückkehren, genauso, wie er die Vergangenheit einfach nicht vergessen konnte. Anfangs, nach der Arbeit und an den freien Tagen, wenn die ganze Brigade mit dem Boot nach Wladiwostok fuhr, quälte ihn unabweislich der Gedanke: Kriwoscheïn arbeitet. Er ist dort allein... Dann war ihm eine Idee gekommen.

Eines Tages säuberten sie den Meeresgrund in einer namenlosen Bucht in der Gegend von Chabarowsk, wo aus einer Verwerfung des Küstensockels heiße Mineralquellen sprudelten. Als er aus dem Boot sprang, geriet er in einen dieser heißen Strahlen, und fast hätte er aufgeschrien, so sehr erinnerten ihn diese Empfindungen an etwas Bestimmtes in seinem Leben. Der Geschmack des Wassers war der gleiche wie der Geschmack *jener* Flüssigkeit, diese unmerkliche, warme Zärtlichkeit schien in sich jene seit langem verspürte Gefahr zu bergen, das Bewußtsein aufzulösen, zu vernichten, auszulöschen. Mit allen Kräften arbeitete er sich vorwärts, eine kühle Woge ernüchterte und beruhigte ihn. Der Eindruck aber ging ihm nicht aus dem Sinn. Gegen Abend kristallisierte sich ein Gedanke heraus – und welch ein Gedanke noch dazu! –: Man kann das umgekehrte Experiment anstellen!

Und während er von seinen früheren Erinnerungen geheilt wurde, »erkrankte« er an dieser Idee. Die Phantasie des Forschers in ihm erwachte. Wie berauschend das doch war: Das Experiment durchdenken, sich ausmalen, welch gewaltige Ergebnisse es bringen konnte! Die Sprengarbeit erschien ihm jetzt als grauer, inhaltloser Alltag. Nun schon ohne Furcht und bis in die kleinste Einzelheit hinein durchdachte er zielstrebig alles, was mit ihm geschehen war, spielte im Kopf alle Varianten des Versuchs durch... Mit dieser Idee konnte er nicht mehr dort bleiben. Darauf war Kriwoscheïn bestimmt noch nicht gekommen, denn auf solche Idee kam man nicht durch Spekulationen, das mußte man selbst erlebt haben.

Die unerbittliche Logik brachte es jedoch mit sich, daß unmittelbar nach der Idee mit dem Experiment ein zweiter Gedanke auftauchte: Angenommen, wir finden ein neues Verfahren, wie der Mensch mittels der Information bearbeitet werden kann. Was würde dabei herauskommen? Dieser Gedanke war schwieriger als der erste, und unterwegs von Wladiwostok nach Dneprowsk war er wiederholt auf ihn zurückgekommen, doch noch immer hatte er ihn nicht bis zu Ende gedacht.

Das Rädergedröhn zurückwerfend, huschten die Pfeiler einer Brücke am Abteilfenster vorbei. Sie überquerten den Dnepr. Der junge Mann ließ sich kurz ablenken, folgte mit dem Blick einem

Flügelboot, das stromabwärts über das blaue Wasser flog, und erfreute sich am Anblick des grünen Hanges am rechten Ufer. Die Brücke war vorbei, wieder tauchten am Bahndamm Häuser, Gärten und Strauchwerk auf.

Alles lief darauf hinaus: Wie und mit welcher Information kann man den Menschen vervollkommnen? Alle übrigen Probleme lehnten sich daran an. Das System war gegeben: das Gehirn des Menschen und die Eingabevorrichtungen – Augen, Ohren, Nase und so weiter. Drei Informationsströme versorgten das Gehirn: das Alltagsleben, die Wissenschaft und die Kunst. Nun kam es darauf an, das in seiner Wirkung auf den Menschen Effektivste und am besten zu Steuernde herauszufinden, damit es vervollkommne, veredle. Das Effektivste war natürlich die Information des Alltags: Sie war konkret und real, formte die Lebenserfahrungen des Menschen. Wesentlich war wohl auch, daß sie nach den Gesetzen der Rückkopplung in Wechselbeziehung zum Menschen stand: Das Leben beeinflußte den Menschen, aber auch er beeinflußte mit seinen Handlungen das Leben. Die Alltagsinformation wirkte jedoch auf die Menschen sehr unterschiedlich: Sie veränderte den Menschen sowohl zum Guten als auch zum Schlechten. Also war das wohl nicht das Richtige.

Nun war die wissenschaftliche Information zu untersuchen. Sie war gleichfalls real und objektiv, aber abstrakt. Im Grunde genommen stellte sie die verallgemeinerte Erfahrung aus der menschlichen Tätigkeit dar, weshalb sie in vielen Lebenslagen angewendet werden konnte und ihre Wirkung auf das Leben gewaltig war. Hier gab es ebenfalls eine Rückkopplung mit dem Leben, wenn auch nicht eine für jeden Menschen individuelle, sondern eine allgemeine: Die Wissenschaft löste die Probleme des Lebens und veränderte es dadurch, und das veränderte Leben warf vor der Wissenschaft neue Probleme auf. Aber auch hier konnte die Einwirkung der Wissenschaft auf das Leben im allgemeinen und auf den Menschen im besonderen sowohl positiv als auch negativ sein. Dafür gab es viele Beispiele. Und noch ein Mangel: Der Mensch konnte sie sich nur schwer zu eigen machen. Tja, das war schon schwierig ... Na wenn auch, wenn man ständig über die eine Sache grübelte, würde man früher oder später bestimmt ans Ziel gelangen. Das wichtigste war, nach einem System zu denken.

Ein von unten heraufdringendes Schluchzen lenkte ihn ab. Er sah hinunter. Ohne den Blick von dem Buch zu lassen, trocknete sich seine Reisegefährtin mit dem Taschentuch die geröteten Augen.

»Was lesen Sie denn da?«

Ärgerlich schaute sie auf, wies auf den Umschlag: »Drei Kameraden« von Remarque und vertiefte sich wieder in die Lektüre.

Ein schwindsüchtiges Mädchen lag im Sterben, es liebte und schwand dahin. Seiner satten und gesunden Reisegefährtin ging das so nahe, als wäre sie selbst dieses Mädchen ... Da gab's nichts zu deuteln: Offensichtlich war die Information der Kunst das Richtige! Jedenfalls was ihre Ausrichtung anbelangte: Sie wandte sich an das Beste im Menschen. In der Kunst hatte sich im Laufe der Jahrtausende die beste Information über die Menschen angesammelt – Gedanken, Beschreibungen feinster innerer Regungen, starker und großer Gefühle, markanter Charaktere, herrlicher und kluger Taten. All das arbeitete von alters her dafür, in den Menschen Verständnis füreinander und für das Leben zu entwickeln, die Sitten zu bessern, Gedanken und Gefühle zu wecken, das Niedrige in den Seelen auszumerzen. Und diese Information kam an, exakt ausgedrückt, sie war großartig verschlüsselt, der Verarbeitung in dem Rechner vom Typ »Mensch« angepaßt, wie es besser nicht denkbar war. In dieser Hinsicht reichten sowohl die alltägliche als auch die wissenschaftliche Information bei weitem nicht an die Information der Kunst heran.

Der Zug, der nun durch die Vorstädte von Dneprowsk rollte, verlangsamte seine Fahrt. Der junge Mann lag immer noch da und überlegte, während seine Reisegefährtin das Buch beiseite legte und ihre Koffer unter den Sitzen hervorholte.

Und wie stand es um die Effektivität? Seit Jahrtausenden strebten die Menschen danach ... Allerdings, bis zur Mitte des vorigen Jahrhunderts war die Kunst nur wenigen zugänglich gewesen, bis später die Technik ihre Verbreitung ermöglichte: Buchdruck, Lithographie, Ausstellungen, Schallplatten, Film, Rundfunk, Fernsehen – die Information Kunst war jetzt allen erschlossen. Für den modernen Menschen war der Umfang an Information, den er aus Büchern, Filmen, Rundfunksendungen, Illustrierten und aus dem Fernsehen erhielt, mit der Information durch das Leben zu vergleichen, und er war um ein Vielfaches größer als der Umfang der wissenschaftlichen Information. Und weiter? Hm, die Wirkung der Kunst ließ sich nicht mit Apparaten messen und auch nicht experimentell überprüfen. Bliebe also zu vergleichen: Die Wirkung der Wissenschaft und die Wirkung der Künste im letzten halben Jahrhundert. Mein Gott, das läßt sich doch gar nicht miteinander vergleichen!

Der Zug fuhr in den Bahnhof ein, näherte sich den dort Wartenden, den Gepäckträgern und Eisverkäufern. Der junge Mann sprang von der Liege, zog den Rucksack herunter und warf sich den blauen Regenmantel über den Arm. Seine Reisegefährtin mühte sich mit drei großen Koffern ab.

»Sie haben aber viel Gepäck! Ich werde Ihnen helfen.« Der junge Mann griff nach dem größten Koffer.

»Nein, nein, besten Dank!« Die Frau setzte sich blitzschnell auf einen Koffer, stemmte das kräftige Bein auf den zweiten, umklammerte den dritten mit beiden Armen und rief mit weinerlicher Stimme: »Nein, danke, nein, bloß nicht, vielen Dank!«

Sie hob ihr Gesicht, das jetzt gar nicht mehr so hübsch aussah. Ihre Wangen waren nicht rundlich, sondern aufgedunsen, die Augen, nicht blau, sondern wäßrig, sahen ihn feindselig an. Von Brauen keine Spur mehr, nur zwei schweißbedeckte Striche vom Augenbrauenstift. Er spürte förmlich: Machte er jetzt die geringste Bewegung, würde sie um Hilfe rufen.

»Entschuldigen Sie!« Er zog die Hand zurück und ging. Ihn widerte das alles an.

Bitte sehr: Eine Illustration der vergleichbaren Wirkung der alltäglichen Information und der Information durch die Kunst, überlegte er, während er wütend über den Bahnhofsplatz schritt. Wer konnte nicht alles von weither hier angekommen sein: ein Einkäufer, ein Parteifunktionär, ein Sportler, ein Fischer ... Aber sie dachte das Schlimmste, verdächtigte ihn krummer Absichten. Das war das Prinzip spießbürgerlicher Sicherheit: Lieber niemals vertrauen als sich einmal irren. Aber wurden nach diesem Prinzip nicht noch viel schwerwiegendere Irrtümer begangen?

Im Zug hatte er nachgedacht, um sich die Zeit zu vertreiben, jetzt beschäftigte er sich mit den gleichen Gedanken, um sich zu beruhigen.

Natürlich, einem Menschen in einem Buch oder auf der Leinwand vertraut man, verzeiht ihm das Schlechte und liebt ihn für das Gute. Im Leben aber ist alles komplizierter und alltäglicher. Warum sich über das Dämchen aufregen, ich bin ja selbst nicht besser. In einem gewissen dummen Alter habe ich dem eigenen Vater nicht geglaubt. Ich habe ihn geliebt, aber geglaubt habe ich ihm nicht, daß er an der Revolution und am Bürgerkrieg teilgenommen, daß er unter Tschapajew eine Kompanie geführt hatte, mit Lenin zusammengetroffen war ... Angefangen hatte das mit dem Film »Tschapajew«, denn darin war der Vater nicht vorgekommen. Tschapajew und die anderen Helden waren glaubwürdig. Mit lauter Stimme sprachen sie eindrucksvolle, knappe Sätze. Der Vater aber war nicht dabei. Und überhaupt, was für ein Tschapajewkämpfer konnte der Vater schon gewesen sein? Mit der Mutter kam er nicht aus, außerdem nuschelte er, weil er eine Prothese trug, die er über Nacht in ein Glas Wasser legte. Er sprach die Wörter undeutlich (gar nicht wie die im Film) und schwierige auch falsch. 1937 war er zu allem Überfluß auch noch eingesperrt worden. Und als er den Nachbarinnen auf dem Hof einmal erzählte, daß er an der Front unter Kerenski wegen bolschewistischer Agitation zwei geschlagene Stunden in voller Ausrüstung auf der Brustwehr des Grabens habe stehen müssen, daß er als Abgesandter der Frontsoldaten die silbernen Georgskreuze als Spende für dcn Revolutionsfonds zu Lenin in den Smolny gebracht habe und danach, von den Kosaken zum Tode verurteilt, in einem Schuppen schmachtete, umschmeichelten ihn die Weiber und klatschten in die Hände: »Unser großer Held!« Ich aber lachte nur und glaubte ihm kein Wort. Aus dem Kino und aus Rundfunksendungen wußte ich genau, wie Helden aussehen ...

Bei diesen Erinnerungen verzog der Ankömmling das Gesicht. Schließlich war das ja gar nicht mit ihm geschehen, und – was die Hauptsache war – es lag schon lange zurück. Es sah aber doch ganz so aus, als gäbe es auch in der Kunst, in dieser großartigen Methode der Informationsübertragung, einen Fehler. Hatten sich die Menschen einen Film oder ein Theaterstück angesehen, hatten sie ein Buch gelesen, so sagten sie: »Das hat uns gefallen ...« und gingen und lebten weiter, wie sie bisher gelebt hatten. Die einen nicht schlecht, die anderen gerade mal so und wieder andere ganz schändlich. Die Kunstwissenschaftler sahen den Fehler oft beim Empfänger der Information: Das Publikum ist dumm, der Leser ist noch nicht reif ... Machte man sich diesen Standpunkt zu eigen, dann gab man zu, daß man selbst ein Dummkopf war, unmündig und noch nicht reif. Nein, damit konnte er nicht einverstanden sein. Das war keine konstruktive Methode, alles auf die Dummheit und die Unwissenheit der Menschen abzuwälzen. Die Menschen konnten durchaus begreifen und erkennen, in ihrer Mehrheit waren sie keine Dummköpfe und Ignoranten. Also war es doch besser, den Fehler im Verfahren zu suchen, um so mehr, als er dieses Verfahren für die experimentelle Arbeit brauchte.

Der Ankömmling erspähte eine Fernsprechzelle. Zuerst sah er sie wie durch einen Schleier: Was hatte er doch gleich vorgehabt? Nachdem es ihm eingefallen war, seufzte er tief, trat ein und wählte die Nummer des Labors für neue Systeme. Während er wartete, daß sich dort jemand melde, schlug sein Herz heftiger, und sein Mund wurde trocken. Er war aufgeregt, und das war schlecht. Im Hörer ertönte nur das langgezogene Rufzeichen. Nach kurzem Zögern rief er beim Nachtdienst in Institut für Systemologie an: »Bitte, wie kann ich Kriwoscheïn erreichen? Ist er vielleicht auf Urlaub?«

»Kriwoscheïn? Nein. Wer ist denn dort?«

»Falls er heute noch ins Institut kommt, bestellen Sie ihm bitte, ich wäre angekommen, Adam.«

»Adam? Und wie ist der Familienname?«

»Er weiß schon Bescheid. Also vergessen Sie es bitte nicht.«

»In Ordnung. Ich werd's schon nicht vergessen.«

Erleichtert verließ der Ankömmling die Fernsprechzelle. Erst jetzt wurde ihm klar, daß er auf ein Zusammentreffen gar nicht vorbereitet war. Aber daran ließ sich nichts mehr ändern, nun war er einmal hier. Vielleicht war Kriwoscheïn zu Hause?

Er nahm den Obus. Die in blaue Dämmerung gehüllten Straßen der Stadt interessierten ihn nicht. Im Sommer war er weggefahren, und im Sommer kehrte er zurück, alles grünte, nichts schien sich verändert zu haben.

Also, wie könnte man die Information der Kunst in unserer Arbeit nutzen? Kann man sie überhaupt nutzen? Der Jammer ist, daß diese Information weder zur Lebenserfahrung des Menschen noch zu exakten Kenntnissen wird, aber gerade auf Erfahrungen und Kenntnissen bauen die Menschen doch ihre Handlungen auf. Im großen gesehen, müßte es so sein: Hat der Mensch ein Buch gelesen, beginnt er sich selbst und die anderen zu begreifen; hat ein Schuft ein Theaterstück gesehen, ist er entsetzt und wird ein guter Mensch, ein Feigling geht ins Kino und kommt als Held wieder raus. Und das müßte fürs ganze Leben anhalten und nicht nur für fünf Minuten. Wahrscheinlich träumen die Schriftsteller und die Künstler von einer solchen Wirkung ihrer Information. Warum wird bloß nichts draus? Mal überlegen... Die Information der Kunst basiert auf dem alltäglichen Bild. Sie ist konkret, enthält lediglich undeutliche und nicht exakte Verallgemeinerungen, doch sie ist nicht real, sondern nur wahrheitsähnlich. Und das ist wohl ihre Schwäche. Sie kann nicht als wissenschaftlich angesehen werden. Daß der Mensch auf ihrer Grundlage sein Leben projektieren und planen könnte, dafür ist sie nicht allgemein und objektiv genug. Auch im Alltag kann man sich nicht von ihr leiten lassen, eben wegen ihrer Konkretheit, die nie mit dem konkreten Leben des betreffenden Lesers übereinstimmt. Selbst wenn sie übereinstimmte, wer will schon als Kopie leben? Eine Frisur nachahmen – das geht noch an, aber ein in Massenauflage empfohlenes Leben kopieren ... Offenbar ist die Idee der »Erziehung nach literarischen Vorbildern« aus dem Gedanken geboren worden, daß der Mensch vom Affen abstammt und ihm der Hang zum Nachahmen eigen ist. Doch der Mensch ist schon lange Mensch, schon seit Millionen von Jahren. Heute sind ihm Selbstbehauptung und ein originelles Verhalten eigen, er weiß, daß es so richtiger ist.

»Akademgorodok!« krächzte die Stimme des Fahrers im Lautsprecher.

Der Ankömmling stieg aus und merkte sofort, daß er umsonst hergekommen war. Zwei Reihen fünfgeschossiger Standardhäuser, die in der Perspektive zusammenliefen, standen einander mit ihren erleuchteten Fenstern gegenüber. Aber im Haus Nummer 33 brannte in den Eckfenstern des fünften Stocks kein Licht.

Das Gefühl der Erleichterung, daß das unangenehme Zusammentreffen mit Kriwoschein erneut aufgeschoben war, vermischte sich in dem jungen Mann mit Ärger. Er hatte kein Nachtquartier! Mit dem nächsten Obus fuhr er zurück ins Zentrum, klapperte die Hotels ab, natürlich war nirgends mehr ein Bett zu haben.

Wieder überwältigten ihn die Gedanken. Jetzt machten sie ihm das langweilige Suchen nach einem Nachtlager erträglicher.

... und je älter wir werden, desto mehr überzeugen wir uns davon, daß in den vielfältigen Situationen des Lebens die in Büchern beschriebenen oder in Filmen gezeigten Entscheidungen einfach nicht anwendbar sind. Dann fassen wir die Information der Kunst als »Scheinleben« auf, in dem nicht alles stimmt. In ihm kann man ungefährdet riskante Abenteuer erleben, sogar solche mit tödlichem Ausgang, kann Prinzipienfestigkeit zeigen, ohne deswegen im Dienst Unannehmlichkeiten zu haben, kurz gesagt, man kann sich – wenn auch nur für kurze Zeit – als ein ganz anderer fühlen: klüger, schöner, kühner, als man in Wirklichkeit ist. Nicht von ungefähr schwärmen Menschen, die ein gleichförmiges, geregeltes Leben führen, für Abenteuer- und Kriminalromane.

Er erreichte den im Licht der Straßenlaternen und Leuchtreklamen erstrahlenden Marx-Prospekt.

... Und wir applizieren diese großartige Information auf dummes Zeug: verwenden sie zur Unterhaltung, zum Zeitvertreib, oder um ein Mädchen mit einem passenden Gedicht zu bezaubern. Diese Information ist kein eigenes Produkt. Die Entscheidungen wurden nicht selbst getroffen, die Wahrheiten nicht allein gefunden. Bleib ruhig sitzen, sieh zu oder lies, wie hinter einer durchsichtigen Wand ein ausgedachtes Leben abläuft – du bist bloß ein »Informationsempfänger«! Es gab zwar Fälle, da ein »Empfänger« nicht an sich halten konnte und die Handlung beeinflussen wollte. Einmal – das hatte der Vater erzählt – schoß ein Rotarmist in Samara auf den Schauspieler, der in einem Frontstück den Koltschak spielte, und noch früher, in Nishni Nowgorod, verprügelte das Publikum den Darsteller des Jago, weil der so realistisch gespielt hatte ... Die Idee, die durchsichtige Wand zu zerschlagen und Einfluß zu nehmen, ist an sich schon in Ordnung, es ist was dran ...

Ein noch nicht in Worte gefaßter, noch wie eine Vorahnung nebelhafter Gedanke reifte im Kopf des Ankömmlings. In diesem Augenblick aber verspürte er einen leichten Griff an seiner Schulter. Er blickte sich um. Neben ihm standen drei Männer in Zivil. Einer von ihnen hielt ihm eine rote Klappkarte unter die Nase: »Ihre Papiere bitte, Bürger!«

Der Ankömmling zuckte verständnislos die Schultern, setzte den Rucksack ab und holte seinen Ausweis aus der Tasche. Der Milizionär überflog die erste Seite, ließ den Blick vom Foto zum Gesicht des jungen Mannes wandern, dann wieder zurück auf das Foto und gab ihm den Ausweis zurück.

»In Ordnung. Entschuldigen Sie bitte.«

Uff! Der Bursche nahm den Rucksack auf, und bemüht, den Schritt nicht zu beschleunigen, ging er auf das Theaterhotel zu. Ihm war die Laune gründlich verdorben. Er hätte besser doch nicht herkommen sollen!

Die drei Männer traten an den Tabakwarenkiosk. Dort erwartete sie der Milizionär Gajewoi, auch er in Zivil.

»Na, hab ich's nicht gesagt«, meinte er triumphierend.

»Er war's nicht«, seufzte der eine Milizionär. »Irgendein Valentin Wassiljewitsch Kriwoscheïn. Aber dem Foto und der Personenbeschreibung nach gleicht er Krawez wie ein Ei dem anderen.«

»Personenbeschreibung ... Was heißt hier Personenbeschreibung!« schimpfte Gajewoi. »Ich hab ihn doch begleitet. Der hat nicht so graumeliertes Haar, ist zehn Jahre jünger und schmächtiger.«

»Kommt zum Bahnhof, Jungs«, meinte der zweite Milizionär. »Über den Prospekt bummeln – so dumm wird er doch nicht sein!«

Um diese Zeit stahl sich Viktor Krawez tatsächlich durch eine dunkle, verlassene Gasse.

Nachdem er in voller Fahrt aus dem Milizauto gesprungen war, hatte er sich durch den Stadtpark zu den Uferböschungen des Dnepr durchgeschlagen und im Gebüsch den Einbruch der Nacht abgewartet. Er hätte zu gern geraucht, und obendrein hatte er auch noch Hunger. Die tiefstehende Sonne vergoldete den wie mit bunten Pilzen bedeckten Sand der Strandinsel; dort wimmelte es von Badenden. Einen bis zu den Ufern reichenden Wasserschnurrbart hinter sich herziehend, schwamm ein kleiner Schlepper stromaufwärts zum Güterhafen, um einen neuen Kahn ins Schlepp zu nehmen. Unten auf der Uferstraße rauschten Autos und Straßenbahnen.

Fein stehen wir da ... Alles haben wir durchdacht: die Versuchsmethodik, die Varianten des Verfahrens, sogar seinen Einfluß auf die Weltsituation – bloß diese Variante hatten wir nicht vorgesehen. So knallt man aus höchsten Höhen mit der Schnauze in den Dreck: Forscher werden zu Verbrechern! Mein Gott, was ist das für eine Arbeit: ein mißlungener Versuch, und alles ist futsch. Ich bin auf dieses Spiel mit Untersuchungsführern und Sachverständigen überhaupt nicht vorbereitet, müßte erst in Bibliotheken rennen und das Strafgesetzbuch und – was gibt's denn da noch? –, ach ja, die Strafprozeßordnung studieren. Ich kenne die Spielregeln nicht und könnte das Spiel verlieren. Eigentlich habe ich es schon so gut wie verloren. Bibliotheken ... von was für einer Bibliothek kann jetzt noch die Rede sein!

Die Kühltürme des Kraftwerks am diesseitigen Dneprufer stießen dichte Dampfwolken aus, als produzierten sie Wolken, die fast an die Sonne stießen.

Was jetzt tun? Zurück zur Miliz, »freimütig« alles gestehen und das verraten, was wir wie unseren Augapfel gehütet haben? Und das nicht, um die Arbeit zu retten, sondern sich selbst? Denn die Arbeit läßt sich damit nicht retten. Innerhalb von zwei, drei Tagen wird im Labor alles verfaulen, und nichts wird sich mehr beweisen lassen, niemand wird mir glauben und niemand erkennen, was dort geschehen ist. Mich selbst rette ich damit auch nicht. Kriwoscheïn ist tot, und ich habe ihn auf dem Gewissen ... Zu Asarow gehen, ihm alles erklären? Ihm kann man jetzt nichts erklären. Für den bin ich jetzt kein Praktikant mehr, sondern eine zweifelhafte Person mit gefälschten Papieren. Natürlich hat man ihn von meiner Flucht informiert, und als loyaler Verwaltungsmensch muß er mit der Miliz zusammenarbeiten. Da ist es, das Problem der Menschen, in seiner ganzen Größe. Daher rühren all unsere Nöte. Genauer gesagt daher, daß wir uns unter keinen Umständen damit abfinden wollten, es im Labor nicht lösen zu können. Wir, die wir solche Ergebnisse erzielt haben! Wir, die wir ungeahnte Möglichkeiten für die Informationssynthese in den Händen hatten! Alles ist hin. Es ist an der Zeit, sich einzugestehen, daß wir diesem Problem nicht gewachsen sind, und was für einen Sinn hätte dann alles andere noch?

Die Sonne ging unter. Krawez erhob sich, klopfte sich die Grashalme von der Hose und folgte dem ansteigenden Weg, ohne zu wissen, warum und wohin. In der Hosentasche klimperte Kleingeld. Er zählte es. Für ein Päckchen Zigaretten und ein frugales Abendessen würde es reichen. Und weiter? Zwei Studentinnen, die sich auf einer Bank im Grünen niedergelassen hatten, um sich auf die Prüfungen vorzubereiten, musterten interessiert den gutaussehenden jungen Mann, schüttelten, sündige Gedanken verjagend, den Kopf und vertieften sich wieder in ihre Konspekte. Hm, er würde schon nicht vor die Hunde gehen. Ob er zu Lena ging? Aber sie stand sicher auch unter Beobachtung, man würde ihn schnappen ...

Der Weg mündete in eine stille, menschenleere Gasse. Zweige, übersät mit Kirschen im ersten Rot, hingen über die Zäune. Am Ende der Straße flammte eine von der untergehenden Sonne rötlich gefärbte Wolke.

Es dunkelte rasch. Die Abendkühle drang durch das Hemd, das er über dem bloßen Körper trug. Am anderen Straßenende, einen Wohnblock von ihm entfernt, tauchten zwei Männer mit Schirmmützen aus dem Halbdunkel. Miliz! Krawez rannte in eine Seitenstraße. Als er den nächsten Block erreicht hatte, blieb er stehen, um zu verschnaufen.

Aus! Zwanzig Jahre lang hatte er vor niemandem weglaufen, sich nicht wie ein Dreikäsehoch aus einem fremden Garten davonstehlen müssen. In seiner Hilflosigkeit und Demütigung überkam ihn unbändiges Verlangen nach einer Zigarette. Das Spiel war aus! Das mußte man sich in aller Deutlichkeit sagen und aussteigen. Rette sich, wer kann! Schließlich hatte jeder von ihnen schon mal den Wunsch verspürt, davonzulaufen, auszusteigen. Jetzt war er eben an der Reihe, hol's der Kuckuck! Was blieb ihm anderes übrig?

Die Seitenstraße führte in blauschimmernden Lichterschein, bei dessen Anblick Viktor ein nagendes Hungergefühl überkam. Vierundzwanzig Stunden hatte er nichts mehr gegessen. Er würde hinübergehen und dort etwas essen. Auf dem Marx-Prospekt würde ihn wohl kaum jemand suchen.

In mächtigen Bögen reckten Betonmaste ihre Schlangenköpfe mit den Gasleuchten über den Asphalt. In den Schaufenstern standen elegante Puppen zwanglos herum, funkelten Rundfunkgeräte, Fernsehapparate, Kochtöpfe, zielten die silbernen Mündungen der Champagnerflaschen auf die Fußgänger, waren Konservenbüchsen spiralenförmig zu mächtigen Bergen aufgetürmt. Unter einer tanzenden Lichtreklame (»Das alles ist für nur dreißig Kopeken zu gewinnen!«) prunkten ein Kühlschrank Marke »Dnepr«, ein Tonbandgerät »Dnepr-12«, eine Dnipro-Nähmaschine und ein PKW »Slawutitsch-409«. Sogar die gestutzten Linden entlang den breiten Bürgersteigen wirkten wie Industrieerzeugnisse.

Viktor geriet ins dichteste Gedränge, das sich über drei Wohnblocks vom Restaurant »Dynamo« bis zum Filmtheater »Dnepr« erstreckte. Massen von Spaziergängern. Junge Bohemiens mit schlaksigem Gang und glasigen Augen. Gesittete ältere Ehepaare. Junge Stutzer, die, einen Arm um den Hals der Freundin gelegt, dem Stadtpark zustrebten. Burschen, die ihre Haartollen bis über die Augen gekämmt hatten und weiter nichts konnten, als »hinter den Weibern herzulaufen«. Die Mädchen trugen die verschiedensten Frisuren zur Schau. Frisuren à la »vom Typhus genesen«, »nach einem Frauenringkampf«, »liebe mich meines Charakters wegen« und andere Meisterwerke der Frisierkunst. Einsame junge Leute, die, von Verlangen und Hemmungen geplagt, umherirrten.

Krawez bewegte sich zunächst vorsichtig, doch allmählich packte ihn die Wut: Da bummeln sie nun auf und ab, wollen sich zeigen und die anderen begaffen, als wäre für sie die Zeit stehengeblieben, als wäre nichts geschehen. Solche sind auch früher schon über die Gubernatorskaja gebummelt, die hölzernen Bürgersteige bogen sich unter ihnen, wenn sie den wild dahinjagenden Kutschen nachgafften oder einander mit Blicken taxierten. Auch nach dem Krieg sind sie hier auf und ab gebummelt, von den Überresten des »Dnepr«-Kinos bis zur Ruine des »Dynamo«, und haben unter den trüben Straßenlaternen Sonnenblumenkerne geknabbert. Der Prospekt wurde asphaltiert, mit vielstöckigen Häusern aus Beton, Aluminium und Glas gesäumt, strahlend illuminiert, Bäume und Blumen wurden gepflanzt, sie aber flanieren, als wäre nichts geschehen, kauen Sahnebonbons, lauschen im Gehen den Klängen ihrer Kofferheulen, quatschen, kurz, sind ein Beweis dafür, daß der spießbürgerliche Geist nicht auszurotten ist! Sich selbst zur Schau stellen, andere begaffen, andere begaffen, sich selbst zur Schau stellen. Ein bißchen flanieren, ins Automatencafé gehen, sich an Piroggen und

Mineralwasser gütlich tun, flanieren, in der eleganten Toilette hinter dem Postamt verschwinden, die Notdurft verrichten, flanieren, anbändeln, bekannt werden, flanieren ... ein Parasitendasein.

Er machte einen Bogen um die Menge, die sich an der Kreuzung Marx-Prospekt/Engelsstraße vor einem neuen Lotterieautomaten staute. Der Automat ließ Musik erklingen, forderte mit Radiostimme zum Mitspielen auf, drehte für zwei 15-Kopeken-Stücke wie von Sinnen das Rad aus Nickel und Glas und spuckte ein »Glückslos« aus.

Krawez knirschte mit den Zähnen: Wir überhebliche Idioten wollten die Menschen allein mit der Labortechnik ummodeln! Was soll aus diesen Spießern werden? Was hat sich für sie dadurch verändert, daß die Kutschen von Taxis abgelöst wurden, die Harmonikas von Tonbandgeräten, Gesprächen »von Mund zu Ohr« von Telefonen, Galoschen von synthetischen Mänteln? Früher haben sie um den Samowar gehockt, heute verbringen sie die Abende vor dem Fernseher.

Aus der Menge drangen Satzfetzen an sein Ohr: »Unter uns gesagt: Mann ist Mann und Frau ist Frau!« – »... Er sagt: ›Valja!‹ Ich: ›Nein!‹ Er: ›Ljussja?‹ Ich: ›Nein!‹ Er: ›Sonja?‹ Ich: ›Nein!‹« – »Abram ist auf Dienstreise, und seine Frau ...« – »Lernt es, Mädchen, dem Augenblick zu leben!«

Was veränderte sich schon durch den Fortschritt von Wissenschaft und Technik? Nun, die Schaufenster würden brechend voll sein von synthetischen Pelzen, von ewig laufenden Atomarmbanduhren, von Halbleiterkühlschränken und Miniaturradios ... Bürgersteige in Form von Fließbändern aus lumineszierender Plaste würden die Spaziergänger vom riesigen Cinerama »Dnepr« zum Automatenrestaurant »Dynamo« befördern, ohne daß sie einen Schritt tun müßten. Die Menschen würden mit Mikrofunksprechgeräten spazierengehen und, ohne den Kopf der Gesprächspartnerin zuzuwenden und die Stimmbänder anzustrengen, immer die gleichen langweiligen Gespräche führen: »Unter uns gesagt: Roboter ist Roboter und Entresol ist Entresol!« – »Abram ist in der Antiwelt, und seine Frau ...« – »Lernt es, der Mikrosekunde zu leben!«

An der Ecke würde ein Automat Ansichtskarten von der Venus verkaufen: Das Bild eines Raumschiffhafens auf der Venus, umrahmt von Turteltauben ...

An Krawez promenierte Garri Charitonowitsch Chilobok vorbei. An seinem Arm hing ein lächelndes Zierpüppchen. Der Dozent unterhielt sich mit ihr und bemerkte nicht den flüchtigen Studenten, der rasch in den Schatten einer Linde sprang. Krawez grinste. Chilobok hatte also schon wieder eine Neue. An einem Kiosk kaufte sich Krawez Zigaretten, steckte sich eine an und ging weiter. Er hatte solche Wut im Bauch, daß ihm der Hunger vergangen war. Sollte er in die Fänge der Miliz geraten, würde es eine großartige Schlägerei geben.

Auch im Theaterhotel war nichts frei. Der Ankömmling ging den Prospekt entlang, wandte sich dem Haus des Kolchosbauern zu und musterte finster die flanierende Menge. In allen Städten der Welt gibt es Straßen, wo man abends promeniert – Massen, Kollektive von einzelnen. Sich zeigen, andere begaffen, andere begaffen, sich zeigen. Der Planet wankt unter ihren Füßen, aber sie bummeln und bummeln. Was zieht sie nur hierher? Vielleicht eine Art kollektiver Instinkt, wie es den Buckellachs an die Laichplätze zieht? Andere wieder hocken vor ihren Fernsehgeräten, spielen im Hof Domino, bauen in vollgequalmten Zimmern Luftschlösser oder drängeln sich auf Tanzböden ... Wie viele gibt es, die sich selber zum Dahinvegetieren verurteilen? Wir können was, verdienen nicht schlecht, also laßt uns in Ruhe! – Einzelgänger, die Angst vorm Alleinsein haben, die angesichts der Kompliziertheit des Lebens den Kopf in den Sand stecken ... Solche erinnern sich dann einer rettenden Regel: Soll's dir wohl ergehn im Leben, mußt du dich wie alle geben. Da bummeln sie, gucken, was die anderen machen, und erwarten eine Offenbarung.

Von dem strahlenden, prächtigen Prospekt verdrängt, wanderte der Mond hinter den transparenten Wolken über den Himmel. Niemand nahm von ihm Notiz.

... In ihrer Jugend hatten auch sie von einem lichten, interessanten, weltoffenen Leben geträumt. Es gibt keinen Menschen, der nicht davon geträumt hätte. Und heute träumen sie süß und kraftlos. Woran liegt das bloß? Hat ihre innere Kraft nicht ausgereicht, den Traum ins Leben zu übertragen? Wozu auch? Wozu träumen und starken Gefühlen Raum geben, weiß man denn, wohin das führt? Statt dessen kann man sich mit käuflichen Gefühlen begnügen, kann ohne Gefahr an Gelagen fremder, ausgedachter Helden teilnehmen! Und hat man genug gezecht, hat man seine inneren Kräfte verzettelt, reicht der Rest gerade noch für einen Bummel über den Prospekt.

Der Dozent Chilobok kam mit einem Mädchen vorbei. Er hat schon wieder eine andere! dachte der Ankömmling, ihm nachblikkend. Sollte er ihm folgen und sich nach Kriwoscheïn erkundigen? Lieber nicht, Chilobok ging man besser aus dem Weg.

Der Ankömmling und Krawez betraten das gleiche Viertel.

Da haben sich nun, dachte Krawez, einst die Menschenaffen in zwei Gruppen geteilt: die einen ergriffen Steine und Stöcke, fingen an zu arbeiten und zu denken, während die anderen weiter auf den Ästen schaukelten. Ein neuer Übergangsprozeß auf der Erde setzte ein, stürmischer und gewaltiger als die prähistorische Vereisung, die Welt machte einen Sprung in einen neuen qualitativen Zustand. Aber was interessiert die das schon? Sie sind zu gern bereit, weiter über den Prospekt zu bummeln, und vor den Fernsehern hocken sie nur, um ihre simplen Bedürfnisse zu befriedigen! Was interessieren sie schon die Möglichkeiten der Wissenschaft, der Technik, der Produktion? Was interessiert sie unsere Arbeit? Man kann den Verstand mehren, die Geschicklichkeit, die Arbeitsfähigkeit erhöhen, und was weiter? Sie werden lernen, nicht um des Lernens willen und um ihre Wißbegier zu befriedigen, sondern um für ihr Wissen und für eine leichte Arbeit mehr Geld zu bekommen, um die anderen auf Grund ihrer guten Kenntnisse überflügeln zu können. Sie werden alles mögliche kaufen und horten, damit man ihren Erfolg auch ja bemerkt und sie ihre innere Verödung mit Geschäftigkeit ausfüllen können; und für eventuelle Notzeiten. Diese Notzeiten brauchen gar nicht zu kommen, doch einstweilen sind ihretwegen alle Tage grau. Wie langweilig! Ich werde nach Wladiwostok fahren! Aus freien Stücken, bevor man mich von Amts wegen dorthin schafft. Auch die Arbeit ist für sie eintönig und kann ihnen nicht helfen, denn um eine *solche* Möglichkeit nutzen zu können, bedarf es hoher Ziele, geistiger Kräfte, ist Selbstzufriedenheit fehl am Platze. Sie aber sind nur mit ihrer Umgebung unzufrieden, mit ihren Bekannten, ihrem Leben, mit der Regierung, mit allem möglichen, nicht aber mit sich selbst. Ach, sollen sie doch, da ist die Wissenschaft machtlos.

In diesem Moment trennte die beiden nur noch das Gebäude des Hauptpostamts.

Krawez' Zorn legte sich. Zurück blieb so etwas wie Unbehagen den Menschen gegenüber, die an ihm vorbeigingen.

Jemand hat einmal gesagt: Niemand verachtet die Masse so sehr wie der Durchschnittsmensch, der sich über sie erhebt. Wer war das nur? Er runzelte die Stirn. Halt, ich selbst habe das gesagt, über einen anderen. Selbstverständlich über einen anderen, nicht über mich. Er war sich plötzlich selbst zuwider. Aber wenn ich auf ihnen herumtrample, trample ich doch auch auf mir selber herum. Vor kurzem war ich noch wie sie... Moment mal! Will ich mich vielleicht reinwaschen und türmen? Und damit das nicht so peinlich ist, damit ich meine Selbstachtung nicht verliere, errichte ich mir dafür ein ideologisches Fundament? Ich habe niemanden verraten, alles ist in bester Ordnung, die Wissenschaft ist da machtlos. Mein Gott, wie skrupellos sind doch die Gedanken eines Intellektuellen! (Das habe ich übrigens auch über einen anderen gesagt oder gedacht. Alle Wahrheiten wendet man auf andere an, so läßt sich's besser leben.) Ich selbst bin doch dieser Intellektuelle. Alles trifft auf mich zu: die Verachtung der Masse, theoretische Gedankenspielerei. Er errötete, sein Gesicht wurde heiß. So weit kann einen also ein Mißerfolg bringen. Na schön, aber was soll ich machen?

Plötzlich schienen seine Füße am Asphalt festzukleben. Mit großen Schritten kam ihm ein junger Mann entgegen. Er hatte einen Rucksack auf dem Rücken und einen Regenmantel über dem Arm. Adam?! Krawez erschauerte, das Herz rutschte ihm in die Hose, als näherte sich ihm nicht ein Mensch, sondern das leibhaftige böse Gewissen. Adams Augen waren nachdenklich und zornig, seine Mundwinkel waren mißmutig herabgezogen. Gleich würde er ihn erblicken und alles erfahren. Krawez wandte den Kopf ab, um sich nicht zu verraten, aber die Neugier war stärker. Er maß den anderen mit einem vollen Blick. Nein, Adam glich nicht mehr dem »Sklaven«, da kam ein selbstbewußter, kräftiger, entschlossener Mann daher. Krawez erinnerte sich: der wuschelige Kopf vor den düsteren Tapeten, die weit aufgerissenen, haßerfüllten Augen, die hocherhobene gußeiserne 5-kg-Hantel.

Der Ankömmling ging an ihm vorbei. Natürlich, wie soll er mich auch erkennen? dachte Krawez erleichtert. Aber warum ist er zurückgekommen? Was will er denn noch hier?

Er folgte dem sich in der Menge entfernenden jungen Mann. Sollte er ihn einholen und ihm alles erzählen? Vielleicht konnte er ihm helfen. Lieber nicht, er wußte ja nicht, warum Adam zurückgekehrt war. Wieder packte ihn die Verzweiflung. Aus mit der Arbeit, aus mit dem Experimentieren, hol's der Teufel! Sie hatten Angst voreinander! Halt, es gab doch noch eine Möglichkeit! Aber ob die was half? Krawez biß sich angestrengt nachdenkend auf die Lippen.

Adam war unter den Spaziergängern verschwunden.

Krawez schüttelte den Kopf. Genug der Quälerei. Ich darf nicht weglaufen, ich muß unsere Arbeit retten.

Er holte sein Geld aus der Tasche, zählte es, schluckte den Speichel hinunter, der ihm vor Hunger im Mund zusammengelaufen war, und betrat das Postamt. Für ein kurzes Telegramm reichte sein Geld noch: »Kriwoschein, Moskau, Staatliche Universität, Biologische Fakultät. Nimm das nächste Flugzeug und komm. Valentin.«

Nachdem Viktor das Telegramm aufgegeben hatte, ging er auf den Prospekt hinaus und bog an der nächsten Ecke in die Straße ab, die zum Institut für Systemologie führte. Als er ein Stück gegangen war, schaute er sich um, ob ihm auch niemand folge. Die Straße lag verlassen da, nur vom Kaufhaus blickte neben der rosafarbenen arschingroßen Leuchtschrift »Bring dein Geld zur Sparkasse« das Bild einer schönen Frau auf ihn herab. Sie hielt ein Sparbuch in der Hand, und ihre Augen verhießen dem Zärtlichkeit, der dieser Aufforderung nachkam.

Über dem Fenster der Portierloge im Haus des Kolchosbauern stand geschrieben:

Übernachtung pro Person 60 Kop.

Übernachtung pro Pferd 1 R. 20 Kop.

Der Ankömmling aus Wladiwostok seufzte und reichte seinen Paß durchs Fenster: »Zu sechzig bitte.«

Viertes Kapitel

Unmögliches ist unmöglich. So ist es beispielsweise unmöglich, sich schneller fortzubewegen als das Licht. Und wenn es möglich wäre, lohnte sich denn die Mühe? Es wird doch ohnehin niemand sehen, und niemand wird es zu schätzen wissen.

Ingenieur K. Prutkow,
Sentenz Nr. 17

Am Morgen des nächsten Tages übergab der Diensthabende im städtischen Milizamt Untersuchungsführer Onissimow einen Bericht des Milizionärs, der das versiegelte Labor bewacht hatte. In der Meldung hieß es, nachts, zwischen 1 und 2 Uhr, habe ein Unbekannter in hellem Hemd versucht, durchs Fenster in das Labor einzusteigen. Der Anruf des Milizionärs habe ihn erschreckt, er sei vom Fensterbrett gesprungen und im Park verschwunden.

»Klar!« Zufrieden rieb sich Onissimow die Hände. »Den Täter zieht es an den Tatort zurück!«

Am Tag vorher hatte er Vorladungen für den Bürger Asarow und die Bürgerin Kolomijez verschickt. Onissimow rechnete nicht damit, daß Akademiemitglied Asarow in seinem Arbeitszimmer erscheinen werde. Die Quittung über die Zustellung der Vorladung war für ihn lediglich so etwas wie eine Rückversicherung, falls er sie einmal nötig haben sollte. Jelena Iwanowna Kolomijez, die Ingenieurin aus dem Konstruktionsbüro, das neben dem Institut für Systemologie lag, kam pünktlich um zehn.

Als sie eintrat, begriff Onissimow den Sinn der kurvenförmigen Handbewegung Chiloboks. Ist die aber schön, notierte Onissimow im stillen. Nichts in ihrem Gesicht war ungewöhnlich – weder ihr dunkles Haar oder die leicht nach oben geschwungene Nase noch das Oval des Gesichts; alles zusammengenommen aber wirkte so harmonisch, daß man sich an dem untrüglichen Gefühl der Natur für Proportionen einfach erfreute und dieses Gefühl bewunderte, ohne es zu analysieren.

Onissimow rief sich das Äußere des verstorbenen Kriwoscheïn ins Gedächtnis und verspürte so etwas wie rein männlichen Unwillen. Chilobok hatte schon recht gehabt, die beiden hatten wirklich nicht zueinander gepaßt. Was sie nur an ihm gefunden hatte? Sollte sie etwas Festes gesucht haben? Oder einen Mann mit gutem Verdienst? Wie die meisten Männer, deren Äußeres und deren Alter sie nicht auf Erfolge in der Liebe hoffen ließen, hatte Onissimow von schönen Frauen keine hohe Meinung.

»Nehmen Sie doch bitte Platz. Sagt Ihnen der Name Valentin Wassiljewitsch Kriwoscheïn etwas?«

»Ja.« Sie hatte eine wohltönende Altstimme.

»Und der Name Viktor Vitaljewitsch Krawez?«

»Viktor? Ja.« Sie lächelte und entblößte dabei ihre ebenmäßigen Zähne. »Ich habe nur nicht gewußt, daß sein Vatersname Vitaljewitsch ist. Worum geht's denn?«

»Was können Sie uns über die Beziehungen zwischen Kriwoscheïn und Krawez sagen?«

»Nun, sie haben zusammen gearbeitet. Viktor ist wohl ein entfernter Verwandter von Val ... von Kriwoscheïn. Meiner Meinung nach waren sie eng miteinander befreundet. Was ist denn geschehen?«

»Jelena Iwanowna, hier stelle ich die Fragen.« Onissimow rechnete damit, daß sie, war sie erst aus dem seelischen Gleichgewicht geraten, mehr sagen würde. So hatte er es nicht eilig, ihr die Lage zu erläutern. »Stimmt es, daß Sie Kriwoscheïn ... ziemlich nahestanden?«

»Ja.«

»Aus welchem Grund sind Sie auseinandergegangen?«

Ein kalter Blick trat in ihre Augen, rote Flecke traten auf ihre Wangen und verschwanden wieder.

»Das hat mit der Sache nichts zu tun.«

»Woher wollen Sie eigentlich wissen, was mit der Sache zu tun hat und was nicht?« Onissimows Stimme klang gereizt.

»Weil ... das mit keiner Sache etwas zu tun haben kann. Wir haben Schluß gemacht, das ist alles!«

»Klar. Na schön, lassen wir diese Frage einstweilen. Sagen Sie, wo hat Krawez eigentlich gewohnt?«

»Im Wohnheim für junge Spezialisten in Akademgorodok, wie alle anderen Praktikanten auch.«

»Warum hat er nicht bei Kriwoscheïn gewohnt?«

»Keine Ahnung. Sicher war es für beide so bequemer.«

»Und das trotz Verwandtschaft und Freundschaft? Klar. Und wie verhielt sich Krawez Ihnen gegenüber, interessierte er sich für Sie?« Onissimow bemühte sich, soviel wie möglich aus seiner Version herauszuholen.

»Das tat er . . .« Sie biß sich sofort auf die Lippen, aber sie konnte das Gesagte nicht mehr zurücknehmen. »Ich denke, das täten Sie auch, wenn ich es Ihnen gestattete.«

»Aha! Und ihm haben Sie es also gestattet? Sagen Sie, war Kriwoscheïn eifersüchtig auf Krawez?«

»Möglich. Ich verstehe bloß nicht, was Sie das angeht?« Die Frau maß den Untersuchungsführer mit einem wütenden Blick. »Was sollen diese Anspielungen? Was ist geschehen? Nun reden Sie schon!«

»Immer mit der Ruhe, Bürgerin!«

Sollte er ihr sagen, worum es ging, war das angebracht? Ob sie mit drin hing? Sie war schön, konnte einem Mann schon den Kopf verdrehen. Aber das war nicht das richtige Milieu für ein Verbrechen mit sexuellem Hintergrund. Ein Wissenschaftler verliert nicht einer Frau wegen den Kopf. Vielleicht Krawez . . .

Das Schrillen des Telefons unterbrach Onissimows Überlegungen. Er nahm den Hörer ab. »Hier Onissimow.«

»Wir haben den Gesuchten gefunden, Genosse Hauptmann«, meldete ein Milizionär. »Wollen Sie herkommen?«

»Selbstverständlich!«

»Wir erwarten Sie am Flughafen, unser Wagen hat das Kennzeichen 57–28 DNA.«

»Klar!« Onissimow stand auf und maß die Kolomijez mit einem freundlichen Blick. »Wir reden ein andermal weiter, Jelena Iwanowna. Geben Sie her, ich zeichne die Vorladung ab. Machen Sie sich nicht den Kopf schwer und seien Sie nicht beleidigt, wir haben eben alle Nerven, ich genauso wie Sie . . .«

»Aber was ist denn passiert?«

»Das werden wir noch sehen. Vorläufig kann ich Ihnen nichts sagen. Alles Gute!«

Onissimow begleitete die Frau zur Tür, holte seine Pistole aus dem Tischkasten, schloß das Zimmer ab und eilte auf den Innenhof der Milizstation zum Einsatzwagen.

Pünktlich um 13 Uhr rollte eine schneeweiße IL an den Flugsteig, und eine hohe hellblaue Gangway wurde an die Ausstiegsluke geschoben. Ein untersetzter, stämmiger Mann, der eine enge grüne Hose und ein buntes Campinghemd trug, kam als erster die Gangway herab und schritt, eine bunte Reisetasche schwenkend, über die sechseckigen Betonplatten zur Barriere. Er ließ den Blick über die Menge der Wartenden gleiten, und als er den Gesuchten entdeckt hatte, stürzte er auf ihn zu.

»Grüß dich! Was soll diese Eile in der Ferienzeit, dein Telegramm: Nimm das nächste Flugzeug?! Laß dich anschauen. Siehst gut aus. Das macht schon was aus, wenn man sich ein Jahr nicht gesehen hat. Jetzt kommt mir dein Gesicht geradezu edel vor, sogar deine Kinnladen kann ich anschauen, ohne daß es mich reizt . . .«

»Auch du hast dich bei der Aspirantenverpflegung ganz schön rausgemacht.« Der Abholende musterte ihn mit einem kritischen Blick. »Bist voller geworden.«

»Ach, Bruder, ich bin nicht voller geworden, das ist eine informatorisch-dingliche Reserve. Erzähl ich dir später, vielleicht führe ich es dir auch mal vor. Das ist eine regelrechte Umwälzung, Valka. Aber jetzt bist du an der Reihe: Warum hast du mich vorzeitig hergeholt? Moment mal«, der Ankömmling zog ein Notizbuch aus der Tasche und entnahm ihm mehrere rote Scheine. »Da hast du das Geld zurück.«

»Was für Geld?« Der andere schob die Scheine zurück.

»Du meine Güte.« Der Ankömmling hob protestierend die Hand. »Das kennen wir: der zerstreute Wissenschaftler, unter dessen Würde es ist, solche prosaischen Dinge zu behalten. Tu bloß nicht so, ich kenne dich doch: Du vergißt nicht mal fünfzig Kopeken, die du jemandem gepumpt hast. Nimm das Geld und laß das Affentheater!«

»Aber nein«, der andere lächelte mild, »du schuldest mir nichts. Weißt du . . .« Er stockte unter dem aufmerksamen Blick des Ankömmlings.

»Was ist das für eine Teufelei?!« stieß jener verblüfft hervor. »Färbst du dir etwa das Haar? Und die Narbe? Die Narbe über der rechten Braue, wo ist sie?« Seine Stimme sank plötzlich zu einem Flüstern herab. »Bürschchen, wer bist du eigentlich?«

Um diese Zeit hatte sich die Menge der mit dem Moskauer Flugzeug Eingetroffenen und jener, die sie abgeholt hatten, zerstreut. Fünf Männer, die niemanden abgeholt hatten und die sich auch nicht beeilten, den Flugplatz zu verlassen, warfen ihre Zigaretten weg und umringten die beiden schnell.

»Ruhe bewahren!« rief Onissimow, während er sich zwischen den »Laboranten« und den Ankömmling schob, der ihn mit weit aufgerissenen Augen anschaute; die Faust des Mannes umklammerte immer noch das Geld. »Beim Versuch, Widerstand zu leisten, wird von der Waffe Gebrauch gemacht.«

»Oho!« Der verdutzte Fluggast trat einen Schritt zurück, aber da wurde er auch schon an den Ellenbogen gepackt.

»Nicht ›Oho!‹, sondern die Miliz, Bürger ... Kriwoscheïn, wenn ich nicht irre?« Onissimow setzte sein freundlichstes Lächeln auf. »Wir müssen auch Sie festnehmen. Bringt sie zu den Wagen!«

Viktor Krawez, der es sich auf dem Rücksitz des »Wolga« zwischen Onissimow und dem Milizionär Gajewoi bequem gemacht hatte, lächelte müde und zufrieden.

»Wenn ich an Ihrer Stelle wäre, würde mir das Lachen vergehen«, bemerkte Onissimow. »Solche Faxen wirken strafverschärfend.«

»Strafe hin, Strafe her«, Krawez winkte gelassen ab. »Hauptsache, ich habe den richtigen Zug gemacht.«

»Nie hätte ich gedacht, daß meine Rückkehr mit einem kriminalistischen Zwischenspiel beginnen würde!« meinte der Fluggast, als er in Onissimows Zimmer geführt wurde. »Nun ja, einmal im Leben ist das wohl ganz interessant.«

Ohne eine Aufforderung abzuwarten, setzte er sich und sah sich um. Stumm nahm Onissimow ihm gegenüber Platz; in ihm rangen widersprüchliche Empfindungen: Genugtuung – »War das ein Erfolg! Gleich zwei auf einen Streich, scheint, als wären wir auf der richtigen Spur!« – und Verblüffung. Bisher basierten die Untersuchungen auf der Annahme, daß Kriwoscheïn im Labor umgekommen oder getötet worden war. Jetzt aber ... Onissimow musterte den Festgenommenen aufmerksam: die fliehende Stirn, die stark hervortretenden Jochbögen, die rötlich-violette Narbe über der rechten Braue, das sommersprossige Gesicht mit den vollen Wangen, die dicke Stupsnase, das kurzgeschnittene rötliche Haar – kein Zweifel, vor ihm saß Kriwoscheïn! Aber wer war dann umgebracht worden? Nun, er würde der Sache schon auf den Grund kommen.

»Und was soll das bedeuten?« Kriwoscheïn wies auf die vergitterten Fenster. »Soll einem etwa das Geständnis erleichtert werden?«

»Nein, hier war früher ein Großhandelslager. Daher die Gitter.«

Onissimow fiel ein, daß am Vortag die Vernehmung des »Laboranten« mit einer ähnlichen Rede und Gegenrede begonnen hatte, und er griente über diese merkwürdige Duplizität. »Nun, wie geht's, Valentin Wassiljewitsch?«

»Danke der Nachfrage... Entschuldigen Sie, ich kenne Ihren Namen nicht – ich kann nicht klagen. Und wie geht's Ihnen?«

»Danke gleichfalls«, der Untersuchungsführer nickte. »Obwohl mein Befinden in keiner unmittelbaren Beziehung zur Sache steht.«

Sie lächelten einander breit und gespannt an wie zwei Boxer vor dem Kampf.

»Folglich hat das meine etwas damit zu tun? Ich dachte schon, es sei bei Ihnen üblich, sich nach dem Befinden der Fluggäste zu erkundigen, die Sie aus nichtigem Anlaß auf dem Flughafen schnappen. Also, in welcher Beziehung steht mein Gesundheitszustand zu Ihrer Sache?«

»Wir schnappen nicht, Bürger Kriwoscheïn, wir nehmen fest«, korrigierte Onissimow bissig. »Und Ihr Gesundheitszustand interessiert mich durchaus gesetzlich, da mir ein ärztliches Gutachten und Zeugenaussagen vorliegen, die besagen, daß Sie – eine Leiche sind.«

»Ich – eine Leiche?« Kriwoscheïn schaute sich mit gespielter Ruhe um. »Nun ja, wenn Ihnen solche Aussagen vorliegen, dann bringen Sie mich doch in den Sektionssaal.« Plötzlich besann er sich, und sein Lächeln erstarrte. Er musterte Onissimow finster und beunruhigt. »Hören Sie, Genosse Untersuchungsführer, falls Sie scherzen, dann ist das aber ein ziemlich schlechter Scherz! Was für eine Leiche soll das sein?«

»Aber ich bitte Sie, das ist kein Scherz!« Onissimow machte eine beschwörende Geste. »Vorgestern wurde Ihr Leichnam im Labor aufgefunden, ich habe ihn selbst gesehen, das heißt nicht Ihren natürlich, da Sie ja bei bester Gesundheit sind, sondern den eines Mannes, der Ihnen sehr ähnelt. Alle haben die Leiche als die Ihre identifiziert.«

»Na, das ist doch...« Kriwoscheïn beugte sich vor und fuhr sich mit den Händen über die Wangen. »Können Sie mir die Leiche zeigen?«

»Sie wissen sicher am besten, daß das nicht möglich ist, Valentin Wassiljewitsch. Sie hat sich doch in ein Skelett verwandelt. Ein schlechter Streich war das, und er wird ein böses Nachspiel haben.«

»In ein Skelett?« Kriwoscheïn hob den Kopf, in seinen grünbraungesprenkelten Augen lag Verwirrung. »Wie? Wo?«

»Am Tatort – falls Sie von mir noch weitere Erläuterungen verlangen sollten«, sagte Onissimow mit Nachdruck. »Vielleicht können Sie mir das alles viel besser erklären?«

»Eine Leiche, aus der ein Skelett geworden ist...«, murmelte Kriwoscheïn, während er nachdenklich die Brauen hob. »Vielleicht ist alles halb so schlimm! Er hat die Zeit hier nicht nutzlos verbracht. Anscheinend ist ihm ein Fehler unterlaufen. Hol's der Teufel, und ich hab schon...!« Er faßte sich wieder und musterte den Untersuchungsführer mit einem vorsichtigen Blick. »Sie bringen mich ganz schön durcheinander, Genosse, und ich weiß gar nicht, wieso. Leichen verwandeln sich nicht so ohne weiteres in Skelette, davon versteh ich schon ein bißchen. Und dann: Wie wollen Sie beweisen, daß das meine Leiche war, das heißt die Leiche eines mir ähnelnden Mannes, wenn es gar keine Leiche gibt? Da stimmt doch was nicht!«

»Gut möglich. Deshalb möchte ich ja, daß Sie Licht in die Sache bringen. Vor allem, weil die Geschichte in Ihrem Labor passiert ist.«

»In meinem...? Hm«, Kriwoscheïn schüttelte grinsend den Kopf, »ich fürchte, mit dem Licht wird es nichts. Ich tappe ja selber im dunkeln.«

Auch der würde also leugnen! Onissimow seufzte bedrückt, nahm ein Blatt Papier und schraubte den Füllhalter auf.

»Dann wollen wir mal der Reihe nach vorgehen. Sie heißen Valentin Wassiljewitsch Kriwoscheïn?«

»Jawohl.«

»Fünfunddreißig Jahre alt? Russe? Ledig?«

»Stimmt.«

»Sie wohnen in Dneprowsk und leiten im Institut für Systemologie das Labor für neue Systeme?«

»Moment mal, was nicht ist, ist nicht. Ich wohne in Moskau und habe eine Aspirantur an der biologischen Fakultät der Moskauer Staatlichen Universität. Hier, bitte!« Kriwoscheïn reichte Paß, Dienstausweis und Aufenthaltsgenehmigung über den Tisch.

Die Dokumente sahen recht mitgenommen aus. Alle, sogar die auf drei Jahre befristete Aufenthaltsgenehmigung für Moskau, bestätigten das Gesagte.

»Klar!« Onissimow schob die Papiere in die Schublade. »Verdammt schnell wird so was in Moskau erledigt. Alles am selben Tag ausgestellt.«

»Soll das... Was wollen Sie damit sagen?!« Kriwoscheïn warf den Kopf zurück und hob kampflustig die rechte Braue.

»Ihre Dokumente sind Blüten, das will ich damit sagen. Genausolche Blüten wie die Ihres Komplizen, dem Sie auf dem Flughafen Geld übergeben wollten. Ein Alibi wollten Sie sich sichern? Vergebliche Mühe. Wir werden alles nachprüfen, und was dann?«

»Prüfen Sie nur!«

»Das werden wir auch. Bei wem arbeiten Sie an der Universität? Wer ist Ihr Vorgesetzter?«

»Professor Wano Alexandrowitsch Androssiaschwili, Leiter des Lehrstuhls für allgemeine Physiologie, Korrespondierendes Mitglied der Akademie der Wissenschaften.«

»Klar.« Onissimow wählte eine Nummer. »Diensthabender? Hier Onissimow. Stellen Sie schnellstens eine Verbindung mit Moskau her. Die sollen mir dort dringend ... schreiben Sie, Androssiaschwili, Wano Alexandrowitsch, Professor, Leiter des Lehrstuhls für Physiologie an der Universität, ans Videotelefon holen. Aber dalli!« Er maß Kriwoscheïn mit einem siegessicheren Blick.

»Eine feine Sache – das Videotelefon!« Kriwoscheïn schnalzte mit der Zunge. »Ich seh schon, auch die Fahndungstechnik hat bereits die Grenzen des Phantastischen erreicht. Wird das schnell gehen?«

»Alles dauert seine Zeit. Werden Sie nur nicht ungeduldig. Es gibt noch genug, worüber wir uns unterhalten können.«

Die Sicherheit, die von Kriwoscheïn ausging, beeindruckte Onissimow. Zweifel kamen ihm: Wenn das nun wirklich ein Spiel des Zufalls war? Na, er würde das schon überprüfen. »Sagen Sie, sind Sie mit Jelena Iwanowna Kolomijez bekannt?«

Der gleichgültige Ausdruck schwand aus Kriwoscheïns Gesicht. Er richtete sich auf und sah Onissimow finster und forschend an.

»Ja. Warum fragen Sie?«

»Näher?«

»Na und?«

»Was war der Anlaß für Ihre Trennung?«

»Entschuldigen Sie schon, verehrter Genosse Untersuchungsführer, aber das geht Sie überhaupt nichts an!« Kriwoscheïns Stimme klang ungehalten. »Weder dem lieben Gott noch dem Teufel, noch der Miliz erlaube ich, die Nase in meine Privatangelegenheiten zu stecken!«

»Klar!« Onissimow nickte kaltblütig. Er war es! Da gab es keinen Zweifel, er war es. Warum versuchte er die Geschichte noch zu verdunkeln, was erhoffte er sich davon? »Na schön, dann will ich Ihnen eine einfachere Frage stellen. Wer ist Adam?«

»Adam? Der erste Mensch auf der Erde.«

»Er hat gestern im Institut angerufen ... der erste Mensch. Er hat sich nach Ihnen erkundigt, wollte Sie aufsuchen.«

Kriwoscheïn zuckte gleichgültig die Schultern.

»Und wer ist der Mann, der Sie am Flughafen abgeholt hat?«

»Und den Sie nicht sehr scharfsinnig als meinen Komplizen bezeichnet haben? Dieser Mann ...« Nachdenklich hob Kriwoscheïn die Brauen und ließ sie wieder sinken. »Ich fürchte, er ist nicht der, für den ich ihn gehalten habe.«

»Das scheint mir auch so!« pflichtete ihm Onissimow lebhaft bei. »Absolut nicht der! Aber wer ist er dann?«

»Das weiß ich nicht.«

»Wollen Sie mich wieder auf die Schippe nehmen?!« rief Onissimow mit weinerlicher Stimme und warf den Federhalter hin. »Das ist unfair, Bürger Kriwoscheïn! Sie wollten ihm doch Geld zustecken, vierzig Rubel in Zehnerscheinen. Wollen Sie mir etwa weismachen, Sie hätten nicht gewußt, wem Sie das Geld geben?«

In diesem Moment betrat ein junger Mann in weißem Kittel das Arbeitszimmer, legte ein Formular auf den Tisch und entfernte sich wieder, nicht ohne Kriwoscheïn neugierig gemustert zu haben. Onissimow warf einen Blick auf das Formular – es war das Gutachten über die Analyse der Fingerabdrücke des Festgenommenen. Als er den Blick wieder auf Kriwoscheïn heftete, flackerte in seinen Augen ein mitleidig-triumphierendes Lächeln.

»Na, da haben wir's. Wir brauchten die Gegenüberstellung mit dem Professor aus Moskau gar nicht mehr abzuwarten. Sie wird wohl auch gar nicht zustande kommen. Ihre Fingerabdrücke, Bürger Kriwoscheïn, stimmen haargenau mit den Fingerabdrücken überein, die wir am Tatort sichergestellt haben. Bitte, überzeugen Sie sich selbst.« Er schob das Formular und die Lupe über den Tisch. »Also Schluß mit der Komödie. Und bedenken Sie«, Onissimows Stimme nahm einen strengen Klang an, »der Flug nach Moskau und die gefälschten Papiere werden sich erschwerend auswirken. Auf vorsätzliche Vergehen und versuchte Irreführung der Untersuchungsorgane stehen drei bis acht Jahre.«

Nachdenklich an der Unterlippe nagend, studierte Kriwoscheïn das Formular.

»Sagen Sie«, meinte er und hob den Blick zu Onissimow, »warum räumen Sie eigentlich nicht ein, daß es zwei Menschen mit den gleichen Fingerabdrücken geben kann?«

»Warum? Weil in den hundert Jahren, in denen dieses Verfahren in der Kriminalistik praktiziert wird, so etwas noch nicht vorgekommen ist.«

»Nun, das will nichts besagen. Sputniks hat es nicht gegeben, Wasserstoffbomben, elektronische Maschinen auch nicht, aber jetzt gibt es sie.«

»Was haben die Sputniks damit zu tun?« Onissimow zuckte die Schultern. »Fingerabdrücke sind ein unbestreitbares Indiz. Na, wollen Sie jetzt auspacken?«

Kriwoscheïn schaute den Untersuchungsführer durchdringend an und lächelte nachsichtig.

»Wie heißen Sie eigentlich, Genosse?«

»Matwej Apollonowitsch Onissimow. Und?«

»Wissen Sie was, Matwej Apollonowitsch, lassen Sie die Finger von dieser Sache.«

»Was soll das heißen?«

»Umgangssprachlich gesagt: Decken Sie den Mantel des Schweigens darüber oder in Ihrer Amtssprache: ›Mangels Beweisen‹ oder ›infolge Nichtvorliegens einer Straftat‹ am Soundsovielten ins Archiv überstellt . . .«

Onissimow war sprachlos. So eine Frechheit war ihm in seiner kriminalistischen Praxis noch nicht vorgekommen.

»Verstehen Sie doch, Matwej Apollonowitsch, Sie werden Ihrer vielfältigen und in gewöhnlichen Fällen zweifellos auch sinnvollen Tätigkeit nachgehen, werden vernehmen, festnehmen, identifizieren, Fingerabdrücke vergleichen, vielbeschäftigte Menschen ans Videotelefon zitieren . . .« Kriwoscheïn entwickelte seine Gedanken, während er mit der Rechten gestikulierte. »Und immer werden Sie meinen, Sie wären drauf und dran, die Wahrheit am Schwanz zu pakken. Die Widersprüche entwickeln sich zu Fakten, die Fakten zu Indizien. Das Gute triumphiert, und dem Bösen wird eine Strafe aufgebrummt plus einem Zuschlag wegen Vorsätzlichkeit . . .« Er seufzte mitfühlend. »Nicht ein Stück werden sie sich weiterentwikkeln, diese Widersprüche, das hier ist kein Fall für Sie. Und die Wahrheit werden Sie einfach deshalb nicht herausfinden, weil Ihr geistiges Niveau nicht ausreicht, sie aufzunehmen . . .«

Onissimows Miene verfinsterte sich, beleidigt preßte er die Lippen zusammen.

»Nein, nein!« rief Kriwoscheïn heftig gestikulierend. »Glauben Sie um Gottes willen nicht, ich wollte Sie herabsetzen, Ihre kriminalistischen Fähigkeiten bezweifeln, ich sehe doch, wie sorgfältig Sie arbeiten und daß Sie nicht lockerlassen. Aber – wie soll ich Ihnen das erklären?« Er warf einen Blick auf den sonnenüberfluteten Prospekt hinter dem vergitterten Fenster. »Hier ein Beispiel: Vor sechzig Jahren wurden, wie Sie sicher wissen, die Werkbänke in den Fabriken von einer Dampfmaschine oder einem Dieselmotor angetrieben. Eine Transmissionswelle lief durch die Werkhalle, und von ihr führten die Antriebsriemen zu den Werkbänken. All das drehte sich, summte, rauschte und erfreute das Herz des damaligen Fabrikbesitzers. Dann kam die Elektrizität, und heute sind alle diese Dinge durch Elektromotoren ersetzt, die in die Werkbänke eingebaut sind.«

Und wieder, wie schon am Vortag bei der Vernehmung des »Laboranten«, wurde Onissimow für einen Augenblick von Zweifeln gepackt: Irgend etwas stimmte hier nicht! Wer hatte nicht schon alles in seinem Dienstzimmer gesessen, den Stuhl blank gewetzt und war unter unangenehmen Fragen zusammengezuckt: mürrische Burschen, die aus Dummheit in eine üble Geschichte geschlittert waren, flennende Schieberinnen, kriecherisch dreiste Wirtschaftsleiter, denen man bei einer Revision auf die Sprünge gekommen war, ausgekochte Rückfalltäter, die alle Gesetze aus dem Effeff kannten ... Und alle hatten sie früher oder später begriffen, daß das Spiel aus war, daß der Moment gekommen war, da sie gestehen und dafür sorgen mußten, daß im Protokoll etwas von reumütigem Geständnis stand. Der aber ... der saß da, als wäre nichts passiert, gestikulierte herum und versuchte einem klarzumachen, warum es besser wäre, den Fall ad acta zu legen. Wieder verblüffte den Untersuchungsführer die Tatsache, daß ihm der Festgenommene nichts vorzumachen schien. Nein, nein, zweimal würde er nicht an der gleichen Stelle stolpern!

Onissimow war ein erfahrener Untersuchungsführer, und er wußte recht gut, daß bei einem Kriminalfall nicht Zweifel und Eindrücke maßgebend waren, sondern Tatsachen. Die Tatsachen aber – schwerwiegende und nicht zu widerlegende Tatsachen – sprachen gegen Kriwoschein und Krawez.

»... Und nun stellen Sie sich mal vor, in so einem alten Betrieb wäre der Austausch des mechanischen Antriebs der Werkbänke gegen den elektrischen nicht im Laufe von Jahren, sondern plötzlich, in einer einzigen Nacht erfolgt«, fuhr Kriwoschein fort. »Was hätte der Fabrikherr wohl am nächsten Morgen gedacht? Natürlich hätte er angenommen, daß jemand die Dampfmaschine, die Transmissionswelle, die Riemen und die Antriebsscheiben geklaut habe. Um begreifen zu können, daß kein Diebstahl, sondern eine technische Umwälzung erfolgt war, hätte er etwas von Physik, von Elektrotechnik und Elektrodynamik verstehen müssen ... Bildlich gesprochen, Matwej Apollonowitsch, befinden Sie sich in der gleichen Lage wie dieser Fabrikherr.«

»Physik, Elektrotechnik, Elektrodynamik ...«, wiederholte Onissimow zerstreut, während er auf die Uhr sah: Wenn doch Moskau bald käme! »Auch von der Informationstheorie, von der Modelltheorie und von Zufallsprozessen muß man etwas verstehen, stimmt's?«

»Sieh mal einer an!« Kriwoscheïn lehnte sich auf dem Stuhl zurück und betrachtete Onissimow mit kaum verhohlener Bewunderung. »Wissen Sie auch etwas über diese Wissenschaften?«

»Wir wissen alles, Valentin Wassiljewitsch.«

»Na ja, ich sehe schon, Sie legt man nicht so leicht aufs Kreuz.«

»Ich würde Ihnen auch nicht empfehlen, das zu versuchen. Also, wie ist's, wollen wir weiter darauf hoffen, daß die Sache ad acta gelegt wird, oder wollen wir die Wahrheit sagen?«

»Puh ...« Kriwoscheïn fuhr sich mit dem Taschentuch über Stirn und Wangen. »Heiß ist es bei Ihnen. Na schön, wollen wir uns auf folgendes einigen, Matwej Apollonowitsch: Ich werde den Fall selbst in die Hand nehmen und Ihnen dann berichten.«

»Nein.« Onissimow schüttelte den Kopf. »Das geht nicht, daß ein Verdächtiger selbst die Untersuchung in seinem Fall führt. Da würde man ja niemals ein Verbrechen aufklären.«

»Ach, hol's der Teufel ...«, begann Kriwoscheïn, doch da ging die Tür auf, und ein junger Leutnant meldete schneidig: »Matwej Apollonowitsch, Moskau ist da!«

Onissimow und Kriwoscheïn gingen in den ersten Stock hinauf, zur Nachrichtenzentrale.

Wano Alexandrowitsch Androssiaschwili schob sein Gesicht so ungestüm an den Schirm des Videotelefons heran, als wollte er den Kolben der Elektronenstrahlröhre mit seiner Habichtsnase durchbohren. Ja, er erkenne seinen Aspiranten Valentin Wassiljewitsch Kriwoscheïn, erklärte er, in den letzten Wochen habe er den Aspiranten täglich gesehen, doch die Daten weiter zurückliegender Begegnungen und Gespräche mit ihm könne er so aus dem Kopf nicht sagen, denn es sei nicht an Feiertagen gewesen, die man sich besonders merke. Ja, der Aspirant Kriwoscheïn habe die Universität mit seiner, Androssiaschwilis, persönlichen Genehmigung für fünf Tage verlassen. Seine wie Geschützdonner rollenden »R« ließen das

Videotelefon erdröhnen ... Er sei äußerst befremdet und ungehalten, daß man ihn zu so einer seltsamen Prozedur aus den Prüfungen herausgeholt habe. Wenn die Miliz – dabei schleuderte der Professor einen bohrenden Blick aus seinen blauschwarzen Augen auf Onissimow – aufhöre, den von ihr selbst ausgestellten Pässen Glauben zu schenken, sei es für ihn wohl an der Zeit, sich von einem Biologen zu einem Beglaubiger der Personalien aller seiner Aspiranten, Studenten, Verwandten und aller ordentlichen und korrespondierenden Mitglieder der Akademie der Wissenschaften umschulen zu lassen, die zu kennen er, Wano Androssiaschwili, die Ehre habe! Aber auch in diesem Fall könne sich ganz zwangsläufig die Frage erheben, wer er, Professor Androssiaschwili, eigentlich sei und ob es nicht angebracht wäre, zur Beglaubigung seiner zweifelhaften Person den Rektor der Universität oder, um die Sache noch glaubwürdiger zu machen, den Präsidenten der Akademie der Wissenschaften mit einem Einsatzwagen zu holen.

Nachdem Wano Alexandrowitsch Androssiaschwili seinem angestauten Ärger Luft gemacht hatte, schüttelte er zum Abschied den Kopf: »Gar nicht schön so was! Man muß vertrauen!« und verschwand vom Bildschirm. Die Mikrofone trugen das Knallen einer zuschlagenden Tür bis nach Dneprowsk. Auf dem Bildschirm erschien ein glatzköpfiger dicker Mann mit Majorsschulterstücken auf dem blauen Hemd. Mit Märtyrermiene sagte er: »Das konntet ihr nicht alleine klären, Genossen? Ende.«

Der Bildschirm erlosch.

Wano Alexandrowitsch ist mir heute noch gram, sinnierte Kriwoscheïn, als er vor dem ärgerlich schnaubenden Onissimow die Treppe hinunterging. Na ja, verständlich. Aus Mitleid hat er mich in die außerplanmäßige Aspirantur aufgenommen, und ich habe ihm den Rücken gekehrt, Versteck mit ihm gespielt. Bei den Prüfungen bin ich geschwommen wie ein Student im ersten Studienjahr. Philosophie und Fremdsprachen gingen ja noch, doch im Spezialfach ... Aber ließ sich etwa der Mangel an systematischen Kenntnissen damit übertünchen, daß man in aller Eile die Lehrbücher durchackerte?

Das war vor einem Jahr gewesen. Nach der Aufnahmeprüfung in Biologie hatte Androssiaschwili ihn in sein Arbeitszimmer kommen lassen, ihm im Ledersessel Platz angeboten und sich selbst ans Fenster gestellt. Nachdem er Kriwoscheïn von oben bis unten gemustert hatte, fragte er, seinen großen Kopf mit der beginnenden Glatze zur rechten Schulter neigend: »Wie alt sind Sie?«

»Vierunddreißig.«

»Das ist die äußerste Grenze. Nächstes Jahr, wenn Sie fünfunddreißig sind, werden Sie ein Kreuz unter die Direktaspirantur machen. Die Fernaspirantur hingegen ... Übrigens gibt es die Fernaspirantur nicht des Studiums wegen, sondern wegen des zusätzlichen bezahlten Urlaubs. Darüber wollen wir lieber nicht erst sprechen. Ich habe Ihr Autorreferat gelesen – ein gutes Autorreferat. Sie ziehen interessante Parallelen zwischen der Funktion der Nervenzentren und der elektronischen Schaltungen. ›Ausgezeichnet‹ habe ich dafür gegeben, aber ...« Der Professor nahm eine Akte vom Tisch auf und warf einen Blick hinein. »Die Prüfung haben Sie nicht bestanden, mein Lieber, das heißt, Sie haben sie ›bedingt‹ bestanden, und mit einer Drei im Spezialfach nehmen wir keinen.«

Anscheinend hatte sich Kriwoscheïns Gesichtsausdruck verändert, denn ein mitfühlender Ton trat in Androssiaschwilis Stimme, als er fortfuhr: »Hören Sie, wozu haben Sie das nötig? Wollen Sie wirklich auf ein Aspirantenstudium umsatteln? Ich habe mir Ihre Papiere angesehen, Sie arbeiten in einem interessanten Institut, in einer guten Position. Sind Sie Kybernetiker?«

»Systemologe.«

»Das ist für mich dasselbe. Warum also?«

Auf diese Frage war Kriwoscheïn gefaßt gewesen.

»Eben weil ich Systemologe bin und der Mensch das komplizierteste und am höchsten organisierte System aller uns bekannten Systeme ist. Ich möchte es richtig kennenlernen, möchte wissen, wie im menschlichen Körper alles aufgebaut ist, wie alles zusammenhängt, was worauf einen Einfluß hat. Kurz, ich möchte die Wechselwirkung der Teile begreifen.«

»Um mit diesen Prinzipien neue elektronische Schaltungen zu schaffen?« Androssiaschwili verzog ironisch den Mund.

»Nicht nur ... und nicht einmal vorrangig. Sehen Sie, früher war alles ganz anders. Hitze und Kälte, Ausdauer bei der Jagd oder auf der Flucht vor einer Gefahr, Hunger oder grobe, unsterile Nahrung in Form rohen Fleisches, starke mechanische Belastungen bei der Arbeit, Raufereien, bei denen die Festigkeit der Schädeldecke durch Schläge mit einem Knüppel geprüft wurde, kurz gesagt, früher stellte die Umwelt genausolche harten Forderungen an den Menschen wie, sagen wir mal, wie heute die militärischen Auftraggeber an für Raketen bestimmte Apparaturen. (Androssiaschwili räusperte sich, sagte aber nichts.) Diese Umwelt brachte im Laufe von Jahrtausenden ein vernunftbegabtes Wirbeltier hervor, den Homo sapiens.

Aber innerhalb der letzten zweihundert Jahre, gerechnet seit der Erfindung des Dampfmotors, hat sich alles verändert. Wir schufen eine künstliche Umwelt aus Elektromotoren, Sprengstoffen, Pharmaka, Fließbändern, Systemen der kommunalen Dienstleistung und des Transports, einer erhöhten Strahlung der Atmosphäre, elektronische Maschinen, Schutzimpfungen, Asphaltstraßen, Auspuffgase, Superspezialisierung der Arbeit – eben das moderne Leben. Als Ingenieur trage auch ich dazu bei, das künstliche Milieu zu entwikkeln, das heute das Leben des Homo sapiens zu neunzig Prozent bestimmt und es bald zu kompletten hundert Prozent bestimmen wird. Die Natur wird nur für Sonntagsspaziergänge dasein, und als Mensch verspüre ich einige Unruhe . . .« Er holte tief Luft und fuhr fort: »Dieses künstliche Milieu befreit den Menschen von vielen Eigenschaften, die er im Verlauf der bisherigen Evolution erwarb. Kraft, Geschicklichkeit, Ausdauer werden heute nur noch beim Sport kultiviert, das logische Denken – der Stolz der alten Griechen – übernehmen Maschinen. Neue Eigenschaften erwirbt der Mensch jedoch nicht, zu schnell verändert sich das Milieu. So schnell, daß der biologische Organismus gar nicht mitkommen kann. Der technische Fortschritt wird von dem beruhigenden, aber keineswegs begründeten Gefasel begleitet, der Mensch werde wohl jederzeit Herr seiner Lage bleiben. Spricht man aber nicht vom Menschen allgemein, sondern von den vielen und verschiedenen Menschen, so ist es schon heute gar nicht mehr an dem und wird es künftig noch weniger sein. Schließlich hat bei weitem nicht jeder die natürlichen Voraussetzungen, Gebieter des modernen Lebens zu sein, was soviel heißt wie: viel wissen, vieles können, rasch etwas Neues dazulernen, schöpferisch arbeiten, das Verhalten optimal einrichten.«

»Und wie wollen Sie den Menschen helfen?«

»Helfen? Das weiß ich nicht, aber zumindest möchte ich die Frage der durch den Menschen nicht genutzten Möglichkeiten seines Organismus so studieren, wie es sich gehört. Zum Beispiel die absterbenden Funktionen, sagen wir, das Vermögen unserer fernen Vorfahren, von Baum zu Baum zu springen oder auf einem Ast zu schlafen. Heute ist das nicht mehr nötig, die entsprechenden Nervenzellen sind jedoch erhalten geblieben. Oder nehmen wir den Gänsehautreflex auf einer fast unbehaarten Haut. Er wird durch ein überaus reiches Nervennetz versorgt. Vielleicht gelingt es, die alten Reflexe auf neue Bedürfnisse umzustellen, sie umzuprogrammieren.«

»So ist das! Sie träumen also davon, den Menschen zu modernisieren und zu rationalisieren?« Androssiaschwili schob den Kopf vor. »Das wird dann kein Homo sapiens mehr sein, sondern ein Homo modernus rationalis, ja? Meinen Sie nicht auch, mein lieber Systemologe, daß es auf rationalistischem Wege möglich wäre, aus dem Menschen einen Koffer zu machen mit einem Buckel drauf, auf den man drücken kann wie auf einen Knopf? Übrigens ginge es auch ohne Druckknopf, einfach mittels einer Steuerung durch die Hirnströme ...«

»Wenn's ganz rationalistisch sein soll, geht es auch ohne den Koffer«, warf Kriwoschein ein.

»Auch gut!« Androssiaschwili neigte den Kopf auf die andere Schulter und musterte Kriwoschein neugierig.

Sie hatten offensichtlich Gefallen aneinander gefunden.

»Nicht rationalisieren, sondern bereichern – damit beschäftige ich mich.«

»Endlich!« Der Professor lief mit raschen Schritten im Zimmer auf und ab. »Endlich kommen die breiten Massen der Techniker, der Bändiger der unbelebten Natur, der Schöpfer des ›künstlichen Milieus‹ auf die Idee, daß auch sie Menschen sind! Nicht Übermenschen, die mit Hilfe des Intellekts und von Handbüchern alles und jedes bezwingen können, sondern einfach Menschen. Was wollen wir nicht alles studieren und verstehen: die Elementarteilchen, das Vakuum, die kosmischen Strahlen, die Antiwelten, das Geheimnis von Atlantis ... Nur uns selbst wollen wir nicht studieren und begreifen! Das ist schwierig und uninteressant, läßt sich nicht in den Griff kriegen ... Die Welt wird ein schlechtes Ende nehmen, wenn sich jeder nur mit dem beschäftigt, was er in den Griff kriegen kann!« Seine Stimme klang kehliger als sonst. »Der Mensch hat nur dann ein biologisches Interesse an sich selbst, wenn er ins Krankenhaus gehen muß, wenn die Krankengeschichte geschrieben wird. Sie haben schon recht: Wenn es so ist, dann käme man auch ohne Koffer aus. Die Studenten sagen auch: Mit Sicherheit werden uns die Maschinen überfahren!« Er blieb vor Kriwoschein stehen, senkte den Kopf und schnaubte: »Aber trotzdem sind Sie ein Dilettant, mein lieber Systemologe! Wie sich das anhört: die alten Reflexe umprogrammieren ... Ja, wenn das so einfach wäre wie das Umprogrammieren einer Rechenmaschine! Hm ... Andererseits sind Sie aber Ingenieur, Forscher, ein Mann mit Ideen, mit einem unvoreingenommenen Blick für die Dinge, der sich von unserem rein biologischen Blick unterscheidet. Ach, was rede ich da! Warum nähre ich die unerfüllbare Hoffnung, von Ihnen wäre etwas zu erwarten?!«

Er wandte sich zum Fenster. »Sie werden ohnehin keine Dissertation schreiben und folglich auch keine verteidigen, Sie haben ganz andere Absichten, stimmt's?«

»Das stimmt«, gab Kriwoscheïn zu.

»Na sehen Sie. Sie kehren zu Ihrer Systemologie zurück, und ich bekomme vom Rektorat was zu hören, weil ich keinen wissenschaftlichen Kadernachwuchs heranbilde. Ach was, ich nehme Sie!« schloß Androssiaschwili ohne jeden Übergang. Er trat wieder vor Kriwoscheïn. »Aber jetzt heißt es studieren, Sie müssen das volle Biologiepensum absolvieren. Anders machen Sie im Menschen überhaupt keine Möglichkeiten ausfindig, verstanden?«

»Natürlich«, Kriwoscheïn nickte erfreut. »Deshalb bin ich ja gekommen.«

Der Professor blickte ihn abschätzend an und zog ihn an der Schulter näher zu sich heran. »Ich will Ihnen ein Geheimnis anvertrauen: Ich studiere selbst noch. An der Abendfakultät für Elektronik des Moskauer Elektrotechnischen Instituts, drittes Studienjahr. Ich höre die Vorlesungen, führe die Laborarbeiten aus, und auf zwei Gebieten hänge ich schon ganz schön durch: in Industrieelektronik und in Quantenphysik. Aber ich will rausfinden, wie was zueinander gehört, und Sie werden mir dabei helfen. Aber ... pssst!«

Sie kehrten in Onissimows Zimmer zurück. Der Untersuchungsführer lief von einer Wand zur anderen. Kriwoscheïn sah auf die Uhr. Kurz nach fünf. Er verzog das Gesicht: Schade um die vergeudete Zeit.

»Das wär's also, Matwej Apollonowitsch. Mein Alibi ist wohl jetzt erwiesen. Geben Sie mir bitte meine Papiere zurück, und dann können wir uns trennen.«

»Immer mit der Ruhe!« Außer sich vor Zorn und Bestürzung schritt Onissimow im Zimmer auf und ab.

Wie bereits erwähnt, war Matwej Apollonowitsch Onissimow ein erfahrener Kriminalist, und so war ihm klar, daß sich alle Fakten dieses dreimal verfluchten Falles gegen ihn selbst gewendet hatten. Kriwoscheïn lebte. Folglich war der festgestellte und zu Protokoll genommene Tod Kriwoscheïns ein Irrtum. Die Person, die im Labor umgekommen oder getötet worden war, hatte er nicht festgestellt, die Todesursache oder die Art der Tötung ebenfalls nicht, und er hatte keine Ahnung, wie er weiter vorgehen sollte. Er kannte das Tatmotiv nicht, seine Versionen waren zum Teufel, die Leiche war nicht mehr da! Den bloßen Fakten nach war die Untersuchung mehr als miserabel geführt worden. Onissimow versuchte sich zu konzentrieren. Akademiemitglied Asarow hatte die Leiche Kriwoscheïns identifiziert. Professor Androssiaschwili hatte den *lebenden* Kriwoscheïn identifiziert und dessen Alibi bestätigt. Folglich hatte entweder der eine oder der andere falsche Aussagen gemacht. Wer von beiden, war nicht raus. Also mußte man beide verdächtigen. Aber ... solche Persönlichkeiten in die Untersuchung einbeziehen, sie verdächtigen, und wenn sich dann herausstellte, daß man wieder einen Bock geschossen hatte? Nicht wieder gutzumachen wäre das ...

Kurz, Onissimow war jetzt nur von einem fest überzeugt: Er durfte Kriwoscheïn nicht aus den Fängen lassen.

»Immer mit der Ruhe! Sie werden keine Gelegenheit haben, Bürger Kriwoscheïn, Ihren finsteren Machenschaften nachzugehen! Sie denken wohl, weil Sie den Toten geschminkt und die Leiche anschließend beseitigt haben, wäre alles in Ordnung? Wir werden noch überprüfen, wer dieser Androssiaschwili ist und was er für Gründe hat, Sie zu decken. Die Indizien gegen Sie sind dadurch nicht entkräftet. Die Fingerabdrücke, die Kontaktaufnahme mit dem Entflohenen und der Versuch, ihm Geld zuzustecken ...«

Mit verhaltener Wut kratzte sich Kriwoscheïn am Kinn.

»Ich weiß immer noch nicht, wessen Sie mich verdächtigen: daß ich tot bin oder daß ich ein Mörder bin?«

»Das kriegen wir schon raus, Bürger!« sagte Onissimow, der allmählich den letzten Rest Selbstbeherrschung verlor. »Es kann nicht sein, daß Sie nicht in diesen Fall verwickelt sind. Das ist einfach unmöglich!«

»Ach nein, unmöglich?« Kriwoscheïn tat einen Schritt auf den Untersuchungsführer zu, das Blut stieg ihm ins Gesicht. »Sie denken wohl, weil Sie bei der Miliz sind, wissen Sie, was sein kann und was nicht?!« Urplötzlich veränderte sich sein Gesicht. Die Nase sprang vor, wurde dicker, nahm eine violette Färbung an und neigte sich herab, die Augen weiteten sich und wechselten ihre Farbe von Grün in Schwarz, die Haare ergrauten und lichteten sich, auf der Oberlippe bildete sich ein grauer Schnurrbart, das Kinn wurde kürzer. Binnen einer Minute schaute die georgische Physiognomie Professor Androssiaschwilis den Untersuchungsführer an – mit leicht gerötetem Weiß der Augen, mächtiger Nase, zornig geblähten Nüstern und wegen der Bartstoppeln grau wirkenden Wangen. »Du bildest dir wohl ein, Freundchen, weil du bei der Miliz bist, wüßtest du, was sein kann und was nicht?!«

»Hören Sie auf!« Onissimow wich an die Wand zurück.

»Es kann nicht sein!« tobte Kriwoscheïn. »Ich werd Ihnen Ihr ›Es kann nicht sein!‹ schon zeigen!« Diesen Satz beschloß er mit der klangvollen Altstimme einer Frau, während sein Gesicht rasch die Züge von Jelena Iwanowna Kolomijez annahm: ein niedliches Näschen bildete sich aus, die Wangen röteten und rundeten sich, die dunklen Brauen wölbten sich, die Augen strahlten in leuchtendem Grau ...

Wenn jetzt jemand reinkäme ..., ging es durch Onissimows gemartertes Gehirn; er stürzte zur Tür und schloß sie ab.

»He, lassen Sie das!« In Boxerpose stand Kriwoscheïn wieder mit seinen eigenen Gesichtszügen in der Mitte des Zimmers.

»Aber nein ... ich ... Sie haben das falsch aufgefaßt ...«, stotterte Onissimow und wich an den Tisch zurück. »Warum tun Sie das?«

»Lassen Sie sich ja nicht einfallen zu klingeln!« Prustend setzte sich Kriwoscheïn auf den Stuhl; sein Gesicht glänzte vor Schweiß. »Ich kann mich auch in Sie verwandeln, soll ich?«

Onissimows Nerven versagten endgültig. Er riß die Schublade auf. »Nein, nein, beruhigen Sie sich ... hören Sie auf ... lassen Sie das! Bitte, da haben Sie Ihre Papiere.«

»So ist es schon besser ...« Kriwoscheïn nahm seine Papiere entgegen und griff nach seiner Reisetasche. »Ich wollte Ihnen im guten klarmachen, daß Sie sich nicht weiter für diesen Fall interessieren sollen. Aber nein, Sie wollten nicht auf mich hören. Ich hoffe, Sie jetzt überzeugt zu haben. Leben Sie wohl ... Major Pronin!«

Er ging. Völlig erschöpft stand Onissimow da und lauschte auf ein leises Klappern, das durchs Zimmer klang. Einen Augenblick später merkte er, daß es seine Zähne waren, die aufeinanderschlugen. Auch seine Hände zitterten. Hatte er das alles wirklich erlebt? Er griff nach dem Telefonhörer und warf ihn wieder auf die Gabel, ließ sich auf den Stuhl sinken und legte völlig erschöpft den Kopf auf die kühle Tischplatte. Der Teufel sollte diese Arbeit holen!

Da wurde die Tür aufgerissen, und auf der Schwelle erschien der Gerichtsmediziner Subato, eine Sperrholzkiste in der Hand.

»Hör mal, Matwej, das ist in der Tat die kriminalistische Sensation des Jahrhunderts. Ich gratuliere!« rief er. »Uff, da ist es!« Polternd stellte er die Kiste auf den Tisch, öffnete sie, nahm Watte heraus und warf sie auf den Fußboden. »Das hat man mir eben aus der Modellierwerkstatt gebracht. Guck dir das an!«

Onissimow hob den Blick. Vor ihm stand Kriwoscheïns Kopf aus Plastilin – fliehende Stirn, dicke Knubbelnase und großflächige Wangen ...

Fünftes Kapitel

Daß man mit dem linken Bein hinkt, läßt sich am besten dadurch vertuschen, daß man mit dem rechten hinkt. So erweckt man den Eindruck eines Matrosen, der im Seemannsgang schlingert.

Ingenieur K. Prutkow.
»Ratschläge für den angehenden Kriminalisten«

Kriwoscheïn haderte mit sich. Was war er doch für ein Hornochse! Da hatte er aber eine Verwendung für seine Entdeckung gefunden: die Miliz erschrecken ... Onissimow hätte ihn auch so laufenlassen müssen.

Die Muskeln in seinem Gesicht und am ganzen Körper schmerzten vor Anspannung. Im Innern ließ das schmerzhafte Brennen der Drüsen allmählich nach. Drei Transformationen binnen weniger Minuten waren doch eine ganz schöne Belastung. Ereifert hatte er sich. Nun, es würde ihm schon nichts passieren. Das war ja gerade das Kunststück, daß ihm nichts passieren konnte.

Die blaue Dämmerung senkte sich rasch über die Häuser. Leise zischend flammten die Leuchtschriften über den Läden, Cafés und Filmtheatern auf. Die Gedanken des Aspiranten kehrten zu den Moskauer Angelegenheiten zurück.

Wano Alexandrowitsch hat wieder mal seinem Ruf Ehre gemacht. Mit keinem Wort hat er gefragt, warum ich festgenommen wurde. Hat mich identifiziert, und basta. Verständlich. Dachte: Wenn Kriwoscheïn mir etwas verheimlicht, will ich auch nichts davon wissen! Eingeschnappt ist er, der stolze Alte, und das mit gutem Grund. Schließlich habe ich ja gerade im Gespräch mit ihm das Ziel der Versuche erfaßt. Eigentlich ist's ja mehr ein Streit gewesen als ein Gespräch, aber nicht immer ist es so, daß man um Ideen bereichert wird, wenn man mit einem anderen streitet.

Der Professor war des öfteren vorbeigekommen und hatte mit ironischer Erwartung zu ihm hereingeschaut, als wolle er fragen: Mit welchen Entdeckungen wird dieser dilettantische Biologe wohl die Welt überraschen? Eines Abends im Dezember bekam Kriwoscheïn den Professor im Institut zu fassen und sprudelte alles heraus, was er vom Leben im allgemeinen und vom Menschen im besonderen hielt. Es wurde ein guter Abend: Sie saßen zusammen, rauchten, unterhielten sich, während draußen vor den Fenstern der Moskauer Vorneujahrsschneesturm durch die Straßen pfiff und Schneegraupeln an die Fenster schleuderte.

»Jede beliebige Maschine ist auf eine bestimmte Art konstruiert und hat eine bestimmte Funktion«, hatte Kriwoscheïn doziert. »Bei der biologischen Maschine namens Mensch lassen sich diese beiden Momente gleichfalls herausschälen: das konstruktive und das operative. Das operative – die Sinnesorgane, das Gehirn, die motorischen Nerven, die Skelettmuskeln – ist dem Menschen in einem hohen Grade untertan. Die Augen, die Ohren, der Vestibularapparat, die Tastbereiche der Haut, die Nervenendigungen der Zunge und der Nase, die Schmerz- und die Temperaturnerven nehmen die Reize aus der Umwelt auf, wandeln sie in elektrische Impulse um (ganz wie die Eingabevorrichtung eines Elektronenrechners), das Großhirn und das Rückenmark analysieren und kombinieren die Impulse nach dem Prinzip ›Erregung – Hemmung‹ (ähnlich den Impuls-Potentialzellen des Elektronenrechners), schließen und öffnen die Nervenverbindungen, senden Befehle an die Skelettmuskeln, die dann alle möglichen Handlungen vollziehen – wiederum ganz so wie die Ausführungsmechanismen des Elektronenrechners.

Der Mensch beherrscht den operativen Teil seines Organismus: sogar die unbedingten Reflexe wie beispielsweise die Schmerzreflexe vermag er durch Willensanstrengung zu unterdrücken. Im konstruktiven Teil, der den Hauptprozeß des Lebens, den Stoffwechsel, steuert, ist es jedoch ganz und gar nicht so. Die Lunge saugt die Luft ein, das Herz treibt das Blut durch die verborgensten Winkel des Körpers, die Speiseröhre preßt vermittels ihrer Kontraktionen die Nahrungsbrocken in den Magen, die Schilddrüse scheidet Hormone und Fermente aus, um die Nahrung in Stoffe zu zerlegen, die der Darm aufnehmen kann, die Leber gibt Glukose an das Blut ab ... Schilddrüse und Nebenschilddrüse entwickeln ganz wunderbare Stoffe – Thyroxin und Parathyreoidin, von denen es abhängt, ob der Mensch wächst und klüger wird oder ein Zwerg und ein Kretin bleibt, ob sich bei ihm ein stabiles Skelett entwickelt oder ob man seine Knochen zu einem Knoten schlingen kann. Der kümmerliche Fortsatz an der Gehirnbasis – die Hypophyse – kommandiert durch ihre Ausscheidungen die ganze Alchimistenküche der inneren Sekretion und in einem Aufwaschen auch die Arbeit der Nieren, den Blutdruck und den glücklichen Ausgang einer Schwangerschaft. Und dieser Teil des Organismus, der den Menschen *konstruiert* – seinen Körperbau, die Schädelform, die Psyche, die Gesundheit und die Kraft –, ist dem Bewußtsein nicht untertan!«

»Stimmt alles«, lächelte Androssiaschwili. »In Ihrem operativen Teil erkenne ich mühelos die Aktionen des animalischen oder somatischen Nervensystems, im konstruktiven das Gebiet der vegetativen Nerven. Diese Bezeichnungen entstanden schon im achtzehnten Jahrhundert; das lateinische ›animalis‹ bedeutet ›tierisch‹, und ›vegetus‹ bedeutet ›Pflanze‹. Ich persönlich halte sie nicht für glücklich. Mag sein, daß Ihre technischen Bezeichnungen dem Stand des zwanzigsten Jahrhunderts besser entsprechen. Aber bitte, fahren Sie fort.«

»Die Maschine, auch die elektronische Maschine, wird vom Menschen konstruiert und gebaut. Bald werden das die Computer selbst besorgen, das Prinzip ist klar«, fuhr Kriwoscheïn fort. »Wieso kann sich dann der Mensch nicht auch selbst konstruieren? Der Stoffwechsel ist doch auch dem Zentralnervensystem untergeordnet: vom Gehirn verlaufen genausolche Nerven zu den Drüsen, Gefäßen und zum Darm wie zu den Muskeln und den Sinnesorganen. Warum nur ist der Mensch nicht imstande, diese Prozesse so zu steuern wie die Bewegung der Finger? Warum kommt die bewußte Beteiligung des Menschen am Stoffwechsel lediglich im Stillen von Hunger und Durst und in einigen gegenteiligen Verrichtungen zum Ausdruck? Zu komisch: Der Homo sapiens, der König der Natur, die Krönung der Evolution, der Erfinder kompliziertester Technik und Schöpfer von Kunstwerken, unterscheidet sich in seiner Lebensäußerung von einer Kuh oder von einem Regenwurm höchstens dadurch, daß er Messer und Gabel benutzt und Alkohol trinkt!«

»Aber warum wollen Sie eigentlich Zucker, Fermente und Hormone unbedingt durch die Anstrengungen Ihres Geistes und Ihres Willens ins Blut ausscheiden?« Androssiaschwili hob die buschigen Brauen. »Warum, du lieber Himmel, soll ich mir zusätzlich zu allen Arbeiten und Sorgen am Lehrstuhl nun noch stündlich den Kopf darüber zerbrechen, wieviel Adrenalin und Insulin ich aus den Nebennieren ausscheiden und wohin ich sie dirigieren soll? Die vegetativen Nerven steuern von ganz allein den Stoffwechsel in

Ihrem ›konstruktiven Teil‹, sie belasten den Menschen nicht mit Problemen, und das ist doch wunderbar!«

»Wunderbar, Wano Alexandrowitsch? Und die Krankheiten?«

»Krankheiten ... Darauf wollen Sie also hinaus: die Krankheiten als Fehler in der Arbeit Ihres konstruierenden Systems.« Die Brauen des Professors krausten sich. »Fehler, die wir mit Tabletten, Kompressen, Vakzinen und operativen Eingriffen korrigieren wollen, und das bei weitem nicht immer erfolgreich. Aber die Krankheiten sind doch das Resultat jener Einwirkungen der Umwelt, an die der Organismus nicht angepaßt ist.«

»Und warum ist er nicht angepaßt? Wir wissen in den meisten Fällen, was schädlich ist. Darauf basieren die Prophylaxe, die Sicherheitstechnik und der Arbeitsschutz. Achten Sie mal darauf, was das für passive Wörter sind: Prophylaxe, Sicherheit, Schutz ... Einfach ausgedrückt, möglichst das Unglück vom Leibe halten! Die Umwelt jedoch gibt immer neue Rätsel auf. Einmal ist es die Röntgenstrahlung, ein andermal der Schweißbogen, dann sind es die Isotope ...«

»Genug!« Der Professor hob beide Hände. »Ich ahne, daß unter Ihrer Zunge eine sorgfältig gehütete Idee zappelt und Sie es kaum erwarten können, daß Ihr Gesprächspartner die Augen aufreißt und mit zaghafter Hoffnung fragt: ›Warum also?‹ Das können Sie haben! Passen Sie auf: Ich reiße die Augen auf«, er rollte plötzlich seine von Blutäderchen durchzogenen Augäpfel, »und stelle die langersehnte Frage: Warum also sind die Menschen nicht imstande, den sich in ihnen vollziehenden Stoffwechsel bewußt zu steuern?«

»Weil sie vergessen haben, wie man das macht!« platzte Kriwoscheïn heraus.

»Sieh einer an!« Der Professor schlug sich vor Vergnügen auf die Schenkel. »Sie wußten es und haben es nur vergessen? So wie eine Telefonnummer? Das ist ja hochinteressant!«

»Vergegenwärtigen wir uns einmal, daß es im menschlichen Gehirn eine gewaltige Anzahl inaktiver Nervenzellen gibt: 99 Prozent, bei manchen auch ein paar Zehntel mehr. Es ist doch unvorstellbar, daß sie nur einfach so da sind, als Reserve. Die Natur duldet keinen Überfluß. Es ist daher eine ganz natürliche Annahme, daß in diesen Zellen eine Information enthalten war, die verlorengegangen ist. Nicht unbedingt eine lexikale Information – davon gibt es in unserem Organismus auch heute nur wenige, sie sind zu grob und zu annähernd –, sondern eine biologische, die sich in Bildern, Gefühlen und Empfindungen ausdrückt ...«

»Moment!« rief Androssiaschwili hingerissen. »Die Marsmenschen! Nein, lieber nicht die Marsmenschen, denn zum Mars werden wir im Handumdrehen gelangen und könnten das überprüfen! – sagen wir lieber die Bewohner eines Planeten, der einst zwischen Mars und Jupiter lag und heute in Asteroiden zerplatzt ist. Dort lebten hochorganisierte Wesen in einer künstlichen, vielgestaltigen Umwelt, und sie verstanden es, ihren Organismus zu steuern, um sich dieser Umwelt anzupassen, aber auch einfach so, spaßeshalber. Als diese Wesen ahnten, daß ihr Planet in naher Zukunft bersten würde, siedelten sie auf die Erde über ...«

»Schon möglich, daß es so war«, Kriwoschein nickte gelassen. »Jedenfalls muß man annehmen, daß der Mensch hochorganisierte Vorfahren hat, woher sie auch immer gekommen sein mögen. Sie verwilderten, als sie in eine primitive Umwelt mit schwierigen Lebensbedingungen, in das Känozoikum, gerieten. Hitze, Dschungel, Sumpf, wilde Tiere und keinerlei Komfort. Das Leben wurde reduziert auf den Existenzkampf, das ganze nervale Geflecht erwies sich als nutzlos. So büßten sie im Laufe vieler Generationen alles ein. Von der Schrift bis zu dem Können, den Stoffwechsel zu steuern ... Es ist schon so, Wano Alexandrowitsch, versetzen Sie heute einen Städter in den Dschungel, und es wird sich genau das gleiche vollziehen!«

»Recht effektvoll!« Androssiaschwili schnalzte vor Vergnügen. »Die überflüssigen Hirnzellen verblieben im Organismus, zusammen mit dem Appendix und der Behaarung in den Achselhöhlen? Jetzt wird mir klar, warum mein Bekannter, Professor Walerno, die Phantastik als ›intellektuelle Unzucht‹ bezeichnet.«

»Wieso denn? Und was hat das hiermit zu tun?«

»Weil sie nüchterne Überlegungen durch ein effektvolles Spiel der Phantasie ersetzt.«

»Na, wissen Sie«, Kriwoschein wurde ärgerlich, »bei uns in der Systemologie pflegt man Arbeitshypothesen nicht dadurch zu unterdrücken, daß man sich auf die Aussprüche von Bekannten beruft. Jede Hypothese ist annehmbar, wenn sie fruchtbringend ist.«

»Aber bei uns in der Biologie, Genosse Aspirant«, schrie Androssiaschwili plötzlich, während seine Augen aus den Höhlen traten, »bei uns in der Biologie, mein Lieber, sind nur Ideen akzeptabel, die auf nüchternem materialistischem Herangehen basieren und nicht auf den Splittern eines phantastischen Planeten! Wir haben es mit einer wichtigeren Erscheinung zu tun, als es die Technik ist – mit dem Leben! Und da Sie jetzt nicht ›bei sich‹, sondern ›bei uns‹ sind, möchte ich Ihnen raten, sich das hinter die Ohren zu schreiben. Ein hergelaufener Dilettant... Pah!« Er beruhigte sich sofort wieder und schlug einen friedlichen Ton an. »Schön, wollen wir annehmen, wir hätten uns beide benommen wie der Elefant im Porzellanladen. Nun aber ernsthaft: Warum ist Ihre Hypothese, milde ausgedrückt, zweifelhaft? Erstens sind ›inaktive‹ Gehirnzellen eine Definition aus der Sprache der Technik, die nicht auf biologische Objekte übertragen werden kann. Die Zellen leben, folglich sind sie bereits aktiviert. Zweitens – warum sollte man nicht annehmen, daß diese Milliarden Nervenzellen im Gehirn eben als Reserve gebildet wurden?«

Androssiaschwili erhob sich und maß Kriwoschein vom Scheitel bis zur Sohle: »Ich, lieber Genosse Aspirant, kenne mich auch ein bißchen in der Technik aus. Schließlich bin ich Student im Abendstudium am Moskauer Elektrotechnischen Institut, und ich weiß, daß es bei euch, hm, bei euch in der Systemtechnik den Begriff und das Problem der Zuverlässigkeit gibt. Die Zuverlässigkeit elektronischer Systeme wird gewährleistet durch eine Reserve an Einzelteilen, Zellen und sogar ganzen Blöcken. Warum sollte man also nicht einräumen, daß die Natur im Menschen eine ebensolche Reserve angelegt hat, damit das Gehirn zuverlässig funktioniert? Schließlich regenerieren sich die Nervenzellen nicht.«

»Das ist aber eine verdammt große Reserve!« Der Aspirant schüttelte den Kopf. »Von Milliarden möglichen kommt ein gewöhnlicher Mensch mit Millionen Zellen aus.«

»Bei begabten Menschen aber funktionieren ... zig Millionen Zellen! Und bei genialen – übrigens hat das bislang noch niemand gemessen – vielleicht auch Hunderte Millionen. Sollte es nicht möglich sein, daß das Gehirn eines jeden von uns sozusagen auf eine geniale Funktionstüchtigkeit eingestellt ist? Ich neige zu der Annahme, daß gerade Genialität und nicht Mittelmäßigkeit der natürliche Zustand des Menschen ist.«

»Sehr effektvoll gesagt, Wano Alexandrowitsch.«

»Oh, ich sehe schon, Sie sind boshaft. Aber wie dem auch sei, diese Einwände haben den gleichen Wert wie Ihre Hypothese von den verwilderten Marsmenschen, pah! Wenn man berücksichtigt, daß ich Ihr Chef bin und Sie mein Aspirant, sind sie sogar von höherem Wert!« Er ließ sich in den Sessel sinken. »Aber wenden wir uns lieber der Hauptfrage zu: Warum beherrscht der Mensch unserer Tage das vegetative System und den Stoffwechsel in seinem Organismus nicht? Wissen Sie, warum nicht? Es ist einfach noch nicht soweit.«

»Ach nein!«

»Jawohl. Die Umwelt lehrt den Organismus des Menschen nur in einer Weise, nämlich durch bedingt-reflektorisches Einpauken. Sie wissen doch, daß man zur Ausbildung eines bedingten Reflexes eine Situation und bestimmte Reize viele Male wiederholen muß. Genauso bildet sich auch die Lebenserfahrung heraus. Damit sich aus den bedingten Reflexen die erbliche Erfahrung herausbildet, müssen viele Generationen im Laufe von Jahrtausenden pauken. Was Sie von der biologischen, nicht verbalen Information im Organismus sagten, ist schon richtig. Bedingte und unbedingte Reflexe – da haben Sie sie. Und diese Reflexe werden vom Bewußtsein des Menschen beherrscht, allerdings in begrenztem Maße. Schließlich überlegen Sie sich doch auch nicht vom Anfang bis zum Ende, welcher Muskel sich inwieweit kontrahieren soll, wenn Sie sich eine Zigarette anstecken. Genauso, wie Sie sich nicht eigens den ganzen Chemismus der Muskelkontraktion durch den Kopf gehen lassen. Das Bewußtsein erteilt den Befehl ›Zigarette anstecken‹, und alles Weitere erledigen die Reflexe – sowohl die spezifischen, von Ihnen durch den Mißbrauch dieser schändlichen Angewohnheit erworbenen, wie das Drehen der Zigarette zwischen den Fingern, um den Tabak zu lockern, und das Einziehen des Rauchs, als auch die allgemeinen, von den fernen Vorfahren ererbten, als da sind die Greifreflexe, die Atemreflexe und so weiter ...«

Androssiaschwili steckte sich eine Zigarette an und stieß den Rauch aus, wobei man nicht schlau daraus wurde, ob er dies der Illustration halber tat oder weil er einfach Appetit darauf hatte.

»Ich will darauf hinaus, daß das Bewußtsein steuert, wenn es etwas zu steuern gibt. Im operativen Teil des Organismus, wo die Muskelbewegung, wie schon Setschenow bemerkte, die Endaktion darstellt ... Na, erinnern Sie sich?« Androssiaschwili beugte sich im Sessel zurück und zitierte genüßlich: »›Lacht ein Kind beim Anblick eines Spielzeugs, lächelt Garibaldi, wenn man ihn wegen seiner unbändigen Liebe zur Heimat verjagt, zittert ein Mädchen beim ersten Gedanken an die Liebe, entwickelt Newton Gesetze von Weltbedeutung und bringt sie zu Papier – überall ist die Muskelbewegung die abschließende Handlung.‹ In diesem operativen Bereich des Bewußtseins gibt es also etwas zu steuern, gibt es etwas auszuwählen aus unzähligen Millionen bedingter und unbedingter Reflexe für jede nicht schablonenhafte Situation. Aber im konstruktiven Bereich, wo die Großchemie des Organismus abläuft, hat das Bewußtsein nichts zu kommandieren. Na, überlegen Sie doch mal, was für bedingte Reflexe bei uns wohl mit dem Stoffwechsel verbunden sein könnten.«

»Trinken oder nicht trinken, bitte etwas mehr Meerrettich, Schweinefleisch kann ich nicht ausstehen, Rauchen und . . .«, Kriwoscheïn verhaspelte sich, »na ja, und dann noch Waschen, Zähneputzen . . .«

»Man kann noch ein Dutzend solcher Beispiele anführen«, der Professor nickte bestätigend, »aber das sind doch winzige, zur Hälfte chemische, zur Hälfte muskuläre oberflächliche Reflexchen. Tiefer im Organismus jedoch sind die unbedingten reflexiven Prozesse so eindeutig miteinander verbunden, daß es nichts zu steuern gibt: versiegt der Sauerstoff im Blut – atme, hast du nicht genügend Brennstoff für die Muskeln – iß, hast du Wasser ausgeschieden – trink, hast du für den Organismus schädliche Stoffe zu dir genommen – werde krank oder stirb. Varianten gibt es da nicht. Man kann doch nicht sagen, daß das Leben die Menschen auf dem Gebiet der Stoffwechselreaktionen nichts gelehrt hätte. Im Gegenteil, es war eine harte Lehre. Wie schön wäre es, könnte man bei Epidemien durch das Bewußtsein und die Reflexe erkennen, welche Bazillen einem nach dem Leben trachten, und diese dann im Körper ausrotten wie Wanzen! Könnte man in Hungerszeiten wie ein Bär in Schlaf versinken, statt Ödeme zu kriegen und zu sterben! Könnte man Wunden und Verunstaltungen aus Schlägereien jedweder Art, einen abgerissenen Arm oder ein ausgeschlagenes Auge regenerieren! Aber das genügt nicht. Es kommt auf schnelles Handeln an. Die Muskelreaktionen laufen innerhalb von Zehntel- und Hundertstelsekunden ab, die schnellste der Stoffwechselreaktionen hingegen, die Absonderung des Adrenalins aus den Nebennieren ins Blut, innerhalb von Sekunden, und die Absonderung von Hormonen durch die Drüsen und die Hypophyse läßt sich erst nach Jahren und manchmal auch erst nach einem ganzen Leben erkennen. Also«, Androssiaschwili lächelte fein, »hat der Organismus diese Kenntnisse nicht eingebüßt, sondern sie einfach noch nicht erworben. Und es wäre doch wohl etwas zu schwer für den Menschen, eine solche Hausaufgabe zu ›pauken‹.«

»Deshalb soll sich die Beherrschung des Stoffwechsels im eigenen Organismus über Millionen Jahre hinziehen?«

»Ich fürchte, sogar über . . . zig Millionen«, Androssiaschwili seufzte. »Wir, die Säugetiere, sind sehr junge Bewohner der Erde. Dreißig Millionen Jahre – das ist doch kein Alter. Noch liegt alles vor uns.«

»Gar nichts liegt vor uns, Wano Alexandrowitsch!« brauste Kriwoscheïn auf, »die heutige Umwelt verändert sich von Jahr zu Jahr, was kann es da für ein über Millionen Jahre gehendes Pauken geben, was für eine Wiederholung des durchgenommenen Stoffes? Der Mensch ist vom Weg der natürlichen Evolution abgewichen, jetzt muß er sich was einfallen lassen.«

»Aber wir lassen uns doch was einfallen.«

»Was denn? Pillen, Pulver, Hämorrhoidenzäpfchen, Klistiere und Bettruhe! Sind Sie sicher, daß wir damit die Gattung Mensch verbessern? Und wenn wir sie nun verschlechtern?«

»Ich will Sie gar nicht dazu überreden, sich mit ›Pillen‹ und ›Pulvern‹ zu beschäftigen, falls es Ihnen beliebt, die am Lehrstuhl entwickelten neuen Antibiotika so zu bezeichnen.« Androssiaschwilis Gesicht wurde kühl und hochmütig. »Wenn Sie sich mit dieser Idee befassen wollen – bitte sehr, frisch drauflos. Ihnen das Irreale und Unüberlegte der Wahl eines solchen Themas für die Aspirantenarbeit und für die künftige Dissertation klarzumachen ist allerdings mein Recht und meine Pflicht.« Er stand auf und schüttete die Zigarettenreste aus dem Aschenbecher in den Papierkorb.

»Entschuldigen Sie, Wano Alexandrowitsch, ich habe Sie nicht kränken wollen.« Kriwoscheïn erhob sich ebenfalls. Er begriff, daß das Gespräch beendet war und daß es für ihn peinlich ausgegangen war. »Aber, Wano Alexandrowitsch, es liegen doch interessante Fakten vor.«

»Was denn für Fakten?«

»Na, im vorigen Jahrhundert lebte in Indien ein gewisser Ramakrishna, ein ›Gottmensch‹, wie er genannt wurde. Sein Körper bedeckte sich mit Striemen, wenn jemand in seinem Beisein geschlagen wurde. Oder die ›Verbrennungen durch Hypnose‹: Ein Medium wird mit dem Ende eines Bleistifts berührt, man suggeriert ihm, es wäre mit einer brennenden Zigarette berührt worden. Hierbei gelingt doch die Steuerung des Stoffwechsels ohne ›Einpauken‹, nicht wahr?«

»Hören Sie mal, Sie Dickkopf von einem Aspiranten«, sagte Androssiaschwili und musterte Kriwoscheïn mit zusammengekniffenen Augen, »wie viele Fensterriegel können Sie auf einmal runterschlukken?«

»Hm ...«, Kriwoscheïn spitzte verblüfft die Lippen, »ich fürchte, nicht einen einzigen. Und Sie?«

»Ich auch keinen. Aber in jenen lange zurückliegenden Jahren, da ich an der psychiatrischen Pawlow-Klinik praktizierte, hatte ich einen Patienten, der, ohne besonderen Schaden zu nehmen ...«, der

Professor legte den Kopf zurück und dachte nach, »fünf Fensterriegel, zwölf Teelöffel aus Aluminium, drei Suppenlöffel, zweihundertvierzig Gramm Glasscherben, zwei kleine chirurgische Scheren, eine Gabel und vierhundert Gramm diverser Nägel verschluckt hatte. Das habe ich nicht etwa aus dem Obduktionsprotokoll, sondern aus der Krankengeschichte – ich selbst habe die Magenresektion vorgenommen. Der Patient wurde von seiner Selbstmordmanie geheilt und lebt wahrscheinlich heute noch. Es ist also besser«, der Professor blickte Kriwoscheïn vom Podest seiner Gelehrsamkeit aus an, »sich in Dingen der Wissenschaft weder auf religiöse Fanatiker noch auf weltliche Psychopathen zu orientieren . . . Nein, nein!« Abwehrend hob er die Hände, als er in Kriwoscheïns Augen das Verlangen las, etwas einzuwenden. »Genug des Streites. Frisch ans Werk, ich werde Sie nicht hindern. Ich zweifle nicht daran, daß Sie versuchen werden, den Stoffwechsel mit irgendwelchen maschinellen elektronischen Verfahren zu steuern . . .«

Androssiaschwili schaute den Aspiranten mit einem nachdenklichen, müden Blick an und lächelte.

»Den Feuervogel mit den bloßen Händen zu fangen – was könnte es Besseres geben! Auch das Ziel ist heilig: Der Mensch ohne Krankheiten, ohne Alter – schließlich ist das Alter ja auch auf Stoffwechselstörungen zurückzuführen. Vor zwanzig Jahren hätte ich es mir wahrscheinlich nicht nehmen lassen, mich für diese Idee zu begeistern, heute aber . . . heute muß ich das tun, was wir mit Sicherheit zustande bringen können. Und wenn's nur Pillen wären.«

Der Aspirant Kriwoscheïn bog in eine zum Institut für Systemologie führende Seitenstraße ein und wäre fast mit einem hochgewachsenen Mann in einem für diese Jahreszeit viel zu warmen blauen Mantel zusammengeprallt. Kriwoscheïn trat nach links, um den anderen vorbeizulassen, der machte einen Schritt nach rechts. Dann traten beide, um einander den Weg freizugeben, in die entgegengesetzte Richtung. Der Mann sah Kriwoscheïn erstaunt an.

»Verzeihung«, murmelte der und ging weiter.

Die Gasse war still und menschenleer. Bald hörte Kriwoscheïn hinter sich Schritte und schaute sich um: Der Mann im Mantel folgte ihm in einiger Entfernung. Kriwoscheïn lachte innerlich. Oh, dieser Onissimow! Hat er mir doch einen Schatten angehängt. Ein zäher Kerl! Probeweise beschleunigte er seinen Schritt und hörte, daß auch der andere schneller ging. Der Teufel sollte ihn holen! Das hatte ihm gerade noch gefehlt, nun auch noch seine Spuren verwischen zu müssen. Kriwoscheïn schlenderte ruhig weiter, doch er hatte ein unangenehmes Gefühl im Rücken. Seine Gedanken kehrten wieder in die Wirklichkeit zurück.

Valentin hatte also noch einen Versuch gemacht, vielleicht sogar mehrere. Dabei war ihm ein Malheur passiert. Eine Leiche, die sich in ein Skelett verwandelt hatte. Doch wieso hatte die Miliz ihre Nase in die Sache gesteckt? Und wo war Valentin selbst? Bestimmt hatte er sich auf dem Motorrad aus dem Staube gemacht, bis sich die Wogen der Erregung wieder glätteten. Oder sollte er doch im Labor sein?

Kriwoscheïn näherte sich dem monumentalen, mit gußeisernen Verschnörkelungen verzierten Portal des Instituts. Die Steinsäulen zu beiden Seiten waren so voluminös, daß in der linken ohne weiteres die Pförtnerstube und in der rechten der Durchgang Platz fand. Er öffnete die Tür. Der alte Wachtjorytsch, der Zerberus der Wissenschaft, döste hinter seiner Barriere.

»Guten Abend!« Kriwoscheïn nickte ihm zu.

»Schönen guten Abend, Valentin Wassiljewitsch!« erwiderte Wachtjorytsch, der offensichtlich nicht die Absicht hatte, seinen Passierschein zu überprüfen. Hier war man an die Besuche des Leiters für neue Systeme zu jeder Tages- und Nachtzeit gewöhnt.

Als Kriwoscheïn in den Park trat, schaute er sich um. Der lange Lulatsch im blauen Mantel drückte sich vorm Tor herum. Siehst du, Freundchen, das Passierscheinsystem ist doch ganz nützlich.

Die Fenster des Gebäudes waren dunkel. Vor der Tür glomm eine Zigarette in der Finsternis. Kriwoscheïn hockte sich unter die Bäume, starrte gespannt ins Dunkel und sah eine Uniformmütze, die sich vom Sternenhimmel abhob. Nein, für heute hatte er genug von der Miliz, also ab nach Hause. Er schmunzelte und korrigierte sich: zu ihm nach Hause.

Er lenkte seine Schritte auf das Tor zu, doch da erinnerte er sich an den Kerl im blauen Mantel und blieb stehen. Nein, das wäre gegen die Spielregeln. Der Verfolgte durfte seinem Verfolger nicht einfach in die Arme laufen. Der sollte ruhig etwas tun für sein Geld. Kriwoscheïn ging in die entgegengesetzte Richtung, dorthin, wo die Äste einer alten Eiche über die gußeisernen Speere des Zauns herabhingen. Von einem Ast sprang er auf den Bürgersteig und eilte nach Akademgorodok.

Was war hier bloß passiert? Wer war der junge Mann, der ihn auf dem Flugplatz empfangen hatte? Das Telegramm und die große Ähnlichkeit hatten ihn so irregeführt, daß er ihn für Valentin gehalten hatte. Valentin hatte in dem einen Jahr offenbar nicht die Hände in den Schoß gelegt. Schade, daß sie nicht miteinander korrespondiert hatten. Ach, was waren sie doch für Kleinigkeitskrämer: Einer hatte den anderen mit seinen Ergebnissen übertrumpfen und beweisen wollen, daß er auch ohne ihn auskam. Ja, mit *seinen*! Und nun hatten sie einander wirklich überrumpelt. Mit Nichtigkeiten hatten sie das große Werk kaputtgemacht. Mit Nichtigkeiten, Unüberlegtheit, Furcht. Sie hätten nicht nach verschiedenen Seiten auseinanderlaufen, sondern von Anfang an die richtigen Leute hinzuziehen sollen, Menschen, die mit beiden Beinen im Leben standen wie Androssiaschwili. Aber damals hatte er ihn noch nicht gekannt, und jetzt sollte einer mal versuchen, ihn hinzuzuziehen, wo er an einem vorbeirannte und dreinschaute wie der Leibhaftige.

Im Frühjahr war es gewesen, Ende März, als Kriwoscheïn anfing, die Steuerung seines Stoffwechsels zu beherrschen. Er war so mit seiner Person beschäftigt, daß er die ersten Vorboten des Frühlings gar nicht bemerkt hatte, bis diese selbst seine Aufmerksamkeit auf sich lenkten. Vom Dach des fünfstöckigen Gebäudes, in dem sich die Abteilung Chemie befand, war ein schwerer Eiszapfen auf ihn herabgefallen. Wäre er einen Zentimeter weiter links runtergekommen, wäre es ausgewesen mit Kriwoscheïn und seinen Stoffwechselexperimenten. So zerfetzte ihm der Eiszapfen nur das rechte Ohr, brach ihm das Schlüsselbein und warf ihn zu Boden.

»So ein Unglück, ach, so ein Unglück!« vernahm er Androssiaschwilis Stimme, als er wieder zu sich kam. Der Professor kniete neben ihm, tastete seinen Kopf ab, knöpfte ihm den Mantel auf. »Diesen Hausverwalter bringe ich noch um, wenn er den Schnee nicht vom Dach räumt!« Wütend drohte er mit der Faust. »Können Sie laufen?« Er half Kriwoscheïn auf die Beine. »Es ist nichts Schlimmes, der Kopf ist relativ heil, das Schlüsselbein wächst in ein paar Wochen zusammen. Das hätte schlimmer ausgehen können. Beißen Sie die Zähne zusammen, ich bringe Sie in die Poliklinik.«

»Danke, Wano Alexandrowitsch, ich schaffe es schon allein«, antwortete Kriwoscheïn so munter, wie er in dieser Lage nur konnte, obwohl sein Kopf dröhnte, sogar ein Lächeln rang er sich ab. »Ich werde es schon schaffen, es ist ja nicht weit.«

Und schnell, fast im Laufschritt, setzte er sich in Bewegung. Die Blutung aus dem Ohr vermochte er sofort zu stillen, nur der rechte Arm baumelte noch herab.

»Ich werde dort anrufen, damit sie das elektrische Nähgerät vorbereiten«, rief ihm der Professor nach. »Vielleicht läßt sich das Ohr zusammenflicken!«

In seinem Zimmer angekommen, klebte Kriwoscheïn vor dem Spiegel die beiden Hälften des bis zum Knorpel zerfetzten Ohres mit einem Leukoplaststreifen zusammen und wischte mit einem Wattebausch das geronnene Blut ab. Das war schnell erledigt. Zehn Minuten später sah man an der Stelle nur noch eine rosafarbene, mit ein paar Tröpfchen Blutserum bedeckte Narbe, und eine halbe Stunde danach war auch die verschwunden. Um aber das gebrochene Schlüsselbein zusammenwachsen zu lassen, mußte er sich den ganzen Abend ins Bett legen und den Gefäßen, Drüsen und Muskeln konzentriert Befehle erteilen, da Knochen weitaus weniger biologische Flüssigkeit enthalten als die weichen Gewebe.

Am nächsten Morgen beschloß er, in Androssiaschwilis Vorlesung zu gehen. Schon sehr zeitig betrat er den Hörsaal, um einen unauffälligen Platz weit hinten einzunehmen, und – stieß auf den Professor. Der zeigte den Studenten gerade, wo sie das Anschauungsmaterial aufhängen sollten. Kriwoscheïn wich zurück, doch es war zu spät.

»Was machen Sie denn hier? Wieso sind Sie nicht in der Klin . . .« Androssiaschwili blieb das Wort im Halse stecken. Er starrte auf das Ohr des Aspiranten und auf seine rechte Hand, in der er ein Heft hielt. »Was soll das bedeuten?«

»Und Sie haben gesagt, Dutzende Millionen Jahre, Wano Alexandrowitsch«, entfuhr es Kriwoscheïn. »Es geht doch ohne ›Einpauken‹!«

»Es klappt also?« Androssiaschwili atmete schwer. »Wie denn?!«

Kriwoscheïn biß sich auf die Lippen. »Später, Wano Alexandrowitsch«, murmelte er verlegen, »ich muß erst allein damit fertig werden . . .«

»Allein?» Der Professor hob die Brauen. »Sie wollen also nichts sagen?« Seine Miene wurde kühl und abweisend. »Ganz wie Sie wollen!« Er ging an den Tisch zurück.

Von diesem Tage an nickte er dem Aspiranten, wenn er ihm begegnete, mit eisiger Höflichkeit zu, in ein Gespräch mit ihm ließ er sich nicht ein. Kriwoscheïn aber hatte sich, damit ihn sein Gewissen nicht zu sehr peinige, in das Experimentieren mit sich selbst zurückgezogen. Es war in der Tat noch vieles zu klären.

Natürlich hätte ich meine Entdeckung gern vorgeführt und das brennende Interesse, die Begeisterung, den Ruhm erlebt, rechtfertigte sich Kriwoscheïn vor sich und dem unsichtbaren Androssiaschwili, während er durch die Kastanienallee schritt. Schließlich hätte ich ja alles erklären können. Bei anderen Menschen ist es allerdings noch nicht anwendbar, sie haben nicht die richtige Konstitution. Aber was das wichtigste ist – die Möglichkeit ist bewiesen, das Wissen ist da. Wenn nun aber die Entdeckung nur darauf beschränkt bliebe, an sich selbst rasch Wunden und Frakturen zu heilen, Krankheiten in sich zu bekämpfen! Das ist ja der Jammer, daß die Natur niemals so viel preisgibt, wie zum Wohle des Menschen erforderlich wäre. Immer ist es entweder zuviel oder zuwenig. Und bei mir ist es eben zuviel. Ich könnte mich wahrscheinlich auch in ein Tier verwandeln, sogar in ein Monstrum. Möglich wär's. Alles ist möglich, und das eben ist schrecklich. Kriwoscheïn seufzte.

Ein Lichtschein drang durch das Fenster und die Glastür des Balkons im vierten Stock, ganz so, als brenne die Tischlampe. Er war also zu Hause! Kriwoscheïn stieg die Treppe hinauf. Vor der Wohnungstür tasteten seine Hände gewohnheitsgemäß die Taschen nach dem Schlüssel ab, bis ihm einfiel, daß er ihn vor einem Jahr weggeworfen hatte. Er machte sich Vorwürfe. Wie wirkungsvoll wäre es doch gewesen, plötzlich einzutreten und zu sagen: »Ihre Papiere bitte, Bürger!« An der Tür war immer noch keine Klingel angebracht, und so mußte er klopfen.

Drinnen waren flinke, leichte Schritte zu hören. Das ließ Kriwoscheïns Herz schneller schlagen. Das Schloß schnappte, im Vorraum stand Lena.

»Valentin, du, lebendig und unversehrt!« Sie umarmte ihn mit ihren weichen Armen, musterte ihn mit einem prüfenden Blick, strich ihm übers Haar, schmiegte sich an ihn und brach in Tränen aus.

»Valka, Lieber... und ich dachte schon, hier erzählt man sich Dinge...! Ich ruf im Labor an, es meldet sich niemand... Ich klingle im Institut an, frage nach dir, und die legen einfach auf... Ich komme hierher, und du bist nicht da. Da haben die schon erzählt, du wärst...« Ärgerlich brauste sie auf. »Diese Trottel!«

»Na, Lena, schon gut, schon gut. Was hast du bloß?« Kriwoscheïn hätte sie zu gern an sich gedrückt.

Es war, als wäre nichts geschehen. Weder die Entdeckung Nr. 1 noch das Jahr der wahnsinnigen, angestrengten Arbeit in Moskau, in dem er alles Zurückliegende von sich abgestreift hatte. Wiederholt war Kriwoscheïn um seines Seelenfriedens willen drauf und dran gewesen, Lenas Bild aus seinem Gedächtnis auszulöschen. Er wußte, wie man das anstellte: Ein Tropfen Blut mit erhöhtem Glukosegehalt in die Hirnrinde, geringe gesteuerte Oxydationen in den Nukleotiden eines bestimmten Gebiets, und die Information verschwand für immer aus den Nervenzellen. Aber er wollte es nicht. Oder konnte er es nicht? Wollen und Können – wie soll man das in seinem Innern abgrenzen? Und jetzt weinte an seiner Schulter die geliebte Frau, weinte aus Sorge um ihn. Er mußte sie beruhigen.

»Beruhige dich doch, Lena. Du siehst doch, es ist alles in Ordnung.«

Sie sah ihn an. Ihre Augen waren naß, in ihnen schimmerte Freude und Schuldbewußtsein.

»Valka, du bist mir nicht mehr böse, nein? Ich hab damals Dinge gesagt, ich weiß selbst nicht mehr, was. Ich bin eben eine dumme Gans! Du warst sehr gekränkt, nicht? Für mich war schon alles aus, aber als ich hörte, dir wäre was zugestoßen, mußte ich einfach herkommen ... Vergiß alles, ja? Wollen wir's beide vergessen, ja?«

»Ja«, sagte Kriwoscheïn aus tiefstem Herzen, »komm, laß uns hineingehen.«

»Valka, du kannst dir gar nicht vorstellen, wie schockiert ich war.« Sie hielt immer noch seine Schultern umfangen, als fürchte sie, ihn zu verlieren. »Und dieser Untersuchungsführer, der stellt vielleicht Fragen!«

»Dich hat er auch vorgeladen?«

»Ja.«

»Natürlich: ›Cherchez la femme!‹ «

Sie gingen ins Zimmer. Hier war alles beim alten: die graue Couch, der einfache Schreibtisch, zwei Stühle, der Bücherschrank, bis zur Decke mit Zeitschriften bepackt, und der Kleiderschrank, an dessen einer Seite ein Spiegel angebracht war. In der Ecke neben der Tür lagen über Kreuz zwei Hanteln.

»Ich habe, während ich auf dich wartete, ein bißchen aufgeräumt. Eine Unmenge Staub hat's wieder reingeweht. Du mußt die Balkontür immer fest zumachen, wenn du weggehst.« Lena näherte sich ihm wieder. »Valka, was ist passiert?«

Wenn ich das nur selber wüßte, dachte Kriwoscheïn und seufzte, laut aber sagte er: »Nichts Schlimmes. Wie immer viel Lärm um ...«

»Und die Miliz?«

»Die Miliz? Nun, sie wurde gerufen, und sie ist gekommen. Hätte man die Feuerwehr gerufen, wär die gekommen.«

»Ach, Valka ...« Sie legte die Hände auf Kriwoscheïns Schultern und rümpfte die Nase wie ein kleines Mädchen. »Warum bist du bloß so?«

»Wie denn?« fragte er und fühlte sofort, wie dumm ihr diese Frage vorkommen mußte.

»Na, so, als wärst du gesetzt und unseriös zugleich. Als wäre ich für dich eine x-beliebige ... Valka, wo ist eigentlich Viktor, was ist mit ihm?« fragte sie mit ängstlich geweiteten Augen, »stimmt es, daß er ein Spion ist?«

»Viktor? Was denn für ein Viktor?«

»Was ist nur mit dir los? Na, Viktor Krawez, dein Laborant, dein Neffe über drei Ecken.«

»Neffe ... Laborant ...« Für einen Augenblick war Kriwoscheïn verblüfft. »Ach so, du meinst ...«

Lena schlug die Hände zusammen. »Valka, was ist bloß mit dir los? Kannst du mir nicht sagen, was bei euch passiert ist?«

»Entschuldige, Lena ... ich bin ein bißchen durcheinander, weißt du. Natürlich, Krawez, mein Laborant und Neffe über drei Ecken ... ein sehr sympathischer Junge, natürlich ...« Lena starrte ihn immer noch aus großen Augen an. »Du mußt dich nicht wundern, Lena, ein zeitweiliger Gedächtnisausfall, das tritt immer nach ... einem elektrischen Schlag ein, das geht vorüber, ist nicht schlimm ... Man erzählt sich also, er wäre ein Spion? Ach, diese Akademie der Wissenschaften!«

»Es stimmt also, in deinem Labor ist ein ... Unglück geschehen? Warum verheimlichst du mir alles? Du hättest doch auch ...«, sie hielt sich die Hand vor den Mund, »nein!«

»Hör auf!« entgegnete Kriwoscheïn gereizt. Er setzte sich auf einen Stuhl. »Hätte, könnte! Du siehst doch, alles ist in bester Ordnung. (Wie sehr hätte er sich gewünscht, es wäre an dem!) Ich kann dir nichts sagen, ehe ich nicht selbst richtig durchsehe. Und überhaupt«, er entschloß sich, zum Angriff überzugehen, »was regst du dich eigentlich so auf? Ein Kriwoscheïn mehr oder weniger auf der Welt, was wär das schon für ein Unglück! Du bist jung, hübsch, kinderlos, findest im Handumdrehen einen anderen, besseren als mich alternden Zausel. Nehmen wir doch diesen ... Viktor Krawez. Paßt er nicht zu dir?«

»Fängst du schon wieder an?« Sie lächelte, näherte sich ihm von hinten und zog seinen Kopf an ihre Brust. »Was redest du dauernd von Viktor? Ich brauch ihn nicht. Er mag ein gutaussehender Mann sein, aber er ist nicht du, begreif das doch. Keiner ist so wie du. Das weiß ich jetzt genau.«

»Hm?!« Kriwoscheïn reckte sich.

»Was soll dieses ›Hm‹ nun schon wieder? Du bist vielleicht ein eifersüchtiges Mannsbild. Ich habe doch nicht Abend für Abend zu Hause gehockt wie eine Nonne. Eingeladen hat man mich, den Hof hat man mir gemacht, ja sogar von ernsten Absichten war die Rede. Und doch sind sie nicht die Richtigen!« Ihre Stimme triumphierte. »Sie sind eben nicht so wie du, das ist alles! Ich wäre ohnehin zu dir gekommen.«

Kriwoscheïn fühlte am Hinterkopf die Wärme ihres Körpers, er spürte die weichen Hände an seinen Augen und empfand einen mit nichts zu vergleichenden Genuß.

So müßte ich immer sitzen können. Wenn ich müde von der Arbeit komme, müßte sie dasein. Und alles andere hat es nie gegeben ... Wieso nie gegeben?

Er richtete sich auf. Nein, das alles hatte es sehr wohl gegeben. Hier war etwas Ernstes passiert, und er saß da und stahl ihre Liebe!

»Schon gut, Lena.« Er machte sich frei und stand auf. »Entschuldige bitte, daß ich dich nicht begleite. Ich will noch ein bißchen was tun und dann schlafen gehen. Ich fühl mich nicht sehr gut nach dieser ... unangenehmen Geschichte.«

»Dann bleib ich also?«

Das klang halb wie eine Frage und halb wie eine Feststellung. Einen Augenblick lang überkam Kriwoscheïn wütende Eifersucht. »Dann bleib ich also?« hatte sie gesagt, und der andere war selbstverständlich einverstanden gewesen. Oder er hatte gesagt: »Bleib heute, Lena«, und sie war geblieben.

»Nein, Lena, es ist besser, wenn du gehst.« Er lächelte verzerrt.

»Also bist du mir immer noch böse?« Sie sah ihn vorwurfsvoll an. »Bist ein Dummkopf, Valka, ein kompletter Idiot!« Und sie wandte sich ärgerlich zur Tür.

Kriwoscheïn stand mitten im Zimmer und lauschte: Die Tür fiel ins Schloß, Lenas Absätze klapperten die Treppe hinab ... Die Haustür schlug zu. Flinke, leichte Schritte auf dem Asphalt. Mit zwei Sätzen war er auf dem Balkon, um sie zurückzurufen, doch der kühle Abendwind ernüchterte ihn. Nun hatte er sie gesehen und wurde wieder schwach! Worüber sie sich wohl gestritten hatten? Ach, zum Teufel mit diesen Geschichten vom vergangenen Jahr! Er ging ins Zimmer zurück. Er mußte herausbekommen, was geschehen war. Moment mal! Er mußte doch ein Tagebuch haben. Natürlich!

Kriwoscheïn riß die Schubladen auf, warf Zeitschriften, Mappen, Schnellhefter auf den Boden, blätterte flüchtig Hefte durch. Das war es nicht, das auch nicht ... Auf dem Boden des untersten Fachs erblickte er eine Tonbandspule, die nur zu einem Viertel voll war, und für einen Augenblick vergaß er alles Suchen. Er nahm das Tonbandgerät vom Schrank, wischte den Staub ab, legte die Spule auf und schaltete das Gerät ein.

»Als Entdecker«, sagte nach kurzem Rauschen eine leicht heisere Stimme im Lautsprecher, »übernehmen wir die Verantwortung für die Erforschung und Nutzung der Entdeckung, die wir ...«

»... ›künstliche biologische Synthese von Informationen‹ nennen«, warf sachlich eine andere (genauso klingende) Stimme ein. Hört sich nach nichts Besonderem an, drückt dafür aber das Wesentliche aus, ging es Kriwoscheïn durch den Sinn.

»Wir wissen, daß unsere Entdeckung in das Leben des Menschen eingreifen wird wie keine zweite und daß sie der Menschheit größte Gefahr oder das Glück bringen kann. Wir verpflichten uns, alles in unserer Macht Stehende zu tun, um diese Entdeckung zur Verbesserung des menschlichen Lebens zu nutzen ...«

»Wir verpflichten uns, solange wir nicht alle Möglichkeiten der Entdeckung untersucht haben ...«

»... und uns nicht selbst darüber klar sind, wie man sie mit absoluter Zuverlässigkeit zum Nutzen der Menschen anwenden kann ...«

»... sie nicht in andere Hände zu geben ...«

»... und nichts über sie zu veröffentlichen.«

Kriwoscheïn stand da und bedeckte seine Augen mit den Händen. Er fühlte sich in jene Mainacht zurückversetzt, da sie diesen Schwur abgelegt hatten.

»Wir schwören, unsere Entdeckung weder für unser eigenes Wohlergehen noch für unseren Ruhm oder unsere Unsterblichkeit bekanntzugeben, bevor wir nicht überzeugt sind, daß sie sich nicht zum Schaden der Menschheit auswirken kann. Wir werden unsere Arbeit eher zerstören, als daß wir das zulassen.«

»Das schwören wir!« klang es zweistimmig. Das Band war abgelaufen.

Ja, damals waren sie noch Hitzköpfe gewesen ... Das Tagebuch mußte hier irgendwo in der Nähe sein. Kriwoscheïn wühlte wieder in den Fächern und hielt einen Augenblick später ein Heft mit gelbem Pappeinband in der Hand, dickleibig und umfangreich wie ein Buch. Auf dem Umschlag stand nichts. Dennoch war sich Kriwoscheïn sofort sicher, das Gesuchte gefunden zu haben. Als er vor einem Jahr nach Moskau gekommen war, hatte er sich genau so ein Heft mit gelbem Umschlag gekauft, um Tagebuch zu führen.

Er setzte sich an den Tisch, rückte die Lampe näher, zündete sich eine Zigarette an und schlug das Heft auf.

Zweiter Teil

Das dreifache Ich

(Über einen Durchschnittsmenschen, der vieles erreicht hat)

Erstes Kapitel

Die Relativität des Wissens ist eine großartige Sache. Die Behauptung 2 + 2 = 13 kommt der Wahrheit relativ näher als die Behauptung 2 + 2 = 41. Man kann sogar sagen, daß der Übergang vom zweiten zum ersteren ein Ausdruck schöpferischer Reife, wissenschaftlicher Kühnheit und ein unerhörter Fortschritt der Wissenschaft ist, wenn man nicht weiß, daß 2 + 2 = 4 ist.
In der Arithmetik wissen wir dies, doch ist das noch kein Grund zum Jubeln. In der Physik beispielsweise ist 2 + 2 weniger als 4, und zwar um den Massedefekt. In so subtilen Wissenschaften wie der Soziologie oder der Ethik aber kann 2 + 2 oder sogar 1 + 1 eine künftige Familie oder eine Bankräuberbande bedeuten.

Ingenieur K. Prutkow,
Sentenz Nr. 5

22. Mai. Heute begleitete ich ihn zur Bahn. Im Bahnhofsrestaurant bestaunten die Gäste zwei erwachsene Zwillinge. Mir war ziemlich komisch zumute, aber er war bester Dinge.

»Erinnerst du dich, vor fünfzehn Jahren bin ich, vielmehr bist du losgefahren, um am physikalisch-technischen Institut die Aufnahmeprüfung abzulegen. Alles war genauso wie heute: Entfremdung, Unbekanntes . . .«

Ich erinnerte mich. Ja, damals war es genauso wie heute. Ein Kellner, den Ausdruck chronischen Lebensüberdrusses auf dem feisten Gesicht, bediente die in die Freiheit entlassenen Abiturienten. Damals meinten wir, alles liege vor uns, und so war es ja auch. Heute liegt so manches bereits hinter uns: Freudiges und Trauriges und auch solche Dinge, auf die man nicht gern zurückblickt. Doch noch immer sieht es so aus, als läge das Beste, das Interessanteste vor uns.

Damals tranken wir billigsten Portwein, heute brachte uns

der Kellner Kognak der besten Sorte; wir tranken jeder ein Glas.

Im Restaurant herrschte reges Leben und Treiben. In aller Eile schlangen die Menschen ihr Essen hinunter.

»Sieh mal«, sagte mein anderes Ich, »dort füttert eine Mutter ihre Zwillinge. Hallo, Kollegen! Diese Äuglein ... Was aus denen wohl werden mag? Noch sorgt ihre Mutter für sie. Jetzt haben sich die beiden doch auf die gleiche Weise mit Brei beschmiert! In ein paar Jahren aber wird sich eine andere eifrige Mutter ihrer annehmen – das Leben. Der eine wird, sagen wir mal, ein Huhn beim Schwanz packen und ihm sämtliche Federn ausrupfen – der erste einmalige Eindruck, weil für den anderen keine Federn übrigbleiben. Dafür wird der andere sich mit schrecklichem Gebrüll in einem Kaufhaus verlaufen, und auch der hat dann etwas, was nur ihm gehört. Ein Jahr später wird ihn die Mutter der Marmelade wegen schelten, die er gar nicht genascht hat. Wieder gibt es Unterschiede: Der eine bekommt die erste Ungerechtigkeit in seinem Leben zu spüren, der andere geht für eine begangene Missetat straflos aus. Ach, Muttchen, geben Sie bloß acht. Wenn es so läuft, wird aus dem einen ein eingeschüchterter Pechvogel und aus dem anderen ein Filou, dem alles glückt. Sie werden noch weinen, Muttchen ... Wir zwei sind wie die Zwillinge.«

»Na, uns wird ein unverdienter Rüffel nicht gleich umwerfen, so klein sind wir nicht mehr.«

»Darauf wollen wir trinken!«

Der Zug wurde angekündigt. Wir gingen auf den Bahnsteig hinaus.

Er schwang große Töne: »Was wird jetzt eigentlich aus der stahlharten These ›Jedem wird sein Schicksal in die Wiege gelegt‹? Nehmen wir an, dir wurde eine Verlagerung in Raum und Zeit, eine Beförderung im Dienst oder was weiß ich in die Wiege gelegt. Und plötzlich, Abrakadabrahokuspokusfidibus, gibt es zwei Kriwoscheïns. Sie führen ein verschiedenes Leben in verschiedenen Städten. Was wird nun aus dem göttlichen Programm des Lebens? Oder hat der liebe Gott zwei Varianten geschaffen? Und wenn wir uns nun verzehnfachen? Na, wenn wir nicht wollen, wird es auch nicht eintreten.«

Der Zug kam und entführte ihn nach Moskau.

Wir haben vereinbart, einander bei Bedarf zu schreiben (ich könnte Stein und Bein schwören, daß er ein solches Bedürfnis nicht so bald verspüren wird) und uns im Juli nächsten Jahres wieder zu treffen. In diesem Jahr wollen wir die Arbeit von zwei Seiten her anpacken: Er von der Biologie her, ich über die Systemologie. Na, wir werden sehen ...

Als der Zug weg war, spürte ich, daß er mir fehlen würde. Offenbar deshalb, weil ich zum erstenmal mit einem anderen Menschen so harmonierte wie ... wie mit mir selbst, anders läßt sich das nicht sagen. Sogar zwischen mir und Lena steht immer etwas Unausgesprochenes, schwer zu Begreifendes. Aber bei ihm ... Übrigens hatte sich auch zwischen uns beiden in dem einen Monat unseres gemeinsamen Lebens so manches angestaut. Das Leben sorgt schon für Abwechslung.

Der Kognak hatte mich weich gestimmt, und auf dem Heimweg vom Bahnhof sah ich mit großen Augen auf das Leben und auf die Menschen. Besorgt dreinschauende Frauen traten in die Geschäfte. Junge Burschen fuhren auf Motorrädern ihre Mädchen spazieren, die sich eng an sie schmiegten. An den Zeitungskiosken bildeten sich Schlangen. Jede Minute mußte das »Abendblatt« eintreffen. Menschengesichter – wie verschieden sie alle sind, wie verständlich und doch so unverständlich! Einiges kam mir an ihnen bekannt vor: die Mundwinkel, die scharfen oder weniger scharfen Falten, die Runzeln am Hals, die Grübchen in den Wangen, der Winkel des Kinns, die Kopfhaltung und die Augen – ganz besonders die Augen –, all das sind Zeichen der prälexikalischen Information. Wahrscheinlich noch aus den Zeiten, da wir alle Affen waren.

Noch vor kurzem hatte ich für all das keinen Blick. Zum Beispiel bemerkte ich nicht, daß Menschen, die in einer Schlange warten, häßlich sind. Die Banalität und das Sinnlose einer solchen Tätigkeit, die Angst, man werde irgend etwas nicht bekommen oder irgendein ganz Fixer werde sich vordrängen, prägen ihren Gesichtern den Stempel des Häßlichen auf. Auch Betrunkene sind häßlich, genauso wie Krakeeler.

Schaut euch dafür ein Mädchen an, das verliebt über einen Scherz ihres Burschen lächelt. Eine Mutter, die ihrem Kind die Brust gibt, einen Meister seines Fachs, der über einer komplizierten Arbeit sitzt. Einen Menschen, der über etwas Gutes nachdenkt ... Trotz aller Pickel, Runzeln und Falten sind sie schön.

Die Schönheit der Tiere habe ich nie so recht verstanden. Meiner Meinung nach ist nur der Mensch schön, und auch das nur, wenn er wirklich Mensch ist.

Ein kleiner Junge an der Hand seiner Mutter schaute sich nach mir um, starrte mich an wie ein Wunder, dann fiel er hin und plärrte, böse auf die Gravitation. Was bin ich schon für ein Wunder? Ein Fett ansetzender Mann mit krummem Rücken und banaler Physiognomie.

Wenn nun der Kleine recht hat und ich bin wirklich ein Wunder? Jeder Mensch – ist er nicht ein Wunder?

Was wissen wir schon vom Menschen? Was weiß ich von mir selbst? In der »Das Leben« betitelten Aufgabe sind die Menschen das, was gegeben ist und nicht bewiesen zu werden braucht. Aber jeder operiert mit seinen Ausgangsdaten und stellt etwas eigenes unter Beweis. Mein anderes Ich zum Beispiel. Es ist abgereist, was sowohl überraschend als auch logisch ist.

Doch halt! Wenn schon davon die Rede sein soll, dann ganz von Anfang an.

Es ist direkt komisch, daran zurückzudenken ... Im Grunde genommen waren meine Absichten so simpel, daß es simpler nicht mehr ging. Ich wollte meine Dissertation schreiben.

Aber etwas Mittelmäßiges und Zusammengestoppeltes hinzuklieren (wie zum Beispiel das mir von meinem ehemaligen Chef, Professor Voltampernow, vorgeschlagene Thema »Einige Besonderheiten der Projektierung der Diodensysteme eines Datenspeichers«) ist langweilig und unerfreulich. Immerhin bin ich ein lebendiger Mensch, ich wollte ein ungelöstes Problem anpacken, in das Problem eindringen, die Natur mit Hilfe von Überlegungen, Maschinen und Geräten hart ins Kreuzverhör nehmen.

Ich wollte etwas erfahren, was noch keiner wußte. Oder etwas ausdenken, auf das noch keiner gekommen war. Und die bei der Verteidigung der Dissertation gestellten Fragen wollte ich so spielend beantworten, daß einem die Bekannten hinterher sagen konnten: »Du hast's denen aber gezeigt! Bist ein As!«

Dies um so mehr, als ich was kann. Man soll so was nicht in alle Öffentlichkeit hinausposaunen, aber ins Tagebuch darf ich schreiben: »Ich kann was«. Fünf Erfindungen und zwei abgeschlossene Forschungsarbeiten sind schon eine Bestätigung. Auch diese Entdeckung ... He, Kriwoschein, hab's nicht so eilig, sie auch deinen intellektuellen Verdiensten zuzuzählen! Hier hast du dich verfitzt, und bis zum heutigen Tag ist es dir nicht gelungen, dich zu befreien.

Kurz gesagt, diese innere Unruhe stieß mich in das Labyrinth der Weltsystemologie, wo der Hauptoperator nicht eine Formel, nicht ein Algorithmus, ja nicht einmal ein Rezept, sondern der Zufall ist.

Wegen der Beschränktheit unseres Geistes neigen wir dazu, die Physiker zu den Lyrikern, die Welle zum Teilchen, die Pflanzen zu den Tieren und die Maschinen zu den Menschen in Gegensatz zu bringen ... Aber im Leben wie in der Natur steht das alles nicht in Opposition zueinander, sondern ergänzt sich gegenseitig. Genauso ergänzen Logik und Zufall einander in der Erkenntnis, beim Suchen nach einer Lösung. In mathematischen wie in logischen Konstruktionen kann man nicht wenig Unbewiesenes, Willkürliches finden (und findet es auch); ebenso lassen sich auch in zufälligen Ereignissen logische Gesetzmäßigkeiten entdecken.

Übrigens hat sich der prinzipielle Gegner der Zufallsforschung, der Doktor der technischen Wissenschaften Voltampernow, keine wie auch immer geartete Gelegenheit entgehen lassen, meinen Vorschlag (eine Abteilung für die Modellierung von Zufallsprozessen) schärfstens zurückzuweisen: »Aber das wäre ja sozusagen ein Modellieren mit Kaffeesatz!« Ist das nicht die beste Illustration dieses Sichergänzens!

Es war schwierig, dem etwas entgegenzuhalten. Erfolge in dieser Richtung gab es kaum, viele Arbeiten hatten mit einem Mißerfolg geendet, und die Ideen ... die Ideen kamen nicht an. Bei uns war es so wie im Wilden Westen. Es zählten nur die nackten Tatsachen.

Schon hatte ich vor, dem Beispiel meines ehemaligen Laborchefs Valeri Iwanow zu folgen, dem Institut ade zu sagen und in eine andere Stadt zu gehen, als er auftauchte, der hartnäckige Bursche Zufall! Völlig kausal übergaben die Bauleute das neue Gebäude nicht termingemäß, ebenso kausal wurden die Gelder aus den kausal begründeten Kostenstellen des Institutshaushalts nicht verausgabt, und Arkadi Arkadjewitsch schrieb einen Wettbewerb für den Verwendungsvorschlag von 80 000 Rubeln aus. Ich bin überzeugt, daß in so einem Fall auch der eingefleischteste Verteidiger des Determinismus bemüht gewesen wäre, auf das richtige Pferd zu setzen.

Damals zeichnete sich bei mir eine Idee ab, und zwar wollte ich erforschen, wie sich wohl eine elektronische Maschine verhält, wenn man sie nicht mit einem auf Bits vorgekauten Programm »füttert«, sondern mit einer gewöhnlichen – durchdachten und doch willkürlichen – Information. Genau so. Nach Programmen arbeitet sie jedenfalls so blitzschnell, daß die Journalisten hell begeistert sind. (»Ein neuer Erfolg der Wissenschaft: Eine Maschine projektiert in drei Minuten eine ganze Werkabteilung!«) Aber die Programmierer in ihrer Bescheidenheit verschweigen dabei gewöhnlich, wie viele Monate sie zur Vorbereitung dieser »Dreiminutenlösung« gebraucht haben.

Was soll ich sagen, mein Vorhaben stellte in seiner elementaren Ausführung für jeden einigermaßen gebildeten Systemologen ausgemachten Unsinn dar: die Maschine würde überhaupt kein Verhalten zeigen, stehenbleiben würde sie, mehr nicht! Aber ich rechnete ja auch gar nicht mit einer elementaren Ausführung!

Bis zum Ende des Haushaltsjahres waren es noch fünf Wochen, achtzigtausend für die Ausrüstung eines Labors – selbst einer so freien Richtung, wie es die Zufallsforschung ist – auszugeben war gar nicht so einfach; nicht ohne Grund drückt mir Alter Abramowitsch, das Versorgungsgenie des Instituts, heute noch anerkennend die Hand, wenn wir uns begegnen. Übrigens kann ein Versorgungsfachmann nun mal nicht begreifen, daß eine Idee und das unbändige Verlangen, in den operativen Raum vorzustoßen, Wunder vollbringen können.

Somit bestand folgende Lage: Geld war da, doch sonst nichts. Die Bauleute sollten bei Übergabe des Baus in bester Ausführung 5000 bekommen (Sie wollten mich verschaukeln: »Den Plan halten wir, bester Freund! Da ist 'ne Prämie fällig – rück mal was raus!«), und für eine diskrete Universalrechenmaschine ZWM-12 gab ich 13 000 aus. Ferner erstand ich alle möglichen Informationsgeber wie piezoelektrische Mikrofone, elastische tensometrische Abtaster, Germaniumfototransistoren, Gasanalysatoren, Thermistoren, einen Satz von 4000 Mikroelektroden für die elektromagnetische Addition der Hirnströme mit dem SEG-1, einem System von Elektrodengebern, Pulsometer, Halbleiterfeuchtigkeitsanalysatoren, mit Photoelementen bestückte »lesende« Matrizen, kurz gesagt, alles, was Laute, Bilder, Gerüche, geringe Drücke, Temperaturen, Witterungsverhältnisse und sogar seelische Regungen in elektrische Impulse umwandelt, für 9000. Für 4000 kaufte ich diverse Reagenzien, Laborglas und alles, was zu einer chemischen Ausrüstung gehört, aus der vagen Vorstellung heraus, auch die Chemotronik anzuwenden, von der ich gehört hatte. (Und wenn ich ganz offen bin, dann wohl auch deshalb, weil diese Dinge ohne weiteres in einem Geschäft gegen Scheck erhältlich sind. Ich brauche wohl nicht eigens zu erwähnen, daß ich von diesen 80 000 nicht einen Rubel in bar ausgegeben habe.)

All das war schon was, aber der Grundpfeiler des Experiments fehlte noch. Ich hatte klar vor Augen, was ich noch brauchte: eine Schaltanlage, um die Zufallssignale von den Gebern umschalten und miteinander verbinden zu können, um sie dann der »vernunftbegabten« Maschine zuzuleiten – so einem Stückchen »Elektronengehirn« mit beliebiger Schaltung der Verbindungen von mehreren 10 000 Umschaltzellen ... In einem Laden bekommt man so etwas nicht zu kaufen, nicht mal gegen Scheck. Die Einzelteile kaufen, aus denen die herkömmlichen elektronischen Maschinen gebaut werden (Dioden, Trioden, Widerstände, Kondensatoren und dergleichen), und die ganze Anlage in Auftrag geben? Das hätte zu lange gedauert und war zudem völlig irreal. Schließlich muß man einem Auftrag auch ein ausführliches Schaltschema beigeben, und eine solche Anlage durfte doch *prinzipiell* kein bestimmtes Schema enthalten. Es war wirklich so wie in dem Märchen von Alexej Tolstoi: Geh wohin – weiß nicht wohin, hol mir das – weiß nicht was!

Und wieder schenkte mir Freund Zusall dieses »Weiß nicht was« ... und Lena. Moment mal! Das möchte ich doch nicht alles dem Zufall zuschreiben. Das Zusammentreffen mit Lena war natürlich ein reines Geschenk des Schicksals. Was aber den Kristallblock angeht ... Wenn man sich Tag und Nacht den Kopf zerbricht, kommt immer was dabei heraus, findet man immer etwas.

Die Lage war so: Bis Jahresende waren es noch drei Wochen, 50 000 waren noch nicht »verbraten«, es bestand aber keine Aussicht, an eine Schaltanlage heranzukommen. Ich saß gerade im Trolleybus.

»Wir haben für fünfzigtausend stabile Schaltungen gekauft, und nun werden sie plötzlich von der technischen Kontrolle beanstandet!« erzählte eine Frau in braunem Pelzmantel ihrer Nachbarin. »Wie findest du das?«

»Hirnverbrannt«, antwortete die.

»Pschembakow wälzt alles auf die Abteilung Versorgung ab. Dabei hat er die Schaltungen selber angefordert!«

»Guck an!«

Die Worte »fünfzigtausend« und »stabile Schaltungen« hatten mich aufhorchen lassen.

»Entschuldigen Sie bitte, um was für Schaltungen handelt es sich?«

Die Frau wandte mir ihr Gesicht zu, ein so hübsches, ärgerliches Gesicht, daß ich plötzlich verlegen wurde.

»›Nein-Oder‹ und ›Trigger!‹« antwortete sie wütend.

»Und was für Parameter?«

»Niedervolt... Entschuldigen Sie, aber wie kommen Sie eigentlich dazu, sich in unser Gespräch einzumischen?«

So lernte ich Jelena Iwanowna Kolomijez kennen, die Ingenieurin aus dem benachbarten Konstruktionsbüro. Am folgenden Tag beantragte die Ingenieurin Kolomijez für den leitenden Ingenieur Kriwoschein einen Passierschein in ihre Abteilung. »Wohltäter! Retter!« rief der Abteilungsleiter Shalbek Balbekowitsch Pschembakow mit ausgebreiteten Armen, als mich Lena Kolomijez vorstellte und hinzufügte, ich wolle das Konstruktionsbüro von den unseligen stabilen Schaltungen befreien. Ich aber erklärte mich nur bereit, Shalbek Balbekowitsch unter folgenden Bedingungen aus der Patsche zu halfen: a) Alle 38 000 Zellen werden auf Grundplatten entsprechend der beigelegten Skizze montiert, b) sie werden mit Stromschienen verbunden, c) von jeder Zelle werden Leitungen ausgeführt, und d) das alles hat bis Jahresende fertig zu sein.

»Sie haben enorme Produktionskapazitäten, das wird sich doch ohne weiteres machen lassen«, erklärte ich.

»Für den gleichen Preis? Die Zellen allein kosten doch fünfzigtausend!«

»Ja, aber sie sind von der technischen Kontrolle abgelehnt worden, also müssen Sie einen Preisnachlaß geben.«

»Ein Erpresser bist du und kein Wohltäter«, sagte Pschembakow bekümmert und winkte hilflos ab. »Übernehmen Sie das, Jelena Iwanowna, wir lassen es als unseren Auftrag laufen. Überhaupt übertrage ich Ihnen den ganzen Kram.«

Allah preise deinen Namen, Shalbek Pschembakow!

... Bis zum heutigen Tag werde ich den Verdacht nicht los, daß ich Lena nicht mit meinen Vorzügen, sondern mit etwas ganz anderem für mich gewann. Als nämlich alle Zellen auf die Grundplatten montiert waren und die Kanten des Mikroelektronenblocks ein ganzes Feld von verschiedenfarbigen Drähten bildeten, beantwortete ich ihre ängstliche Frage »Und wie sollen die jetzt miteinander verbunden werden?« leichthin: »Ganz wie Sie wollen! Hauptsache, es sieht gut aus. Vielleicht die blauen mit den roten.«

Frauen haben nun mal eine Schwäche für Windbeutel!

So klappte denn alles. Man sage, was man will, der Zufall hat schon seine Wirkung.

(Ach, fast sieht es so aus, als hätte sich bei dieser Arbeit eine Hochachtung vor dem Zufall bei mir entwickelt! Der Fanatismus eines Neubekehrten. Ehrlich gesagt, war ich früher der Faulste der Faulen, predigte, man solle sich mit dem »unglücklichen« Zufall abfinden – man kann sowieso nichts dagegen machen – und einem versäumten »glücklichen« Zufall nicht nachtrauern – na, wenn schon; hinter solchen Äußerungen versteckt sich, wenn man's bei Licht besieht, immer nur unsere geistige Trägheit und Unbeweglichkeit. Jetzt aber begann ich, eine wichtige Eigenschaft des Zufalls zu begreifen: Mit Besonnenheit allein kriegt man ihn nicht zu fassen, weder im Leben noch in der Wissenschaft. Die Arbeit mit ihm verlangt vom Menschen rasches, beharrliches Denken, Initiative, die Bereitschaft, Pläne über den Haufen zu werfen. Sich aber vor ihm zu verneigen ist genauso dumm, wie ihn zu mißachten. Der Zufall ist weder Feind noch Freund, weder Gott noch Teufel; er ist – der Zufall, eine überraschende Tatsache, und damit ist alles gesagt. Ob man ihn erhascht oder versäumt, hängt von einem selbst ab. Wer an das Glück und an das Schicksal glaubt, sollte Lotterie spielen!)

»Trotzdem, ›Labor für Zufallsforschung‹ ist doch eine zu odiöse Bezeichnung«, hatte Asarow gesagt, als er die Anweisung über die Bildung des außerplanmäßigen Labors und über die Einsetzung des leitenden Ingenieurs Kriwoscheïn als Leiter mit materieller Verantwortlichkeit, der Verantwortlichkeit für den Brandschutz und sonstigen Verantwortlichkeiten unterschrieb. »Man soll nicht unnötig Anekdoten Nahrung geben. Wir wollen vorsichtig sein. Nennen wir es ›Labor für neue Systeme‹, und dann werden wir weitersehen.«

Das bedeutete, daß die Ablegung der Dissertation für mich nach wie vor »Problem Nr. 1« blieb. Andernfalls – »Wir werden weitersehen« ... Dieses Problem habe ich bis zum heutigen Tag nicht gelöst.

Zweites Kapitel

Antwortet eine lesende Maschine – ein Perseptron – auf die Abbildung eines Elefanten mit dem Signal »Unsinn«, auf die Abbildung eines Kamels ebenfalls mit »Unsinn« und auf das Porträt eines bekannten Wissenschaftlers wiederum mit »Unsinn«, heißt das nicht unbedingt, daß sie defekt ist. Sie kann einfach philosophisch eingestimmt sein.

Ingenieur K. Prutkow,
Sentenz Nr. 30

Natürlich erträumte ich mir eine Arbeit, die mir Spaß machte. Wie auch nicht, wo doch der oberste Gebieter über die Gehirne in der Kybernetik, der Doktor der Neurophysiologie William Ross Ashby, am laufenden Band Ideen produziert, von denen eine anziehender ist als die andere! Zufallsprozesse als Quelle der Entwicklung und des Untergangs jeglicher Systeme ... Verstärkung der geistigen Fähigkeiten der Menschen und der Maschinen durch Absonderung der wertvollen Gedanken in zufälligen Äußerungen von ungereimtem Zeug und Maschinenstörungen ... Und schließlich das Rauschen als Rohstoff für die Ausarbeitung einer Information – ja, ja, dieses »weiße Rauschen«, diese blöde Störung, für deren Beseitigung aus halbleiterbestückten Schaltungen ich selbst nicht nur ein Jahr angestrengter Arbeit und nicht nur eine Idee vergeudete!

Beschäftigt man sich gründlicher damit, so kann man Dr. W. R. Ashby nicht als Begründer dieser Richtung gelten lassen, sondern muß jenen Regisseur am Moskauer Bolschoitheater als solchen ansehen, der als erster (zur Erzeugung des drohenden Volksgemurmels in »Boris Godunow«) jedem Statisten gebot, immer wieder seine Wohnanschrift und seine Telefonnummer zu wiederholen. Ashby hatte lediglich vorgeschlagen, die umgekehrte Aufgabe zu lösen. Man nehme ein Rauschen, das Rauschen der Brandung, das Zischen eines Kohlestäubchens in einem unter Strom stehenden Mikrofon, eben irgendein beliebiges Rauschen, und führe es der Eingabevorrichtung irgendeiner Anlage zu. Aus dem Geräuschchaos isoliere man das stärkste »Plätschern« und erhält so eine kontinuierliche Reihe von Impulsen. Und eine Reihe von Impulsen sind Dualzahlen. Die Dualzahlen aber kann man in Dezimalzahlen umwandeln, und Dezimalzahlen wiederum sind Nummern, zum Beispiel die Nummern der Wörter in einem Wörterbuch für maschinelle Übersetzung. Ein Komplex von Wörtern sind Sätze. Vorerst allerdings noch x-beliebige Sätze: falsche, wahre, Abrakadabra – eben Informations»rohstoff«. In der folgenden Kaskade der Anlage aber begegnen einander zwei Informationsströme: ein den Menschen bekannter und eben dieser »Rohstoff«. Es folgt die Operation des Vergleichs der Übereinstimmung und der Nichtübereinstimmung, und alles Sinnlose wird herausfiltriert, das Banale subtrahiert sich gegenseitig. Es entstehen völlig neue, originelle Gedanken, noch nicht gemachte Entdeckungen und Erfindungen, Werke noch nicht geborener Dichter und Schriftsteller, Aussprüche von Philosophen der Zukunft! Die denkende Maschine!

Der hochgeehrte Herr Doktor hat allerdings nicht gesagt, wie man diese Wunder zuwege bringt – seine Idee besteht bislang nur in kleinen Quadraten, die auf einem Blatt Papier durch Pfeile verbunden sind. Überhaupt steht die Frage »Wie macht man das?« bei den akademischen Denkern nicht gerade in hohem Ansehen. »Wenn man die Schwierigkeiten der technischen Realisierung abstrahiert, kann man sich im Prinzip vorstellen . . .« Aber wie soll ich sie abstrahieren?

Doch was soll das Gejammer? Dazu bin ich ja Experimentator, daß ich Ideen überprüfe! Und dazu habe ich auch das Labor: Die Wände riechen noch nach frischer Ölfarbe, der braune Linoleumfußboden ist noch nagelneu, die Klimaanlage faucht, im Schrank funkeln die Gefäße und die Gläser mit den Reagenzien, auf einem eingebauten Regal liegen funkelnagelneue Instrumente, Rollen verschiedenfarbiger Kabel und Lötkolben mit roten kupfernen Köpfen, die noch nicht mit Grünspan überzogen sind. Auf den Tischen blinken in Kunststoffverpackungen modernste Geräte, die Zeiger sind noch nicht verbogen, die Skalen noch nicht verstaubt. Im Bücherschrank stehen die Nachschlagewerke, die Lehrbücher und die Monographien wie Soldaten in Reih und

Glied. Und inmitten des Raums ragen im Schein der tiefstehenden Januarsonne die Parallelepipeda der ZWM-12, der Schnelldrucker und die wie gesponnen wirkenden und von den verschiedenfarbigen Kabeln bunten Würfel des Kristallblocks auf. Alles funkelnagelneu und unberührt, kein Kratzer darauf, alles strahlt weise, rationale Schönheit aus.

Wie soll man da nicht ins Träumen geraten? Und plötzlich wird aus dem Traum Wirklichkeit! Nebenbei bemerkt, ich für meine Person träumte eigentlich bescheidener: Nicht von einer Supermaschine, die klüger ist als der Mensch (diese Idee geht mir ganz und gar gegen den Strich, auch wenn ich Systemologe bin), sondern von einer Maschine, die den Menschen versteht, um ihr Werk besser verrichten zu können. Diese Idee erschien mir realisierbar. In der Tat, wenn die Maschine durch all das, was ich ihr sagen und demonstrieren würde, ein bestimmtes Verhalten offenbarte, war das Problem gelöst. Das hätte bedeutet, daß sie über ihre Geber im wahrsten Sinne dieser Wörter ohne Anführungszeichen und Fußnoten *sehen, hören* und *riechen* konnte. Und ihr Verhalten hätte dann beliebigen Aufgaben angepaßt werden können, denn wozu war sie sonst ein *universeller* Elektronenrechner.

Ja, damals im Januar erschien mir das realisierbar und einfach; das Wasser stand mir erst bis zu den Knien. Ach, die begeisternde Kraft der Geräte! Die phantastischen grünen Schleifen auf den Bildschirmen, das selbstbewußte verhaltene Brummen der Transformatoren, das keinen Widerspruch duldende Knacken der Relais, das Aufblitzen der Signallämpchen am Steuerpult, die exakten Bewegungen der Zeiger. Es schien, man könnte alles messen, erfassen, fertigbringen, sogar das simple Mikroskop gab einem die Zuversicht, man werde jetzt gleich nie Dagewesenes sehen (bei 400facher Vergrößerung und in doppelt polarisiertem Licht).

Doch wozu viel darüber reden ... Welcher Forscher hat nicht vor Beginn einer neuen Arbeit geträumt, hat sich nicht mit seinen Gedanken, seiner Phantasie an die höchsten Probleme herangewagt? Welcher Forscher hat niemals diese alles bezwingende Ungeduld verspürt, wenn man danach trachtet – schneller, schneller! –, die langweiligen Vorbereitungsarbeiten abzuschließen – schneller, schneller! –, die Schaltung für das Experiment zu montieren, sie ans Netz anzuschließen und anzufangen!

Doch dann kommen die tagtäglichen Sorgen im Labor, die tagtäglichen Fehler, die tagtäglichen Mißerfolge lassen einem das Träumen vergehen. Man ist zu allem bereit, nur um nicht vergeblich gearbeitet zu haben.

So erging es auch mir.

Mißerfolge beschreiben ist das gleiche, wie sie von neuem zu erleben. Deshalb will ich mich kurz fassen. Die Schaltung des Experiments war also folgende: An die Eingänge der ZWM-12 schloß ich einen Kristallblock mit 38 000 Zellen an und an die Eingänge des Kristallblocks das gesamte sonstige Zubehör: Mikrofone, Geber für Gerüche, Feuchtigkeit und Temperatur, tensometrische Fühler, Fotomatrizen mit einem die Brennweite regulierenden Aufsatz und den »Monomachhelm« zum Zählen der Hirnströme. Die Quelle der äußeren Information war ich selbst, das heißt etwas, was sich bewegte, Geräusche von sich gab und seine Form sowie seine Koordinaten im Raum veränderte, was eine bestimmte Temperatur aufwies und über Nervenpotentiale verfügte. Man konnte es sehen und hören, mit den Fühlern berühren, die Temperatur und den Blutdruck messen, den Mundgeruch analysieren, ja sogar in die Seele und in die Gedanken eindringen – bitte sehr! Die Signale sollten in den Kristallblock wandern, dort verschiedene Zellen erregen – der Kristallblock formt und »verpackt« die Signale zu logischen Kombinationen für die ZWM-12, die mit ihnen fertig wird wie mit jeder anderen Aufgabe auch, und am Ausgabegerät kommt etwas Sinnvolles heraus. Damit ihr das leichter falle, gab ich dem Datenspeicher der Maschine alle Zahlenkodes aus dem Wörterbuch für maschinelle Übersetzung von A bis Z ein.

... Weiter nichts. Die Synchronmotörchen steuerten leise surrend die Fühler und die Objektive, während ich mich im Raum bewegte. Die Kontrolloszillographen gaben die Kette von Impulsen wieder, die vom Kristallblock zur Maschine übersprangen. Der Strom lief. Die Lämpchen flackerten. Doch im ersten Monat ruckten die kleinen Hebel des Schnelldruckers nicht ein einziges Mal, nicht ein einziges Zeichen hämmerten sie auf den Lochstreifen.

Ich schloß alle Geber an den Kristallblock an. Ich sang und rezitierte Gedichte, ich gestikulierte, lief und sprang vor den Objekten herum, zog mich aus und wieder an, ließ mich abtasten (Brrr! Diese kalte Berührung der Fühler!), setzte mir den »Monomachhelm« auf und – oh, mein Gott! – bemühte mich, etwas zu »suggerieren«. Ich war zu jedem Hokuspokus bereit.

Aber die ZWM-12 konnte keinen Hokuspokus auswerfen, so ist sie nicht konstruiert. Gibt es für eine Aufgabe eine Lösung, findet sie sie, wenn nicht, bleibt sie stehen. Und sie blieb stehen. Nach dem Flackern der Lämpchen am Steuerpult zu urteilen, schaltete sich in ihr etwas um, doch alle 5 bis 6 Minuten flammte das Stopsignal auf, und ich drückte auf den Knopf zum Auswerfen der Information. Und alles begann wieder von vorn.

Endlich dämmerte es bei mir. Die Maschine konnte mit den Impulsen vom Kristallblock einfach keine rechnerischen und logischen Operationen ausführen – aber was konnte sie dann? Das Ergebnis dieser Operationen war eben eine so rohe und widersprüchliche Information, daß die Maschine – bildlich gesprochen – die logischen Enden nicht miteinander verbinden konnte, also »Stop!«. Ein Rechenzyklus war der Maschine eben zuwenig. Also mußte man eine *Rückkopplung* zwischen der Maschine und dem Kristallblock herstellen! Dann würde die rohe Information aus der ZWM-12 zu den Eingängen des schlauen Kristallwürfels zurückkehren, dort erneut bearbeitet werden, würde in die Maschine weitergeleitet und so weiter, und dies so oft, bis alles völlig klar war.

Ich faßte wieder Mut: Na, aber jetzt...! Ich übergehe die Erinnerung daran, wie 150 logische Zellen und Dutzende von Matrizen in der Maschine verbrannten, weil die Arbeitsweise der ZWM und des Kristallblocks nicht aufeinander abgestimmt waren (Rauch, Gestank, die Transistoren knallen wie Patronen, die in den Ofen geworfen werden, statt den Hauptschalter zu betätigen, reiße ich den Feuerlöscher von der Wand), wie ich neue Zellen beschaffte, die Übergangsschaltungen lötete, die Arbeitsweise sämtlicher Blöcke neu aufeinander einstellte – Schwierigkeiten bei der technischen Realisierung eben, was gibt's da viel zu sagen. Hauptsache, es ging voran!

Am 15. Februar erklang im Labor das lang ersehnte Tuckern: Der Schnelldrucker hämmerte Kodierungen auf den Lochstreifen! Da war er, der erste Satz der Maschine (bevor ich ihn dechiffrierte, rannte ich um den Tisch herum, auf dem der Lochstreifen lag, und grinste dämlich: Die Maschine hatte reagiert!): »Speicher 10 bit.«

Das war nicht das, was ich erwartet hatte; deshalb kapierte ich nicht gleich, daß die Maschine »wünschte« (ich muß das in

Gänsefüßchen setzen), das Speichervolumen solle erweitert werden.

Genaugenommen verlief alles logisch: Eine komplizierte Information wird eingegeben, sie muß weitergeleitet werden, doch die Blöcke des Speichers sind schon vollgestopft. Das Speichervolumen erweitern! Eine ganz alltägliche Sache bei der Konstruktion von Maschinen.

Hätte ich nicht Alter Abramowitschs Hochachtung genossen, wäre der Wunsch der Maschine ohne weitere Folgen geblieben. Er aber rückte für mich drei Würfel Magnetplattenspeicher und zwei Würfel ferroelektrische Speicher heraus, und alles ging seinen Gang. Einige Tage später wiederholte die ZWM-12 ihre Forderung, dann ein zweites Mal, drittes Mal. Die Maschine machte ernsthafte Ansprüche geltend. Was empfand ich damals? Befriedigung: Endlich geschieht etwas! Ich paßte das Ergebnis schon der künftigen Dissertation an. Mich betrübte lediglich, daß die Maschine nur »für sich selbst« arbeitete.

Danach begann die Maschine sich selbst zu konstruieren! Im Grunde genommen war auch das logisch: Eine komplizierte Information muß man eben mit komplizierteren Schaltungen verarbeiten, als es die Standardblöcke der ZWM-12 sind.

Ich bekam zu tun. Der Schnelldrucker spie Kodes und die Nummern logischer Zellen aus und teilte mit, wo und wie sie anzuschließen seien. Für den Anfang gab sich die Maschine mit Typenzellen zufrieden. Ich montierte sie an einer zusätzlichen Tafel.

(Erst heute begreife ich: Von akademischer Warte aus gesehen, beging ich gerade damals einen wesentlichen methodologischen Fehler. Ich hätte in diesem Stadium einhalten und analysieren müssen, welche Schaltungen und was für eine Logik mein Komplex Geber – Kristallblock – ZWM-12 mit erweitertem Speicher für sich entwickelte. Und erst nachdem ich mich über alles orientiert hatte, hätte ich weitermachen dürfen. Eine Maschine, die sich ohne ein vorgegebenes Programm selbst konstruiert – das war doch schon eine sensationelle Kandidatendissertation! Wenn ich es richtig formulierte, konnte es auch für eine Doktordissertation reichen.

Aber mich hatte die Neugier gepackt. Der Komplex schien sich zu entwickeln. Warum nur? Um den Menschen verstehen zu können? Danach sah es nicht aus: Offensichtlich genügte es der Maschine einstweilen, daß ich sie verstand, daß ich gehorsam ihre Aufträge ausführte. Die Menschen bauen Maschinen für ihre Zwecke, aber was für einen Zweck kann eine Maschine verfolgen? Oder ist das gar kein Zweck, sondern ein uralter »Akkumulationsinstinkt«, der, mit einer bestimmten Kompliziertheit beginnend, allen Systemen eigen ist, sei es nun ein Wurm oder eine elektronische Maschine? Und welche Grenzen sind der Entwicklung des Komplexes gesetzt?

Damals eben ließ ich die Zügel etwas locker, und bis heute weiß ich nicht, ob das gut oder schlecht war.)

Mitte März begann die Maschine, die sich offenbar mit Hilfe des »Monomachhelms« Informationen über Neuheiten auf dem Gebiet der Elektronik angeeignet hatte, Kryosare und Kryotrone, Tunneltransistoren, Folienschaltungen und Mikromatrizen anzufordern ... Mir war gar nicht nach einer Analyse zumute: Ich rannte durchs Institut und durch die ganze Stadt, intrigierte, trickste, tauschte diese »Modeneuheiten« gegen alles ein, was man von mir verlangte.

Alles umsonst! Einen Monat später »verlor« die Maschine das Interesse an der Elektronik und ... »warf« sich auf die Chemie.

Daran war eigentlich nichts Überraschendes: Die Maschine hatte das beste Verfahren gewählt, sich selbst zu konstruieren. Schließlich ist die Chemie ein Weg der Natur. Die Natur kannte weder Lötkolben noch Kräne, weder Schweißmaschinen noch Motoren, ja nicht einmal Schaufeln, sie mischte einfach Lösungen, erhitzte sie, kühlte sie ab, bestrahlte sie, verdampfte sie, und so entstand alles Leben auf der Erde.

Das war es ja gerade: Das Verhalten der Maschine war logisch und konsequent! Sogar ihr Wunsch, ich solle den Monomachhelm aufsetzen – und je weiter die Zeit fortschritt, desto häufiger hämmerte sie diese Forderung auf den Streifen. Bevor sie eine rohe Information von den Foto-, Klang-, Geruchs- und sonstigen Gebern verarbeitete, war es für sie doch besser, eine bereits von mir verarbeitete Information zu verwenden. Das machen in der Wissenschaft viele so.

Aber du lieber Gott! Was forderte die Maschine nicht alles für Reagenzien: von destilliertem Wasser bis zu Natriumtrimethyldifluorparaaminotetrachlorphenylsulfat, von DNS und RNS bis zu Kraftstoff der Marke »Super blau«! Und was für verzwickte technologische Schaltungen ich nicht alles herstellen mußte.

Das Labor veränderte sich zusehends in die Höhle eines mittelalterlichen Alchimisten. Mächtige Flaschen, doppelhalsige

Kolben, Autoklaven, Destillationsblasen beanspruchten auch das letzte Fleckchen. Ich verband sie untereinander mit Schläuchen, Glasröhren und Kabeln. Der Vorrat an Reagenzien und Laborglas erschöpfte sich schon in der ersten Woche, ich mußte immer wieder neues Material ranschaffen.

Der angenehme, dem Geruchssinn schmeichelnde Duft von Kolophonium und warmer Isolierung wurde verdrängt durch die Miasmen von Ammoniak, Essigsäure und weiß der Teufel was noch für Gerüchen. Wie verloren tappte ich in diesem chemischen Dschungel umher. In den Blasen und Schläuchen gluckerte, plätscherte und gurgelte es. Die Gemische in den Flaschen und Kolben entwickelten Bläschen, gärten, wechselten die Farbe; in ihnen schlugen sich irgendwelche Rückstände nieder, lösten sich wieder auf, und erneut entstanden gallertartige pulsierende Flocken, Bündel schwebender grauer Fäden. Ich goß und schüttete die Reagenzien nach den in Zahlen ausgedrückten Bestellungen der Maschine nach und verstand gar nichts mehr.

Dann hämmerte die Maschine plötzlich den Auftrag auf vier weitere Schnelldrucker. Ich faßte neuen Mut: Also interessierte sie sich doch nicht nur für Chemie – entfaltete von neuem eine rastlose Tätigkeit, beschaffte, schloß an . . . und es lief!

(Wahrscheinlich erhielt ich damals eben jenen Ashbyschen »Verstärker der Informationsselektion« oder etwas ihm nahe Verwandtes . . . Doch das mag der Teufel wissen! Gerade damals verlor ich endgültig den Faden.)

Jetzt ging es im Labor zu wie in einem Schreibbüro. Die Schnelldrucker hämmerten Zahlen. Die Papierstreifen mit den Zahlenkolonnen quollen aus den rechteckigen Schlünden wie im Märchen der süße Brei aus dem Töpfchen. Ich wickelte die Streifen zu Rollen auf, nahm mir die von Leertasten getrennten Zahlen vor, übersetzte sie in Wörter, bildete Sätze.

Dabei erhielt ich recht merkwürdige, rätselhafte »Wahrheiten«. Zum Beispiel solche: »Sechsundzwanzig Kopeken wie von Berditschew«. Was stellte das dar, einen Fakt, einen Gedanken? Oder war es eine Andeutung? Und das hier: »Straßenqual rollert heran«, was so ähnlich klang wie Majakowskis »Die Straße rollt die Qual vor sich her . . .«. Aber welcher Sinn steckte darin? Was war das – ein erbärmliches Plagiat? Oder gar eine poetische Entdeckung, bis zu der die heutigen Poeten noch nicht vorgedrungen waren?

Ich dechiffrierte einen anderen Streifen: »Die in den Reihen

Taylors im Bereich von Null bis Unendlich verteilte Zartheit der Seelen vereinigt sich zur biharmonischen Funktion.« Herrlich gesagt, nicht wahr?

Und so war es mit allem: entweder kaum verständliche Fetzen oder etwas Schizophrenes. Ich war schon drauf und dran, ein paar Streifen zu den mathematischen Linguisten zu bringen – vielleicht konnten die was damit anfangen? –, doch dann überlegte ich es mir anders, hatte Angst vor einem Skandal. Verständliche Informationen gab nur der erste Automat aus: »die und die Reagenzien in den Kolben 1, 3 und 7 nachfüllen«, »die Spannung an den Elektroden 34 bis 123 um 5 Volt verringern« und so weiter. Die Maschine vergaß nicht, »sich speisen zu lassen«, also war nicht sie es, die verrückt geworden war. Wer aber dann?

Am quälendsten war die Erkenntnis, daß ich nichts tun konnte. Auch früher war in meinen Experimenten Unverständliches geschehen, aber in solchen Fällen konnte man schlimmstenfalls das Experiment sorgsam wiederholen. Ergab sich ein unerwünschter Effekt, lenkte man ihn in die gewünschte Richtung, und wenn das nicht ging, untersuchte man einfach die Ursachen. Hier aber konnte man das Spiel weder wiederholen noch zurückdrehen. Selbst im Traum sah ich nur noch die sich windenden weißen Schlangen mit den Zahlenschuppen, und verzweifelt mühte ich mich ab, herauszubekommen, was mir die Maschine eigentlich mitteilen wollte.

Ich wußte schon nicht mehr, wohin mit den zahlenbedruckten Rollen. Bei uns im Institut gab es gewöhnlich zweierlei Verwendung dafür. Jene, die die Lösungen neuer Aufgaben trugen, kamen ins Archiv, die anderen schleppten die Mitarbeiter nach Hause und verwendeten sie als Toilettenpapier. Sehr praktisch. Meine Rollen hätten für sämtliche Toiletten von Akademgorodok ausgereicht.

Eines schönen Aprilmorgens (nach einer schlaflos im Labor verbrachten Nacht entsprach ich allen Launen der Maschine, goß und schüttete nach, regulierte . . .) gab der Automat Nr. 3 in Zahlenform folgenden Satz aus: »Streptomyzetenstriptease mit Streptokokkenzittern . . .«, und da begriff ich, daß ich diesen Weg nicht weitergehen durfte.

Ich trug sämtliche Rollen auf eine Wiese im Park und zündete sie an. Dann hockte ich mich ans Feuer, wärmte mich, rauchte und begriff, daß das Experiment gescheitert war, weil nichts anderes herausgekommen war als »Brei«. Einmal hatte ich zusammen mit Valeri Iwanow nur so zum Spaß im Vakuumofen einen »Metallhalbleiterbrei« aus allen Stoffen geschmolzen, die wir damals zur Hand hatten. Wir erhielten einen herrlich gefärbten Abguß. Um ihn untersuchen zu können, zerschlugen wir ihn. In jedem Krümelchen des Gußstücks konnte man alle möglichen Effekte eines Festkörpers feststellen – vom Tunneleffekt bis zum Transistoreffekt –, und sie alle waren unsicher, instabil und nicht reproduzierbar. Wir warfen den »Brei« in die Mülltonne.

Genauso war es hier. Der Sinn einer wissenschaftlichen Lösung liegt darin, aus einer Unmenge von Eigenschaften und Effekten eines Stoffes der Natur, eines Systems und so weiter das Gewünschte zu isolieren und alles andere zu unterdrücken. Das war hier nicht gelungen. Die Maschine hatte es nicht gelernt, meine Informationen zu verstehen. Ich ging ins Labor, um den Strom abzuschalten.

Im Korridor fiel mir ein Behälter in die Augen, ein prächtiges Gefäß aus durchsichtigem Teflon in den Abmessungen 2 m × 1,5 m × 1,2 m; ich hatte ihn schon im Dezember gekauft, weil ich dachte, ihn für alle möglichen Dinge zu benötigen, hatte ihn dann aber doch nicht gebraucht. Dieses Becken brachte mich nun auf die allerletzte und bereits völlig wahnwitzige Idee. Ich stellte alle Schnelldrucker in den Korridor, plazierte dort, wo sie gestanden hatten, das Becken, führte die Kabel von der Maschine hinein, die Enden der Rohrleitungen und die Schläuche, goß und schüttete die Reste der Reagenzien in das Becken, dämpfte den entstandenen Gestank mit Wasser und wandte mich mit folgender Rede an die Maschine: »Genug der Zahlen! Die Welt läßt sich nicht in Binärzahlen ausdrücken, kapiert? Selbst wenn das möglich wäre, was hätte man davon? Also versuchen wir es mal auf andere Weise: in Bildern, in etwas Stofflichem. Ach, daß dich doch der Teufel hole!«

Ich schloß das Labor zu und ging in der festen Absicht weg, mich zu erholen, wieder zu mir selbst zu kommen. Natürlich hatte ich die ganze Woche nachts kein Auge zugetan.

... Das waren herrliche zehn Tage, friedlich und harmonisch. Ich schlief mich aus, machte Frühsport, stellte mich unter die Dusche. Fuhr mit Lena auf dem Motorrad vor die Stadt, wir gingen ins Kino, schlenderten durch die Straßen, küßten uns. »Na, was machen unsere stabilen Schaltungen?« erkundigte sie sich.

»Sind sie noch da?« Ich entgegnete etwas im gleichen Ton und brachte das Gespräch auf andere Dinge. Schaltungen, Maschinen und Experimente interessieren mich nicht mehr! ermahnte ich mich. Ich möchte nicht, daß man mich eines schönen Tages in einer Zwangsjacke aus dem Labor schafft!

In meinem Innern jedoch widersetzte sich etwas. Ich hatte alles im Stich gelassen, war davongelaufen, und was mochte nun jetzt dort geschehen? Was war denn nun eigentlich vor sich gegangen? (Schon dachte ich in der Vergangenheitsform an das Experiment.) Es sah so aus, als hätte ich durch willkürliche Information in dem Komplex einen Syntheseprozeß ausgelöst.

Doch was für eine blödsinnige Synthese war das bloß gewesen? Eine Synthese wovon?

Drittes Kapitel

Der Kellner umhüllte die Flasche mit der Serviette und entkorkte sie. Lärm und Rauch erfüllten den Saal; an der Decke zeichneten sich stopplige Wangen und ein grüner Turban an.
»Was ist denn das?!«
»Das? Ein Dschinn!«
»Ich hatte aber Sekt bestellt! Bringen Sie mir sofort das Beschwerdebuch!«

Modernes Märchen

Auf dem Asphaltweg kam mir ein Mann entgegen. Hinter ihm schimmerte das Grün der Bäume, leuchteten die weißen Säulen des alten Institutsgebäudes. Im Park war alles wie sonst. Ich war unterwegs zur Kasse, um meinen Vorschuß abzuholen. Der Mann ging ein wenig schwerfällig und schlenkerte mit den Armen, aber es war nicht etwa so, daß er gehinkt hätte, vielmehr setzte er einfach den rechten Fuß vorsichtiger auf als den linken; das fiel mir besonders auf. Der Wind ließ die Schöße seines Regenmantels flattern und spielte in seinem rötlichen Haarschopf.

Mein erster Gedanke: Wo habe ich den Kerl bloß schon gesehen?

Je näher wir einander kamen, desto deutlicher erkannte ich seine fliehende Stirn mit den Geheimratsecken und den vorsprinden Jochbögen, die breitflächigen Wangen mit dem rötlichen, eine Woche alten Stoppelbart; die Knollennase, die hochmütig verzogenen Lippen und gelangweilt gesenkten Lider ... Wir hatten einander bestimmt schon gesehen, so eine anmaßende Physiognomie prägte sich einem ein.

Der zweite Gedanke: Soll ich ihn grüßen oder gleichgültig vorbeigehen?

In diesem Augenblick hörte die ganze Umgebung auf für mich

zu existieren. Ich stolperte auf dem ebenen Asphalt und blieb wie angewurzelt stehen. Ich *selbst* kam mir da entgegen.

Dritter Gedanke (entgeistert): Nun ja ...

Der Mann blieb vor mir stehen. »Servus!«

»Serv-v-v-vus ...« Dem Chaos in meinem Kopf entrang sich eine rettende Vermutung. »Sind Sie vom Filmstudio?«

»Vom Filmstudio?! Wieder mal typisch, diese Überheblichkeit!« Die Lippen meines Doppelgängers verzogen sich zu einem Grinsen. »Nein, Valka, noch ist kein Film über uns geplant. Aber was nicht ist, kann ja noch werden!«

»Hören Sie mal, für Sie bin ich nicht Valka, sondern Valentin Wassiljewitsch Kriwoscheïn! Da könnte ja jeder dahergelaufene Flegel ...«

Der andere lächelte und ergötzte sich offensichtlich an meiner Wut. Ich merkte, daß er auf diese Begegnung besser vorbereitet war als ich und seinen Vorteil auskostete.

»Hm ... Würden Sie mir bitte erklären, wer Sie sind, wie Sie auf das Institutsgelände kommen und weshalb Sie sich so zurechtgemacht haben, daß Sie aussehen wie ich?«

»Aber natürlich, gern«, sagte er. »Ich bin Valentin Wassiljewitsch Kriwoscheïn, Leiter des Labors für neue Systeme. Hier mein Ausweis, bitte sehr.« Und er zeigte mir wirklich meinen abgegriffenen Betriebsausweis. »Natürlich komme ich aus dem Labor!«

»Was Sie nicht sagen!« In solcher Situation ist es das wichtigste, nicht den Humor zu verlieren. »Freut mich sehr, Sie kennenzulernen. Valentin also, Wassiljewitsch? Aus dem Labor? Soso ... Aha ... Hm ...«

Ich ertappte mich dabei, daß ich ihm glaubte. Nicht weil er einen Betriebsausweis hatte, ohne den er nicht am Pförtner vorbeigekommen wäre, sondern weil er wie ich eine Narbe über der Braue und einen Leberfleck auf der Wange hatte. Auch in der Haltung meines Gesprächspartners war etwas, was jeden Gedanken an einen Jux ausschloß. Mir wurde unheimlich. Sollte ich bei meinen Experimenten übergeschnappt und nun mit meinem gespaltenen Ich zusammengetroffen sein?

»Aus dem Labor kommen Sie also?« Ich versuchte, ihm eine Falle zu stellen. »Wieso kommen Sie dann aus der Richtung des alten Gebäudes?«

»Ich war noch in der Kasse. Heute ist doch der Zweiundzwanzigste.« Er holte ein Bündel Fünfrubelscheine aus der Tasche und zählte einige ab. »Hier, dein Anteil.«

Mechanisch nahm ich das Geld entgegen und zählte es nach. Dann ermannte ich mich: »Und warum nur die Hälfte?«

»Guter Gott!« Der Doppelgänger seufzte ausdrucksvoll. »Wir sind doch jetzt zwei!«

(Dieser betont ausdrucksvolle Seufzer! So seufze ich doch nie im Leben! Man kann jemanden also auch mit einem Seufzer demütigen. Und seine Diktion – wenn man da überhaupt von einer Diktion sprechen kann –, blubbere ich etwa auch so?)

Ich habe Geld von ihm bekommen, also existiert er, überlegte ich. Oder ist das eine Sinnestäuschung? Hol's der Teufel, ich bin Forscher und pfeife auf alle Gefühle, solange ich nicht begriffen habe, was hier vorgeht!

»Sie bleiben also dabei, daß ... Sie aus dem verschlossenen und versiegelten Labor kommen?«

»Ja«, er nickte, »geradewegs aus dem Labor, aus dem Becken.«

»Auch noch aus dem Becken. Sagen Sie bi ... Was heißt aus dem Becken?!«

»Na, aus dem Becken eben. Du hättest wenigstens Sprossen einbauen können, ich bin kaum rausgekommen ...«

»Hör mal, laß das! Bild dir nicht ein, du könntest mir weismachen, daß du ... das heißt ich ... Willst du etwa sagen, die Maschine hätte dich gemacht?«

Mein Doppelgänger seufzte wieder in der demütigenden Weise.

»Ich merke schon, du wirst lange brauchen, bis du dich daran gewöhnt hast, daß es nun mal so ist. Ich hätte mir das eigentlich sagen müssen. Du hast doch aber gesehen, daß in den Kolben lebendige Materie entstanden ist?«

»Wenn's weiter nichts ist! Ich habe auch den Schimmel gesehen, der sich an den feuchten Stellen gebildet hat, aber das bedeutet doch noch lange nicht, daß ich bei der Entstehung von Leben zugegen war. Schön, räumen wir ein, in den Kolben wäre so etwas wie Leben entstanden. Ich verstehe nichts davon, ich bin kein Biologe. Aber was hat das mit dir zu tun?«

»Was das mit mir zu tun hat?« Jetzt war die Reihe an ihm, aufzubrausen. »Was sollte die Maschine deiner Meinung nach denn hervorbringen? Einen Wurm? Ein Pferd? Einen Kraken? Die Maschine hat die Information über *dich* gesammelt und verarbeitet: Sie hat *dich* gesehen, gehört, gerochen, hat *dich* abgetastet, die Bioströme *deines* Gehirns gemessen! Sie hatte doch nur dich vor Augen! Und hier ist das Ergebnis. Aus den Einzelteilen eines Motorrades kann man eben nur ein Motorrad bauen und keinen Staubsauger.«

»Hm ... Schön, zugegeben. Und woher kommen die Schuhe, der Anzug, der Ausweis, der Mantel?«

»Ach, du lieber Himmel! Wenn sie einen Menschen produzieren kann, wird sie doch wohl auch einen Mantel zustande bringen!«

(Das sieghafte Blitzen seiner Augen, die herrischen Gesten, der hochmütige Klang seiner Stimme ... War ich etwa auch so unausstehlich, wenn ich mich überlegen fühlte?)

Ich befühlte das Gewebe seines Mantels, und ein kalter Schauer überlief mich. Der Mantel faßte sich anders an.

Etwas Gewaltiges will einem nicht gleich in den Kopf, zumindest ist das bei meinem Kopf so. Ich erinnere mich, daß ich in meiner Studentenzeit einmal einen Delegierten zum Jugendfestival betreute, einen jungen Jäger aus der Tundra von Taimyr; ich führte ihn durch Moskau. Der Bursche betrachtete völlig gelassen und gleichgültig die Bronzeskulpturen in der Ausstellung der Errungenschaften der Volkswirtschaft, die Rolltreppen der Metro und die Autokolonnen, und über das Hochhaus der Moskauer Staatlichen Universität äußerte er sich etwa so: »Aus Stangen und Häuten läßt sich ein kleines Nomadenzelt bauen, aus Steinen ein großes ...« Im Vestibül des Restaurants »Nord« aber, wo wir einkehrten, um uns zu stärken, stieß er fast mit der Nase auf einen ausgestopften Eisbären, der ein Tablett in den Tatzen hielt. Und er blieb stehen, als hätte ihn der Schlag getroffen!

Etwas Ähnliches war auch mir widerfahren. Der Mantel des Doppelgängers sah aus wie meiner, sogar der Tintenfleck prangte genau an der Stelle, wo ich ihn hinpraktiziert hatte, als ich einmal meinen Füllhalter schüttelte, weil er nicht schreiben wollte. Das Gewebe aber war elastischer und gleichsam fettig, die Knöpfe hingen nicht an Fäden, sondern an geschmeidigen Auswüchsen, und das Gewebe wies überhaupt keine Nähte auf.

»Sag mal, ist er nicht an dir festgewachsen? Kannst du ihn auch ausziehen?«

Mein Ebenbild wurde wütend. »Nun langt's aber. Ich werd mich bei dem Wind ausziehen, nur um dir zu beweisen, daß ich du bin! Ich kann dir auch so alles erklären. Die Narbe über der

Braue – da bin ich vom Pferd gefallen, als Vater mir das Reiten beibrachte! Am rechten Knie habe ich einen Bänderriß. Das passierte beim Endspiel um die Schulmeisterschaft im Fußball! Woran soll ich dich noch erinnern? Daß ich als Kind insgeheim an den lieben Gott geglaubt habe? Oder daß ich im ersten Studienjahr vor meinen Stubenkameraden damit angab, daß ich nicht bloß mit einer Frau etwas hätte, obwohl ich in Wirklichkeit meine Unschuld erst beim Vordiplompraktikum in Taganrog verlor?«

(Dieser Hundesohn! Da hat er sich ja was ausgesucht...)

»Hm ... weißt du, wenn du ich bist, dann bin ich von mir nicht sehr begeistert.«

»Ich auch nicht«, knurrte er. »Ich hielt mich für einen intelligenten Menschen ...« Plötzlich trat ein angespannter Ausdruck in sein Gesicht. »Psst! Dreh dich nicht um!«

Hinter mir waren Schritte zu hören.

»Guten Tag, Valentin Wassiljewitsch!« vernahm ich die Stimme von Garri Chilobok, dem Dozenten, Kandidaten der Wissenschaften, Sekretär und Herzensbrecher im Institutsmaßstab.

Ich kam gar nicht dazu, seinen Gruß zu erwidern. Mein Doppelgänger entblößte lächelnd die Zähne und neigte den Kopf. »Guten Tag, Garri Charitonowitsch!«

Das mollige, schwarzhaarige Mädchen ließ seine Bleistiftabsätze munter über den Asphalt klappern, und Chilobok, der seinen Schritt ihrer Gangart anpaßte, trippelte neben ihr her, als hätte er einen Rock an.

»... Vielleicht habe ich Sie auch nicht richtig verstanden, Ljudotschka«, säuselte sein Bariton, »aber ich möchte sagen, vom Standpunkt des Laien ...«

»Garri hat schon wieder 'ne Neue«, stellte der Doppelgänger fest. »Da siehst du's. Er erkennt mich, aber du zweifelst. Laß uns nach Hause gehen!«

Fügsam trottete ich hinter ihm her nach Akademgorodok.

Zu Hause angekommen, begab er sich sofort ins Badezimmer. Ich hörte die Dusche rauschen, dann schob er den Kopf durch die Tür: »He, Exemplar Nummer eins oder wie ich dich sonst nennen soll! Wenn du dich überzeugen willst, ob bei mir alles in Ordnung ist, bitte. Kannst mir auch gleich den Rücken einseifen.«

Das tat ich denn auch. Er war ein lebendiger Mensch. Sein Körper war meiner. Übrigens war mir nie aufgefallen, daß ich solche mächtigen Speckfalten an Bauch und Hüften hatte. Ich muß wohl öfter mit den Hanteln trainieren, dachte ich.

Während er sich wusch, ging ich im Zimmer auf und ab, rauchte und versuchte mich an die Tatsache zu gewöhnen, daß die Maschine einen Menschen geschaffen hatte. Die Maschine hatte mich reproduziert. O du liebe Natur, war das denn überhaupt möglich? Die mittelalterlichen unsinnigen Vorstellungen von einem Homunkulus, der Gedanke Wieners, man könne die Information im Menschen zu einer Folge von Impulsen »entwickeln«, sie über eine beliebige Entfernung übertragen und erneut in einem Menschen fixieren wie das Bild auf dem Fernsehschirm. Die Beweise Ashbys, daß es zwischen der Hirntätigkeit und der Arbeit einer Maschine keinen prinzipiellen Unterschied gibt ... was Setschenow übrigens schon früher bewiesen hat ... Aber das alles war doch nur Klugschnackerei, Gehirnakrobatik. Versuche doch mal einer, auf dieser Grundlage etwas zu vollbringen.

Und nun stellt sich heraus, daß sich so etwas wirklich vollbringen läßt? Dort hinter der Tür plätschert und schnaubt genüßlich kein Iwanow, kein Petrow und kein Sidorow – die würde ich zum Teufel jagen! –, sondern mein zweites »Ich« ... Und die Rollen mit den Zahlen? Hatte ich mein eigenes »papierenes Ich« verbrannt?

Ich war nach Kräften bemüht gewesen, den Zahlenkombinationen kurze, akzeptable Wahrheiten zu entnehmen, doch die Maschine war tiefer vorgedrungen. Sie hatte die Informationen gesammelt, sie so und so kombiniert, über die Kanäle der Rückkopplung verglichen, ausgewählt, hatte das Gewünschte verstärkt und in einer bestimmten komplizierten Etappe das Leben »entdeckt«! Dann hatte sie es auf das Niveau des Menschen gebracht. Aber warum? Weshalb? Das hatte ich doch gar nicht gewollt!

Wenn ich das jetzt nüchtern überdenke, kann ich mir schon einen Reim darauf machen. Jawohl, es ist doch genau das eingetreten, wonach ich »trachtete«! Ich wollte, daß die Maschine den Menschen versteht, legte aber in dieses Wort nicht mehr als die alltägliche Bedeutung. »Verstehen Sie mich?« – »O ja!« antwortet der Gesprächspartner, und beide gehen, einer mit dem anderen einverstanden, ihrer Wege. Im Gespräch rutscht einem das so raus, aber bei Experimenten mit logischen Automaten hätte ich berücksichtigen müssen, daß Verstehen und Verstehen nicht dasselbe ist. Deshalb (besser spät als nie!) lohnt es sich, die Frage »Was ist Verstehen?« zu untersuchen.

Es gibt ein praktisches (oder zielgerichtetes) Verstehen. Einer Maschine wird ein Programm eingegeben, sie versteht es und löst die Aufgabe. »Ajax, faß!«, und Ajax geht dem ersten besten, der vorbeikommt, an die Hose. »Hü!«, und die Ochsen biegen nach links ab. »Hott!«, und sie tun das gleiche nach rechts. So ein primitives Verstehen vom »Hü-Hott-Typ« liegt im Vermögen vieler belebter und unbelebter Systeme. Es wird kontrolliert anhand der Erreichung des Ziels, und je primitiver ein System ist, desto einfacher muß das Ziel gestellt und desto detaillierter muß die Programmierung der Aufgabe sein.

Doch es gibt auch ein anderes Verstehen – das gegenseitige Verstehen: die vollständige Übertragung einer eigenen Information auf ein anderes System. Dabei darf aber das System, das die Information aufnimmt, keinesfalls einfacher sein als das System, das sie aussendet. Ich hatte der Maschine kein Ziel gestellt, hatte immer darauf gewartet, daß sie aufhöre, sich zu konstruieren und zu komplizieren. Aber sie hörte nicht auf, und das war nur natürlich, denn ihr »Ziel« war das volle Verstehen meiner Informationen, und zwar nicht nur der lexikalen, sondern jeglicher Informationen. (Das »Ziel« der Maschine – das ist wiederum ein willkürlicher Begriff, und auch mit ihm darf man nicht spaßen. Kurz gesagt, Informationssysteme verhalten sich nach Gesetzen, die in manchem den Grundlagen der Thermodynamik ähneln, und mein System »Geber–Kristallblock–ZWM-12« mußte mit der Umwelt in ein Informationsgleichgewicht kommen, so wie ein Rohling im Ofen mit der Glut der Kohlen ins Temperaturgleichgewicht kommen muß. Und ein solches Gleichgewicht ist eben das gegenseitige Verstehen. Weder auf der Ebene der Schaltungen noch auf der Ebene einfacher Organismen gibt es einen Weg zu ihm.)

Und so passierte es. Zum gegenseitigen Verstehen mit einem Menschen ist nur ein Mensch befähigt. Für ein gutes gegenseitiges Verstehen nur ein sehr nahestehender Mensch. Für ein ideales gegenseitiges Verstehen nur man selbst. Und mein Doppelgänger ist eben das Produkt des Informationsgleichgewichts zwischen der Maschine und mir. Nebenbei bemerkt, können sich die Waagschalen der »Informationswaage« doch nicht völlig im Gleichgewicht befunden haben, denn ich war zu jener Zeit ja gar nicht im Labor und bin nicht mit meinem Double zusammengestoßen wie mit einem Spiegelbild – Nase gegen Nase. Und auch später ging jeder eigne Wege.

Mit einem Wort, ich hatte das Experiment miserabel vorbereitet. Mein Verdienst war nur, auf die Idee gekommen zu sein, die Rückkopplung zu installieren.

Es ist interessant, das Spiel noch einmal durchzuspielen: Wäre ich bei dem Experiment exakt, logisch und überlegt vorgegangen, hätte ich die zweifelhaften Varianten über Bord geworfen, wäre ich dann zu diesem Ergebnis gekommen? Nie im Leben! Rausgekommen wäre ein wohlgelungener Kandidaten- und Doktordissertationsabklatsch, und nicht mehr. Schließlich spielen sich in der Wissenschaft im wesentlichen mittelmäßige Dinge ab, und ich war an das Mittelmaß gewöhnt.

Hieß das, alles wäre in Ordnung? Aber warum nagte dann Ärger und Unzufriedenheit an mir? Warum kam ich immer wieder auf meine Fehler und Irrtümer zurück? Es war doch etwas dabei herausgekommen, wenn auch nicht nach Vorschrift. Gab es denn überhaupt Vorschriften für Entdeckungen? Das viele Zufällige, sollte ich es meiner »wissenschaftlichen Weitsicht« zuschreiben? Und die Entdeckung Galvanis und die X-Strahlen und die Radioaktivität und die Elektronenemission und ... Bei jeder beliebigen Entdeckung, mit der diese oder jene Wissenschaft ihren Anfang nahm, hatte der Zufall seine Hand im Spiel. Daß ich vieles noch nicht verstand? Das war bei allen anderen auch so gewesen, also kein Grund zur Aufregung. Warum dann aber diese Selbstzerfleischung?

Offenbar lag es an etwas anderem. Heute kann man nicht mehr so arbeiten. Heute ist die Wissenschaft eine verdammt ernste Angelegenheit, es ist nicht mehr so wie zu Galvanis und Röntgens Zeiten. So könnte man ja, ohne lange zu überlegen, eines schönen Tages auch ein Verfahren zur augenblicklichen Vernichtung der Erde entdecken – mit einer glänzenden experimentellen Bestätigung.

Rosig anzusehen trat mein Double in einem meiner Pyjamas aus dem Badezimmer und baute sich vor dem Spiegel auf, um sich zu kämmen. Ich trat neben ihn. Zwei völlig gleiche Gesichter blickten aus dem Spiegel, nur wirkte sein Haar durch die Feuchtigkeit etwas dunkler.

Er holte aus der Schublade den Elektrorasierer und schaltete ihn ein. Ich beobachtete, wie er sich rasierte, und kam mir fast vor, als wäre ich zu Besuch. Er gab sich so ungezwungen, als wäre er der Hausherr. Ich konnte nicht mehr an mich halten. »Hör mal, begreifst du wenigstens das Ungewöhnliche dieser Situation?«

»Was?« Er musterte mich aus den Augenwinkeln. »Stör mich jetzt nicht!« Offenbar war er sich der Lage der Dinge nicht bewußt.

Der Aspirant legte das Tagebuch aus der Hand und schüttelte den Kopf: Nein, der Original-Valka hatte nicht verstanden, in seiner Seele zu lesen!

Auch er war erschüttert gewesen. Als er in dem Becken zu sich kam, wußte er sofort, wo er sich befand und wie er entstanden war. Genaugenommen war das bereits der Anfang seiner späteren Entdeckung gewesen. Und in seiner Verwirrung hatte er sich eben wie ein Flegel benommen. Wohl auch deshalb, weil er eine Linie für sein Verhalten suchte, eine Linie, die ihn nicht zu einem experimentellen Muster herabsinken ließ.

Erneut vertiefte er sich in das Tagebuch.

»... Aber du bist doch aus der Maschine gekommen und nicht aus dem Mutterleib! Aus der Maschine, begreif doch!«

»Na und? Ist es deiner Meinung nach denn einfach, aus einem Leib zu kommen? Die Geburt eines Menschen ist geheimnisumwobener als mein Erscheinen. Hier läßt sich eine logische Folge feststellen, aber dort? Wird es ein Junge oder ein Mädchen? Kommt das Kind nach dem Vater oder nach der Mutter? Wird es ein kluges Kerlchen, oder bleibt es ein Dummkopf? Dichter Nebel! Uns erscheint das, nur weil es immer wieder vorkommt, alltäglich. Aber hier: Die Maschine hat die Information aufgezeichnet – und sie reproduziert. Wie ein Tonbandgerät. Natürlich hätte sie mich, sagen wir, von Einstein besser reproduziert, aber da läßt sich nichts machen. Wenn auf einem Tonband aufgezeichnet ist ›Alle meine Entchen ...‹, kannst du nicht erwarten, eine Sinfonie von Tschaikowski zu hören.«

So ein Flegel! Offenbar spürte er das Peinliche seiner Geburt und wollte nicht, daß ich das merkte. Dabei war das doch so gut zu verstehen: Er war aus Kolben und Flaschen entstanden wie ein mittelalterlicher Homunkulus, und nun stach ihn der Hafer. Ich hatte das schon oft beobachtet: Menschen, die sich minderwertig vorkommen, sind aggressiver und flegelhafter als andere.

Er war bemüht, sich mit der Natürlichkeit eines Neugeborenen zu geben. Das berauscht sich auch nicht an dem bedeutenden Ereignis (Ein Mensch wurde geboren!), sondern schlägt gleich Krach, saugt an der Brust und macht in die Windeln ...

Der Aspirant Kriwoscheïn seufzte nur und blätterte eine Seite um.

»Na, fühlst du dich normal?«

»Ganz und gar!« Er erfrischte sein Gesicht mit Eau de Cologne. »Warum sollte ich mich nicht normal fühlen? Eine Maschine ist eine Vorrichtung ohne jede Phantasie. Ich kann mir vorstellen, daß Mist herausgekommen wäre, hätte sie Phantasie besessen! So aber ist alles in Ordnung: Ich bin keine Mißgeburt mit zwei Köpfen, bin jung, gesund, Puls ist ausgezeichnet. Jetzt werde ich frühstücken und dann zu Lena fahren. Ich habe richtige Sehnsucht nach ihr.«

»Waaaas?« Ich machte einen Satz auf ihn zu.

Er musterte mich interessiert, ein schadenfrohes Funkeln trat in seine Augen.

»Na ja, wir sind doch jetzt Nebenbuhler! Hör mal, du benimmst dich aber reichlich primitiv. Eifersucht ist ein Relikt aus der Vergangenheit. Überleg doch mal: Auf wen bist du eifersüchtig? Wenn Lena mit mir zusammen ist, bedeutet das etwa, sie wäre dir untreu? Untreue gibt es nur mit einem anderen Mann. Mit einem, der ganz und gar anders ist, zum Beispiel anziehender. Für sie aber bin ich du. Sogar wenn wir ein Kind bekämen, könnte man nicht sagen, sie hätte dir Hörner aufgesetzt. Wir zwei sind völlig gleich, und alle Gene und Chromosomen in uns auch ... He, Vorsicht!«

Er mußte hinter der Schranktür in Deckung gehen. Ich hatte eine Hantel vom Boden aufgehoben und ging auf ihn zu.

»Ich bring dich um, du Scheusal! Auf die Logik baust du also, du Homunkulus! Ich hab dich zur Welt gebracht, und ich bringe dich auch um, verstanden? Wage nicht, an sie zu denken!«

Unerschrocken trat das Double hinter dem Schrank vor. Sein Mund war verzerrt.

»Hör mal, du Taras Bulba! Leg die Hantel weg! Wenn du schon *damit* angefangen hast, dann laß uns reinen Tisch machen. ›Homunkulus‹ und ›Ich bring dich um‹ will ich als Produkt deiner Hysterie ansehen und nicht zur Kenntnis nehmen. Und was Aussprüche von der Art ›Ich hab dich zur Welt gebracht ...‹ angeht, muß ich dir sagen, daß nicht du es warst, der mich geboren hat. Ich habe meine Existenz nicht dir zu verdanken, und was meine Abhängigkeit von dir anbelangt – daß du dich da bloß nicht irrst!«

»Was soll das heißen?«

»Das soll heißen, leg die Hantel weg, ich mein es ernst. Genaugenommen bin ich gegen deine Absicht entstanden, nur, weil du das Experiment nicht rechtzeitig eingestellt hast. Und als du es wolltest, war es schon zu spät. Das heißt«, er grinste hämisch, »die Situation ist analog der, die dich dank der Nachlässigkeit deiner Eltern auf die Welt kommen ließ.«

(Sieh mal an, er weiß alles! Es ist schon lange her, da sagte die Mutter einmal nach einem meiner Kinderstreiche: »Eigentlich wollte ich damals eine Abtreibung machen lassen, aber dann habe ich es mir anders überlegt, und du ...«

Hätte sie das doch nicht gesagt. Sie hatten mich nicht gewollt. Es hätte mich auch nicht geben können!)

»Aber du hast mich nicht wie eine Mutter ausgetragen, hast nicht unter Qualen entbunden, hast mich nicht genährt und nicht gekleidet«, fuhr das Double fort. »Du hast mich auch vor dem Tode nicht bewahrt, denn ich existierte ja schon vor diesem Experiment: Ich war du. Ich verdanke dir weder das Leben noch die Gesundheit, noch meine Ausbildung als Ingenieur – ich verdanke dir gar nichts! Also laß uns gleichberechtigt sein.«

»Gleichberechtigt auch bei Lena?«

»Bei Lena ... Das weiß ich noch nicht. Aber du ... du ...«, seinem Gesichtsausdruck nach zu urteilen, wollte er noch etwas hinzufügen, aber er hielt an sich und stieß nur heftig die Luft aus, »du mußt meine Gefühle genauso achten wie ich deine, verstanden? Schließlich liebe auch ich Lena. Ich weiß, daß sie meine Frau ist, begreifst du das? Ich kenne ihren Körper, den Duft ihrer Haut und ihres Haars, ihren Atem ... Ich weiß, wie es ist, wenn sie sagt: ›Ach, Valka, was bist du doch für ein Bär, wirklich!‹ und wenn sie ihr Näschen rümpft ...«

Er verstummte plötzlich. Vom gleichen Gedanken gepackt, schauten wir einander an.

»Ins Labor!« Ich stürzte als erster zum Garderobenständer.

Viertes Kapitel

Wenn du ein Taxi brauchst, das Schicksal dir aber einen Autobus anbietet, nimm den Autobus, denn er verkehrt nach Fahrplan.

Ingenieur K. Prutkow,
Sentenz Nr. 90

Wir liefen quer durch den Park. Der Wind pfiff in den Zweigen und in unseren Ohren. Asphaltfarbene Wolken verhüllten den Himmel.

Im Labor roch es wie in einem erwärmten Moor. Die kleinen Lampen unter der Decke waren in den Dunstschwaden kaum zu erkennen. Unmittelbar neben meinem Tisch trat ich auf einen Schlauch, der früher nicht dort gelegen hatte, und riß den Fuß sofort wieder zurück, denn der Schlauch wand sich plötzlich hin und her.

Die Kolben und Flaschen wiesen einen feinen grauen Belag auf; was in ihnen vorging, war nicht auszumachen. In den Destillierapparaten brodelte das Wasser, die Relais in den Thermostaten knackten. In der Ecke, wohin ich wegen des Gewirrs von Kabeln, Röhren und Schläuchen nicht gelangen konnte, flackerten die Lämpchen am Steuerpult der ZWM-12.

Es waren mehr Schläuche da als vorher. Wir bahnten uns einen Weg wie durch Lianengeschling. Einige der Schläuche zogen sich regelmäßig zusammen und preßten irgendwelche Klümpchen durch ihr Inneres. Die Wände des Beckens wiesen gleichfalls einen grauen Schimmelbelag auf. Ich wischte ihn mit dem Ärmel ab.

In einer verschwommenen, goldschimmernden Flüssigkeit

zeichneten sich die Umrisse eines Menschen ab. Noch ein Double?! Nein ... Ich sah genauer hin. Im Becken deuteten sich die Konturen eines weiblichen Körpers an, und diese Körperformen kenne ich genau. Unmittelbar vor meinen Augen wiegte sich der noch unbehaarte Kopf.

Irgendeine wahnwitzige Logik lag schon darin, daß gerade jetzt, da wir uns Lenas wegen in die Haare geraten waren, die Maschine ebenfalls diese Aufgabe zu lösen versuchte. Angst überkam mich, und ich protestierte innerlich dagegen.

»Aber ... die Maschine kennt sie doch gar nicht!«

»Aber du kennst sie. Die Maschine reproduziert sie nach deinem Gedächtnis.«

Aus einem unerfindlichen Grund sprachen wir im Flüsterton.

»Da, sieh doch!«

Hinter den gespenstischen Konturen von Lenas Körper zeichnete sich das Skelett ab. An den Füßen verdichteten sich die weißen Zehenglieder, die Gelenke, an den Beinen deuteten sich die Oberschenkelknochen und die Schienbeine an. Die Wirbelsäule bog sich ähnlich einem riesigen Gliederwurm, von ihr liefen die Rippen aus, die Schulterblätter entstanden.

Am Schädel zeichneten sich die Fugen ab, wurden die Augenhöhlen umrissen ... Ich kann nicht sagen, daß das ein angenehmer Anblick war – das Skelett der geliebten Frau –, aber ich konnte den Blick nicht davon lösen. Wir sahen etwas, was noch nie jemand gesehen hatte: Wir sahen, wie eine Maschine einen Menschen hervorbrachte!

Nach meinem Gedächtnis ..., überlegte ich fieberhaft. Aber das reichte doch dafür nicht. Oder hatte sich die Maschine die allgemeinen Gesetze der Anatomie des menschlichen Körpers zu eigen gemacht? Woher aber? Ich kannte sie doch nicht!

Die Knochen im Becken begannen sich mit durchschimmernden tiefroten Streifen und Muskelbündeln zu umgeben, sie bedeckten sich mit einer Fettschicht, die gelb war wie Hühnerfett. Als rote punktierte Linie durchzog das Gefäßsystem den Körper. Und das alles wiegte sich, seine Umrisse verändernd, in der Lösung. Sogar Lenas Gesicht mit den geschlossenen Lidern, hinter denen wäßrige Augen zu sehen waren, wurde von Grimassen entstellt. Die Maschine schien zu probieren, wie ein Mensch am besten zu komponieren war.

Ich war mit der Anatomie im allgemeinen und mit der des weiblichen Körpers im besonderen zu wenig vertraut, um beurteilen zu können, ob die Maschine Lena richtig konstruierte oder nicht. Bald aber schwante mir Schlimmes. Die ursprünglichen Konturen ihres Körpers veränderten sich. Die Schultern, vor wenigen Minuten noch rundlich, wurden eckig und dehnten sich in die Breite. Was bedeutete das?

»Die Füße!« Das Double preßte meinen Oberarm, daß es schmerzte. »Sieh doch, die Füße!«

Ich sah geäderte Füße, Schuhgröße 42, und eine schreckliche Ahnung trieb mir den kalten Schweiß auf die Stirn: Die Maschine hatte ihre Information über Lena erschöpft und führte ihr Werk nun nach dem Vorbild meines Körpers zu Ende. Ich wandte mich dem anderen zu. Auch auf seiner Stirn perlte der Schweiß.

»Man muß das stoppen!«

»Aber wie? Den Strom abschalten?«

»Das geht nicht, dadurch würde der Speicher in der Maschine gelöscht. Vielleicht die Kühlung einschalten?«

»Um den Prozeß zu verzögern? Daraus wird nichts, die Maschine hat einen großen Wärmevorrat.«

Die Gestalt im Becken nahm immer deutlichere Umrisse an. Um den Körper herum schwebte eine transparente Mantilla – ich erkannte die Fasson des einfachen Kleides, in welchem mir Lena am besten gefiel.

Man müßte der Maschine etwas befehlen, ihr etwas suggerieren, aber wie nur?

»Ich hab's!« Das Double sprang zum Glasschrank, holte den Monomachhelm heraus und hielt ihn mir hin. »Setz ihn auf, drück auf den Sendeknopf und hasse Lena! Du mußt denken, daß du sie vernichten willst, los!«

Im ersten Eifer griff ich nach dem glänzenden Helm, drehte ihn in den Händen und gab ihn dann wieder zurück. »Das kann ich nicht ...«

»Flasche! Das da wird doch bald die Augen aufmachen und ...«

Er stülpte sich den Helm auf und schrie wild gestikulierend: »Halt ein, Maschine! Halt ein, hörst du! Du schaffst kein Modell, kein Muster ohne Wert, sondern einen Menschen! Halt ein, blödes Ding! Ich sag's dir im guten, halt ein!«

»Maschine stop, hörst du?!« rief ich in die Mikrofone. »Stop, oder wir zerstören dich!«

Mir wird ganz übel, wenn ich an diese Szene zurückdenke. Wir, die wir es gewohnt waren, durch einen Knopfdruck oder eine Hebelschaltung beliebige Prozesse zu unterbrechen und zu steuern, schrien, suchten zu erklären. Und wem? Einer Ansammlung von Kolben, elektronischen Schaltungen und Schläuchen. Wir schrien noch eine ganze Weile mit überschnappenden Stimmen, bis plötzlich die Schläuche in der Umgebung des Beckens krampfartig zu zucken begannen und eine weißliche Trübung die Hybridengestalt verschleierte. Wir verstummten. Binnen drei Minuten klärte sich die Trübung wieder. In der goldschimmernden Lösung war nichts mehr zu sehen. Nur Lichtflecke schwammen auf leichten Wellen von der Mitte aus zu den Rändern.

»Puh . . .«, machte das Double. »Bisher wollte mir nie richtig eingehen, daß der Mensch zu siebzig Prozent aus Wasser besteht. Jetzt hab ich's kapiert.«

Wir traten ans Fenster. In der feuchten Schwüle hatte sich mein Körper mit klebrigem Schweiß bedeckt. Ich knöpfte das Hemd auf, mein Double tat das gleiche. Der Abend brach herein. Die Wolken hatten sich verzogen. Die Scheiben des gegenüberliegenden Institutsgebäudes spiegelten den purpurroten Sonnenuntergang wider. So spiegelten sie ihn an jedem klaren Abend wider. Die Natur tat, als wäre nichts geschehen.

Ich hatte immer noch das von transparentem Gewebe umhüllte Skelett vor Augen.

»Diese anatomischen Details, diese Grimassen . . . Brrr!« sagte das Double und ließ sich auf einen Stuhl sinken. »Eigentlich ist mir die Lust vergangen, Lena zu sehen.«

Ich schwieg, weil er meinen Gedanken ausgesprochen hatte. Jetzt war ja alles vorbei, aber vorher . . .

Ich holte das Laborbuch aus dem Tischkasten und warf einen Blick auf die letzten Eintragungen. Sie waren knapp und nichtssagend. Läuft ein Experiment nach Wunsch oder ist einem eine gute Idee gekommen, beschreibt man alles ausführlich; hier aber stand nur:

8. April. Zahlen entschlüsselt, 860 Zeilen, ohne Ergebnis.

9. April. Wahlweise Zahlen von 5 Rollen entschlüsselt. Nichts verstanden. Verrücktes Zeug!

10. April. Mit dem gleichen Ergebnis entschlüsselt. Kolben und Flaschen aufgefüllt: Nr. 1, 3 und 5 je 2 l Glyzerin; Nr. 2 und 7 Thicharnstofflösung je 200 ml; alle mit je 2–3 l Destillat.

11. April. Streptomyzetenstriptease mit Streptokokkenzittern. Nun ist aber Schluß . . .

Ich griff nach dem Füllhalter und trug ein: »22. April: Der Komplex hat mich, Valentin Wassiljewitsch Kriwoscheïn, reproduziert. Kriwoscheïn Nr. 2 sitzt neben mir und kratzt sich am Kinn.« Ein Witz!

Plötzlich überflutete mich eine Welle satanischen Stolzes: Immerhin ist das eine Entdeckung, und was für eine! Sie umfaßt sowohl die Systemologie als auch die Elektronik, die Bionik, die Chemie, die Biologie – alles, was man sich nur denken kann, und noch so manches darüber hinaus. Und das hab ich zustande gebracht! Wie ich es geschafft habe, ist eine andere Sache. Die Hauptsache ist: Ich! Ich!!! Jetzt müßte man die Staatliche Kommission einladen und ihr die Entstehung eines neuen Doubles im Becken demonstrieren. Ich kann mir ihre Gesichter richtig vorstellen! Und meine Bekannten werden mit Sicherheit sagen: »Bist ein As, Kriwoscheïn!« Auch Voltampernow wird kommen und die Augen aufreißen. – Mich überkam unbändige Lachlust; nur die Anwesenheit meines anderen Ichs legte mir Zügel auf.

»Was sind dagegen die Koryphäen, was ist ein Voltampernow«, hörte ich meine Stimme, und ich merkte erst gar nicht, daß da mein Double sprach. »Das sieht mir nach Nobelpreis aus, Valka!«

Richtig, Nobelpreis! Fotos in allen Zeitungen ... Und Lena, die mich jetzt ein bißchen von oben herab behandelt – na ja, sie ist schön und ich nicht! –, wird erkennen ... Und der gewöhnliche Name Kriwoscheïn (ich habe einmal in einer Enzyklopädie nach berühmten Namensvettern gesucht und keiner gefunden – da gibt es Kriwoschlykows, Kriwonogows, aber keine Kriwoscheïns) wird erschallen wie Donnerhall: Kriwoscheïn! Der große Kriwoscheïn! ...

Mir wurde ganz mulmig. Die ehrgeizigen Träume verflogen. Was sollte nun wirklich werden? Was sollte ich mit dieser Entdeckung anfangen?

Ich klappte das Buch zu.

»Also, wie ist's: Wollen wir unsresgleichen produzieren? Ein Kriwoscheïndumping veranstalten? Übrigens geht das ja auch mit anderen, wenn man der Maschine ihre Daten eingibt. Verteufelt! Irgendwie wird da kein Schuh draus.«

»Hm. Und alles war so still und friedlich ...« Das Double schüttelte den Kopf.

Ja eben, alles war so still und friedlich ... »Schönes Wetter heute, Fräulein. In welche Richtung müssen Sie?« – »In die entgegengesetzte!« – »Dorthin muß ich auch. Wie ist Ihr werter

Name?« – »Was geht das Sie an?« und so weiter und so weiter bis zum Standesamt, zum Entbindungsheim, zu einer Tracht Prügel für eine mit der Schleuder getötete Katze und einem nach dem Abschluß der 7. Klasse verhaßten und deshalb verbrannten Zoologielehrbuch. Wie heißt es doch so schön in der Rede des Leiters des Dneprowsker Standesamtes: Durch die Familie setzt sich das Geschlecht fort und vermehrt sich die Einwohnerzahl des Staates. Und auf einmal – Es lebe die Wissenschaft! – taucht ein Konkurrenzverfahren auf: Wir schütten und gießen Reagenzien zusammen, geben unserer Maschine Informationen ein und erhalten einen Menschen. Noch dazu einen richtigen, fertigen Menschen: mit Muskeln und der Qualifikation eines Ingenieurs, mit Gewohnheiten und Lebenserfahrung. Was soviel bedeutet wie: Wir pfeifen auf das Menschlichste im Menschen – auf die Liebe, auf die Vaterschaft, auf die Mutterschaft, auf die Kindheit. Mich überlief ein Frösteln. Und vorteilhaft ist es auch – das ist das schrecklichste in unserem rationalen Zeitalter!

Mein Double hob den Kopf, in seinen Augen lagen Sorge und Ratlosigkeit.

»Was ist daran eigentlich so schrecklich? Wir haben doch gearbeitet, genauer gesagt, du hast gearbeitet. Hast deine Versuchsanlage gebaut und mit ihr diese Entdeckungen gemacht. Verfahren zur Informationssynthese des Menschen. Der uralte Traum der Alchimisten. Sie erweitert unsere Vorstellungen vom Menschen als Informationssystem. Das ist doch was! In früheren Zeiten haben Könige solche Vorhaben großzügig unterstützt. Später haben sie den erfolglosen Forschern dann die Köpfe abgehackt. Wenn man's recht überlegt, taten sie gut daran: Schaffst du's nicht, laß die Finger davon. Uns aber wird so etwas nicht passieren. Eher das Gegenteil.«

Weil wir heute nicht mehr im Mittelalter leben, beantwortete ich mir die Frage, und auch nicht im vergangenen Jahrhundert oder zu Beginn des 20. Jahrhunderts. Damals hatten die Entdekker das moralische Recht darauf, hinterher mit einer entschuldigenden Geste zu sagen: Wir konnten ja nicht wissen, daß es mit so einem Fiasko enden würde. Wir, ihre glücklichen Nachfahren, haben dieses Recht nicht. Weil es das alles schon gegeben hat.

Alles war schon einmal da: Gasangriffe – ganz wissenschaftlich; Maidanek und Auschwitz – ganz wissenschaftlich; Hiroshima und Nagasaki – ganz wissenschaftlich. Die Pläne für einen globalen Krieg – ganz wissenschaftlich unter Verwendung der Mathematik. Begrenzte Kriege – ebenfalls ganz wissenschaftlich. Jahrzehnte sind seit dem letzten Weltkrieg vergangen: Die Ruinen wurden beseitigt, die kahlen Flächen neu bebaut, 50 Millionen Leichen sind vermodert und haben sich mit dem Erdreich vermengt. Hunderte Millionen neuer Menschen wurden geboren und sind herangewachsen, doch die Erinnerung daran verblaßt nicht. Sich daran zu erinnern ist schrecklich, aber noch schrecklicher wäre es, das alles zu vergessen.

Entdecker und Forscher sind nur Spezialisten ihres Faches. Um der Natur neue Kenntnisse abzuringen, müssen sie so viel Arbeit bewältigen und Erfindungsgeist aufbringen, daß für Überlegungen außerhalb des Fachgebiets – Was wird in der Praxis daraus werden? – weder Kräfte noch Gedanken übrigbleiben. Und dann kommen die, deren »Spezialgebiet« das ist: jene Leute, die mit jeder Entdeckung und jeder Erfindung lediglich die alten Ziele erreichen wollen – Macht, Reichtum, Einfluß, Ehren und käufliche Freuden. Bekämen sie unsere Verfahren in die Hände, so wäre für sie nur eins »neu«: seine Vorteilhaftigkeit. Berühmte Sänger, Schauspieler und Musiker doublieren? Nein, das wäre nicht vorteilhaft, da wirft die Produktion von Schallplatten und Künstlerfotos mehr Profit ab. Da wäre es schon vorteilhafter, Menschen für einen bestimmten Verwendungszweck in Massenauflage zu produzieren: Wähler für den Sieg über den politischen Gegner (das ist rentabler, als Hunderte Millionen im Wahlkampf einzusetzen), Prostituierte, Spezialisten für Mangelberufe, Berufssoldaten. Vielleicht auch Spezialisten für friedliche Zwecke mit zielgerichteter Begabung, die neue Erfindungen machen und ihre Nase nicht in Dinge stecken, die sie nichts angehen. Ein Mensch für einen bestimmten Verwendungszweck, ein Menschending – was gäbe es Schrecklicheres! Wie gehen wir mit Dingen und Maschinen um, die ihren Zweck erfüllt und ausgedient haben? Sie werden verschrottet, verbrannt, wandern unter die Presse, auf die Müllhalde. Nun ja, mit Menschendingen könnte man das gleiche tun.

»Aber das gilt doch nur für die dort ...« Mein Double machte eine vage Handbewegung. »Bei uns würde die Gesellschaft so etwas nie zulassen.«

Gibt es nicht auch bei uns Menschen, die bereit sind, alles für sich auszunutzen: von den Ideen des Kommunismus bis zu verlogenen Rundfunksendungen, von ihrer Dienststellung bis zu Klassikerzitaten, nur um Wohlstand und eine bestimmte Position zu erlangen? Leute, die auch den kleinsten Angriff auf ihre Privilegien für eine allgemeine Katastrophe halten?

»Solche gibt's.« Nummer zwei nickte. »Aber die Mehrheit ist nicht so. Im großen und ganzen ist das Volk gut. Wenn es nicht so wäre, hätte sich die Welt schon längst in einen Tummelplatz für einander zerfleischende Hyänen verwandelt und ginge auch ohne thermonuklearen Krieg zugrunde. Wenn man von den kleineren naturbedingten Übeln absieht wie Überschwemmungen, Erdbeben und Grippeepidemien, sind die Menschen doch selbst schuld an all ihren Nöten, auch an den schrecklichsten. Es ist ihre Schuld, sich dem gefügt zu haben, dem sie sich nicht hätten fügen dürfen, sich mit dem abgefunden zu haben, dem man sich hätte widersetzen müssen, den Kopf in den Sand gesteckt zu haben. Sie haben sich schuldig gemacht, indem sie eine Arbeit verrichteten, für die sie gut bezahlt wurden, und nicht eine zum Wohle aller Menschen und damit auch zu ihrem eigenen Wohle. Mäße die Mehrheit der Menschen auf der ganzen Welt ihre Werke und Taten an den Interessen der Menschheit, brauchten wir hinsichtlich unserer Entdeckung nichts zu befürchten. Aber so ist es nun mal nicht. Und deshalb könnte sich unsere Entdeckung, wenn auch nur ein einziger einflußreicher und gewissenloser Schurke dahinterkäme, in ein Schreckgespenst verwandeln. Die Anwendung wissenschaftlicher Entdeckungen ist nichts anderes als Technik. Die Technik entstand einst für den Kampf des Menschen gegen die Natur. Heute jedoch ist es ein Kinderspiel, sie in eine Waffe für den Kampf der Menschen untereinander zu verwandeln. Auf diese Weise löst die Technik nicht nur kleine Probleme, sondern bringt immer neue hervor. Wie viele wissenschaftliche, technische und soziale Probleme gibt es nicht heute auf der Welt anstelle des einen, das vor zwei Jahrzehnten gelöst wurde? Ich meine die synthetische Erzeugung von Helium aus Wasserstoff.«

»Wenn wir unsere Entdeckung bekanntgeben, wird das Leben noch schrecklicher werden. Wir werden ›Ruhm‹ ernten, doch jeder wird genau wissen, wen er verdammen muß und wofür.«

»Da könnte was dran sein«, sagte das Double. »Dann haben wir eben nichts gesehen und wissen von nichts. Die Menschen haben schon genug schreckliche Entdeckungen gemacht. Sollen sie erst mal zusehen, daß sie mit dem zurechtkommen, was sie schon haben. Wir nehmen den Strom weg, drehen die Hähne zu. Was meinst du?«

»Damit wäre unser Problem aus der Welt geschafft. Die verbrauchten Reagenzien buche ich ab, was die Arbeit anbelangt, werde ich mich schon rausreden können. Und dann beschäftige ich mich mit etwas Einfacherem, Harmloserem.«

»Und ich fahre nach Wladiwostok und montiere Hafenausrüstungen«, sagte das Double.

Wir schwiegen. Draußen über den dunklen Bäumen leuchtete die Venus. Eine Katze miaute, es hörte sich an, als weine ein kleines Kind. Ein hoher, heulender Ton mischte sich in die Stille des Parks. Das war das neue Strahltriebwerk, das in Lenas Konstruktionsbüro auf dem Prüfstand lief. Die Arbeit ging weiter, und das war auch richtig so: Das Jahr einundvierzig durfte sich nicht wiederholen. Ich hing diesen Gedanken nach, um eine Entscheidung hinausschieben zu können. In tiefen Schächten detonieren Plutonium- und Wasserstoffbomben, hochbezahlte Wissenschaftler und Ingenieure entwickeln die Kernwaffen weiter. Auf betonierten Startplätzen und in Stahlbetonunterständen, überall auf dem Planeten, starren spitznasige Raketen gen Himmel. Jede auf ihr Objekt gerichtet, die Elektronik eingeschaltet, unablässig von Computern »getestet«: Zeigt sich ein Defekt? Sobald die durch Zuverlässigkeitsprüfungen ermittelte Betriebsdauer eines elektronischen Bauteils abgelaufen ist, wird es von Technikern in Uniform ausgebaut, die in aller Eile und mit geübten Handgriffen, ganz als könnte jeden Augenblick ein Krieg ausbrechen, den es zu gewinnen gilt, ein neues Bauteil montieren. Die Arbeit geht weiter.

»Unsinn!« sagte ich. »Die Menschheit ist für vieles noch nicht reif: für die Kernenergie zum Beispiel oder für die Raketentechnik. Also was nun? Eine Entdeckung ist eine objektive Realität, die sich nicht aus der Welt schaffen läßt. Wie nun weiter? Kommen wir nicht drauf, tun es andere. Die Ausgangsidee des Experiments ist einfach. Bist du sicher, daß die andern besser mit der Entdeckung umgehen werden? Ich nicht. Deshalb muß man überlegen, was zu tun ist, damit sich diese Entdeckung nicht in eine Gefahr für den Menschen verwandelt.«

»Ist das kompliziert.« Das Double seufzte und stand auf. »Ich will mal nachsehen, was sich im Becken tut.«

Eine Sekunde später kam er zurück. Sein Gesicht war verstört.

»Valka, dort . . . dort ist der Vater!«

Bei den Funkern ist folgender Aberglaube weit verbreitet: Wenn eine komplizierte elektronische Schaltung sofort nach der Montage funktioniert, ist nichts Gutes zu erwarten. Zeigt sie bei den Erprobungen keine Mucken, wird sie ihre Erbauer vor der Abnahmekommission blamieren. Besteht sie vor der Kommission, wird sich in der Serienfertigung ein Mangel nach dem anderen herausstellen – eine schwache Stelle wird sich also immer bemerkbar machen.

Die Maschine hatte es sich in den Kopf gesetzt, nicht mehr bloß mit mir, ihrer unmittelbaren Informationsquelle, ins Informationsgleichgewicht zu kommen, sondern mit dem gesamten Informationsmilieu, von dem sie durch mich erfahren hatte, mit der ganzen Welt. Deshalb waren Lena und mein Vater entstanden.

Deshalb auch all das andere, das mich und das Double eine volle Woche lang in Atem hielt. Diese Tätigkeit der Maschine war die Fortsetzung der bisherigen logischen Entwicklungslinie; technisch gesehen, war das jedoch ein Versuch mit untauglichen Mitteln. Anstelle eines »Modells der Welt« entstanden im Becken Fieberphantasien.

Es widerstrebt mir, darüber zu schreiben, wie in dem Becken Vater entstand, es war zu schrecklich. So hatte er an seinem Todestage ausgesehen: ein schwammiger, korpulenter alter Mann mit breitflächigem, glattrasiertem Gesicht und graumeliertem Haarkranz. Die Maschine hatte die letzte und schwerste Erinnerung an ihn ausgewählt. Er war in meinem Beisein gestorben; als er schon nicht mehr atmete, hatte ich mich abgemüht, seinen erkaltenden Körper zu erwärmen.

Später hatte ich oft den gleichen Traum geträumt: ich reibe den kalten Körper des Vaters ... und er erwärmt sich. Er beginnt zu atmen, erst stoßweise wie kurz vor seinem Tode, dann normal, er öffnet die Augen und erhebt sich von seinem Lager. »War nur eine Unpäßlichkeit, Söhnchen«, sagt er mit einem schuldbewußten Ton in der Stimme, »aber nun ist alles wieder in Ordnung.« Ich hatte so etwas wie seinen rückläufigen Tod geträumt.

Jetzt hatte ihn die Maschine geschaffen, damit er in unserer Gegenwart noch einmal sterbe. Unser Verstand erfaßte, daß das ja gar nicht der Vater war, sondern die nächste Informationshybride, der man Einhalt gebieten mußte; schließlich konnte ja niemand wissen, was daraus würde – ein Leichnam, ein Wahnsinniger oder sonstwas. Doch wir konnten uns nicht dazu aufraffen, den Monomachhelm aufzustülpen und der Maschine »Nein!« zu kommandieren. Wir vermieden es, uns anzusehen und in das Becken zu blicken.

Dann trat ich an die Schalttafel und drehte am Schalter. Für einen Augenblick war es im Labor dunkel und still.

»Was machst du da?!« Das Double sprang an die Schalttafel und schaltete den Strom wieder ein.

Die Kondensatoren der Filter hatten sich in dieser Sekunde nicht entladen können, die Maschine lief weiter. Im Becken aber war nichts mehr zu sehen.

Nach und nach erblickte ich im Becken das ganze Chaos meines Gedächtnisses: Jelisaweta Moissejewna, meine Botaniklehrerin in der 5. Klasse; Klawa, meine erste Liebe; einen alten Bekannten mit Dichterprofil; einen moldauischen Fuhrmann, den ich nur einmal ganz flüchtig auf dem Basar in Kischinjow gesehen hatte ... Es würde zu weit führen, alle aufzuzählen. Das war nicht das »Modell der Welt« – alles war verschwommen, fragmentarisch, eben so, wie es in dem zum Vergessen neigenden menschlichen Gedächtnis bewahrt wird. Von Jelisaweta Moissejewna beispielsweise waren nur die kleinen, streng blickenden Augen unter der ewig gerunzelten Stirn und von dem moldauischen Fuhrmann nur die fast bis auf den Schnurrbart gezogene Lammfellmütze übriggeblieben.

Wir schliefen abwechselnd. Einer mußte immer am Becken Wache halten, um rechtzeitig den Helm aufzusetzen und der Maschine »Nein!« befehlen zu können.

Das Double kam zuerst auf die Idee, ein Thermometer in die Flüssigkeit zu halten (es machte direkt Spaß, zu sehen, wie glücklich er über seine erste selbständige, schöpferische Handlung war!). Die Temperatur betrug 40 Grad.

»Hohes Fieber ...«

»Man müßte ein fiebersenkendes Mittel hineintun«, meinte ich halb im Scherz.

Nach kurzem Nachdenken schütteten wir Chinin in sämtliche die Maschine versorgenden Kolben und Flaschen. Die Temperatur sank auf 39 Grad, aber das Phantasieren ging weiter. Darauf kombinierte die Maschine Bilder wie aus einem Alptraum – das Gesicht des Leiters der Abteilung I des Instituts, Jogann Jogannowitsch Kljapp, nahm die Gesichtszüge Asarows an, dem plötzlich ein Schnurrbart wuchs, wie Chilobok ihn trug.

Als die Temperatur auf 38 Grad heruntergegangen war, erschienen im Becken Filmaufnahmen von Politikern, Filmschauspielern, Bestarbeitern der Produktion auf einer verkleinerten Ehrentafel, von Lomonossow, Faraday und der stadtbekannten Estradensängerin Maria Trapesund. Diese zweidimensionalen Schatten – mal in Farbe, mal in Schwarzweiß – tauchten ganz plötzlich auf, hielten sich ein paar Sekunden und verschwanden wieder. Wie es aussah, hatte sich mein Gedächtnis erschöpft.

Am sechsten oder siebten Tag (wir hatten jegliches Zeitmaß verloren) war die Temperatur der goldschimmernden Flüssigkeit auf 36,5 gesunken.

»Normal!« Ich ging, um mich hinzulegen.

Das Double blieb zurück und paßte auf.

In der Nacht weckte er mich: »Steh auf! Komm schnell, die Maschine baut Augen.«

Schlaftrunken wünschte ich ihn zum Teufel. Er aber goß mir einen Krug Wasser über den Kopf, und so blieb mir nichts weiter übrig, als mitzugehen.

... Zuerst schien mir, in der Flüssigkeit bewegten sich Blasen, doch es waren Augen – weiße Kügelchen mit einer Pupille und einer Iris. Sie entstanden am Boden des Beckens, stiegen nach oben, drängten sich an den durchsichtigen Wänden, verfolgten unsere Bewegungen, beobachteten das Flackern der Lämpchen am Steuerpult der ZWM-12: hellblaue, graue, grüne, schwarze, rotbraune, riesige Pferdeaugen mit violetten Pupillen, Katzenaugen mit dunklem, vertikalem Schlitz und Vogelaugen, schwarzen Perlen gleich, hatten sich hier versammelt. Wahrscheinlich waren das die Augen aller Menschen und Tiere, die ich je gesehen hatte. Da sie weder Lider noch Wimpern hatten, schienen sie erstaunt dreinzublicken.

Gegen Morgen tauchten auch neben dem Becken Augen auf. An den zuckenden Schläuchen bildeten sich muskulöse Auswüchse, die in Lider und Wimpern ausliefen. Die Lider öffneten sich. Neue Augen blickten uns aufmerksam und abwartend an. Unter diesen unzähligen stummen Blicken wurde uns ganz unheimlich zumute.

Dann begannen aus dem Becken, den Kolben und den zuckenden Schläuchen in rasender Geschwindigkeit Fühler und Rüssel zu sprießen. In ihren Bewegungen lag etwas Naives und Kindlich-Rührendes. Sie verflochten sich miteinander, berührten die Wandungen der Kolben und der Geräte, die Wände des Labors. Ein Fühler reckte sich zu den ungeschützten Klemmen an der

Schalttafel empor, berührte sie, zuckte zusammen und hing dann verkohlt herab.

»Oho, jetzt wird's ernst!« sagte das Double.

Die Maschine war vom kontemplativen Informationssammeln zum aktiven Sammeln übergegangen und hatte dazu eigene Geber, eigene Vollzugsmechanismen entwickelt. Wie auch immer man ihre Entwicklung bezeichnen wollte – Streben nach Informationsgleichgewicht, Selbstkonstruktion oder biologische Informationssynthese –, es war unmöglich, von der außerordentlichen Hartnäckigkeit und Kraft dieses Prozesses nicht begeistert zu sein. Doch wie auch immer, sie war nicht zum Stillstand zu bringen!

Nach all dem, was wir beobachtet hatten, war uns nicht nach Begeisterung und auch nicht nach akademischer Wißbegier zumute. Wir ahnten, wie das enden konnte.

»Nun langt's aber!« Ich nahm den Monomachhelm vom Tisch. »Ich weiß nicht, ob wir sie dazu bringen können, das zu machen, was wir wollen.«

»Dazu wäre es nicht schlecht, wenn wir wüßten, was wir wollen«, warf das Double ein.

»Als erstes müssen wir sie veranlassen, nicht das zu tun, was wir nicht wollen.«

»Weg mit den Augen! Weg mit den Fühlern! Schluß mit der Materialisierung der Information! Weg mit den Augen! Weg mit den Fühlern! Schluß mit ...« Wir wiederholten das unter Anspannung aller Geisteskräfte über den Monomachhelm, sprachen es in die Mikrofone. Die Maschine aber bewegte nach wie vor ihre lebenden Fühler und starrte uns aus Hunderten verschiedenfarbiger Augen an. Das ganze glich einem Zweikampf.

»Nun sind wir am Ende«, sagte das Double.

»Ach was!« Ich schlug mit der Faust gegen die Beckenwand. Alle Fühler zuckten und wandten sich in meine Richtung – ich wich zurück.

»Valka, stell das Wasser ab! Unterbrich die Versorgungsschläuche!«

Jetzt wirst du umkommen, Maschine. Wenn du dich nicht fügst, Maschine, wirst du verhungern und verdursten.

Natürlich war das eine grobe, keineswegs elegante Lösung, aber was blieb uns anderes übrig? Langsam drehte mein Doppelgänger den Hahn zu. Das Rauschen des Wassers in den Destillationsapparaten ging in das regelmäßige Pochen von Tropfen über. Ich klemmte die Schläuche ab. Ein Zucken ging durch die Fühler, dann hingen sie kraftlos herab! Sie rollten sich zusammen und zogen sich ins Becken zurück. Die Augäpfel verblaßten, tränten und schrumpften. Eine Stunde später war alles verschwunden. Die Flüssigkeit im Becken schimmerte wieder golden und durchsichtig.

»So ist's schon besser!« Ich nahm den Helm ab und rollte die Leitungen auf.

Wir ließen das Wasser wieder laufen, nahmen die Klemmen ab und hockten bis in die späte Nacht hinein im Labor, sprachen kaum und harrten des Kommenden. Wir wußten nicht, was wir mehr fürchten sollten: einen neuen Fieberwahn der Maschine oder daß das durch eine solche Behandlung gefolterte System auseinanderfallen und seine Existenz einstellen würde. Am ersten Tag waren wir noch imstande gewesen, den Gedanken zu erörtern, ob man die Entdeckung bekanntgeben oder geheimhalten sollte. Jetzt aber wurde uns ganz anders bei dem Gedanken, daß sie das Problem allein entscheiden könnte.

Von Zeit zu Zeit trat einer von uns ans Becken und schnupperte besorgt, ob sich nicht Fäulnis- oder Kadavergeruch ausbreite. Da wir dem Thermometer nicht trauten, befühlten wir die Beckenwände und die lebendig-warmen Schläuche. Kühlen sie auch nicht aus? Strahlten sie nicht erneut glühende Hitze aus?

Doch nein, die Luft im Raum blieb warm, feucht und rein. Als halte sich ein großes, sauberes Tier darin auf. Die Maschine lebte. Ohne uns unternahm sie nichts. Wir hatten sie uns unterworfen.

Gegen ein Uhr nachts schaute ich meinen Doppelgänger an, und mir war, als blickte ich in einen Spiegel. Vor Müdigkeit drohten seine geröteten Lider zuzufallen. Aber er lächelte. »Scheint alles in Ordnung zu sein. Ob wir uns aufs Ohr legen?«

Jetzt war er kein künstliches Double mehr, neben mir saß mein Arbeitskollege, genauso müde und glücklich wie ich. Merkwürdigerweise hatte ich keine Begeisterung empfunden, als ich ihm im Park begegnet war, auch die Phantasmagorien des Gedächtnisses im Becken hatten mich nicht trösten können. Jetzt auf einmal war mir wohl und froh zumute. Für den Menschen ist es eben doch das wichtigste, Herr der Lage zu sein!

Fünftes Kapitel

Äußert sich im eifrigen Suchen nach kausalen Zusammenhängen nicht der Besitzinstinkt des Menschen? Immerhin suchen wir auch hier danach, was zu wem gehört.

Ingenieur K. Prutkow,
Sentenz Nr. 10

Wir betraten den Park. Es war eine warme Nacht. Vor Müdigkeit hatten wir vergessen, daß wir uns nicht beide zusammen in der Öffentlichkeit zeigen durften. Erst an der Pförtnerloge fiel es uns wieder ein. Der alte Wachtjorytsch musterte uns prüfend aus seinen tiefliegenden blauen Äuglein. Uns blieb fast das Herz stehen.

»Ah, Valentin Wassiljewitsch!« rief der Alte plötzlich erfreut. »Na, Schluß gemacht für heute?«

»Ja«, antworteten wir gleichzeitig.

»Recht so.« Wachtjorytsch erhob sich schwerfällig und schloß uns die Tür auf. »Dem Institut wird schon nichts passieren, das trägt keiner weg. Guten Heimweg! Die andern gehn spazieren, und ich muß noch hier rumsitzen, ja, ja . . .«

Wir eilten auf die Straße und entfernten uns.

»Das hätten wir geschafft!« Da erst bemerkte ich, daß die Fassade des neuen Institutsgebäudes mit bunten Lämpchen illuminiert war. »Was haben wir heute für einen Tag?«

Das Double nahm die Finger zu Hilfe: »Den ersten, nein, den zweiten Mai. Glückwunsch zum Feiertag, Valka!«

»Ja, nachträglich . . . Ach verflixt!« Mir war eingefallen, daß ich mit Lena ausgemacht hatte, den 1. Mai gemeinsam mit ihren Kollegen zu verbringen und am Zweiten mit dem Motorrad ein bißchen rauszufahren. Bestimmt war sie tödlich gekränkt.

»Lena feiert jetzt irgendwo mit irgendwem«, quatschte das Double.

»Was geht das dich an?«

Wir verstummten. Mit Grün geschmückte Trolleybusse sausten die Straße entlang. Auf den Dächern der Häuser hatte man aus Lämpchen Raketen nachgebildet, hinter den weit geöffneten Fenstern wurde getanzt, gesungen und angestoßen.

Ich steckte mir eine Zigarette an und ließ mir die an der Muttermaschine (so hatten wir den ganzen Komplex endgültig getauft) angestellten Beobachtungen durch den Kopf gehen. Erstens war es keine Orakelmaschine und auch keine denkende Maschine, in ihr vollzog sich keine Informationsauswahl. Nur Kombinationen – manchmal durchdachte, manchmal nicht durchdachte. Zweitens konnte man sie nicht nur auf energetischem Wege steuern (die Schläuche abklemmen, das Wasser und den Strom abschalten – kurz gesagt, ihr die Kehle zuschnüren), sondern auch auf dem Informationsweg. Allerdings hatte sie bislang nur auf das Kommando *»Nein!«* reagiert. Am praktischsten schien es zu sein, ihr über den Monomachhelm mittels der Hirnströme Befehle zu erteilen. Drittens war die Muttermaschine eben eine Maschine, wenn auch eine sehr komplizierte: eine künstliche Schöpfung ohne jedwedes Ziel. Das Streben nach Stabilität, nach Informationsgleichgewicht war schließlich kein Ziel, sondern eine Eigenschaft. Die gleiche wie die einer analytischen Waage. Sie äußerte sich lediglich komplizierter, über eine Synthese in Gestalt der lebenden Materie einer äußeren Information. Ein Ziel besteht immer in der Lösung einer Aufgabe. Eine Aufgabe war ihr nicht gestellt worden, darum trieb sie mit ihrem Überschuß an Möglichkeiten Unfug, aber . . .

»Aufgaben muß ihr der Mensch stellen«, griff das Double meinen Gedanken auf; ich wunderte mich nicht mehr über seine Fähigkeit, parallel zu denken. »Folglich tragen wir die Verantwortung.«

Ich hatte keine Lust, mir darüber Gedanken zu machen. Da arbeitet man und arbeitet, schont sich nicht, und dann soll man auch noch etwas verantworten. Und die andern Leute vergnügen sich . . . Wir Idioten haben den Feiertag verpaßt. So verrinnt das Leben im stinkenden Labor.

Wir bogen in die von Neonlampen erhellte Kastanienallee ab, die nach Akademgorodok führte. Vor uns schlenderte ein Pärchen. Er, hochgewachsen und elegant, hatte sie um die Taille gefaßt. Sie lehnte ihren üppig frisierten Kopf an seine Schulter. Unwillkürlich beschleunigten wir unsere Schritte, um die beiden zu überholen und bei dem lyrischen Anblick nicht unnötig aus dem Gleichgewicht zu geraten.

»Und dann hören wir Musik, Tanja! Ich habe Tonbänder, da werden Sie staunen!« drang Chiloboks raunende Stimme zu uns, und wir waren wie vor den Kopf gestoßen. Das zauberhafte Bild war wie weggewischt.

»Garri hat schon wieder 'ne Neue«, stellte das Double fest.

Als wir heran waren, erkannten wir auch das Mädchen. Noch vor kurzem war sie in Schülerinnenschürze zum Praktikum ins Institut gekommen; jetzt arbeitete sie wohl als Laborantin bei den Rechnern. Sie gefiel mir. Volle Lippen, zierliches Näschen, große braune Augen, träumerisch und zutraulich.

»Wenn Arkadi Arkadjewitsch auf Urlaub ist oder sich im Ausland aufhält, muß ich vieles für ihn entscheiden.« Chilobok spreizte sich wie ein Pfau. »Auch wenn er da ist ... Wie? Natürlich, interessant ist es schon!«

Da geht Tanja, das Köpfchen an Chiloboks Schulter gelehnt, und sieht in dem Dozenten einen Heros der sowjetischen Wissenschaft. Vielleicht hat er die Strahlenkrankheit wie der Held des Films »Neun Tage eines Jahres«? Oder die wissenschaftliche Arbeit hat seine Gesundheit untergraben, wie es mit dem Helden des Films »Alles für die Menschheit« geschah? Da vergeht das Dummchen schier und bildet sich ein, sie sei die dazugehörige Heldin. Dein gelehrter Kavalier, Tanja, strotzt vor Gesundheit! Mach dir keine Gedanken, die Wissenschaft hat ihm nicht alle Kräfte geraubt, und jetzt führt er dich der ersten großen Enttäuschung deines Lebens entgegen. Auf dem Gebiet ist er ein Könner.

Das Double verlangsamte den Schritt und sagte halblaut: »Sollten wir ihm nicht die Fresse polieren? Das wär doch ganz einfach. Du gehst schnell zu Bekannten, sorgst für ein Alibi, während ich ...«

Damit war er mir um eine Sekunde zuvorgekommen. Er hatte es überhaupt immer eilig, sich zu äußern, um seine Eigenständigkeit zu beweisen, weil ihm klar war, daß wir die gleichen Gedanken hatten. Doch sobald er mir zuvorgekommen war, funktionierte in mir sofort der zweite Mechanismus der Selbstbestätigung: ich mußte mich dem Gedanken des anderen widersetzen.

»Dem Mädchen zuliebe? Soll sie doch der Teufel holen. Wenn die nicht auf ihn reinfällt, dann eine andere.«

»Ihretwegen und überhaupt. Um ihm eine Abreibung zu verpassen. Weißt du nicht mehr, wie er unsere Arbeit in den Dreck gezogen hat?« Seine Augen verengten sich. »Erinnerst du dich?«

Ich erinnerte mich. Damals hatte ich im Labor unter Valeri Iwanow gearbeitet. Wir entwickelten Speichereinheiten für Verteidigungsanlagen. In der Welt gingen ernste Dinge vor sich, wir schufteten ohne Rücksicht auf Sonn- und Feiertage und lieferten die Arbeit ein halbes Jahr vor dem von der Regierung gestellten Termin ab. Bald darauf hinterbrachten uns »gute Freunde« im Institut, Chilobok habe gesagt: »In der Wissenschaft ist jemand, der einen Forschungsauftrag vorfristig erledigt, entweder ein Karrierist oder ein Schönfärber oder beides zusammen!« Dieser Ausspruch wurde populär, gab es doch bei uns nicht wenige, die niemals Gefahr liefen, auf die gleiche Art und Weise wie wir in den Ruf von Karrieristen und Schönfärbern zu kommen. Der ehrgeizige und übereifrige Valeri drängte auf eine offene Aussprache mit Chilobok, doch dann zerstritt er sich mit Asarow und ging vom Institut weg.

Bei der Erinnerung daran ballte ich unwillkürlich die Fäuste. Vielleicht war es besser, das Double verschaffte sich ein Alibi und ich ...? Plötzlich erstand folgendes Bild vor meinen Augen: Ein nüchterner, intelligenter Mann verprügelt einen anderen intelligenten Mann im Beisein eines Mädchens. Das wär vielleicht was! Ich schüttelte den Kopf, um dieses Bild aus meiner Phantasie zu verdrängen.

»Nein, das ist nicht das Richtige. Man darf nicht niedrigen Instinkten nachgeben.«

»Und was wäre dann das Richtige?«

In der Tat, was? Ich wußte es nicht.

»Dann muß man die Träumerin wenigstens vor Chiloboks hitzigen Umarmungen bewahren.« Mein Doppelgänger nagte nachdenklich an der Unterlippe, dann schob er mich hinter einen Baum (wieder war er es, der die Initiative ergriff!). »Garri Charitonowitsch, kann ich Sie einen Augenblick unter vier Augen sprechen?«

Chilobok und das Mädchen wandten sich um.

»Ah, Valentin Wassiljewitsch! Aber bitte ... Tanja, ich komme gleich nach.« Der Dozent wandte sich meinem Double zu.

Mir war seine Absicht klar, und ich pirschte mich im Schatten der Bäume vor. Es klappte ausgezeichnet. Tanja war da angelangt, wo sich die Allee gabelte. Sie blieb stehen, schaute sich um und erblickte den gleichen Mann, der vor wenigen Augenblicken ihren Begleiter um eine Unterredung gebeten hatte.

»Tanja«, sagte ich, »Garri Charitonowitsch läßt sich entschuldigen, er bedauert unendlich. Er mußte leider weg, seine Frau ist nämlich gekommen und ... Wo wollen Sie denn hin? Warten Sie, ich begleite Sie!«

Aber Tanja rannte bereits zur Bushaltestelle. Ich ging nach Hause.

Wenige Minuten später kam auch mein Doppelgänger.

»Moment mal«, sagte ich, bevor er den Mund öffnen konnte. »Du hast Chilobok erklärt, Tanja wäre die Braut eines Bekannten von dir, der Meister des Sports im Boxen ist?«

»Und im Judo. Und du hast ihr von seiner Frau erzählt?«

»Stimmt genau. Wenigstens eine nützliche Verwendung für die Entdeckung.«

... Wir zogen uns aus, wuschen uns und machten uns zum Schlafengehen fertig. Ich bereitete mein Lager auf der Couch, er auf dem Klappbett.

»Apropos Chilobok«, das Double setzte sich aufs Klappbett. »Warum hast du mir verschwiegen, daß auf der nächsten Sitzung des Wissenschaftlichen Rates unser Forschungsthema zur Diskussion steht? Hätte Chilobok mich nicht daran erinnert, hätte ich nichts davon gewußt. ›Es wird Zeit, es wird Zeit‹, sagte er, ›Sie arbeiten schon ein halbes Jahr daran und haben noch nichts darüber verlauten lassen. Natürlich, die freie Forschung ist eine gute Sache, aber Sie bestellen Ausrüstung und Material, und ich werde ohne Unterlaß aus der Buchhaltung angerufen und gefragt, zu welchem Forschungsthema das gehört. Und das Gerede im Institut, Kriwoschein macht, was er will, während die anderen Wirtschaftsverträge und Aufträge erledigen müssen ... Ich verstehe schon, Sie brauchen das für Ihre Dissertation, aber wir müssen Ihrem Thema einen Namen geben, es in den Gesamtplan aufnehmen.‹ Hat dieser Gauner doch gleich von dienstlichen Angelegenheiten angefangen, als ich ihm von dem Meister des Sports erzählte.«

»Wollte man Chilobok glauben, wird die ganze Wissenschaft nur betrieben, um die Buchhaltung nicht zu verärgern.«

Ich erklärte dem Double die Vorgeschichte. Als die Maschine

unverständliche Zahlen ausspuckte, hatte ich in meiner völligen Verzweiflung Asarow angerufen und gesagt, ich würde mich gern mal mit ihm beraten. Aber wie immer hatte er keine Zeit gehabt und gemeint, es wäre besser, das Thema im Wissenschaftlichen Rat zu erörtern, er werde Chilobok bitten, die Diskussion vorzubereiten.

»Inzwischen ist aber aus dem damaligen Ei ein recht interessantes Resultat gekrochen«, meinte das Double. »Wollen wir das berichten? Das wäre doch ein Dissertationsthema. Dann kann auch Chilobok nicht umhin ...«

»Und bei der Verteidigung führe ich dich vor, ja?«

»Wer wen vorführt, ist eine andere Frage«, antwortete er ausweichend. »Obwohl ... nein, es ist unmöglich!« Er schüttelte den Kopf. »Absolut unmöglich!«

»Du hast recht, es ist unmöglich«, pflichtete ich ihm verzagt bei. »Nicht einmal patentieren lassen kann man sich das. Und den Nobelpreis werden wir auch nicht kriegen. Soll ich denn bei der ganzen Geschichte immer nur draufzahlen?«

»Das Geld gebe ich dir schon zurück, bis auf die letzte Kopeke ... Ach, bist du ein Knauser! Hör mal ... wozu hast du überhaupt den Nobelpreis nötig?« Das Double zwinkerte mir zu. »Wenn die Muttermaschine so mir nichts, dir nichts einen Menschen reproduziert, wird sie doch auch Geldscheine ...«

»... so mir nichts, dir nichts machen können! Sonst noch Wünsche?«

»Wir kaufen uns bei der Wohnungsbaugenossenschaft jeder eine Dreizimmerwohnung.« Das Double lehnte sich träumerisch an die Wand.

»Jeder einen ›Wolga‹ ...«

»Und jeder zwei Datschen: eine auf der Krim für die Erholung und eine an der Rigaer Bucht fürs Prestige.«

»Und dann machen wir uns noch ein paar Doubles. Einer arbeitet immer, damit keiner was merkt ...«

»... und die anderen gehen derweil ihren Vergnügungen nach ...«

»... noch dazu mit einem unumstößlichen Alibi. Aber wie weiter?«

Wir schwiegen und sahen einander verdrossen an.

»Mein Gott, was sind wir doch für jämmerliche Krämerseelen!« Ich griff mir an den Kopf. »Messen so eine gewaltige Entdeckung an solchem Kram: Dissertation, Preise, Datschen, Fresse polieren mit unumstößlichem Alibi. Schließlich ist das ein Verfahren zur Synthese des Menschen! Und wir ...«

»Laß nur, das ist ganz natürlich. Jeder Mensch entwickelt kleinliche Gedanken, wichtig ist nur, nicht zuzulassen, daß sie in kleinliche Handlungen ausarten.«

»Eigentlich sehe ich bis jetzt nur eine nützliche Anwendung der Entdeckung: Sie hilft dir, das an dir zu bemerken, was du sonst nur bei anderen bemerkst – die eigenen Fehler.«

»Ja, aber soll man deshalb die Erdbevölkerung verdoppeln?«

Wir saßen uns in Turnhosen gegenüber. Ich sah mich in ihm wie in einem Spiegel.

»Schön. Laß uns mal der Reihe nach vorgehen: Was wollen wir?«

»Und was können wir?«

»Und was beabsichtigen wir aus der Sache zu machen?«

»Fangen wir damit an, daß es nun mal dazu gekommen ist. Die Ideen Setschenows, Pawlows, Wieners und Ashbys laufen in einem Punkt zusammen: das Gehirn ist eine Maschine. Die Versuche Petruccis, die Entwicklung des menschlichen Embryos zu steuern, sind ein weiterer Anstoß. Das Streben nach immer größerer Kompliziertheit und Universalität in der Technik – von welchem Wert sind nicht allein die Versuche der Mikroelektroniker, Maschinen zu schaffen, die in ihrer Kompliziertheit dem Gehirn gleichen!«

»Unsere Entdeckung ist also kein Zufall. Sie wurde durch die ganze Entwicklung der Ideen und der technischen Mittel in der Wissenschaft vorbereitet. Wenn nicht so, dann eben anders, wenn nicht heute, dann in Jahren oder Jahrzehnten, wenn nicht wir, dann andere. Folglich läuft die Frage darauf hinaus ...«

»... was wir schaffen können und schaffen müssen in diesem Zeitraum – das kann ein Jahr sein, vielleicht sind es auch Jahrzehnte, wer weiß das schon, aber es wäre besser, sich auf einen kurzen Zeitraum zu orientieren, um den wir den anderen voraus sind.«

»Genau.«

»Wie läuft so was im allgemeinen?« Das Double stützte die Wange auf die Hand. »Hat ein Ingenieur eine Entdeckung gemacht oder ist er einfach besessen von dem Wunsch, etwas Bleibendes zu schaffen, sucht er sich einen Auftraggeber. Oder der Auftraggeber sucht ihn, je nachdem, wer wen mehr braucht. Der Auftraggeber fertigt den technischen Auftrag aus: ›Sie verwenden Ihre Ideen und Kenntnisse für die Entwicklung dieser oder jener Vorrichtung, dieser oder jener Technologie. Die Vorrichtung muß festgelegte Kennwerte aufweisen, bestimmten Prüfungen standhalten. Die Technologie muß zumindest die Produktion von brauchbaren Erzeugnissen in einer bestimmten Prozentzahl garantieren. Der und der Betrag steht zur Verfügung, der und der Termin wird gestellt. Vertragsstrafen wie üblich.‹ Der Vertrag wird unterzeichnet, nun arbeite ... Auch wir haben eine Entdeckung gemacht, wollen sie weiterentwickeln. Kommt aber ein Auftraggeber mit einer dicken Brieftasche und sagt: ›Hier haben Sie Geld, bauen Sie Ihr Verfahren für eine zuverlässige massenweise Doublierung aus. Wozu ich das brauche, geht Sie nichts an!‹, wird kein Vertrag abgeschlossen, stimmt's?«

»Nun, darüber zu sprechen wäre verfrüht. Das Verfahren ist nicht untersucht, nicht ausgefeilt, von welcher Produktion könnte da die Rede sein! Vielleicht zerfällst du nach ein paar Monaten, wer kann das wissen.«

»Ich werde schon nicht zerfallen. Darauf rechne lieber nicht.«

»Was hätte ich denn davon? Von mir aus kannst du am Leben bleiben, ich hab nichts dagegen.«

»Besten Dank! Bist und bleibst ein Flegel, da kann man nichts machen! Am liebsten würde ich dir eine kleben.«

»Schon gut, reg dich nicht auf, du hast mich nicht richtig verstanden. Ich meine das so: Wir kennen noch nicht alle Seiten und Möglichkeiten, stehen erst am Anfang. Wenn wir das mit dem Funkwesen vergleichen, so befinden wir uns jetzt etwa auf dem Stand der Hertzschen Wellen und des Popowschen Senders. Was daraus wird? Man muß erst die Möglichkeiten untersuchen.«

»Schon richtig, aber das ändert doch nichts an der Sachlage. Forschungen, die den Menschen und die menschliche Gesellschaft betreffen, müssen mit einem bestimmten Ziel vorangetrieben werden. Aber im Moment haben wir keinen, von dem wir einen schriftlichen Auftrag bekommen könnten. Und wir brauchen auch keinen. Wir selbst müssen bestimmen, welche Ziele jetzt vor dem Menschen stehen.«

»Na ja ... Früher waren die Ziele einfach: überleben und die Art erhalten. Zur Erreichung dieser Ziele mußte man sich abrackern, Wild erbeuten, Felle für die Kleidung beschaffen, Feuer anmachen, sich mit einer Keule der wilden Tiere und der lieben Nachbarn erwehren, mußte eine Einzimmerhöhle ohne jeden

Komfort in den Lehm wühlen, lauter solche Dinge. In der modernen Gesellschaft aber sind diese Probleme im wesentlichen gelöst. Sieh zu, daß du irgendwo arbeitest, und dein Lebensminimum ist gesichert, was willst du mehr? Wirst nicht vor die Hunde gehen. Und kannst dir Kinder anschaffen – notfalls übernimmt der Staat die Sorge um ihre Erziehung. Folglich müssen bei den Menschen neue Bestrebungen und Bedürfnisse erwachen.«

»Ach, deren gibt's mehr als genug! Das Streben nach Komfort, nach Vergnügungen, nach einer interessanten und sauberen Arbeit. Das Verlangen, zur auserlesenen Gesellschaft zu gehören, nach verschiedenen Symbolen des Ehrgeizes – Rängen, Titeln, Auszeichnungen. Das Verlangen nach erstklassiger Kleidung, opulenten Mahlzeiten, nach Gesellschaften, nach Schwarzmeerbräune, nach Neuerscheinungen auf dem Buchmarkt, nach lächerlichen Kinkerlitzchen, Modetorheiten.«

»Aber, verdammt noch mal, das alles ist doch nicht das Wichtigste! Es kann nicht das Wichtigste sein. Die Menschen wollen und können nicht zu der früheren primitiven Lebensweise zurückkehren, sie holen aus dem modernen Milieu heraus, was herauszuholen ist, und das ist nur natürlich, aber hinter ihren Bestrebungen und Bedürfnissen muß doch ein Ziel stehen. Ein neues Daseinsziel.«

»Kürzer ausgedrückt: Worin liegt der Sinn des Lebens? Ein erstaunlich aktuelles Problem, findest du nicht auch? Da sind wir uns also einig. Ich habe ja gewußt, daß es dazu kommen würde!« Das Double stand auf, machte ein paar Lockerungsübungen und setzte sich wieder.

So begannen wir ein für unsere Arbeit so wichtiges Gespräch mit Blödeleien, doch je weiter wir in das Problem eindrangen, desto ernsthafter wurden wir. Ich hatte mir schon gelegentlich – bei einem Kognak oder in einer Rauchpause – Gedanken über den Sinn des Lebens gemacht, über die soziale Struktur der Gesellschaft und auch über die Geschicke der Menschheit. Genausogern wie Hausfrauen über eine Teuerung oder den Sittenverfall tratschen, quasseln Ingenieure und Wissenschaftler über eine veränderte Welt. Die Hausfrauen tun das, um ihre Fürsorglichkeit und ihre Tugend zu beweisen, die Wissenschaftler hingegen, um voreinander die Weite ihres Horizonts zu demonstrieren. Dieses Gespräch aber war ungleich schwieriger als ein Plausch unter Ingenieuren: Wir wälzten die Gedanken hin und her, als wären es Felsbrocken. Alles war von der Sorge getragen, daß dem Gespräch Taten und Handlungen folgen mußten, Taten und Handlungen, bei denen man sich einfach keinen Mißgriff erlauben durfte.

Die Müdigkeit war verflogen.

»Na schön, nehmen wir mal an, der Sinn des Lebens bestünde in der Befriedigung von Bedürfnissen. Alles, was das Herz begehrt. Aber welche Bedürfnisse und Interessen der Menschen werden befriedigt, wenn man neue Menschen schafft? Die künstlich produzierten Menschen werden doch auch wieder Interessen und Bedürfnisse haben! Ein Teufelskreis!«

»Nicht doch. Sinn des Lebens ist es, zu leben, richtig frei, interessant, schöpferisch. Oder zumindest danach zu streben.«

»›Richtig‹! ›Sinn des Lebens‹! ›Streben‹!« Das Double sprang vom Klappbett auf und ging im Zimmer auf und ab. »›Interessen‹, ›Bedürfnisse‹. Du meine Güte, wie verschwommen das alles ist! Im vorvorigen Jahrhundert wären solche Begriffe das Rechte gewesen, aber heute? Was zum Teufel haben wir von einem exakten Wissen, wenn es kein exaktes Wissen über den Menschen gibt! Mit welchem Vektor soll man das Streben messen? In welchen Einheiten die Interessen?«

(Das entmutigte uns damals und entmutigt uns auch heute noch. Wir sind an exakte Begriffe gewöhnt wie Parameter, Abmessungen, Informationsumfang in bit, Schnellwirkung in Mikrosekunden und sehen uns nun mit der erschreckenden Unbestimmtheit der Kenntnisse über den Menschen konfrontiert. Für allgemeine Gespräche taugen sie schon, aber was nützen sie einem bei der praktischen Forschung, wo das ganz einfache und doch so grausame Gesetz herrscht: Weißt du etwas nicht sicher, weißt du nichts.)

»Pah ... Ich beneide die Erfinder der Atombombe.« Das Double stand auf und lehnte sich an den Pfosten der Balkontür. »›Diese Vorrichtung, Gentlemen, kann hunderttausend Menschen vernichten!‹ – und sofort war klar, daß Oak Ridge und New Hanford* gebaut werden mußten. Unsere Anlage aber kann Menschen produzieren, Gentlemen!«

»Die einen erforschen das Uran ... andere bauen Werke zur Anreicherung des Urans mit dem notwendigen Isotop, dritte

* Oak Ridge und New Hanford – Forschungs- und Industriezentren in den USA, wo im zweiten Weltkrieg die Uranbombe und die Plutoniumbombe entwickelt wurden. (Anmerkung des Autors)

bauen die Bombe, vierte erteilen aus höheren politischen Erwägungen heraus den Befehl. Die fünften werfen die Bombe auf die sechsten, die Einwohner von Hiroshima und Nagasaki. Die siebenten – Moment mal, da ist was dran!«

Das Double musterte mich neugierig.

»Versteh doch, wir stellen streng logische Überlegungen an und sind nicht imstande, uns von toten Phrasen zu befreien: ›Worin besteht der Sinn des Lebens?‹ Und weißt du, warum das so ist? In der Natur gibt es ›den Menschen an sich‹ gar nicht. Auf der Erde leben verschiedene Menschen mit verschiedenen, oft gegensätzlichen Bestrebungen: Der eine, sagen wir, will gut leben, darum erfindet er Mordwerkzeuge. Der andere, ein junger Mann, träumt davon, ein großer Wissenschaftler zu werden, doch sich die Zähne am Granit der Wissenschaft auszubeißen, hat er keine Lust, das schmeckt ihm nicht. Diese verschiedenen Menschen leben unter verschiedenen Bedingungen, träumen von dem einen, streben nach etwas anderem und erreichen ein Drittes ... Und wir scheren sie alle über einen Kamm!«

»Aber wir können doch nicht alle Umstände und Einzelpersonen berücksichtigen.« Das Double verzog das Gesicht. »Da verrennen wir uns!«

»Dir wäre es lieber, alles wäre möglichst einfach, so einfach wie der Bau von Speichereinheiten für Bordcomputer, ja? Das ist es aber nicht.«

»Das verstehe ich schon. Unsere Entdeckung ist so kompliziert wie der Mensch selbst; man kann nichts weglassen oder vereinfachen, um sich die Arbeit zu erleichtern. Aber was für konstruktive Ideen ergeben sich aus deinem großartigen Gedanken, daß die Menschen verschieden sind? Konstruktive meine ich, für die praktische Arbeit.«

»Für die Arbeit ... Hm, das ist schwierig.«

Unser Gespräch versiegte wieder. Unten auf der Straße rauschten die Pappeln im Wind. Jemand näherte sich der Haustür. Ein kühles Lüftchen drang vom Balkon herein.

Das Double starrte geistesabwesend auf die Lampe, dann bohrte er mit dem Finger in der Nase. In meinem rechten Nasenloch spürte ich gleichfalls ein Hindernis, doch er war mir wieder einmal zuvorgekommen. Ich sah also zu, wie ich in der Nase popelte, und plötzlich war mir klar, warum ich das Double bei der Begegnung im Park nicht erkannt hatte. Im Grunde genommen kennt kein Mensch sich selbst. Wir sehen uns nicht – und vor dem Spiegel korrigieren wir unbewußt unsere Mimik, setzen eine interessante Miene auf, machen uns schöner, als wir sind. Wir hören uns auch nicht selbst, weil die Schwingungen der eigenen Stimmbänder die Trommelfelle nicht nur auf dem Weg über die Luft, sondern auch über die Schädelknochen und die Muskeln erreichen. Wir beobachten uns nicht von außen.

Und deshalb tröstet sich jeder Mensch im Grunde seines Herzens mit dem Gedanken, er sei nicht so wie alle anderen, er sei etwas Besonderes. Das läßt man sich nicht ausreden, das weiß man genau. Indessen unterscheiden wir uns genauso voneinander, wie wir uns gleichen.

Das Double säuberte sich Nase und Finger, sah mich an und lachte, weil er meine Gedanken erriet.

»Also, wie sind die Menschen nun? Verschieden oder gleich?«

»Sie sind beides. Man kann einen bestimmten objektiven Wesensinhalt ableiten, wenn auch natürlich nicht aus deinen schlechten Manieren. Es handelt sich um die technische Herstellung eines neuen Informationssystems – des Menschen. Die Technik produziert auch andere Systeme: Maschinen, Bücher, Apparate. Alle diese Systeme, als Erzeugnis gesehen, haben eines gemein, nämlich Gleichartigkeit, einen bestimmten Standard. Die Bücher einer bestimmten Auflage gleichen einander wie ein Ei dem anderen bis hin zu den Druckfehlern. Bei Apparaten der gleichen Fertigungsreihe ist es ebenfalls so: das gilt für Zeiger, Skalen, für die Genauigkeitskategorie und auch für die Garantiezeit. Die Unterschiede sind nur winzig: in dem einen Buch ist der Text ein wenig fetter gedruckt als im anderen, ein Gerät hat einen Kratzer oder zeigt bei hohen Temperaturen ein bißchen ungenauer an als sein Kollege.«

»Aber das bewegt sich noch im Bereich der Güteklasse.«

»Selbstverständlich. Der Umfang an individueller Information in jedem solchen künstlichen System ist verschwindend gering. Beim Menschen aber ist das nicht so. Die Menschen verfügen über eine allgemeine Information – die biologische Information, die allgemeinen Kenntnisse von der Welt, aber in jedem Menschen steckt eine gewaltige Menge an persönlicher, individueller Information. Die darf man nicht vergessen – ohne sie wäre der Mensch nicht Mensch. Also ist kein einziger Mensch standardisiert. Das heißt . . .«

». . . alle Versuche, für den Menschen optimale ›Parameter‹ mit einer zulässigen Abweichung von höchstens fünf Prozent zu finden, sind bloße Zeitverschwendung. Prima! Fällt dir da nicht ein Stein vom Herzen?«

»Nein, so sieht die rauhe Wirklichkeit aus.«

»Folglich können wir uns in unserer Arbeit so rätselhaften Begriffen wie Sinn des Lebens, Interessen des Menschen, Charaktere, Wünsche, Gut, Böse und vielleicht sogar Seele nicht entziehen? Verschon mich bloß damit!«

»Hat sich was mit Verschonen. Apropos, sind sie denn wirklich so rätselhaft, diese Begriffe? Schließlich erfahren alle Menschen im Leben, was in ihnen wozu da ist. Sie sprechen beispielsweise über eine schändliche Tat und sagen: ›Das ist ja gemein.‹ Und alle pflichten ihnen bei.«

»Alle, mit Ausnahme des Schurken. Was, nebenbei bemerkt, sehr wesentlich ist.« Er schlug sich auf die Schenkel. »Nein, ich verstehe dich nicht! Es reicht dir wohl nicht, daß du dir an dem simplen Wörtchen ›verstehen‹ die Finger verbrannt hast, nun willst du auch noch Aufgaben mit ›gut‹ und ›böse‹ stellen?! Die Maschine kriegt den unausgesprochenen Sinn nicht mit, sie versteht die Pointen nicht, nimmt gleichgültig Gutes wie Böses auf. Warum lachst du?«

»Ich begreife nicht, wieso *du* mich nicht verstehst, schließlich bist du doch ich!«

»Das hat damit nichts zu tun. Ich bin vor allem Forscher und dann erst Kriwoscheïn, Sidorow oder Petrow! Wie sollen wir denn arbeiten, wenn wir keine exakten Vorstellungen vom Wesen der Sache haben?«

»Hm ... na, eben so, wie man, sagen wir mal, in den ersten Tagen der Elektrotechnik arbeitete. Damals wußten alle, was ›Phlogiston‹ war, aber niemand hatte auch nur einen blassen Schimmer von Spannung, Stromstärke, Induktivität; Ampère, Volt, Henry und Ohm waren damals einfach Familiennamen. Die Spannung wurde mit Hilfe der Zunge bestimmt, so wie es heute kleine Jungen tun, wenn sie feststellen wollen, ob eine Taschenlampenbatterie noch intakt ist. Strom wurde festgestellt, nachdem sich Kupfer an der Kathode abgelagert hatte. Aber die Leute haben gearbeitet. Und wir ... Was hast du?«

Jetzt krümmte sich das Double vor Lachen. »Stell dir vor, in zwanzig Jahren wird man Maßeinheiten nach dir benennen ...«

Ich ließ mich auf die Couch zurückfallen. »Ja, es wird ›Kriwoscheïnmeter‹ geben ... so wie es Ohmmeter gibt!«

»Und ›Mikrokriwoscheïns‹ ... oder umgekehrt ›Megakriwoscheïns‹, abgekürzt ›Megakri‹ ... Ach, es ist zum Kringeln!«

Ich weiß noch, wie wir uns damals vor Lachen schier ausschütteten. Wir waren unserer Entdeckung wohl gar nicht würdig. Als wir genug gelacht hatten, schlugen wir wieder einen ernsteren Ton an.

»Natürlich«, meinte das Double, »historische Beispiele können schon begeistern, aber das Richtige ist das wohl nicht. Galvani konnte bezüglich der ›lebendigen Elektrizität‹ irren, soviel er wollte, Seebeck konnte starrköpfig behaupten, in Thermopaaren entstehe keine Thermoelektrizität, sondern ›Thermomagnetismus‹ – das hat an der Natur der Dinge nichts geändert, und früher oder später gelangten sie zur Wahrheit, weil bei ihnen die Analyse der Information am wichtigsten war. Die Analyse! Bei uns aber ist es die Synthese. Und da liefert die Natur dem Menschen kein Vorbild: Sie baut ihre Systeme, er die seinen. Das einzig Wahre für ihn sind dabei die Möglichkeiten und das Ziel. Möglichkeiten haben wir, aber das Ziel? Wir sind nicht imstande, es zu formulieren.«

»Das Ziel ist klar: es soll alles zum Guten gereichen.«

»Fängst du schon wieder damit an?« Das Double sah mich belustigt an. »Und dann folgt die Kinderbelehrung zum Thema Gut und Böse?«

»Wir brauchen keine Kinderbelehrung!« verwahrte ich mich. »Wir werden mit diesen willkürlichen Begriffen operieren, ob sie uns passen oder nicht: gut, böse, Wünsche, Bedürfnisse, Gesundheit, Talent, Dummheit, Freiheit, Liebe, Sehnsucht, Prinzipientreue. Nicht, weil sie uns gefielen, sondern weil es einfach keine anderen gibt. Es gibt keine!«

»Da hast du recht.« Das Double seufzte. »Ich merke schon, das wird eine Heidenarbeit!«

»Laß uns gleich Klarheit schaffen. Ja, es muß alles zum Guten gereichen. Wir müssen davon überzeugt sein, daß alle Anwendungsarten der Entdeckung, die wir ins Leben, in die Welt hinaustragen, den Menschen keinen Schaden, sondern nur Nutzen bringen werden. Laß uns die Diskussion über das Thema, mit welchen Einheiten der Nutzen gemessen werden soll, auf bessere Zeiten vertagen. Ich weiß nicht, welche Einheiten das sein werden.«

»Na, Kriwoscheïns«, warf das Double ein.

»Laß das! Ich bin nicht größenwahnsinnig!«

»Ich auch nicht. Aber eine ganz nebensächliche Frage: Hast du eine Idee?«

»Was für eine Idee?«

»Über ein Verfahren, die Muttermaschine so zu verwenden, daß sie der menschlichen Gesellschaft nur Gutes bringt. Das wäre in der Geschichte der Wissenschaft beispiellos. Alles bisher Erfundene und alles, was heute erfunden wird, weist diese wunderbare Eigenschaft nicht auf. Mit einem Medikament kann man jemanden vergiften, mit elektrischem Strom kann man nicht nur Licht in die Wohnungen bringen, sondern auch foltern oder einen Sprengkörper zünden. Und so ist es mit allem.«

»Vorläufig habe ich noch keine konkrete Vorstellung. Wir wissen noch zuwenig. Wir werden die Muttermaschine erforschen und nach diesem Verfahren suchen. Es muß eins geben. Daß es in der Wissenschaft so etwas noch nicht gibt, will nichts heißen, schließlich bewegen wir uns ja auf Neuland. Immerhin werden wir ein System synthetisieren, das Gutes wie Böses, Wunderdinge wie Dummheiten vollbringt – den Menschen!«

»Das ist richtig«, stimmte das Double nach kurzem Nachdenken zu. »Wir werden dieses großartige Verfahren finden oder nicht, aber ohne ein solches Ziel lohnt es sich nicht, die Arbeit in Angriff zu nehmen. Auf andere Weise werden Menschen auch ohne uns gemacht.«

»Also, was ist, wollen wir die Sitzung schließen, wie es sich gehört?« schlug ich vor. »Wollen wir einen Arbeitsauftrag aufsetzen? Zwischen dem Unterzeichner Menschheit der Erde, im weiteren Auftraggeber genannt, und den Leitern des Labors für neue Systeme am Institut für Systemologie V. W. Kriwoscheïn und V. W. Kriwoscheïn, im weiteren Auftragnehmer genannt, wird folgender Vertrag geschlossen ...«

»Was soll uns so ein Wisch von Wirtschaftsvertrag oder technischem Auftrag? Schließlich vertreten wir auch die Interessen des Auftraggebers bei dieser Arbeit. Und das wollen wir auch sagen!«

Er stand auf, holte das Tonbandgerät vom Schrank, stellte es auf den Tisch und schaltete das Mikrofon ein. Und wir – Valentin Wassiljewitsch Kriwoscheïn, 34 Jahre alt, und mein künstlicher Zwilling, der erst vor einer Woche auf die Welt gekommen war –, zwei unsentimentale, zum Sarkasmus neigende Männer, legten einen Schwur ab.

Einem Außenstehenden wäre das sicher schwülstig und

komisch vorgekommen. Es erklangen keine Fanfaren, es rauschten keine Fahnen, die Reihen der Zuhörer erstarrten nicht auf das Kommando »Stillgestanden!«. Draußen graute der Tag, wir standen in Turnhosen vor dem Mikrofon, und vom Balkon her zog es uns an die Beine. Aber mit dem Schwur war es uns verdammt ernst.

So sollte es sein. So und nicht anders!

Sechstes Kapitel

Bist du nachts nach Hause gekommen und hast irrtümlich Entwickler anstatt Wasser getrunken, mußt du auch Fixierlösung trinken, sonst hat das Ganze nicht Hand und Fuß.

Ingenieur K. Prutkow,
Sentenz Nr. 21

Am nächsten Tag begannen wir damit, im Labor eine Informationskammer zu bauen. Wir teilten im Raum eine Fläche von 2 m × 2 m ab und verlegten hierher alle Mikrofone, Analysatoren, Taster und Objektive, kurz gesagt alle Geber, die früher malerisch über die einzelnen Blöcke der Muttermaschine verteilt gewesen waren. Die Idee war folgende: In die Kammer wird ein lebendes Objekt gebracht, es wird sich darin tummeln, mit seinesgleichen herumbalgen, Heu knabbern oder auch einfach gar nichts tun. Über die Geber, mit denen es bestückt ist, wird die Information für die Synthese in die Maschine übertragen.

Diese »lebenden Objekte« knabbern bis zum heutigen Tag Frühbeetkohl in ihren Kästen im Korridor. Zwischen mir und dem Double gab es ständig Streit darüber, wer die Käfige säubern sollte. Es handelte sich um Kaninchen. Ich hatte sie bei den Bionikern gegen einen Schleifenoszillographen und eine Generatorröhre GI-250 eingetauscht. Eines, das Albinokaninchen Waska, trug am Kopf so etwas wie eine bronzene Krone aus Elektroden, die für Enzephalogramme in den Schädel eingesetzt waren.

Am 7. Mai kam es zu einem belanglosen, aber ärgerlichen Vorfall. Gewöhnlich pflegten das Double und ich alles sorgfältig zu koordinieren, um nicht gemeinsam vor den Kollegen zu erscheinen und einander nicht zu wiederholen. Aber das verdammte Labor für experimentelle Anlagen hätte auch ganz andere Leute aus dem Gleichgewicht bringen können.

Schon im Winter hatte ich dort ein universelles System von Biogebern bestellt, hatte die Zeichnungen und einen Montageplan angefertigt und vom Lager alle nötigen Materialien und Einzelteile kommen lassen, das Ganze brauchte nur noch zusammengebaut zu werden. Das System sollte in der Kammer montiert werden, aber es war noch nicht da. Der Jammer war, daß in besagtem Labor eine chronische Fluktuation der Leiter herrschte. Einer übergab die Geschäfte an den nächsten, und verständlicherweise kam keiner zum Arbeiten. Der neue Leiter arbeitet sich ein, führt Reformen durch und trägt sich mit den besten Absichten (neue Besen kehren gut!), aber gearbeitet wird wieder nicht. Wenn es soweit ist, machen die wütenden Auftraggeber Wind, beschweren sich schriftlich bei Asarow, und der neue Leiter übergibt die Geschäfte einem superneuen, dieser wiederum ... siehe oben. Ich versuchte die Meister direkt zu beeinflussen, verwöhnte sie mit Schnaps, beschaffte ihnen Transistoren P 657 für Taschenradios, die sehr schwer zu ergattern waren, doch alles vergeblich.

Kurz zuvor hatte sich der potentielle Vorrat an Leitern dieses Teufelslabors erschöpft, und so nahm sich Chilobok seiner an. Natürlich als Z-Stelle mit einem halben Planstellengehalt. So ist er nun mal. Er übernimmt alles mögliche, um zu leiten, zu organisieren, durchzusetzen, zu erfassen, nur um nicht Auge in Auge der Natur gegenüberzustehen, diesen schrecklichen Apparaten, denen man nichts befehlen und nichts verweigern kann, die aber anzeigen, was Sache ist und was man zu tun hat.

An dem bewußten Tag rief ich Meister Gawrjustschenko an, und wieder murmelte er was von fehlenden Montagekabeln und Widerständen, so daß ich fuchsteufelswild wurde und zu Chilobok raste, um mit ihm ein ernstes Wort zu reden.

In meinem Eifer bemerkte ich nicht, daß Chilobok einen leicht verwirrten Eindruck machte. Ich nahm kein Blatt vor den Mund und kündigte ihm an, daß ich den Auftrag Schülern übertragen würde, dann wäre das Institut gründlich blamiert.

Als ich in unser Labor zurückkehrte, traf ich dort meinen Doppelgänger an. Er lief im Raum auf und ab, um seinen Ärger abzureagieren. Wie sich herausstellte, war er fünf Minuten vor mir bei Chilobok gewesen und hatte mit ihm haargenau die gleiche Aussprache geführt.

Nur gut, daß wir dort nicht zusammengetroffen waren.

Wir beschlossen, bei den ersten Versuchen ohne das universelle System auszukommen. Für Kaninchen reichten auch die Geber, die wir hatten, und wenn wir uns von neuem mit dem Objekt »Homo sapiens« befassen würden, wer weiß, vielleicht hatte das Labor für experimentelle Anlagen dann schon einen Leiter, der etwas von seiner Sache verstand.

Der Wissenschaftliche Rat trat am 16. Mai zusammen. Am Abend vorher berieten wir noch einmal, was wir sagen konnten und was nicht. Wir beschlossen, die ursprüngliche Idee vorzutragen und zu begründen (in spekulativer Absicht), daß sich eine elektronische Maschine mit Elementen von Zufallsschaltungen unter der Einwirkung willkürlicher Informationen konstruieren könne und müsse. Die Arbeit solle die experimentelle Überprüfung dieser Idee darstellen. Um die Grenzen zu ermitteln, die der Maschine bei ihrer Selbstkonstruktion gesetzt seien, benötigten wir die und die Anlagen, Materialien und Geräte laut beigefügter Liste.

»Damit habe ich nicht nur die Gemüter seelisch vorbereitet, sondern auch die Versorgungsabteilung«, sagte ich. »Ja, so werde ich berichten.«

»Und wieso wirst ausgerechnet du berichten?« Das Double zuckte kriegerisch mit der rechten Braue. »Die Kaninchen sauberzuhalten, dazu bin ich gut, aber wenn's zum Wissenschaftlichen Rat geht, dann bist du da! Was soll diese Diskriminierung künstlicher Menschen? Ich bestehe auf einer Auslosung!«

... Und so kam es, daß ich völlig schuldlos wegen »ungebührlichen Auftretens vor dem Wissenschaftlichen Rat des Instituts und taktlosen Verhaltens gegenüber dem Doktor der technischen Wissenschaften Professor I. I. Voltampernow« eine Rüge einstekken mußte.

Peinliche Sache. Wenn mein ehemaliger Mentor in der Röhrenelektronik, der Verdiente Wissenschaftler und Doktor der technischen Wissenschaften Professor Ippolit Illarionowitsch Voltampernow (ach, warum bin ich nicht Conférencier geworden?), wenigstens tatsächlich mich mit den Worten bombardiert hätte: »Weiß denn der Ingenieur Kriwoschein, der uns empfiehlt, einer Maschine willkürlich, sozusagen ohne Zweck und Ziel, aufzutragen, wie sie sich zu konstruieren hat, welch gewaltige und ich wage zu behaupten wohldurchdachte – jawohl, ganz recht, wohldurchdachte! – Arbeit die qualifiziertesten Spezialisten unseres Instituts in die Berechnung und Projektierung von Rechensystemen investieren? In die Entwicklung der Blöcke dieser Systeme? Und der Elemente dieser Systeme? Ja, besitzt denn der Ingenieur mit seinen vulgarisierenden Ansichten wenigstens eine blasse Ahnung von der, sagen wir mal, optimalen Projektierung eines Triggers mit der Röhre 6 N 5? Hat denn der Ingenieur Kriwoschein nicht auch den Eindruck, daß er mit seinen Hirngespinsten, eine Maschine könne sozusagen mit der optimalen Konstruktion besser fertig werden als Spezialisten, eine große Zahl von Mitarbeitern des Instituts beleidigt, die, wie ich wohl sagen darf, wichtige Arbeiten für die Volkswirtschaft ausführen?! Es wird doch erlaubt sein, den Ingenieur zu fragen: ›Was soll dabei herauskommen?‹« Dabei klang das Wort »Ingenieur« aus dem Mund des Professors wie ein Mittelding zwischen »Student« und »Hundesohn«.

Wenn ich es wenigstens gewesen wäre, der in seiner Entgegnung den Professor daran erinnerte, daß seine Feder in zurückliegenden Zeiten wohl von der gleichen gekränkten Eitelkeit geführt worden war, als er in seinen Aufsätzen scharf gegen die »reaktionäre Pseudowissenschaft Kybernetik« polemisierte, und daß er es, nachdem sich der Wind gedreht, für angeraten hielt, sich ernsthaft mit ihr zu beschäftigen. Und wenn der Professor befürchten sollte, nach einem Erfolg unserer Forschungen arbeitslos zu werden, so sei diese seine Befürchtung grundlos: Schlimmstenfalls könne er immer noch zur populärwissenschaftlichen Journalistik zurückkehren, und überhaupt sei es an der Zeit, sich mit dem Gedanken vertraut zu machen, daß Wissenschaft unter Verwendung von Äußerungen über das Wesen der Sache betrieben werde und nicht mit Hilfe von demagogischen Ausfällen und einem lautstarken Organ.

Und da, gerade bei diesen Sätzen, die mitstenographiert wurden, schnappte Voltampernow krampfhaft nach Luft und griff nach der Brusttasche seines Jacketts.

Aber meine Lieben, das hatte ja gar nicht ich gesagt, sondern mein haargenau nach der empfohlenen Methode geschaffener künstlicher Doppelgänger. Noch drei Tage danach lief er wütend und völlig verwirrt herum. Na ja – kein Wunder!

(Nebenbei bemerkt: Ausgerechnet ich befand mich in dem Moment, als die von Asarow unterzeichnete Rüge im Büro eintraf, in der Nähe. Und ausgerechnet ich wurde vor versammelter Menge von der ungehobelten Bürovorsteherin Aglaja Mitrofanowna Garasha angeherrscht: »Genosse Kriwoschein, hier liegt eine Rüge für Sie! Kommen Sie rein und zeichnen Sie ab!« Und ich ging wie ein geprügelter Hund hin und unterschrieb. Spielt einem das Schicksal nicht manchmal übel mit?)

Na ja, pfeif was auf die Rüge. Hauptsache, das Thema war bestätigt worden! Und Asarow persönlich hatte es unterstützt. »Eine interessante Idee«, hatte er gesagt, »und ziemlich einfach. Man könnte sie mal überprüfen.« – »Aber diese Aufgabe läßt sich doch gar nicht algorithmieren, Arkadi Arkadjewitsch«, widersprach Dozent Pristschepa, der orthodoxeste Mathematiker an unserem Institut. »Was denn, weil sie nicht algorithmiert werden kann, soll es sie nicht geben können?« hatte das Akademiemitglied pariert (hört, hört!). »In unseren Zeiten besteht der Algorithmus der wissenschaftlichen Forschung nicht in einem Satz von Regeln der formalen Logik.« Das hatte gesessen! Immerhin hatte Asarow selbst nie viel von der »Zufallsforschung« gehalten, das wußte ich. Woran lag es also? Sollte ihn das Double mit der Logik seines Vortrags überzeugt haben? Oder kam beim Chef schließlich doch wissenschaftliche Toleranz zum Durchbruch? Dann würden wir gut mit ihm fahren.

Kurz gesagt, achtzehn waren dafür, einer (Voltampernow) dagegen. Der vorsichtige Pristschepa hatte sich der Stimme enthalten. Das Double hatte an der Abstimmung nicht teilgenommen, da er keinen akademischen Grad aufzuweisen hatte. Sogar Chilobok hatte dafür gestimmt, auch er glaubte also an den Erfolg unserer Arbeit. Keine Angst, lieber Garri, es wird schon kein Reinfall werden.

Übrigens brachte das Double eine erschütternde Neuigkeit mit: Chilobok schreibt seine Doktorarbeit!

»Worüber denn?«

»Das Thema ist geheim. Der Wissenschaftliche Rat hat die Tagesordnung für die nächste Sitzung beschlossen. Sie enthält den Punkt ›Erörterung der Dissertation G. Ch. Chiloboks zur Erlangung des Doktorgrades der technischen Wissenschaften. Das Thema ist geheim, höchste Geheimhaltungsstufe‹. Und da hokken wir im Labor und bleiben hinter dem Vormarsch der Wissenschaft zurück.«

»Ein geheimes Thema, ausgezeichnet!« Ich legte den Lötkolben aus der Hand. Wir waren im Labor und montierten die

Geber in der Kammer. »Raffiniert eingefädelt. Keine Veröffentlichungen, kein Auditorium bei der Verteidigung. Pst, Genossen: Streng geheim! Und alle machen schon im voraus einen tiefen Bückling vor ihm.«

Die Neuigkeit ging uns verdammt an die Nieren. Ich konnte nicht einmal die Kandidatendissertation ablegen, bei Chilobok aber klappte es mit dem Doktor. Die »Technik« war ja bekannt: Man greift einfach eine irgendwo in der Entwicklung befindliche (oder sogar schon entwickelte) geheime Konzeption oder Konstruktion auf, reichert sie unter Verwendung geheimer Primärquellen mit kompilativem Blödsinn an, und keiner kann einhaken.

»Schließlich ist er nicht der erste und auch nicht der letzte!« Ich griff wieder nach dem Lötkolben. »Was werden wir unsere Gedanken an ihn verschwenden, wir haben selber genug zu tun.«

»Noch dazu, wo er für unser Thema gestimmt hat«, pflichtete mir das Double bei. »Garri ist ein undurchsichtiger Bursche! Natürlich müßte man ihn mal unter die Lupe nehmen. Aber lohnt sich das?«

Uns war nicht wohl in unserer Haut. Mir wird immer übel, wenn ich mit ansehen muß, wie ein einflußreicher Schurke einen Erfolg nach dem anderen einheimst. Dann hadere ich mit mir, weil ich nicht aufzumucken wage ... Aber es war schon richtig: Es lohnte sich nicht. Vor uns lag eine ernst zu nehmende Arbeit, meine Stellung war noch nicht gefestigt – da war es besser, sich nicht mit Garri Chilobok anzulegen. Valeri Iwanow und ich hatten einmal versucht, ihn des Plagiats zu überführen. Valeri ergriff im Seminar das Wort, wies alles nach, aber es geschah nicht mehr, als daß der Wissenschaftliche Rat Chilobok empfahl, den »Aufsatz zu überarbeiten«. Aber was wir danach von Chilobok einstecken mußten ...

Überhaupt: Diese Auseinandersetzungen in der Öffentlichkeit, dieses Herumgestreite, nach dem die Menschen einander nicht mehr grüßen – das ist nichts für mich. Bei solchen Gelegenheiten habe ich nur den einen Wunsch, mich ins Labor zu flüchten, die Apparate einzuschalten, die Ergebnisse der Messungen ins Laborbuch einzutragen und etwas Nützliches zu leisten. Ja, wenn es gelänge, im Laborverfahren solche Typen wie Chilobok zur Strecke zu bringen, sozusagen durch die Anstrengungen des technischen Denkens ...

Darüber lohnte es nachzudenken. Die Tatsache, daß die Voltampernows und die Chiloboks die breite Straße der Wissenschaft behaupten, zeugt von einem offenkundigen Mangel an klugen Menschen. Und das in der Wissenschaft, wo der Intellekt der wichtigste Maßstab menschlicher Vorzüge ist. Und wie sieht es in den anderen Berufen aus? Da werden Stellenangebote ausgehängt: »Dreher gesucht ...«, »Gesucht werden Ingenieure und Techniker, Buchhalter und Dispatcher ...«, aber niemand schreibt: »Gesucht werden kluge Menschen, Wohnraum wird gestellt.« Geniert man sich? Oder gibt es nicht genügend Wohnungen? Man könnte es fürs erste ja auch ohne Wohnraum versuchen. Wozu es verhehlen: Kluge Menschen werden gebraucht, und wie sie gebraucht werden! Überall, auch im Überbau. Das Leben braucht sie, die Entwicklung der Gesellschaft.

»Man muß ... kluge Menschen doublieren!« platzte ich heraus. »Kluge, tatkräftige, anständige! Ja, Valka, das wäre das Richtige!«

Mein Double sah mich ärgerlich an. »Du bist mir zuvorgekommen.«

»Für solche Menschen wäre das eine Auszeichnung«, entwickelte ich meinen Gedanken weiter. »Braucht dich die Gesellschaft, verstehst du es, fruchtbringend zu arbeiten, ehrlich zu leben, dann machen wir noch so einen! Oder sogar mehrere! Für alle wird es etwas zu tun geben. Dann werden sich die Chiloboks verkriechen.«

Diese Idee gab uns unsere Selbstachtung wieder. Von neuem fühlten wir uns beschwingt, und den ganzen Tag träumten wir davon, daß wir begabte Wissenschaftler, Schriftsteller, Musiker, Erfinder und Helden vermehren würden. Ja, das war keine schlechte Idee!

Siebentes Kapitel

Fakt ist: Der Laut »a« wird ohne Mitwirkung der Zunge allein durch das Ausstoßen der Luft ausgesprochen; öffnet und schließt man dabei den Mund, wird daraus »ma-ma«. So entsteht das erste Wort eines Kindes. Der Säugling geht also den Weg des geringsten Widerstandes. Worüber eigentlich freuen sich die Eltern so sehr?

Ingenieur K. Prutkow,
Sentenz Nr. 53

In den ersten Wochen machte ich mir Sorgen um das Double. Wenn es nun plötzlich von Kräften käme, sich auflöste? Oder wenn ihm die Nerven durchgingen? Ein künstliches Geschöpf – wer kannte sich da aus? Ach was! Nach der Plackerei im Labor verspeiste er abends genießerisch Wurst und Kefir, planschte vergnügt in der Badewanne, rauchte vor dem Schlafengehen noch eine Zigarette – kurzum, genau wie ich.

Nach dem Zwischenfall mit Chilobok vereinbarten wir jeden Morgen genau, wo sich jeder von uns aufhalten und womit er sich beschäftigen sollte, wann er in die Kantine ging und was er sonst noch machte, ehe er die Pförtnerloge passierte, damit Wachtjorytsch in dem Gewirr der vorbeihuschenden Gesichter vergessen konnte, daß Kriwoscheïn schon mal durchgekommen war. Abends berichtete dann jeder, wen er getroffen und worüber er mit den einzelnen Personen gesprochen hatte.

Nur über Lena sprachen wir nicht, als gäbe es sie nicht. Sogar ihr Foto hatte ich in den Tischkasten gelegt. Sie selbst rief nicht an, sie kam nicht zu mir, kurz, sie tat beleidigt. Auch ich rief nicht bei ihr an, und er tat es gleichfalls nicht. Dennoch, sie existierte.

Der Mai kam, der Wonnemonat Mai mit seinen blauen Abenden, den Nachtigallen im Park und den großen, hoch über den

Bäumen schwebenden Sternen. Die Blütenkerzen der Kastanien fielen ab, im Park blühten die Akazien. Ihr süßlicher, betäubender Duft drang bis ins Labor und lenkte uns von der Arbeit ab. Wir waren beide unglücklich. Ach, Lena, du temperamentvolle, zärtliche, selbstlos liebende Lena, warum gibt es dich nur einmal auf der Welt?

Solche jugendlichen Gefühle weckte das Auftauchen meines Doubles und »Nebenbuhlers« in mir! Bisher hatte zwischen mir und Lena nur eine ganz gewöhnliche Verbindung bestanden, wie sie zwischen zwei reifen Menschen besteht (Lena hatte sich ein Jahr zuvor von ihrem Mann getrennt; ich hingegen hatte in der Liebe schon einige Enttäuschungen erlebt, worauf ich beschlossen hatte, Junggeselle zu bleiben), unser Verhältnis basierte nicht so sehr auf gegenseitiger Zuneigung als auf Einsamkeit. Wir trafen uns immer wieder gern und trachteten danach, unsere Zeit möglichst interessant zu verbringen. Über Nacht blieb sie entweder bei mir oder ich bei ihr. Am Morgen benahmen wir uns dann beide etwas verkrampft und gingen mit einem Gefühl der Erleichterung auseinander. Dann zog es mich erneut zu ihr und sie zu mir. Ich war in ihre Schönheit verliebt (es gefiel mir, daß die Männer auf der Straße oder im Restaurant nach ihr sahen!), aber nicht selten langweilte sie mich auch mit ihren Gesprächen. Und sie ... Wer hat schon eine Ahnung von den inneren Regungen einer Frau? Oft hatte ich das Gefühl, Lena erwarte von mir etwas Großes, aber ich machte mir gar nicht erst die Mühe, herauszufinden, was das sein könnte. Jetzt aber, da die Gefahr drohte, Lena zu verlieren, fühlte ich plötzlich, wie sehr ich sie brauchte und daß mein Leben ohne sie leer wäre. So sind wir eben alle!

Die Montage der Kammer machte gute Fortschritte. Bei einer schwierigen Arbeit ist es wichtig, daß man einander ohne viel Worte versteht, und in der Hinsicht klappte alles ausgezeichnet. Wir brauchten uns nichts zu erklären, der eine löste den anderen ab und montierte weiter. Nie stritten wir uns, ob man die Geber so oder anders anordnen, die Stecker und die Bildschirme hier oder dort anbringen sollte.

»Hör mal, findest du unser Idyll nicht auch beunruhigend?« fragte das Double eines Tages, als es mich ablöste. »Keine Fragen, keine Zweifel. So kann es passieren, daß wir in aller Eintracht Fehler machen.«

»Ach, was du nur wieder hast! Wir zwei haben vier Hände, vier

Beine, zwei Mägen und einen Kopf für uns beide: die gleichen Kenntnisse, die gleichen Lebenserfahrungen ...«

»Aber wir haben einander auch schon widersprochen!«

»Damals haben wir einfach gemeinsam überlegt. Man kann sich auch mit sich selbst streiten. Die Gedanken eines Menschen sind ja nur die möglichen Varianten seiner Handlungen, sie sind immer widersprüchlich. Aber wir sind uns doch in unserer Handlungsweise einig.«

»Na ja ...«, sagte das Double zweifelnd, »aber das taugt doch nichts! So, wie es jetzt ist, arbeiten wir nicht, sondern schuften bloß: Ein Händepaar mehr bedeutet Verdoppelung der Arbeitskraft. Aber unsere Hauptbeschäftigung ist doch das Denken. Und darin müßten wir uns unterscheiden!«

Ich konnte damals nicht ahnen, welch ernste Folgen dieses harmlose Gespräch haben sollte.

Es begann damit, daß das Double am Kiosk in der Nähe des Instituts »Die Physiologie des Menschen« – ein Lehrbuch für Sporthochschulen – kaufte. Ich wollte nicht ergründen, ob er tatsächlich anstrebte, sich von mir zu unterscheiden, oder ob ihn bloß der giftgrüne goldbedruckte Umschlag angelockt hatte, doch schon nach der Lektüre der ersten Seiten murmelte er: »Du meine Güte!«, »Na so was ...«, als lese er einen spannenden Kriminalroman. Dann bestürmte er mich mit Fragen: »Weißt du, daß Nervenzellen bis zu einem Meter lang sein können? Weißt du, was durch das sympathische Nervensystem gesteuert wird? Weißt du, was eine Überbelastungshemmung ist?«

Ich wußte es natürlich nicht. Und mit einer Begeisterung, die mich verblüffte, machte er mir klar, daß der Sympathikus die Funktionen der inneren Organe reguliere, daß eine Überbelastungshemmung oder ein »Pessimum« dann auftrete, wenn die Reizung der Nervenzellen die zulässige Grenze überschritten habe.

»Begreif doch, eine Nervenzelle kann sich weigern, auf einen starken Reiz zu reagieren, um sich zu erhalten! Transistoren können das nicht!«

Nach diesem Lehrbuch kaufte er einen ganzen Stapel aller möglichen biologischen Bücher und Zeitschriften, las sie in einem Zug, zitierte für mich die Stellen, die ihm imponierten, und war beleidigt, weil ich seine Begeisterung nicht teilte. Warum hätte ich sie auch teilen sollen?

Der Aspirant Kriwoscheïn legte das Tagebuch aus der Hand. Ja, so hatte alles angefangen. In den trockenen Fachbüchern war er plötzlich *mit der Wahrheit* konfrontiert worden, ein Gefühl, das er vorher nur bei den Werken großer Schriftsteller empfunden hatte. Man ist von den Erlebnissen und Handlungen fiktiver Menschen berührt und beginnt sich selbst zu begreifen. Damals war er sich nicht klar darüber gewesen, warum ihn die physiologischen Informationen so packten. Es verblüffte ihn auch, daß Kriwoscheïn, das Original, ihnen gegenüber gleichgültig blieb. Wie kam das? Schließlich waren sie beide doch völlig gleich, mußten also auch in der gleichen Weise wahrnehmen. Sollte er, der künstliche Kriwoscheïn, doch *irgendwie anders* sein?

Das war das erste Anzeichen gewesen.

Nachdem er zweimal verschlafen hatte – er hatte bis zum Morgengrauen geschmökert –, platzte mir der Kragen: »Wenn du schon ›anders‹ werden willst, solltest du dich besser für Mineralogie oder für Betriebswirtschaft interessieren! Dann würdest du wenigstens normal schlafen.«

Das Gespräch fand im Labor statt, wo das Double gegen ein Uhr mittags verschlafen und unrasiert erschienen war. Ich hingegen hatte mir am Morgen die Stoppeln abgeschabt. Eine derartige Nichtübereinstimmung konnte schon ausreichen, um Bekannte im Institut stutzig zu machen. Verwundert musterte er mich von oben herab.

»Sag mal, was ist das für eine Flüssigkeit?« Er wies auf das Becken. »Wie ist ihre Zusammensetzung?«

»Organisch. Warum?«

»Bißchen wenig. Und wozu hat die Muttermaschine Ammoniak und Phosphorsäure gebraucht? Erinnerst du dich, sie hat die Formeln und die Mengen ausgespuckt, und du bist wie ein Irrer von Laden zu Laden gelaufen und hast das Zeug rangeschafft. Und warum hast du es rangeschafft? Du weißt es nicht? Ich will es dir sagen: Die Maschine brauchte es für die Synthetisierung von Adenosintriphosphorsäure und Kreatinphosphat – die Quellen der Muskelenergie, kapiert?«

»Kapiert. Und das ›Super-blau‹? Und das Calciumthiocyanat? Und das Methylviolett? Und die dreihundert anderen Reagenzien? Wozu brauchte sie die?«

»Das weiß ich noch nicht, mit Biochemie muß ich mich erst noch befassen.«

»Ganz recht. Und jetzt werde ich dir klarmachen, warum ich all diese Teufelsstoffe besorgt habe: Ich habe einfach die logischen Bedingungen des Experiments eingehalten, die Spielregeln, mehr nicht. Von diesem deinem Superphosphat wußte ich nichts. Und höchstwahrscheinlich wußte auch die Maschine nicht, daß die Formeln, die sie im Binärkode ausspuckte, so superkluge Namen haben, weil die Natur nicht aus Namen besteht, sondern aus Struktursubstanzen. Dennoch hat sie Ammoniak, Phosphorsäure und Zucker angefordert und keinen Wodka und auch kein Strychnin. Mit ihrem Verstand, ohne Lehrbücher, ist sie daraufgekommen, daß Wodka Gift ist. Auch dich hat sie nicht nach Lehrbüchern und auch nicht nach der medizinischen Enzyklopädie, sondern einfach nach der Natur geschaffen ...«

»Du ziehst ganz vergeblich gegen die Biologie zu Felde. Sie enthält schon das, was wir brauchen: Kenntnisse über das Leben, über den Menschen. Na, beispielsweise ...«, es drängte ihn sehr, mich zu überzeugen, das konnte man seinem Eifer entnehmen, »weißt du eigentlich, daß sich bedingte Reflexe nur dann bilden, wenn einem bedingten Reiz ein unbedingter vorausgeht? Die Ursache geht der Folge voraus, begreifst du das? Im Nervensystem ist die Kausalität der Welt umfassender fixiert als in den Lehrbüchern der Philosophie! Und in der Biologie verwendet man exaktere Termini als im Alltagsleben. Wie heißt es doch gleich in Romanen? ›Vor Entsetzen weiteten sich unwillkürlich seine Pupillen, sein Herz schlug schneller.‹ Unwillkürlich geschieht hier gar nichts: Der Sympathikus hat funktioniert! Hier, bitte!« Hastig blätterte er in seiner grünen Bibel. »›Unter dem Einfluß der über die sympathischen Nerven ankommenden Impulse treten ein: a) Erweiterung der Pupille durch Kontraktion des Musculus dilatus pupillae der Iris; b) Beschleunigung und Verstärkung der Herzkontraktionen ...‹ Das kommt der Sache schon näher, was?«

»Zweifellos, aber um wieviel? Will dir denn nicht in den Kopf, daß, hätten die Biologen in ihrer Arbeit ernst zu nehmende Erfolge erzielt, nicht wir, sondern sie einen Menschen synthetisiert hätten?«

»Aber auf Grund ihrer Kenntnisse sind wir imstande, den Menschen zu analysieren.«

»Analysieren!« Ich dachte an »Streptomyzetenstriptease mit Streptokokkenzittern«, erinnerte mich meiner Anstrengungen am Rande des Wahnsinns, des Feuers aus Lochstreifen und geriet nun gänzlich außer Rand und Band. »Los, schmeißen wir vorerst die Arbeit hin, pauken sämtliche Lehrbücher und Rezepturhandbücher durch, prägen uns eine Unmenge Termini ein, erwerben akademische Grade und bekommen Glatzen, und in dreißig Jahren kehren wir zu unserer Arbeit zurück, um Etiketts aufzukleben! Das ist Phosphokreatin, Kreatinphosphat und das Glutin. Hunderte Milliarden Namen. Ich habe bereits versucht, deine Entstehung zu analysieren, mir reicht's. Der analytische Weg führt uns weiß der Teufel wohin.«

Mit einem Wort, wir kamen zu keiner Einigung. Erstmals beharrte jeder auf seiner eigenen Meinung. Bis zum heutigen Tag kann ich nicht verstehen, warum er, ein Ingenieur der Systemtechnik, ein Systemologe, Elektroniker – na, kurz gesagt, das gleiche wie ich, zur Biologie überwechselte. Wir hatten eine Experimentieranlage, wie er sie in keinem biologischen Labor finden würde. Nun kam es darauf an, Versuche anzustellen, die Ergebnisse und Beobachtungen zu systematisieren und die allgemeinen, jawohl, die allgemeinen informatorischen Gesetzmäßigkeiten festzustellen!

Verglichen damit waren die biologischen ein Rückschritt. So hätte es jeder gemacht. Nur so konnte man lernen, die Muttermaschine zu steuern, wie es sich gehörte; schließlich war sie in erster Linie eine Informationsmaschine.

Die Diskussion ging noch tagelang weiter. Wir ereiferten uns, fielen übereinander her. Jeder brachte Argumente zu seinen Gunsten vor.

»Die Technik darf die Natur nicht kopieren, sondern muß sie ergänzen. Wir wollen gute Menschen doublieren, aber wenn so ein guter Mensch nun gelähmt ist? Oder an der Front einen Arm verloren hat? Oder wenn es mit seiner Gesundheit nicht zum besten steht? Schließlich erkennt man den Wert eines Menschen für die Gesellschaft gewöhnlich erst, wenn er im reifen oder, noch häufiger, im fortgeschrittenen Alter ist. Dann aber ist es mit seiner Gesundheit nicht mehr weit her, auch die Psyche hat gelitten. Und das alles sollen wir reproduzieren?«

»Nein, wir müssen ein Verfahren finden, die Mängel an den Doubles zu korrigieren. Sie sollen gesund und von guter Konstitution sein und einen ästhetischen Anblick bieten.«

»Na siehst du!«

»Was heißt ›Na siehst du‹?«

»Um die Doubles korrigieren zu können, bedarf es einer biologischen Information über eine gute Konstitution, über ein angenehmes Äußeres, einer biologischen, wohlgemerkt!«

»Das ist mir zu hoch! Wenn die Maschine ohne biologische Vorbereitung den ganzen Menschen reproduziert, was soll sie dann mit einer Information, die dazu dient, Teile des Menschen herzustellen? Aufgrund biologischer Kenntnisse kann man schließlich weder einen Menschen noch einen einzelnen Arm konstruieren. Wieso willst du komischer Kauz nicht begreifen, daß wir nicht in alle Details des menschlichen Organismus eindringen können? Wir dürfen das nicht, wir würden uns darin nur verlieren, denn schließlich gibt es Milliarden dieser Details, und nicht zwei gleichen einander! Die Natur hat nicht nach GOST-Normen gearbeitet. Deshalb muß die Aufgabe zur Korrektur der Doubles darin bestehen, die Muttermaschine anhand von äußeren integralen Merkmalen einzustellen ... einfacher gesagt, darin, an den richtigen Knöpfen zu drehen!«

»Ach geh!« Er machte eine wegwerfende Handbewegung und verzog sich.

Ich winkte gleichfalls ab und verschwand in der anderen Richtung.

Diese Situation wirkte sich allmählich auf unseren Nervenzustand aus. Wir waren in eine logische Sackgasse geraten. Die Meinungsverschiedenheiten über die Weiterführung der Arbeit waren nicht weiter schlimm, schließlich konnte man es so oder anders probieren, die Ergebnisse waren entscheidend. Ich begriff nur nicht, welshalb *wir einander nicht verstanden!* Wir – zwei, was die Information anbelangt, völlig gleiche Menschen.

Während das Double im Labor arbeitete, machte ich mich daran, die von ihm gesammelten biologischen Werke durchzuackern. Vielleicht lag es wirklich nur daran, daß ich noch nicht auf den Geschmack dieser Wissenschaft gekommen war, daß ich von der lange zurückliegenden Schulzeit her noch eine Abneigung dagegen hatte. Nun würde ich in die Materie eindringen und begeistert vor mich hin murmeln: »Das ist was!« Doch ich blieb unbeeindruckt. Zweifellos eine interessante Wissenschaft, viele lehrreiche Einzelheiten (aber eben nur Einzelheiten!) über die Funktion des Organismus, gut für die allgemeine Entwicklung, aber doch nicht das, was wir brauchten. Eine beschreibende und annähernde Wissenschaft ähnlich der Geographie. Was hatte er nur an ihr gefunden?

Ich bin Ingenieur, das sagt alles. Während meiner zehnjährigen Tätigkeit hatten die Maschinen in meiner Psyche einen festen Platz gefunden, mit ihnen fühlte ich mich sicher. In den Maschinen ist alles dem Verstand und den Händen untergeordnet, alles ist vorgegeben. Ja bedeutet ja und nein – nein. Nicht so wie bei den Menschen: »Ja, aber ...«, und dann folgt ein Satz, der das »Ja« völlig aufhebt. Aber das Double und ich, wir waren doch schließlich eins.

Wir waren schon so weit, daß wir den quälenden Streit mieden und schweigend weiterarbeiteten. Vielleicht würde sich alles so entwickeln, daß wir einander verstanden. Die Informationskammer war fast fertig. Noch ein bis zwei Tage, und wir konnten die Kaninchen hineinstecken. Da geschah etwas, was früher oder später einmal hatte geschehen müssen: Im Labor klingelte das Telefon.

Es hatte auch früher schon geklingelt: »Valentin Wassiljewitsch, machen Sie bis zum 1. Juni die Akte über die Abschreibung der Reagenzien fertig, sonst ist das Lager für Sie geschlossen!« – die Buchhaltung; »Genosse Kriwoscheïn, kommen Sie bitte in Abteilung I« – Jogann Jogannowitsch Kljapp; »Alter, pump uns doch mal für 'ne Woche einen Silber-Nickel-Akkumulator« – der Sonnyboy Fenja Sagrebnjak. Und so weiter. Diesmal aber war es etwas Besonderes. Als das Double in die Muschel hineinsprach »Hier Kriwoscheïn«, nahm sein Gesicht plötzlich einen selig-dümmlichen Ausdruck an.

»Ja, Lena« – er sprach nicht, er säuselte –, »ja, meine Kleine, natürlich nicht ... Jeden Tag und jede Stunde!«

Ich stand mit der Flachzange in der Hand und rührte mich nicht vom Fleck. Vor meinen Augen wurde mir mein geliebtes Weib geraubt. Mein geliebtes Weib! Das kam mir jetzt voll zu Bewußtsein. Mich überlief es heiß, und ich hüstelte heiser. Das Double richtete seinen von Zärtlichkeit umflorten Blick auf mich und stockte mitten im Satz. Seine Miene wurde finster und bekümmert.

»Einen Augenblick, Lena ...« Er reichte mir den Hörer. »Da nimm, ist ja eigentlich für dich.«

Ich ergriff den Hörer und schrie hinein: »Ich bin's, Lenotschka, ich! ...«

Worüber wir uns unterhielten, brauche ich wohl nicht unbedingt wiederzugeben. Wie sich herausstellte, war sie auf Dienstreise gewesen und erst am Vortag zurückgekehrt. Nun ja, wegen der Feiertage war sie natürlich noch ein wenig böse, sie hatte auf einen Anruf von mir gewartet.

Als ich den Hörer auflegte, war das Double nicht mehr im Labor. Auch ich hatte keine Lust mehr zum Arbeiten und ging vor mich hin pfeifend nach Hause. Ich wollte mich rasieren und für den Abend umziehen.

Das Double packte seinen Koffer.

»Soll die Reise weit gehen?«

»Zur Tante aufs Land, in die Einöde, nach Saratow! Oder nach Wladiwostok, Salzwasser kosten! Was geht dich das an?«

»Spaß beiseite, wo willst du hin? Was ist los?«

Er hob den Kopf und musterte mich mit scheelem Blick. »Begreifst du wirklich nicht, was los ist? Na ja, kein Wunder: Du bist nicht ich!«

»Nein? Wieso denn nicht? Du bist ich, und ich bin du. Das war jedenfalls die Ausgangsposition!«

»Das bildest du dir ein.« Er steckte sich eine Zigarette an und nahm ein Buch vom Bücherbord. »Die ›Einführung in die Systemologie‹ nehme ich mit, du kannst dir das Buch in der Bibliothek ausleihen. Du bist der erste, und ich bin der zweite. Du bist geboren, aufgewachsen, hast dich entwickelt, hast im Leben deinen Platz gefunden. Jeder Mensch hat seinen Platz im Leben, einen guten oder einen schlechten, aber eben seinen. Ich habe keinen Platz, meiner ist besetzt! Alles ist besetzt, vom geliebten Weib bis zur Planstelle, von der Couch bis zur Wohnung ...«

»Mein Gott, dann schlaf doch auf der Couch, hab ich denn was dagegen?«

»Red keinen Unsinn, die Couch ist das wenigste.«

»Hör mal, wenn du wegen Lena ... warte ... vielleicht, wenn wir noch ein bißchen experimentieren ... können wir ...«

»Eine zweite, künstliche Lena produzieren?« Er lächelte finster. »Damit auch sie als blinder Passagier durchs Leben schaukelt? Sozusagen als Auszeichnung? Da haben wir uns was Feines ausgedacht, wir Idioten! Die Musterschüler der Gesellschaft werden anstatt mit Medaillen mit einem Menschen ausgezeichnet, mit genau so einem, wie sie es sind, nur daß er keinen Platz im Leben hat. Eine geniale Idee, alles was recht ist! Ich werde mich schon irgendwie etablieren, es wird schon klappen, aber die Musterschüler sind ein verwöhntes, nörglerisches Volk. Stell dir mal das Double von Akademiemitglied A. A. Asarow vor, aber ohne das von ihm geleitete Institut, ohne Gehalt, ohne Mitgliedschaft in der Akademie, ohne Wagen und ohne Wohnung, ohne irgend etwas, nur mit seinen persönlichen Eigenschaften und angenehmen Erinnerungen. Wie würde es dem ergehen?« Er legte Handtuch, Zahnbürste und Zahnpasta in den Koffer. »Kurz gesagt, mir reicht's. Ich kann dieses Leben nicht mehr länger führen. Die ständige Angst, man könnte uns einmal zu zweit erwischen, das ängstliche Umschauen in der Kantine, von dir Geld nehmen – na ja doch, es ist doch deins! –, Lenas wegen eifersüchtig sein ... Was hab ich denn verbrochen, daß ich so dahinvegetieren muß? Ich bin ein Mensch und kein Versuchsmuster, kein Double eines anderen!«

»Und was soll aus der Arbeit werden?«

»Wer sagt denn, daß ich die Arbeit hinschmeißen will? Die Kammer ist fast fertig, die Versuche kannst du allein weitermachen. Hier nütze ich dir doch nichts, schließlich haben wir nur ›einen Kopf für zwei‹. Ich fahre weg und werde das Problem vom anderen Ende her anpacken.«

Dann legte er mir seinen Plan dar. Er wollte nach Moskau gehen und eine Aspirantur an der biologischen Fakultät der Moskauer Staatlichen Universität antreten. Die Arbeit würde in zwei Bahnen weiterlaufen: Ich würde die Muttermaschine erforschen, ihre Möglichkeiten bestimmen, und er würde den Menschen und all seine Möglichkeiten studieren. Dann könnten wir – nun bereits verschieden, mit unterschiedlichen Erfahrungen und Ideen – gemeinsam die Arbeit fortsetzen.

»Aber warum ausgerechnet Biologie?« rief ich aus. »Warum nicht Philosophie, Soziologie, Psychologie, Lebenskunde oder auch schöne Literatur? Schließlich hat das auch alles mit dem Menschen und der menschlichen Gesellschaft zu tun. Warum also Biologie?«

Er sah mich nachdenklich an. »Glaubst du an Intuition?«

»Nehmen wir's an.«

»Also, meine Intuition sagt mir: Wenn du die biologischen Forschungen vernachlässigst, wird etwas sehr Wichtiges versäumt. Ich weiß nur noch nicht, was. Übers Jahr werde ich es dir vielleicht erklären können.«

»Aber warum sagt mir meine Intuition nichts Derartiges?«

»Weiß der Teufel, warum!« Er seufzte und gewann seine gute Laune wieder. »Vielleicht, weil du stupide bist wie ein Filzlatsch ...«

»Natürlich, und du bist so klug wie ein Hund, spürst alles, kannst es aber nicht ausdrücken!«

Kurzum, wir sprachen uns aus.

Alles war einleuchtend: Er mußte individuelle Informationen sammeln, mußte er selbst werden. Vielleicht war es wirklich besser, wenn er das nicht in meinem Beisein tat, sondern sich irgendwo allein aufhielt. Ehrlich gesagt, auch mir ging unsere »duale« Stellung allmählich auf die Nerven, aber die Sache mit der Biologie ... in dem Punkt verstand ich ihn ganz und gar nicht ...

Der Aspirant lehnte sich im Stuhl zurück, streckte sich.

»Wie hätte er mich auch verstehen können«, sagte er laut, »ich habe mich ja damals selbst nicht verstanden.«

Achtes Kapitel

Anstelle eines Epigraphs:

»Thema der heutigen Vorlesung: Warum schwitzt der Student im Examen? Ruhe, Genossen! Ich empfehle Ihnen, mitzuschreiben, das gehört zum Lehrstoff.

Untersuchen wir also zunächst die physiologischen Aspekte der Situation, die jeder der hier Anwesenden schon einmal erlebt hat. Der Student wird geprüft. Mittels verschiedenartiger Kontraktionen der Lunge, der Kehle, der Zunge und der Lippen ruft er Luftschwingungen hervor und beantwortet die Prüfungsfragen. Seine optischen Analysatoren kontrollieren, ob die Antwort richtig ist: Macht sich der Prüfer Notizen, oder nickt er. Wir wollen die reflektorische Kette festhalten: der ausführende Apparat des zweiten Signalsystems produziert einen Satz – die Sehorgane nehmen einen bekräftigenden Reiz, das Kopfnicken, wahr –, das Signal wird ins Gehirn weitergeleitet und fördert die Erregung der Nervenzellen im gewünschten Rindenabschnitt. Der nächste Satz – ein neuerliches Kopfnicken ... und so weiter. Begleitet wird dies nicht selten von einer sekundären reflektorischen Reaktion: der Student gestikuliert, was seine Antwort besonders überzeugend erscheinen läßt.

Gleichzeitig funktionieren bedingt-reflektorische Ketten für sich einwandfrei und mühelos. Der Musculus trapezius und die Musculi latis laterales halten den Rumpf des Studenten in aufrechter Sitzstellung, die uns im gleichen Maße eigen ist wie unseren Vorfahren der aufrechte Gang. Die Musculi pectorales und die Musculi intercostales besorgen die rhythmische Atmung. Die übrigen Muskeln sind so weit angespannt, daß sie der Erdgravitation Widerstand leisten können. Das Herz kontrahiert sich gleichmäßig, die vegetativen Nerven haben die Verdauungsprozesse leicht gehemmt, damit der Student nicht abgelenkt wird. Alles ist also in bester Ordnung.

Da aber nimmt der Student über die Membrana tympani einen neuen akustischen Reiz wahr: Der Prüfer hat eine Frage gestellt. Ich habe mich immer auf das gefreut, was nun kommt, wobei ich Ihnen versichere, daß an dieser Freude auch nicht ein Fünkchen Sadismus ist. Es ist einfach schön, zu sehen, wie rasch und exakt das Nervensystem durch die in Millionen Jahren erworbenen Lebenserfahrungen unserer Vorfahren auch auf das kleinste Gefahrensignal reagiert! Passen Sie auf: Die neuen Luftschwingungen bewirken zunächst eine Hemmung der bisherigen bedingt-reflektorischen Tätigkeit – der Student verstummt meist mitten im Wort. Indessen dringen die Signale von den Gehörknöchelchen zur Medulla oblongata vor, erregen die Nervenzellen der Colliculi inferiores, die dem unbedingten Reflex befehlen, auf der Hut zu sein – der Student wendet seinen Kopf dem sprechenden Prüfer zu! Gleichzeitig werden die Signale des akustischen Reizes in das Dienzephalon weitergeleitet und von dort in die Temporallappen der Großhirnrinde, wo schleunigst die Analyse des Sinns der erwähnten Luftschwingungen beginnt.

Ich möchte Ihre Aufmerksamkeit auf die enorm zweckmäßige Anordnung der Analysenbereiche für die Laute in der Hirnrinde unmittelbar neben den Ohren lenken. Die Evolution hat auf natürliche Weise berücksichtigt, daß sich der Schall in der Luft sehr langsam ausbreitet, nur wenig mehr als 300 Meter pro Sekunde, was fast übereinstimmt mit der Fortbewegung der Signale durch die Nervenfasern. Dabei aber kann ein Laut das Rascheln eines anschleichenden Tigers, das Zischen einer Schlange oder – in unseren Tagen – das Reifengeräusch eines um die Ecke biegenden Autos sein. Bei der Weitergabe der Signale ans Gehirn dürfen nicht einmal Bruchteile von Sekunden verlorengehen!

In unserem Fall aber hat der Student nicht das Rascheln eines Tigers, sondern eine mit ruhiger, höflicher Stimme gestellte Frage vernommen. Sicher würde manch einer von Ihnen einen Tiger vorziehen! Ich nehme an, ich brauche Ihnen nicht erst zu erzählen, daß eine Frage im Examen wie ein Gefahrensignal aufgenommen wird. Ein Hindernis auf dem Weg zum gesteckten Ziel ist ja im weiteren Sinne eine Gefahr. In unseren ruhigen Zeiten sind Gefahren, die das Individuum am Erreichen der wichtigsten Ziele hindern, als da sind Erhaltung des Lebens und der Gesundheit, Fortpflanzung der Art sowie Stillen des Hungers und des Durstes, verhältnismäßig selten. Deshalb treten Gefahren zweiter Ordnung in den Vordergrund: Erhaltung der Würde, der Selbstachtung, des Stipendiums, der Möglichkeit, zu studieren und später eine interessante Tätigkeit aufzunehmen, und dergleichen mehr. Die bedingt-reflektorische Reaktion auf die Gefahr ist dem Studenten also glänzend gelungen. Wir wollen nun sehen, wie er ihr begegnet.

In den Vorlesungen über Biochemie hat man Sie mit einer bemerkenswerten Eigenschaft der in allen Hirnzellen enthaltenen Ribonukleinsäure bekannt gemacht, die darin besteht, daß sie unter der Einwirkung elektrischer Nervensignale die Anordnung ihrer Radikale Thymin, Urazil, Zytosin und Guanin verändert. Diese Radikale sind Buchstaben unseres Gedächtnisses – durch ihre Kombinationen fixieren wir jede beliebige Information in der Hirnrinde. Es stellt sich also folgendes Bild dar: Die in den Schläfenabschnitten der Rinde durchdachte Frage bewirkt eine Erregung der Nervenzellen, die im Gehirn des Studenten die abstrakten Kenntnisse steuern. In der Rinde entstehen in den umliegenden Abschnitten schwache Antwortimpulse: ›Aha, darüber habe ich was gelesen!‹ Danach konzentriert sich die Erregung auf den aussichtsreichsten Rindenabschnitt, erfaßt ihn, und dort – oh, welch Graus! – ist vermittels des Thymins, des Urazils, des Zytosins und des Guanins in den langen Molekülen der Ribonukleinsäure weiß Gott was alles eingetragen: ›Ljoschka, leg die Konspekte weg, wir brauchen einen vierten Mann!‹ Ruhe, Genossen, lassen Sie sich nicht ablenken!

Und da bricht im Gehirn eine leise Panik aus, oder, weniger bildhaft ausgedrückt, es kommt zur totalen Irradiation der Erregung. Die Nervenimpulse erregen die Abschnitte der logischen Analyse (Vielleicht komme ich drauf?) und die Zellen des optischen Gedächtnisses (Hab ich so was nicht schon mal gesehen?). Der Gesichtssinn, das Gehör und der Geruchssinn schärfen sich. Ungewöhnlich deutlich sieht der Student den Tintenklecks am Tischrand, den Stapel der Studienbücher, er hört das Rauschen der Blätter vor dem Fenster, vernimmt Schritte im Korridor und sogar gedämpftes Flüstern: ›Jungs, Aljoscha ist dran!‹ Aber das ist noch nicht alles. Auch die Erregung erfaßt immer neue Rindenabschnitte – Gefahr!

Gefahr! –, breitet sich auf die motorischen Zentren der vorderen Gehirnwindungen aus, dringt in das Mesenzephalon, in die Medulla oblongata und in die Medulla spinalis ein. Und hier möchte ich kurz von der dramatischen Situation abschweifen, um einen Lobgesang anzustimmen auf das Rückenmark, die Medulla spinalis, dieses weiche, weißlichgraue, halbmeterlange Gebilde, das unsere Wirbel bis hinab zum Lumbus durchdringt.

Medulla spinalis ... Oh, wie sehr irren wir uns, wenn wir meinen, sie sei lediglich eine Zwischeninstanz zwischen dem Großhirn und den Nerven des Körpers, sie sei dem Großhirn untergeordnet und könne nur die unkomplizierten Reflexe der natürlichen Verrichtungen steuern! Das ist noch die Frage, wer hier wem untergeordnet ist und wer wen steuert! Die Medulla spinalis ist ein älteres, ehrwürdigeres Gebilde als das Großhirn. Sie hat den Menschen bereits zu Zeiten gerettet, als sein Kopf noch gar nicht ausreichend entwickelt und er im Grunde genommen noch gar kein Mensch war. Unsere Medulla spinalis bewahrt die Erinnerung an das Paläozoikum, als unsere fernen Vorfahren, die Echsen, noch inmitten gigantischer Farne umherwanderten, krochen und flogen, an das Känozoikum, die Zeit der ersten Affen. In ihr sind die durch Millionen Jahre des Existenzkampfes überprüften Nervenverbindungen und Reflexe bewahrt. Die Medulla spinalis ist, wenn Sie so wollen, unser innerer Herd eines vernünftigen Konservatismus.

Freilich kann sie, die es nur von zwei Positionen aus versteht, nämlich von der Erhaltung des Lebens und der Fortpflanzung der Art, auf die komplizierten Reizungen der modernen Wirklichkeit zu reagieren, uns nicht mehr immer und überall retten wie im Mesozoikum. Und doch beeinflußt sie noch vieles! Ich möchte als Beispiel anführen, daß gerade sie oft unseren Geschmack in Literatur und Filmkunst bestimmt. Wie sie das tut? Nein, die Medulla spinalis kennt keine Schriftzeichen und verfügt auch nicht über spezielle Reflexe zum Betrachten von Filmen. Aber sagen Sie mir doch, warum wir oft Kriminalfilme und Kriminalromane bevorzugen, so schlecht sie auch geschrieben oder inszeniert sein mögen? Warum haben viele Menschen so viel für Liebesgeschichten übrig – angefangen von Anekdoten und Klatsch bis hin zum auszugsweise gelesenen ›Decamerone‹? Weil es interessant ist? Aber warum ist es interessant? Eben weil die fest in die Medulla spinalis eingeprägten Instinkte der Selbsterhaltung und der Fortpflanzung der Art uns veranlassen, Kenntnisse zu sammeln, damit wir uns am Leben erhalten können und keine Fehler begehen. Wieso und warum kommt es zu einer glücklichen, durch Nachkommenschaft gekrönten Liebe? Wieso und wodurch wird sie zerstört? Es spielt keine Rolle, ob so ein Fall in Ihrem wohlgeordneten Leben eintreten wird; es ist auch unwichtig, wenn, sagen wir mal, die Liebe nicht immer gleich Folgen zeitigt! – Wisse, die Medulla spinalis bleibt ihrer Linie treu. Ich teile nicht die Ansicht der Literaturkritiker, die derlei Neigungen der Leser und Zuschauer als niedrig abtun. Nein, warum auch? Das sind gesunde, natürliche Triebe. Und falls die Kühe irgendwann im Verlauf ihrer natürlichen Evolution einmal lesen lernen sollten, werden auch sie mit Sicherheit mit Kriminalromanen und Liebesgeschichten anfangen.

Doch wenden wir uns nun wieder dem Studenten zu, dessen Großhirn angesichts der Frage des Prüfers kapituliert hat. ›Ach, du bist ja noch nicht trocken hinter den Ohren‹, scheint die Medulla spinalis ihrem Kollegen zu sagen, während sie das Alarmsignal der Erregung übernimmt und zu handeln beginnt. Vor allem sendet sie Signale durch die motorischen Neuronen im ganzen Körper: die Muskeln spannen sich, halten sich bereit. Die primären Quellen der Muskelenergie, Adenosintriphosphorsäure und Kreatinphosphat, werden in den Fasern entsprechend in Adenosindiphosphorsäure und Kreatin unter Abspaltung von Phosphorsäure und unter Ausscheidung der ersten Portionen von Wärme zerlegt. Und wieder möchte ich Ihre Aufmerksamkeit der biologischen Zweckmäßigkeit der Erhöhung des Muskeltonus zuwenden. Schließlich forderte die Gefahr im alten Sinne rasche, energische Bewegungen: wegrennen, zuschlagen, sich ducken, auf einen Baum klettern. Und da einstweilen unklar ist, in welcher Richtung man wegrennen oder zuschlagen muß, werden alle Muskeln in Bereitschaft versetzt.

Gleichzeitig mit den Muskeln wird das vegetative Nervensystem erregt, es fängt an, die ganze Stoffwechselküche im Organismus zu kommandieren. Seine Signale erreichen die Nebennieren, und diese schicken Adrenalin ins Blut, das alles und jedes erregt. Die Leber und die Milz pressen wie Schwämme mehrere Liter Reserveblut in die Gefäße. Die Gefäße der Muskeln, der Lungen und des Gehirns erweitern sich. Das Herz klopft schneller, pumpt das Blut in alle Körperorgane und mit ihm Sauerstoff und Glukose. Die Medulla spinalis und die vegetativen Nerven bereiten den Organismus des Studenten auf einen schweren, grimmigen und langen Kampf auf Leben und Tod vor!

Aber den Prüfer kann man nicht mit einem Eichenknüppel und auch nicht mit dem Tintenfaß aus Marmor über den Schädel schla-

gen, man kann auch nicht vor ihm ausreißen, noch stellt es ihn zufrieden, wenn ein von Muskelenergie überströmender Student statt zu antworten auf der Tischkante einen Handstand ausführt. Deshalb gipfelt die gesamte latente stürmische Tätigkeit im Organismus des Studenten im nutzlosen Verbrennen von Glukose in den Muskeln und in der Ausscheidung von Wärme. Die Thermorezeptoren an den verschiedenen Körperabschnitten senden wegen der Überhitzung Alarmsignale in die Medulla spinalis und ins Großhirn, und das Gehirn reagiert auf sie mit dem einzig möglichen Kommando: Hautgefäße erweitern! Das Blut als Wärmeträger strebt zu den Hautdecken hin (als Nebenwirkung löst das beim Studenten den Reflex des Wangenerrötens aus) und beginnt, die Luftschicht zwischen dem Körper und der Bekleidung zu erwärmen. Die Schweißdrüsen öffnen sich, um dem Studenten wenigstens durch Verdunstung von Flüssigkeit zu helfen. Die durch die Frage des Prüfers erregte reflektorische Kette hat sich schließlich geschlossen.

Ich nehme an, Sie ziehen selbst die Schlußfolgerung aus dem Gesagten hinsichtlich der Rolle des Wissens bei der richtigen Steuerung des menschlichen Organismus in unserer heutigen komplizierten Umwelt und bei der Steuerung des studentischen Organismus in Prüfungen.«

Aus einer Lektion Professor W. A. Androssiaschwilis
zum Thema »Die Physiologie des Menschen«

Ja, er war weggefahren, um er selbst zu werden und nicht jener Kriwoscheïn zu sein, der in Dneprowsk lebte und arbeitete. Noch im Zug hatte er den Wohnungsschlüssel, den ihm Valka vorsorglich in die Tasche gesteckt hatte, zum Fenster hinausgeworfen; aus dem Notizbuch hatte er die Adressen und Telefonnummern aller Moskauer Bekannten gestrichen, sogar die von Tante Lapanalda. Nun besaß er weder Bekannte noch Verwandte noch eine Vergangenheit – nur eine Gegenwart und vom Zeitpunkt der Aufnahme des Studiums an der biologischen Fakultät an auch eine Zukunft. Er kannte ein einfaches, aber sicheres Verfahren, wie man sich in der Zukunft behaupten konnte, und dieses Verfahren hatte ihn noch nie im Stich gelassen: die Arbeit. Aber das war nicht das einzige.

Einst hatten die Physiker die Meßmethoden für die Lichtgeschwindigkeit vervollkommnet, einfach nur, um genauer messen zu können. Dabei stellten sie eine aufsehenerregende Tatsache fest: Die Lichtgeschwindigkeit hängt nicht von der Fortbewegungsgeschwindigkeit der Lichtquelle ab. »Das kann nicht sein! Die Geräte lügen!

Das widerspricht doch der klassischen Mechanik...« Sie prüften das nach, maßen die Lichtgeschwindigkeit mit einem anderen Verfahren – das gleiche Ergebnis. Und das aus rechtwinkligen Koordinaten errichtete Weltgebäude stürzte, schrecklichen Staub aufwirbelnd, zusammen. Die »Krise der Physik« hatte begonnen.

Der menschliche Verstand strebt oftmals nicht nach einer tieferen Erkenntnis der Welt, sondern lediglich nach der Anpassung an sämtliche Fakten dieser Welt; Hauptsache, es ergibt sich etwas Einfaches und Logisches. Und da taucht plötzlich so ein hinterhältiges Faktlein auf, das sich nicht in die idealen Vorstellungen einordnet, und wieder muß man ganz von vorn beginnen.

Auch sie beide hatten in ihren Hirnen ein einfaches und verständliches Bild davon konstruiert, wie eine Maschine anhand der Information über den Menschen einen Menschen schafft. Die Muttermaschine befaßte sich mit einem kindlichen Bilderwürfelspiel: Sie kombinierte mit elektrischen Impulsen in einem flüssigen Medium Moleküle zu Molekülketten, die Molekülketten zu Zellen und die Zellen zu Geweben, mit dem einzigen Unterschied, daß es hier Milliarden solcher »Informationswürfel« gab. Die Tatsache, daß bei solch einem Spiel kein Monstrum, ja nicht einmal ein anderer Mensch, sondern er, der Informationsdoppelgänger Kriwoscheïn, herausgekommen war, zeugte davon, daß es für die Aufgabe nur eine Lösung gab. Klar, anders hätte es auch gar nicht sein können, denn die zusammengesetzten Würfel ergeben eben nur jenes Bild, dessen Teile auf ihren Seitenflächen kleben. Die sonstigen Varianten (die fragmentarische Lena, der fragmentarische Vater, die »Fieberphantasien« des Speichers, die Augen und die Fühler) waren einfach Informationsmischmasch gewesen, der isoliert von der Maschine nicht existieren konnte.

Diese Ansicht war nicht falsch gewesen, sondern einfach oberflächlich. Und sie hatte ihnen genügt, solange die Fakten bestätigten, daß sie beide sowohl äußerlich als auch in ihren Gedanken und ihren Handlungen gleich waren. Als aber zwischen ihnen unüberbrückbare Meinungsverschiedenheiten auftraten wegen der Verwendung der Biologie bei ihrer Arbeit, ließ sich diese Vorstellung nicht mehr aufrechterhalten.

Ja, gerade daß sie einander nicht verstanden, und nicht die Begeisterung für die Biologie an sich (die bei ihm, Kriwoscheïn II, ja auch ohne Folgen hätte vorübergehen können), führte für ihn zu einer Entdeckung von gleicher Tragweite, wie es die Konstantheit der Lichtgeschwindigkeit für die Relativitätstheorie war. Der

Mensch weiß nie, was an ihm banal und was originell ist; er erkennt das nur, wenn er sich mit anderen Menschen vergleicht. Und im Unterschied zu gewöhnlichen Menschen hatte das Kriwoscheïndouble Gelegenheit, sich nicht nur mit seinen Bekannten, sondern auch mit dem »Maß seiner selbst« zu vergleichen.

Jetzt allerdings wußte der Aspirant Kriwoscheïn genau, worin der Unterschied zwischen ihnen bestand: Die Wege ihrer Entstehung waren verschieden gewesen. Valentin Kriwoscheïn war vor mehr als drei Jahrzehnten in der gleichen Weise entstanden wie alles Leben, aus einem Embryo, in dem durch eine bestimmte Stellung der Eiweißmoleküle und der Radikale ein im Laufe von Jahrtausenden und durch Tausende von Generationen gut ausgefeiltes Programm für den Aufbau des menschlichen Organismus *vorgezeichnet* war. Die Muttermaschine aber, die zwar nach einer individuellen Kriwoscheïnschen, trotzdem aber willkürlichen Information arbeitete, mußte ganz von vorn sowohl die Prinzipien der Bildung als auch alle Details des biologischen Informationssystems *suchen*. Und die Maschine fand im Vergleich zur Natur einen anderen Weg, die biochemische Montage anstelle der embryonalen Entwicklung.

Ja, jetzt begriff er vieles. Im Laufe eines Jahres war er den Weg von den Empfindungen zu den Kenntnissen und von den Kenntnissen zur Beherrschung seiner selbst gegangen. Damals ... damals hatte es nur den mächtigen Drang zur Biologie und die nicht in Worten ausdrückbare Überzeugung gegeben, daß man hier suchen müsse. Nicht einmal Kriwoscheïn I hatte er das richtig erklären können.

In Moskau war er mit dem vagen Gefühl angekommen, mit ihm stimme etwas nicht. Er war nicht krank, nicht verrückt, er mußte nur mit sich selbst ins reine kommen, sich davon überzeugen, daß seine Empfindungen keine fixe Idee, keine hypochondrischen Halluzinationen, sondern Realität waren.

Er kniete sich so in die Arbeit, daß er an die Tage, die er im Dneprowsker Institut verbracht hatte, zurückdachte wie an einen Ferienaufenthalt. Vorlesungen, Laborarbeit, Anatomiesaal, Bibliothek, Vorlesungen, Kolloquien, Laborarbeit, Vorlesungen, Klinik, Bibliothek, Laborarbeit ... Im ersten Semester kam er überhaupt nicht von den Leninbergen herunter, lediglich vor dem Schlafengehen ging er zur Brüstung über dem Moskwa-Ufer, um eine Zigarette zu rauchen und sich an den Lichtern zu erfreuen, die sich am Horizont mit den Sternen vereinten.

Ein grauäugiges, in manchem an Lena erinnerndes Mädchen aus

dem zweiten Studienjahr hatte sich in Androssiaschwilis Vorlesungen immer neben ihn gesetzt. Eines Tages hatte sie ihn gefragt: »Sie sind so solide, so ernst, Sie kommen wohl von der Armee?« – »Nein, aus dem Gefängnis«, hatte er geantwortet und grimmig den Unterkiefer verschoben. Das Mädchen verlor das Interesse an ihm. Nichts zu machen, Mädchen forderten zu viel Zeit.

Bei jedem Versuch, jeder Messung hatte er sich davon überzeugt: Jawohl, in dem Schnitt des Nervenstrangs, der vom Gehirn zur Hypophyse verlief, konnte man im Mikroskop tatsächlich rund 100 000 Nervenfasern zählen, also wurde die Hypophyse bis in alle Einzelheiten vom Gehirn gesteuert. Jawohl, wenn man einem Affen aus dem Vivarium zusammen mit Bananenbrei eine Portion β-radioaktives Kalzium verabreichte und dann mit dem Geigerzähler die markierten Atome in seinen Exkrementen zählte, stellte sich tatsächlich heraus, daß sich die Knochengewebe etwa zweimal im Jahr erneuerten. Jawohl, wenn man Elektrodennadeln in die Nervenfaser eines Muskels einstach und die verstärkten Bioströme in Kopfhörer ableitete, war das rhythmische Knacken oder das feine Pochen der Nervensignale zu hören, und nach ihrer Art stimmten diese Laute mit dem überein, was er selbst *empfand*! Jawohl, die Hautzellen bewegten sich tatsächlich von innen zur Oberfläche hin, sie veränderten ihre Struktur, starben ab, um sich abzuschuppen und neuen Zellen Platz zu machen.

Er untersuchte auch seinen eigenen Körper, entnahm Proben von Blut und Lymphe; gewann aus dem rechten Oberschenkel ein Schnittpräparat Muskelgewebe und betrachtete es aufmerksam unter einem gewöhnlichen Mikroskop und danach auch unter einem Elektronenmikroskop; er stellte sich krank, nur damit man in der Klinik an ihm einen Wassermann-Test vornahm (die einer Folterung gleichkommende Entnahme von Rückenmarkflüssigkeit aus der Wirbelsäule zur Diagnostizierung von Syphilis) ... Und er stellte fest, daß bei ihm alles normal war. Selbst die Anzahl und die Verteilung der Nerven in den Geweben stimmten mit denen der Demonstrationsleichen im Anatomiesaal überein. Die Nerven verliefen zum Gehirn, aber dorthin konnte er mit Hilfe der Labortechnik nicht gelangen. Zu viele Elektrodennadeln hätte er sich in den Schädel einwachsen lassen und diese mit zu vielen Oszillographen verbinden müssen, um die Geheimnisse seiner selbst zu begreifen. Hätte er sie überhaupt begreifen können? Oder wäre abermals »Streptomyzetenstriptease« herausgekommen, diesmal bloß nicht in Ziffernkodes, sondern in den gezackten Linie der Elektroenzephalogramme?

Die Situation an sich, daß ein lebender Mensch die Geheimnisse *seines eigenen* Organismus studierte, sie aber nicht einmal mit Hilfe von Apparaten erfassen konnte, war paradox. Schließlich handelte es sich nicht um die Entdeckung von unsichtbaren »Radiosternen« oder um die Synthese von Antiteilchen, denn die gesamte Information war ja im Menschen bereits enthalten. Der Kode der Zellenmoleküle und der Nervenimpulse brauchte nur noch in den Kode des zweiten Signalsystems übersetzt zu werden – in Wörter und Sätze.

Wörter und Sätze waren nötig (wenn auch nicht immer), damit einer den anderen verstehen konnte. Aber waren sie erforderlich, um sich selbst zu verstehen? Das wußte der Aspirant Kriwoscheïn nicht, und deshalb setzte er alles ein: die Erforschung mit Apparaten, die Phantasie, das Studieren von Büchern, die Analyse der Empfindungen im eigenen Körper, Gespräche mit Androssiaschwili und anderen Dozenten, Beobachtungen von Patienten in der Klinik, Obduktionen ...

Das, was ihm Androssiaschwili in jenem denkwürdigen Dezembergespräch entgegengehalten hatte, war richtig, denn es basierte auf Androssiaschwilis Kenntnissen des Lebens, auf seinem Glauben an die unfehlbare Zweckmäßigkeit all dessen, was die Natur geschaffen hat. Doch der Professor hatte eines nicht gewußt: daß er mit einem künstlichen Menschen sprach. Androssiaschwilis Zweifel am Erfolg seines Schülers waren durchaus berechtigt gewesen, denn Kriwoscheïn hatte ausgerechnet mit der ingenieurtechnischen »maschinellen« Lösung begonnen. Noch im Dezember machte er sich daran, einen »Elektropotentialinduktor« zu entwerfen, die Weiterführung der Idee des sogenannten »Monomachhelms«. Hunderttausende mikroskopisch kleine, nadelförmige Elektroden, verbunden mit den Matrizen eines lernenden Automaten (an ihm modellierten die Bioniker im Labor bedingte Reflexe), sollten den Hirnzellen zusätzliche Ladungen vermitteln, ihnen durch den Schädel künstliche Bioströme zuführen und so die Denkzentren in der Rinde mit dem vegetativen Nervensystem verbinden.

Kriwoscheïn grinste: Mit dieser primitiven Vorrichtung hatte er seinen Organismus verbessern wollen! Nur gut, daß er die physiologischen Forschungen dieses Projekts wegen nicht gänzlich hatte fallenlassen.

Wenn er eine Leiche obduzierte, belebte er sie in Gedanken wieder, wobei er sich vorstellte, er selbst sei es, der auf dem Tisch im Sektionssaal liege, es wären seine weißen Nervenfasern, die zwischen Muskeln und Knorpeln zu dem lilafarbenen, stellenweise von einer gelblichen Fettschicht bedeckten Herzen, zu den wäßrigen Trauben der Speicheldrüsen unterhalb des Kiefers und zu den grauen Zotten der eingesunkenen Lungen führten. Wieder andere Fasern verbanden die Nerven zu weißen Schnüren, verliefen zur Wirbelsäule, durch das Rückenmark und weiter durch den Hals bis hinauf unter die Schädeldecke. Über sie wurden von dort die Befehlssignale ausgesendet, wurde befohlen, daß die Muskeln sich kontrahieren, daß die Funktion des Herzens sich beschleunigen und die Drüsen Speichel ausscheiden sollten.

In der Studentenmensa hatte er in der gleichen Weise das Eindringen jedes Bissens in den Magen verfolgt und getrachtet, sich vorzustellen und zu empfinden, wie dieser dort in dem dunklen Raum unverzüglich von den glatten Muskeln zermahlen, von der Salzsäure und den Fermenten zerlegt wurde, wie die Darmwandungen den gelblichtrüben Brei absorbierten, und manchmal hockte er zwei Stunden hinter einem längst erkalteten Schnitzel.

Eigentlich war das mehr ein Erinnern. Neun Zehntel seiner Entdeckung entfielen darauf, daß er sich zurückerinnerte, um zu begreifen, wie die Dinge vor sich gingen.

Die Muttermaschine hatte einfach keine Veranlassung gehabt, beim Embryo zu beginnen, denn sie verfügte über ausreichenden Baustoff, um einen ausgewachsenen Menschen zu »montieren«. Dafür hatte Kriwoscheïn I gesorgt. Zunächst gab es in dem biologischen Mischmasch des Versuchsbeckens nur »irrende« Ströme und »schwimmende« Potentiale von äußeren Schaltungen – diese bildhaften Begriffe aus der theoretischen Elektrotechnik zeigten sich hier in des Wortes wahrster Bedeutung. Darauf entstanden transparente Nervenfasern und Zellen – eine Fortsetzung der elektronischen Schaltungen der Maschine. Die Suche nach dem Informationsgleichgewicht ging weiter: Das Nervennetz wurde immer komplizierter und voluminöser, in ihm bildeten sich die Schichten der Nervenzellen zum Kortex und zum Subkortex heraus – und so war sein Gehirn entstanden, von diesem Augenblick an hatte er *existiert.*

Ursprünglich war sein Gehirn auch eine Weiterführung der Maschinenschaltung gewesen, doch jetzt nahm es bereits die Impulse einer äußeren Information auf, es wählte und kombinierte Varianten, suchte zu ergründen, wie sich die Information im biologischen Medium vergegenständlichen ließ, baute sich selbst zusammen. Im Becken breitete sich das – einstweilen noch willkürliche – Netz der Nerven aus; um sie herum entstanden das Muskelgewebe, die Gefäße, die Knochen, die Eingeweide, in dem fast flüssigen Zustand, in dem sich noch alles unter der Einwirkung von Nervenimpulsen auflösen, miteinander vermengen, seine Struktur verändern kann ... Nein, das war nicht die wohldurchdachte Montage eines Körpers nach einer Zeichnung gewesen, und eine solche Zeichnung hatte es ja auch gar nicht gegeben; das Spiel mit den Würfeln war weitergegangen, das Sortieren einer Vielzahl von Varianten und die Wahl der einzigen unter ihnen, die exakt die Information über Kriwoschein widerspiegelte. Doch so wie eine elektronische Maschine jede Lösungsvariante einer Aufgabe durch binäre elektrische Signale beurteilt, beurteilte sein Maschinengehirn zu diesem Zeitpunkt die Synthese des Körpers auf Grund der binären Arithmetik der Empfindungen: angenehm – Ja; schmerzhaft – Nein. Mißlungene Zellenkombinationen und falsche Anordnung von Organen machten sich im Gehirn durch dumpfen oder stechenden Schmerz bemerkbar; die guten und die richtigen durch süße Befriedigung.

Und dieser Recherchierspeicher, der Speicher der Empfindungen des im Entstehen begriffenen Körpers, war in ihm verblieben.

Das Leben erschafft Menschen, die sich durch die Eigenschaften des Organismus nur wenig voneinander unterscheiden, die aber in ihrer Psyche, ihrem Charakter, ihren Kenntnissen, ihrer seelischen Feinheit oder Grobheit ganz und gar verschieden sind. Die Muttermaschine war umgekehrt zu Werke gegangen. Der Aspirant war in der Psyche und im Intellekt mit Kriwoschein I identisch, und das war auch erklärlich, denn diese Eigenschaften des Menschen bilden sich im Leben durch das gleiche Verfahren der Zufallsforschung und der Auswahl einer willkürlichen durchdachten Information heraus: Die Maschine hatte diese Forschung einfach wiederholt. Biologisch aber unterschieden sie sich beide voneinander wie ein Buch vom Rohmanuskript. Ja, nicht einmal von der Rohschrift, sondern von allen Varianten und Entwürfen, aus denen letztlich das ausgereifte Werk entstand. Der endgültige Inhalt ist der gleiche, aber in den Rohschriften ist in Form von Korrekturen, Zusätzen und Streichungen der ganze Weg der Suche und der Auswahl der Worte aufgezeichnet.

Dieser Vergleich hinkt übrigens wie alle Vergleiche, dachte der Aspirant und verzog das Gesicht, Rohschriften von Büchern entstehen vor dem Buch selbst, und nicht umgekehrt! Wenn man einen Schreibbesessenen mit sämtlichen Rohschriftvarianten von »Krieg und Frieden« bekannt machte, würde er dadurch etwa ein Genie?

Manches könnte er vielleicht daraus lernen ... Ach nein, lieber keine Vergleiche!

Der Mensch erinnert sich an sein Wissen nur in zwei Fällen: wenn er sich erinnern muß – gezielte Erinnerung –, und wenn er auf etwas stößt, was einer Aufzeichnung in seinem Gedächtnis zumindest entfernt ähnelt; das wird als assoziatives Erinnerungsvermögen bezeichnet. Die Biologiebücher hatten den Anstoß gegeben, der sein Gedächtnis mobilisierte. Das Schwierige dabei war nur, daß er sich nicht an Worte und nicht einmal an Bilder, sondern an Empfindungen erinnerte. Bis heute war er noch nicht imstande, alles in Worte zu kleiden, ja, wahrscheinlich würde er das niemals können. Doch das war nicht die Hauptsache. Wichtig war, daß es eine solche Information gab. Schließlich hatten es diese »Kenntnisse von den Empfindungen« vermocht, in ihm eine exakt durchdachte Idee entstehen zu lassen: den eigenen Stoffwechsel selbst zu steuern.

... Zum erstenmal war ihm das am 28. Januar abends im Studentenwohnheim gelungen. Es war genau wie bei den Pawlowschen Hunden: künstliche Speichelabsonderung. Aber im Unterschied zu ihnen dachte er nicht an Nahrung (er hatte gerade Jagdwurst zum Abendbrot gegessen und Kefir dazu getrunken), sondern an die nervale Regulation der Speicheldrüsen. Gewohnheitsgemäß hatte er versucht, sich den ganzen Weg der Nervensignale von den Geschmacksrezeptoren der Zunge über das Gehirn bis hin zu den Speicheldrüsen vorzustellen und zu empfinden, als er plötzlich fühlte, wie sich sein Mund mit Speichel füllte!

Noch hatte er gar nicht richtig begriffen, wie es dazu gekommen war, da befahl er seinem Denken auch schon ein erschrockenes »Nein!«, und sein Mund war im Nu wie ausgetrocknet!

An jenem Abend wiederholte er die gedachten Befehle »Speichel!« und »Nein!« so lange, bis sich seine Kaumuskeln verkrampften.

Die ganze folgende Woche hatte er in seinem Zimmer gehockt. Wie gut, daß gerade Semesterferien waren und er nicht durch Vorlesungen und Laborarbeit abgelenkt wurde. Den Befehlen in Form von gedanklichen Empfindungen ordneten sich jetzt auch andere Organe unter! Zunächst gelang ihm nur eine grobe Steuerung: Aus den Augen flossen Ströme von Tränen, der Schweiß bedeckte einmal in großen Mengen die ganze Haut, dann wieder war er im Nu abgetrocknet; das Herz erschlaffte entweder wie bei einer Ohnmacht oder schlug wie rasend 140 Schläge pro Minute – ein Mittelding gab es nicht. Und als er seinem Magen zum erstenmal befahl, die Absonderung von Salzsäure einzustellen, schaffte er es kaum, rechtzeitig die Toilette zu erreichen, so ein heftiger Durchfall packte ihn ... Doch allmählich lernte er, die Exkretionen exakt und lokal zu steuern. Einmal brachte er es sogar fertig, mit Schweißtropfen »ES GEHT!« auf die Haut seines Unterarms zu schreiben, es sah wie eine Tätowierung aus.

Später setzte er die Versuche im Labor fort und wiederholte an sich selbst den bekannten »Zuckersticheffekt« nach Claude Bernard, bloß daß er nicht den Schädel öffnen und eine Nadel ins Zwischenhirn stechen mußte. Die Zuckermenge im Blut erhöhte sich durch einen gedanklichen Befehl.

Mit der inneren Sekretion war es weit komplizierter, denn sie zeitigte keine sichtbaren Ergebnisse der Empfindungskommandos. Er durchstach sich die Finger und die Muskeln, um zu überprüfen, ob die Drüsen die Befehle des Gehirns, Adrenalin, Insulin, Glukose und Hormone ins Blut abzusondern, befolgten; er zerstach seine Speiseröhre mit einer Sonde zur Entnahme von Magensaft, als er bewußt den Säuregehalt verändert hatte. Es gelang alles, doch es war sehr kompliziert.

Dann kam ihm die Erleuchtung: Man mußte dem Organismus ein allgemeines Ziel setzen, er mußte etwas tun, mußte Veränderungen vornehmen. Wenn er, Kriwoscheïn, ging, kommandierte er ja auch nicht seinen Muskeln: »Rechter Schenkelstrecker – kontrahieren! Zweiköpfiger Oberschenkelmuskel – relaxieren! Linker Wadenmuskel – kontrahieren! ...« Darum brauchte er sich nicht zu kümmern. Das Bewußtsein bewirkte die allgemeine Einstellung: schnell oder langsam gehen, einem Pfahl ausweichen, in einen Hauseingang treten. Und die Nervenzentren des Gehirns verteilen die Aufträge selbständig an die Muskeln. So mußte es auch hier sein: Er brauchte sich nicht darum zu kümmern, welche Drüsen und Gefäße die verschiedenen Reaktionen ausführten, wenn sie nur das taten, was er wollte!

... Worte behinderten, Bilder behinderten. Er versuchte, Detailreaktionen auszulösen: Die Leber sollte aus Aminosäuren und Fetten Glykogen synthetisieren, das Glykogen in Glukose spalten und diese ins Blut ausscheiden; die Schilddrüse sollte sich kontrahieren und Thyroxintröpfchen ins Blut pressen; im Kreislaufsystem versuchte er die Kapillargefäße in den Geweben der großen Brustmuskeln zu erweitern und die anderen Gefäße maximal zu verengen. Doch alles vergeblich. Die Leber wußte schließlich nicht, daß sie die Leber war, die Schilddrüse ahnte nichts vom Terminus »Thyroxin«, geschweige denn von solchen Tröpfchen. Der Aspirant Kriwoscheïn machte sich Vorwürfe wegen seiner nutzlosen Bemühungen in den Vorlesungen und in der Bibliothek. Kopfschmerzen waren das einzige Ergebnis dieser Zeitverschwendung.

Das lag daran, daß man für den inneren Stoffwechsel Zahlen, Termini und sogar Bilder vermeiden mußte und nur in Empfindungen denken durfte. Die Aufgabe bestand in der Umwandlung der »Kenntnisse in Empfindungen« in ein drittes Signalsystem zur Steuerung der inneren Sekretion.

Sonderbar war, daß man dafür weder Laborgeräte noch Schaltschemas benötigte. Man brauchte nur im dunklen Zimmer zu liegen, die Augen zu schließen, sich die Ohren mit Plastilin zu verstopfen und im Halbschlaf in sich hineinzulauschen. Merkwürdige Empfindungen kamen da von innen heraus. Die Milz juckte, während sie das Blut regenerierte, kitzelnd kontrahierten sich die Därme, die Speicheldrüsen unterhalb des Kiefers kühlten; mit einem lustvollen Krampf reagierte die Nebenniere auf das Signal der Nerven, die mit Adrenalin und Glukose angereicherte Blutportion verteilte sich angenehm warm über den ganzen Körper wie ein Schluck starken Branntweins; mit leichten Stichen machten sich kranke Muskelzellen bemerkbar.

Mit Hilfe der Nerven tastete er seinen Körper ab, so wie ein Elektromonteur ein elektronisches Schaltbild mit einem Prüfgerät durchprüft.

Zu diesem Zeitpunkt hatte er schon deutlich die binäre Arithmetik der Empfindungen im Blickfeld: »schmerzhaft« – »angenehm«. Am einfachsten war wohl, die sich in den Zellen abspielenden Prozesse dem Bewußtsein unterzuordnen und sie dahin zu bringen, Schmerz auszulösen. Zu dieser Entdeckung hatte vielleicht auch die Sache mit dem Eiszapfen beigetragen, denn danach war ihm die Idee gekommen.

Und wirklich, Zellen, die zerstört wurden und aus den verschiedensten Gründen abstarben, machten sich deutlich bemerkbar. Sie schmerzten, juckten, stachen, als riefen sie um Hilfe. Und von sich aus, ohne einen Befehl »von oben«, schickte ihnen der Organismus die Leukozyten des Blutes, die Wärme des entzündeten Gewebes, Fermente und Hormone zu Hilfe; nun kam es nur noch darauf an, die mikroskopischen Kämpfe auf Leben und Tod durch Anstrengungen des Bewußtseines zu beschleunigen oder zu hemmen.

Er stach und schnitt sich in sämtliche Muskeln, die er mit seiner Nadel oder einer Lanzette erreichen konnte. Er spritzte sich tödliche Dosen von Typhus- und Cholerabakterienkulturen unter die Haut.

Er atmete Quecksilberdämpfe ein, trank Sublimatlösungen und Methylalkohol (für noch schneller wirkende Gifte reichte sein Mut allerdings nicht aus!) Und je weiter er vordrang, desto müheloser wurde sein Organismus mit allen erkannten Gefahren fertig.

Dann rief er bei sich ein Krebsgeschwür hervor. Krebs selber auslösen! Kein Arzt hätte ihm das abgekauft. War es denn denkbar, ein Krebsgeschwür auszulösen, wo man noch gar nicht wußte, wie Krebs entstand! Nun ja, er hatte ja auch nicht behauptet, die Ursachen des Krebses zu kennen, schon darum nicht, weil er die Empfindungen, die mit der Entartung der Hautzellen an seiner rechten Hüfte einhergingen, nicht in die Wortsprache übertragen konnte. Begonnen hatte er damit, daß er Patienten, die im Labor für Radiobiologie einer Behandlung mit Gammastrahlen unterzogen wurden, peinlich genau befragte, was sie fühlten. Es war grausam, diese eingeschüchterten, niedergeschlagenen, vor Schmerzen sich windenden Menschen auszuforschen, ohne sie irgendwie trösten zu können. Aber nur so hatte er sich in die Situation eines Krebskranken hineinversetzen können.

... Die Geschwulst wucherte, verhärtete sich. Grünlila schimmernde, blumenkohlartige Gebilde entstanden. An Hüfte und Schulter quälende Schmerzen. In der Studentenpoliklinik, wohin er sich zur Untersuchung begeben hatte, schlug man eine sofortige Operation vor und wollte ihn gleich dabehalten. Er wand sich heraus und gab vor, es erst noch mit Gammastrahlen versuchen zu wollen ...

Der Aspirant Kriwoschein rollte eine Zigarette zwischen den Fingern und trat auf den Balkon. Eine warme Nacht lag über der Stadt. Ein Auto brauste die Chaussee entlang, die Strahlen der Scheinwerfer vor sich herjagend. Vom Sternbild des Schwans huschten zwei Lichter – ein rotes und ein grünes –, gefolgt vom Heulen der Strahltriebwerke, zur Lyra hin. Wie ein Streichholz über die Reibfläche sprühte ein Meteor schräg über den Himmel.

... Als er damals in seinem Zimmer vor dem Spiegel gestanden und all seinen Willen und all seine Gefühle angespannt hatte, war die Geschwulst binnen einer Viertelstunde verschwunden. Nach zwanzig Minuten war an ihrer Stelle nur noch ein purpurroter Fleck von der Größe einer Untertasse zu erkennen gewesen; weitere zehn Minuten später sah man nur noch die normale reine Haut, auf der die Haarbälge stark hervortraten, eine richtige Gänsehaut. Im Zimmer war es kalt.

Doch auch die Kenntnis, wie Krebs zu beseitigen war, konnte er einstweilen nicht in Rezepte und Empfehlungen kleiden. Das, was er in Worten auszudrücken vermochte, konnte niemanden heilen, höchstens solche wie ihn selbst, Doubles. All seine Kenntnisse ließen sich einzig und allein auf sie anwenden.

Mit der Zeit würde es sicher gelingen, die Barriere zwischen den von der Muttermaschine erzeugten Doubles und den normalen Menschen zu überwinden. Schließlich unterschieden sie sich in biologischer Hinsicht kaum voneinander. Das Wissen war jedenfalls da. Schön, wenn es nicht gelang, dieses Wissen in Worte zu kleiden, würde man einfach die Schwingungen der Biopotentiale auf Tonbänder aufzeichnen, Temperaturkurven aufnehmen, die Werte der Analysen in Rechenmaschinen verarbeiten – schließlich war die Medizin heutzutage eine exakte Wissenschaft. Und letzten Endes würde man auch lernen, Empfindungen exakt aufzuzeichnen und weiterzugeben. Worte waren da gar nicht unbedingt erforderlich: Ein Kranker will gesund werden und nicht eine Dissertation über seine Heilung schreiben. Darauf kam es nicht an.

Unten flammte ein Licht auf und zog die Aufmerksamkeit des Aspiranten auf sich. Er schaute genauer hin. An einen Laternenpfahl gelehnt, zündete sich der breitschultrige Lulatsch im blauen Regenmantel – sein Beschatter – eine Zigarette an. Dann warf er das Streichholz weg und ging gemessenen Schrittes auf dem Bürgersteig auf und ab.

Also hatte er ihn doch aufgespürt! Ein zäher Bursche! Kriwoscheïns gute Stimmung war mit einem Schlag dahin. Er kehrte ins Zimmer zurück, um weiter im Tagebuch zu lesen.

Neuntes Kapitel

Das Leben ist kurz. Es reicht kaum aus, genügend Fehler zu machen. Sie zu wiederholen wäre allerdings ein unzulässiger Luxus.

Ingenieur K. Prutkow,
Sentenz Nr. 22

Jetzt las der Aspirant die Aufzeichnungen kritisch, mit eifersüchtiger Neugier: Na, was hatte dieser »Knöpfchendrücker« wohl erreicht?

1. Juni. Geschafft! Die Informationskammer ist fertig! Morgen beginne ich mit dem Kaninchenversuch. Wollte man der allgemein üblichen Tradition folgen, müßte man eigentlich mit Fröschen anfangen ... Ich soll solche Viecher anfassen? Mag sich mein Aspirantendouble mit Kröten abgeben. Ein Aspirant ist in der Wissenschaft doch so etwas wie ein Primus, ihm würde das eher anstehen.

Was er wohl dort macht?

2. Juni. Habe die Kaninchen mit Gebern bestückt und in die Kammer gesperrt, alle auf einmal. Mögen sie erst einmal Informationen ansetzen.

7. Juni. Vier Tage haben die Kaninchen in der Kammer gehaust, haben sich Mohrrüben und Kohl schmecken lassen, haben geschnuppert, sich gebalgt, sich gepaart und vor sich hin gedöst. Heute morgen machte ich die erste Probe. Ich setzte den Monomachhelm auf, befahl in Gedanken »ES GEHT!«, und die Muttermaschine trat in Aktion! Vier Kaninchendoubles in anderthalb Stunden.

Mir fiel ein Stein vom Herzen – die Maschine funktioniert.

Ein interessantes Detail: Die sichtbare Entstehung der Kaninchen (was vorher geschieht, weiß ich nicht) beginnt mit dem Kreislaufsystem; die blauroten Gefäße zeichnen sich in der goldschimmernden Flüssigkeit genauso ab wie im Eigelb eines bebrüteten Eis.

Zum Leben erweckt, tauchten die Kaninchen auf. Ich holte sie an den Ohren heraus, badete die zitternden Tiere und setzte sie zu den normalen. Die Begegnung der natürlichen und der künstlichen Zwillinge war noch blödsinniger als damals meine mit dem Double. Sie glotzten einander aus großen Augen an, beschnupperten sich und (da sie kein zweites Signalsystem haben) balgten sich. Als sie müde wurden, beschnupperten sie sich erneut und führten daraufhin ein normales Kaninchenleben.

Die Hauptsache ist, die Maschine führt meine Befehle aus, ohne selbst etwas dazuzugeben! Den Helm aufsetzen, denken (am besten bildlich), welches Kaninchen man doublieren will, gedanklich die Erlaubnis erteilen, und binnen 25 bis 30 Minuten zappelt es im Becken. Den gegenläufigen Vorgang – die Auflösung des entstandenen Kaninchens auf das Kommando »NEIN!« – führt die Muttermaschine ebenfalls einwandfrei aus.

Für ihre gute Arbeit und ihren Eifer füttere ich sie zur Belohlohnung mit Salzen, Säuren, Glyzerin, Vitaminen und den anderen Reagenzien nach Liste, ganz so wie dressierte Robben mit Heringen.

20. Juni. Manchmal klappt nichts, und wenn man sich auf den Kopf stellt. Tagelang versuche ich schon, die Synthese des Kaninchens in irgendeinem Stadium zum Stillstand zu bringen. Was habe ich nicht schon alles für Kommandos ausprobiert: »Stop!«, »Tot!«, »Genug!«, »Null!« – gedanklich oder verbal –, alles vergebens. Entweder die Synthese wird zu Ende geführt, oder das Ganze löst sich wieder auf.

Wie es aussieht, arbeitet die Muttermaschine wie der Trigger einer Rechenmaschine, der entweder geschlossen oder offen ist, eine Zwischenstellung gibt es nicht. Na schön, aber eine komplizierte Maschine muß sich doch elastischer verhalten als so eine lächerliche Schaltvorrichtung.

Ich will es noch einmal versuchen.

6. Juli. Das Leben läßt sich nicht anhalten, daran liegt es wohl. Jeglicher Stillstand des Lebens bedeutet Tod. Aber Tod, das ist nur der Augenblick, nach dem der Zerfallsprozeß oder im ge-

gebenen Fall die Auflösung beginnt. Ich aber synthetisiere lebende Systeme. Und auch die Muttermaschine ist eigentlich ein lebender Organismus. Deshalb kann in ihr nichts verharren.

Schade, das wäre so bequem ...

Heute erblickte der erste Wurf eines künstlichen Rammlers und einer normalen Häsin das Licht der Welt – 8 schneeweiße Kaninchenjunge. Sicher eine wichtige Tatsache, bloß habe ich auch so schon sehr viel Kaninchen.

Verdammt, die Maschine muß sich doch auch subtileren Kommandos als »ES GEHT!« und »NEIN!« fügen! Ich muß den Syntheseprozeß *steuern*! Andernfalls sind alle meine Pläne keinen Pfifferling wert! ...

7. Juli. Wie schön du arbeiten kannst, Muttermaschine! Und wie einfach alles ist ...

Heute befahl ich der Maschine, das Albinokaninchen Waska noch einmal zu reproduzieren. Als es einem transparenten Phantom gleich in der Mitte des Beckens auftauchte, konzentrierte ich meine Aufmerksamkeit auf sein Schwänzchen und stellte es mir länger vor. Keine Veränderung. Das war wohl nicht das Richtige. So dachte ich ärgerlich: Das nicht ... Und da begann sich an dem Kaninchen alles zu verändern. Die Körperumrisse schwankten in langsamem Rhythmus hin und her: der Rumpf, die Ohren, die Pfoten und der Schwanz des Karnickels verlängerten und verdickten sich, dann wurden sie wieder kürzer und dünner; die Organe im Innern pulsierten im gleichen Rhythmus. Sogar die Farbe des Blutes veränderte sich aus dunklem Kirschrot in Hellrot und umgekehrt.

Ich sprang vom Stuhl auf. Das Kaninchen wurde »geschüttelt«, seine Formen verzerrten sich, wurden zu einer Karikatur, das Beben wurde immer häufiger und schwungvoller. Schließlich löste sich der Albino in einer graulila Nebelwolke auf.

Zuerst war ich erschrocken, zu sehr erinnerte das Bild an den kürzlichen »Fieberwahn« der Maschine. Nur waren der Rhythmus, alle Schwankungen der Größen und Schattierungen erstaunlich koordiniert ...

Da begriff ich. Von allein bin ich daraufgekommen, das möchte ich betonen.

Die Primärinformation, die die Maschine über das Kaninchen erhielt, war konkret und eindeutig. So kombinierte sie alle Informationsdetails, suchte die exakte Variante; aber mag sie nun suchen oder nicht, es wird das reproduziert, was aufgezeichnet ist. Aus den Einzelteilen eines Motorrads kann man keinen Staubsauger bauen.

Plötzlich wird der Maschine das Signal »DAS NICHT!« eingegeben – weder eine Negation noch eine Bejahung –, ein Signal des Zweifels. Es stört die Informationsstabilität des Syntheseprozesses, grob ausgedrückt, es verwirrt die Maschine. Um das System nicht zu zerstören, beginnt sie nach der einfachen Probiermethode (ein bißchen mehr, ein bißchen weniger) »DAS« zu suchen. Die Maschine weiß nicht, was »DAS« ist, und von mir erhielt sie keinen Hinweis. So kam es zum totalen Ausfall des Systems, zur Auflösung. »DAS NICHT!« bedeutet eben »das ist nicht das Richtige« ...

Das ist das Schöne an der Arbeit des Forschers, wenn er sich richtig dahinterklemmt, kann er mit ein, zwei Ideen an einem Tag mehr schaffen als manchmal in Jahren! Ich setzte mir wieder den Monomachhelm auf und befahl der Maschine: »ES GEHT!« Jetzt wußte ich, was ich mit dem Kaninchendouble machen mußte. Es entstand. Ich konzentrierte meine Aufmerksamkeit auf seinen Schwanz. (Die Verbindungskette war: Bioimpulse von der Netzhaut meiner Augen mit dem Bild des Kaninchenschwanzes ins Gehirn – in den Monomachhelm – in die Maschine und dort – Vergleich und Auswahl der Information – Fixierung meiner Aufmerksamkeit durch die Maschine.) Und schnitt sogar eine Grimasse, um »DAS NICHT!« zu verdeutlichen. Ein mächtiger ausbalancierender Informationsimpuls drang in die Maschine ein.

Und das Schwänzchen wurde kürzer. Ein ganz klein wenig ...

»DAS NICHT!«

Das Schwänzchen erzitterte, wurde etwas länger ...

»JA! DAS!«

Der Schwanz blieb, wie er war. »DAS NICHT!« Er verlängerte sich weiter ...

»DAS NICHT!« Er blieb so. »DAS NICHT! DAS! DAS NICHT! DAS!«, und die Sache klappte. Am schwierigsten war es, die Schwankung in die gewünschte Richtung zu bringen und zu fixieren. Im weiteren Verlauf gab ich der Muttermaschine nicht mehr die elementaren Befehle »DAS!« und »DAS NICHT!« ein, sondern einfach ein stummes Lob. Der Schwanz wurde länger. Er verwandelte sich in eine Kette winziger Wirbel, sie bedeckten sich mit Muskelfasern, mit rosiger Haut, schneeweißem Fell ... Zehn

Minuten später schlug sich das Waskadouble den nassen weißen Schwanz um die Flanken wie ein wütender Tiger.

Immer noch den Monomachhelm tragend, saß ich auf dem Stuhl, und in meinem Kopf entstand ein unvorstellbares Durcheinander aus »Na also!«, »Das ist ein Ding!«, »Donnerwetter!«, »Uff!« – wie immer, wenn man noch nicht alles in Worten ausdrücken kann, aber fühlt: Jetzt habe ich's kapiert, jetzt habe ich's im Griff! Wahrscheinlich drückte mein Gesicht jenen äußersten Grad von Glückseligkeit aus, den man sonst nur bei einem sabbernden Idioten findet.

Das war es! Keine Spur von Mystik! Die Muttermaschine funktioniert nach dem gleichen »Ja-Nein-System« wie jeder normale Rechenautomat.

Der Aspirant nickte zustimmend. Allerdings ist die Steuerung ziemlich grob. Doch für eine Maschine ... Nicht schlecht!

... Eine feine Sache! Auf mein Kommando »JA!«, »DAS NICHT!« oder »NEIN!« bildet die Maschine Zellen, Gewebe, Knochen ... Nur lebende Organismen bringen so was fertig, und das noch wesentlich langsamer.

Warte, mein Täubchen, jetzt werde ich alles aus dir rausholen!

15. Juli. Jetzt haben wir – die Maschine und ich – uns gut aufeinander eingespielt. Genauer gesagt: Sie hat es gelernt, von meinem Gehirn die Befehle »DAS!« und »DAS NICHT!« entgegenzunehmen, sie zu entschlüsseln und auszuführen. Das Wesen der Rückkopplung und der Inhalt der Befehle bleiben sich gleich. Es läuft einfach alles sehr rasch ab. Ich stelle mir nur vor, das und das an dem entstehenden Kaninchen ist zu verändern. Es ist so, als malte oder modellierte ich das Kaninchen.

Die Maschine stellt jetzt meine elektronisch-biochemischen Hände dar. Wie herrlich ist es doch, nur durch eine gedankliche Anstrengung die verschiedensten Kaninchenmißgeburten zu modellieren! Mit sechs Läufen, mit drei Schwänzen, doppelköpfige, welche ohne Ohren oder umgekehrt mit lang herabhängenden, zottigen Ohren wie Hofhunde. Was ist dagegen schon der Doktor Moreau mit seinem Skalpell und der Karbolflasche! Mein einziges Arbeitsinstrument ist der Monomachhelm; man braucht gar nicht auf Knöpfe zu drücken!

Interessant ist, daß diese Mißgeburten leben: Sie kratzen sich mit vier Hinterpfoten und stopfen sich Mohrrüben in zwei Mäuler ...

»Saubere Arbeit«, murmelte der Aspirant neiderfüllt. »Wie im Kino: Man sitzt da und sieht zu ... Nichts tut weh, man braucht vor nichts Angst zu haben. Keine Spur von starken Leidenschaften, sondern einfach nüchterne Ingenieurarbeit ...«

Er dachte an seine eigenen Erlebnisse und seufzte. An die Schmerzen bei den diversen Autovivisektionen hatte er sich verhältnismäßig rasch gewöhnt. Wenn man weiß, daß die Krankheit vorübergeht, daß die Wunde wieder heilen wird, ist der Schmerz ein gewöhnlicher Reiz wie grelles Licht oder ein lauter Schall, unangenehm zwar, aber nicht schrecklich. Wenn man es weiß ... Bei seinen gut durchdachten Versuchen hatte er das gewußt. Jede neue Veränderung begann er mit kleinen Proben. Er überprüfte, wie der Organismus die Veränderung vertrug. Schlimmstenfalls gab es immer noch Medikamente, Ampullen mit Neutralisatoren, Antibiotika und das Telefon, um den Rettungsdienst anzurufen. Da war nur ein Experiment, das er nicht geplant hatte und bei dem er beinahe draufgegangen wäre ... Eigentlich war es nicht einmal ein richtiges Experiment gewesen.

... Die Studenten des dritten Studienjahrs, die ein fakultatives Praktikum in Radiobiologie ableisteten, standen um das Bassin des Lehr-Uranreaktors, betrachteten ehrfürchtig den dunklen porösen Zylinder in der Tiefe. Von ihm breitete sich im Wasser ein ruhiger grüner Lichtschein aus, der auf Seile, vernickelte Stäbe und auf Hebel und Steuerräder fiel.

»Dieses schöne grasgrüne Schimmern in der Umgebung des Reaktorkörpers«, erklärte Professor Walerno in seinem vollen Bariton, »nennt man Tscherenkow-Strahlung. Sie entsteht durch die Bewegung superschneller Elektronen im Wasser, die wiederum bei der Kernspaltung von Uran 235 entstehen ...«

Kriwoschein assistierte, das heißt, er saß da und wartete darauf, daß der Professor ihn auffordern würde, den Demonstrationsversuch durchzuführen. Walerno hätte diesen Versuch natürlich auch selbst durchführen oder einen Studenten darum bitten können, aber auf Grund seines akademischen Ranges stand ihm eben ein qualifizierter Assistent zu. Da hockt man nun hier rum, dachte Kriwoschein gelangweilt, und da kam ihm in den Sinn, daß er die Strahlenkrankheit noch nicht an sich ausprobiert hatte. Er wurde hellwach und überlegte, wie er das bewerkstelligen konnte. Einen Kolben voll Wasser dem Reaktor entnehmen und erst einmal einen leichten Strahlungsherd schaffen ... Eine verdammt ernste Sache!

»... Das Auftreten einer intensiven Tscherenkow-Strahlung in Wasser zeugt vom Auftreten einer intensiven Strahlung in der Umgebung des Reaktorkörpers«, dozierte Walerno monoton, »was auch nicht verwunderlich ist, denn wir haben es mit einer Kettenreaktion zu tun. Eine Zunahme der Helligkeit der Strahlung zeugt von einem Ansteigen der Strahlungsintensität, eine Abnahme der Helligkeit vom Gegenteil. Sehen Sie bitte her!« Er drehte das Steuerrad an der Schalttafel nach rechts und nach links. Der grüne Schein im Bassin flackerte.

»Und wenn man das Steuerrad ganz nach rechts dreht, gibt es dann eine Explosion?« erkundigte sich ein rothaariger und sommersprossiger bebrillter Jüngling ängstlich.

»Nein«, antwortete der Professor, nur mit Mühe ein Gähnen unterdrückend (Immer wieder diesselbe Frage!). »Das verhindert der Moderator. Außerdem befindet sich im Reaktor noch eine automatische Sicherung. Sobald die Intensität der Kettenreaktion die zulässigen Grenzen überschreitet, wirft ein Automat zusätzliche Graphitstäbe in den Reaktorkörper ... diese dort, sehen Sie? Sie absorbieren die Neutronen und löschen die Reaktion. Und nun wollen wir die Wirkung der radioaktiven Strahlung auf den lebenden Organismus kennenlernen. Bitte, Valentin Wassiljewitsch!«

Kriwoscheïn rollte einen kleinen Wagen zum Bassin. Auf dem Wagen stand ein Aquarium, in dem sich, die winzigen Zähne fletschend, ein halbmeterlanger Aal hin und her schlängelte.

»Dieser Flußaal, ›Anguilla anguilla‹«, verkündete Walerno, ohne auch nur den Kopf zu wenden, »ist der zäheste aller Flußfische. Wenn Valentin Wassiljewitsch diesen Aal in das Bassin kippt, wird er instinktiv in die Tiefe schießen ... Na ja, ich an seiner Stelle würde das nicht tun, weil selbst die besten Exemplare binnen zwei, drei Minuten mit dem Bauch nach oben an die Oberfläche zurückkehren. Doch sehen Sie selbst. Ich bitte, die Zeit festzuhalten. Los, Valentin Wassiljewitsch!«

Kriwoscheïn kippte das Aquarium in das Bassin aus und drückte auf die Stoppuhr. Die Studenten beugten sich über die Barriere. Ein schwarzer Blitz fegte zu dem grau gefliesten Boden des Bassins hinab, beschrieb einen Kreis, dann noch einen und durchkreuzte den grünen Schein über dem Zylinder. Wie geblendet stieß der Aal gegen die gegenüberliegende Wand, fuhr zurück ...

Plötzlich wurde die Strahlung im Bassin heller, und in diesem grünen Schein erblickte Kriwoscheïn etwas, was ihm kalten Schweiß über den Rücken laufen ließ. Der Aal hatte sich in den Seilen mit den Graphitstäben verfangen, die die Reaktion regelten, und zappelte zwischen ihnen herum! Ein Stab sprang aus der Zelle und flog, einem grünen Stock gleich, zur Seite. Die Strahlung wurde noch heller.

»Zurück!« befahl Walerno erbleichend, der die Situation rasch erfaßte. Sein Bariton klang auf einmal kläglich. »Bitte zurücktreten!«

Die Alarmglocke riß an den Nerven. Die Relais der automatischen Sicherung knackten. Der Schein im Wasser flimmerte, als würde im Bassin elektrisch geschweißt, wurde noch heller. Die Hände vor den Augen, strömten die Studenten zum Ausgang, drängelten sich vor der Tür.

»Bitte keine Panik, Genossen!« schrie Walerno, der völlig den Kopf verloren hatte, nun schon im Falsett. »Die Konzentration des Uran 235 in den Brennelementen des Reaktors reicht für eine Atomexplosion nicht aus. Es wird nur zu einer Wärmeexplosion kommen, wie in einem Dampfkessel!«

»Mein Gott!« schrie jemand.

Die Tür sprang krachend auf, ein Mädchen kreischte schrill. Jemand schimpfte. Der bebrillte sommersprossige Student ergriff das auf dem Tisch stehende, gut 30 Kilo schwere Synchroskop, schlug mit ihm den Fensterrahmen heraus und sprang hinaus. Binnen weniger Sekunden war der Saal leer.

Im ersten Augenblick der Panik war Kriwoscheïn hinter den anderen hergestürzt, doch dann blieb er stehen und trat an den Reaktor. Von dem Zylinder stiegen in dichter Folge große Luftblasen auf, das Wasser brodelte, anstelle des ruhigen Strahlens flackerte nun im Bassin ein grünes Feuer. Der Aal zappelte nicht mehr, aber die von ihm herausgeschlagenen Graphitstäbe waren durcheinandergeraten und hatten sich in den Lagern verklemmt.

Wenn das Wasser zu kochen anfängt, wird sich eine Wolke radioaktiven Dampfs über die ganze Umgebung ausbreiten, überlegte Kriwoscheïn fieberhaft. Das ist nicht weniger gefährlich als eine Atomexplosion ... Soll ich? Ich habe Angst ... Und wenn! Was taugen alle meine Versuche, wenn ich jetzt Angst habe? Wenn ich nun wie der Aal ...? Ach, zum Teufel!

(Dem Aspiranten lief ein Schauer über den Rücken. Wie hatte er das nur tun können? Hatte er sich eingebildet, ihm könnte nichts zustoßen? Oder war es ihm gegangen wie einem Motorradfahrer, der glaubt, noch zwischen zwei entgegenkommenden LKWs durchschlüpfen zu können. Nicht erst lange überlegen! Vorwärts! ... Ein berauschender Augenblick der Gefahr, der Motor heult auf, und mit wild schlagendem Herzen schlüpft er durch! Hier aber war es doch nicht nur um einen »Augenblick« gegangen. Gut möglich, daß er dem krepierten Aal im Bassin Gesellschaft leisten mußte!)

Die Tollkühnheit des Motorradfahrers hatte ihn gepackt. Er riß sich die Kleider vom Leib, daß sämtliche Knöpfe absprangen, schwang ein Bein über die Barriere, doch dann – Halt! Immer mit der Ruhe, Valka! – rannte er vom Bassin zum Tisch des Präparators, zog Gummihandschuhe an und setzte sich eine Taucherbrille auf (ach, hätte er jetzt einen Taucheranzug!). Dann holte er tief Luft und ließ sich in das Bassin plumpsen.

Selbst in größerer Entfernung von dem Reaktor war das Wasser warm. »Tausendeins, tausendzwei ...« Mit instinktiv abgewendetem Gesicht schritt Kriwoschein über die glitschigen Fliesen zur Bassinmitte. »Tausendsechs ...«, zählte er in dem brodelnden Wasser. Die Gummihandschuhe berührten irgend etwas, er mußte hinsehen. Der Aal, der sich in einer Schleife zwischen den Seilen verfangen hatte, hing etwas tiefer. »Tausendzehn, tausendelf ...« Vorsichtig, um nicht versehentlich die Stäbe herauszustoßen, zog er an dem weich gewordenen Fischkörper. »Tausendsechzehn ...« Um seine Hände wurde es heiß, er wollte zurückweichen, überwand sich aber und holte ganz sacht den Aal aus dem Seilgewirr. Schon schloß die Brille nicht mehr so hermetisch ab, radioaktives Wasser sickerte auf seine Lider. Er kniff die Augen zu. »Tausendzwanzig, tausendeinundzwanzig ...« Er hatte ihn! Der grüne Schein zuckte, die Stäbe glitten lautlos in den Zylinder. Mit einem Schlage wurde es im Bassin dunkel.

Tausendfünfundzwanzig! Mit einem kräftigen Schwimmstoß trieb Kriwoschein zum Bassinrand, erhob sich bis zur Hüfte aus dem Wasser, klammerte sich am Geländer fest und stieg hinaus. Tausenddreißig ...

Er war klug genug, die verderbenbringende Feuchtigkeit abzuschütteln und sich sogar auf der Erde zu wälzen. Mit der Hose rieb er sich Gesicht und Augen trocken. Wenn er nur nicht erblindete, bevor er angelangt war. In Windeseile zog er sich an und stürmte aus dem Saal.

Am Ausgang schnarrte der Strahlungssignalisator. Die Riegel des automatischen Drehkreuzes schoben sich vor und versperrten ihm den Weg. Er schwang sich über das Drehkreuz und lief quer über den frischangelegten Rasen zum Wohnheim.

Tausendsiebzig, tausendeinundsiebzig . . ., registrierte das Gehirn mechanisch die Zeit. Die Dämmerung bewahrte ihn davor, von jemandem erkannt zu werden. Lediglich am Zaun der Zone »B« rief ihm einer nach: »He, Valka, wohin so eilig?«, anscheinend der Aspirant Netschiporow vom anderen Lehrstuhl. Tausendachtzig, tausendeinundachtzig . . . Die Haut brannte und juckte, dann hatte er das Gefühl, er werde von tausend Nadeln zerstochen. Sein in früheren Versuchen trainiertes Nervensystem tat kund, daß die Protonen und die Gammaquanten der zerfallenen Kerne die Eiweißmoleküle in den Epithelzellen und den Endigungen der Hautnerven unter Beschuß nahmen, die Wandungen der Blutgefäße durchbohrten und die roten und weißen Blutkörperchen verletzten. Tausendeinhundert . . . tausendeinhundertfünf . . . Jetzt verlagerte sich das Stechen in die Muskeln, in den Bauch und unter die Schädeldecke. In der Lunge brannte es wie nach einem mächtigen Zug kräftigsten Eigenbaus Marke »Siedlerstolz«. Das Blut trug die gesprengten Atome und die zerfetzten Eiweißkörper in den ganzen Körper.

Tausendzweihundertfünf . . . tausendzweihundertacht . . . Ich Idiot, was hab ich da bloß gemacht! Tausendzweihundertzwölf . . . Schon keine Spur mehr von einer klaren Absicht, von Elan. Nur noch Angst. Er wollte leben. Übelkeit hervorrufende Krämpfe drohten den Leib schier zu zerreißen, nach Kupfer schmeckender Speichel füllte seinen Mund. Im vollen Lauf stieß er gegen die massive Eingangstür, die laut dröhnte. Kriwoscheïn begriff: Ihm schwindelte. Vor seinen Augen wurde es dunkel. Tausendzweihunderteinundvierzig . . . Ob er es noch schaffte? Er mußte hinauf in den dritten Stock. Mit aller Kraft schlug er sich auf die Wangen, wonach sein Kopf wieder klarer wurde.

Ein mattes Strahlen drang zusammen mit ihm in das dunkle Zimmer. In den ersten Sekunden lief Kriwoscheïn völlig sinnlos und entkräftet immer im Kreis herum. Die Angst, jene dem Bewußtsein nicht untertane biologische Angst, die ein verwundetes Tier in seine Höhle treibt, brachte ihn beinahe um. Vergessen war, was er zu tun hatte. Er begann sich schrecklich leid zu tun, eine schier unüberwindliche Schwäche ergriff von seinem Körper Besitz, und sein Bewußtsein schwand. Nun, so geh vor die Hunde, Dummkopf, dachte er gleichgültig und fühlte grimmige Wut in sich aufsteigen. Sie war es, die ihn rettete.

Die mit flechtengrünen Flecken bedeckten Kleidungsstücke flogen auf den Boden. Im Zimmer wurde es noch heller: Die Beine leuchteten, an den Armen wurden die Haare und die Zeichnungen der Venen sichtbar. Kriwoscheïn stürzte in die Duschkabine und drehte den Hahn auf. Das kalte Wasser pfiff herab, floß, ihn ernüchternd, über Kopf und Körper, bildete auf der Gummimatte eine in phantastischen Farbtönen schimmernde Pfütze und machte ihn für die Augenblicke munter, die er brauchte, um seine Gedanken und seinen Willen zu konzentrieren.

Jetzt befehligte er einem Strategen gleich die Schlacht auf Leben und Tod in seinem Körper. Das Blut gurgelte in allen Arterien! Das rasende Klopfen des Herzens übertrug sich auf die Schläfen. Myriaden von Kapillaren wuschen aus jeder Zelle der Muskeln und Drüsen die beschädigten Moleküle und Teilchen heraus, entfernten sie aus der Lymphe; weiße Körperchen umhüllten sie blitzartig und sanft, zerlegten sie in einfache Stoffe und trugen sie in die Milz, in die Lungen, in die Leber, in die Nieren, schleuderten sie zu den Schweißdrüsen ... Die Knochengefäße abdecken! befahl er mit gedachten Empfindungen seinen Nerven, als ihm gerade noch rechtzeitig einfiel, daß sich die Radioaktivität auch im Knochenmark, das die Blutkörperchen bildete, festsetzen konnte.

Mehrere Minuten vergingen. Jetzt atmete er mit leicht schimmerndem Wasserdampf gemischte radioaktive Luft aus; er spuckte phosphoreszierenden Auswurf aus, in dem sich die zerstörten ratioaktiven Zellen des Gehirns und der Kopfmuskeln angesammelt hatten; er spülte sich grünliche Schweißtropfen von der Haut, und von Zeit zu Zeit urinierte er einen smaragdgrünen Strahl. Nach einer Stunde hörten die Ausscheidungen auf zu leuchten, aber noch immer stach es im ganzen Körper.

Drei Stunden verbrachte er in der Duschkabine. Er schluckte Unmengen von Wasser, wusch sich und entfernte alles Strahlengeschädigte aus seinem Organismus. Nach Mitternacht ging er ins Zimmer, taumelnd vor Schwäche und physischer Erschöpfung, stieß die leuchtenden Kleidungsstücke in den entferntesten Winkel und ließ sich aufs Bett fallen – nur schlafen! ...

Am nächsten Tag verspürte er ständig Durst. Er ging ins radiometrische Labor und strich mit dem Geigerzähler über seinen Körper – das Gerät reagierte normal, stellte nur vereinzelte radioaktive Teilchen fest.

»Mich trifft der Schlag! Wann hast du denn soviel abgenommen?« fragte erstaunt der Aspirant Netschiporow, dem er vor dem Vorlesungssaal begegnete.

... Ja, den Ergebnissen nach war das ein toller Versuch gewesen. Der Aspirant lächelte. Einer mehr als tödlichen Dosis hatte er standgehalten! Was aber die Durchführung anbelangte... nein, sich die Zeit mit solchen »Versuchen« zu vertreiben war etwas zu kostspielig. Dann sollte man es besser so machen wie das Original.

27. Juli. Die Doubles und Mißgeburten haben sich unheimlich vermehrt. Die normalen Kaninchen setze ich im Park aus, die Mißgeburten schmuggle ich in meinem Fußballköfferchen vom Gelände und bringe sie ans andere Dneprufer in den Roten Hain.

Das wär's also. Die Entdeckerfreude ist verflogen. Mich ekelt diese Verspottung der Natur schon an. Wenn es auch nur Kaninchen sind, so sind sie doch lebende Geschöpfe. Die einander verständnislos anglotzenden Augen an zwei auf einem Hals sitzenden Köpfen ... Brrr! Doch was soll's? Ich habe ein Verfahren zur Steuerung der biologischen Synthese entdeckt, habe es erprobt und ausgefeilt. Die Wissenschaft bringt letzten Endes Verfahren hervor und keine Konstruktionen, keine Stoffe, keine Gebrauchsgegenstände. Und kein einziger Forscher wird sich die Gelegenheit entgehen lassen, aus seinem Verfahren alles herauszuholen, was in ihm steckt.

Nebenbei bemerkt: Gestern tauchte auf der Speisekarte im Institutsspeiseraum ein neues Gericht auf: »Kaninchenbraten mit neuen Kartoffeln – 45 Kop.« Hm?! Wollen wir es für einen Zufall halten! Aber möglich ist auch eine solche Anwendung der Entdeckung: Kaninchen und Kühe für die Fleischgewinnung vermehren, die Rasse verbessern ... Bei industriemäßiger Produktion würde sich das wahrscheinlich als vorteilhafter erweisen als die übliche Viehaufzucht ...

Morgen werde ich zu den Versuchen der Synthese des Menschen zurückkehren. Die Methodik ist klar, also gibt es keinen Grund, die Sache auf die lange Bank zu schieben. Und doch wird mir schon beim Gedanken daran flau in der Magengegend. Zur Synthese des Menschen zurückkehren ... Das Double entstand ganz von allein und überraschend, wie es im Leben manchmal so zugeht; aber einen Menschen bewußt herzustellen wie ein Kaninchen ist etwas anderes. Im Grunde genommen werde ich nicht »zurückkehren«, sondern anfangen ...

Was für ein Wesen ist er nur, der Mensch, daß ich mit ihm nicht genauso friedlich und ruhig arbeiten kann wie mit den Kaninchen?

Wollen wir uns mal die richtigen Maßstäbe ins Gedächtnis rufen! Die Sternwolke der Metagalaxis schwimmt irgendwo im dunklen Raum. Ein linsenförmiges Staubkörnchen in ihr ist unsere Milchstraße. An ihrem Rand die Sonne, um sie herum die Planeten. Auf einem von ihnen – nicht dem größten und nicht dem kleinsten – leben Menschen. Dreieinhalb Milliarden. Ließe man alle Menschen im Karree antreten, könnte man die ganze Menschheit vom Eiffelturm aus überschauen. Legte man sie übereinander, erhielte man einen Würfel mit einer Kantenlänge von einem Kilometer, mehr nicht. Ein Kubikkilometer lebende und denkende Materie, im Maßstab des Weltalls gesehen nur ein Molekül . . . Was soll's also?

Das Dumme ist nur, daß ich selber ein Mensch bin. Einer von ihnen. Nicht der geringste, nicht der höchste, nicht der klügste, doch auch nicht der dümmste, weder der Erste noch der Letzte, doch wie es scheint alles in einer Person. Und ich fühle mich für alle verantwortlich.

Zehntes Kapitel

Bei der Sorge um den Nächsten ist es das wichtigste, des Guten nicht zuviel zu tun.

Ingenieur K. Prutkow,
Sentenz Nr. 33

29. Juli. Von Gebern umringt, hocke ich in der Informationskammer, den Monomachhelm auf dem Kopf. Ich schreibe ins Tagebuch, weil ich nichts anderes zu tun habe. Diese Woche muß ich in der Kammer auch übernachten, auf dem Klappbett.

So hocke ich also da und grüble vor mich hin.

Da haben wir also den Menschen, die höchste Form der lebenden Materie.

Ein Gerippe aus röhrenförmigen Knöchelchen, geschmeidige Eiweißklümpchen, in die das eingeschlossen ist, was die Wissenschaftler und Ingenieure zu analysieren und in logischen Schaltbildern und elektronischen Modellen zu reproduzieren versuchen – das Leben, dieses komplizierte, unablässig tätige und sich unablässig verändernde System. Millionen Informationsbits dringen jede Sekunde über die Nervenendigungen der Augen, der Ohren, der Haut und der Zunge in das System ein und verwandeln sich in elektrische Impulse. Verstärkt man sie, kann man in einem elektrodynamischen Lautsprecher das charakteristische »drr-r . . . dr-r . . .« vernehmen. Die Bioniker haben es mir einmal demonstriert. Die MG-Salven der Impulse verstreuen sich auf die Nerven, verstärken sich oder unterdrücken einander, summieren sich und bleiben in den Molekularzellen des Gedächtnisses stecken. Ein gewaltiger Verteiler – das Hirn – sortiert sie, vergleicht sie mit den chemischen Aufzeichnungen des internen Programms, in dem alles enthalten ist – Träume und Wünsche, Pflicht und Ziel, Selbsterhaltungstrieb und Hunger, Liebe und Haß, Gewohnheiten und Wissen, Aberglaube und Neugier –, und faßt die Befehle für die Vollzugsorgane ab. Und die Menschen sprechen, laufen, küssen einander, schreiben Gedichte und Denunziationen, fliegen in den Weltraum, kratzen sich am Hinterkopf, schießen, drücken auf Knöpfe, erziehen Kinder, grübeln ...

Was aber ist die Hauptsache?

In mir zeichnet sich ein Verfahren zur gesteuerten Synthese des Menschen ab. Man kann eine zusätzliche Information eingeben und dadurch Form und Inhalt des Menschen verändern. So wird es sein, darauf läuft alles hinaus. Aber welche Information soll man eingeben? Welche Korrekturen vornehmen? Angenommen, die Maschine synthetisiert mich (um so mehr, als das ja auch der Fall ist): Was möchte ich an meiner Person korrigieren?

Auf Anhieb kann ich das gar nicht mal sagen, ich habe mich an sie gewöhnt. Die Personen in meiner Umgebung interessieren mich viel mehr als meine eigene Person. Ja, so sind wir alle. Wir wissen recht gut, was wir von den Menschen um uns wollen: Sie sollen uns nicht das Leben vergällen. Aber was wollen wir von uns selber?

Gestern hatte ich folgendes Gespräch: »Sag mal, Lena, was für einen Sohn hättest du gern?«

»Wie bitte? Wie soll ich das verstehen?«

»Na ja, wie hättest du gern, daß er beispielsweise als erwachsener Mann aussieht?«

»Er sollte gut aussehen, gesund, klug und begabt sein ... ehrlich und gut. Etwa deine Größe sollte er haben ... nein, lieber ein bißchen größer! Er sollte Geiger werden, und ich ginge dann in seine Konzerte. Und aussehen sollte er wie ... Du lieber Gott, was fällt dir eigentlich ein? Ah, ich verstehe: Du hast dich entschlossen, mir einen Heiratsantrag zu machen! Wirklich? Wie interessant! Na, dann schieß mal los. Nicht ausgeschlossen, daß ich ihn annehme. Na?!«

»Hm ... so habe ich das nicht gemeint, nur ganz allgemein ...«

»Ach, allgemein! Ein abstrakter Sohn also, ja?«

»Genau das.«

»Dann solltest du diese Frage besser mit einer abstrakten Frau besprechen und nicht mit mir!«

Frauen fassen alles erstaunlich konkret auf.

Übrigens, sie hat gesagt – er soll klug sein. Das ist wichtig.

Das logische Denken funktioniert bei den Menschen viel schlechter als bei elektronischen Systemen. Die Geschwindigkeit der Informationsverarbeitung ist geradezu erbärmlich – 15 bis 20 bit in der Sekunde –, weshalb man hin und wieder auch »Verzögerungsleitungen« dazwischenschalten muß. Frag einen Menschen urplötzlich etwas Komplizierteres als »Wie spät ist es?«, und zur Antwort wirst du bekommen: »Wie bitte?« oder »Was ist?« Das bedeutet nicht, daß der Gesprächspartner schwerhörig wäre. Aber in der Zeit, in der du die Frage wiederholst, überlegt er fieberhaft, was er antworten soll. Bisweilen reicht auch diese Zeit nicht aus, und dann hört man: »Hm ... Wissen Sie ... äh, äh ... Wie soll ich sagen ... Kommt darauf an, wie ...«

Ausspannen, raus an die Luft! Sonst werde ich noch ganz steif.

Der Morgen ähnelt der Melodie einer Geige. Frisches Grün, der Himmel ist blau, die Luft rein.

Dort drüben schlendert der Schlosser Pascha Pupkin – ein Saufbruder und Spitzbube – durch den Park zu den Institutsgaragen; tapfer trägt er auf seinen abfallenden Schultern die Last seines Namens. Jetzt werde ich's an ihm überprüfen!

»Sag, Pascha, was wünschst du dir vom Leben an einem solchen Morgen?«

»Ah, Valentin Wassiljewitsch!« Als hätte der Schlosser diese Frage erwartet, maß er mich mit einem begeisterten, durchdringenden Blick. »Ihnen will ich's anvertrauen: zehn Rubel bis zum Zahltag! Sie kriegen sie bestimmt zurück!«

In meiner Verwirrung holte ich einen Zehnerschein heraus und gab ihn Pascha. Erst hinterher fiel mir ein, daß Pascha niemals jemandem was zurückgezahlt hat.

»Besten Dank, Valentin Wassiljewitsch, das werde ich Ihnen nie vergessen!« Eilig steckte Pupkin das Geld ein. Sein aufgedunsenes Gesicht drückte Bedauern darüber aus, daß er nicht um mehr gebeten hatte. »Und was wünschen Sie sich vom Leben an diesem Morgen?«

»Hm ... na, eigentlich ... Weißt du ... na ja, zumindest, daß ich mein Geld auch wiederkriege.«

»Bei mir ist es doch gut aufgehoben!« – damit schritt Pascha von dannen.

Was ist mit mir los? Gibt es in meinem logischen Denken etwa eine schwache Stelle? Merkwürdig: Mein Nervensystem verarbeitet jede Sekunde einen ganzen Niagarafall von Informationen, mit seiner Hilfe vollführe ich die kompliziertesten, bei Maschinen undenkbaren Bewegungen (ich schreibe beispielsweise), aber wenn mir zur rechten Zeit ein Gedanke kommen soll ... Kurz gesagt, der Maschine muß eine Information eingegeben werden, wie man klug und aufgeweckt wird. Wenn es mir schon nicht in die Wiege mitgegeben wurde, dann soll sich wenigstens das neue Double freuen. Soll er doch klüger sein als ich, er wird mich schon nicht reinlegen.

3. August. Um der Maschine eine Information eingeben zu können, muß man erst mal eine haben. Aber ich habe keine.

Jetzt verbringe ich meine Zeit abwechselnd in der Informationskammer und in der Bibliothek. Mindestens eine Tonne Literatur habe ich gewälzt – nichts.

Man könnte das Gehirnvolumen des Doubles vergrößern, was nicht weiter schwierig wäre: Ich würde ja das Entstehen des Gehirns mit ansehen. Aber zwischen dem Gewicht des Gehirns und dem Verstand des Menschen besteht kein Zusammenhang: Das Gehirn von Anatole France wog ein Kilo, das Turgenjews zwei, und das Gehirn eines Kretins brachte es fast auf drei Kilo: zwei Kilo und achthundertfünfzig Gramm.

Man könnte die Oberfläche der Hirnrinde vergrößern, die Zahl der Windungen erhöhen; auch das wäre nicht schwierig. Doch auch zwischen der Anzahl der Windungen und dem Intellekt besteht kein Zusammenhang. Eine Drossel hat weit mehr Windungen als der Orang-Utan, unser nächster Verwandter. Da siehst du, was es mit dem Vogelgehirn auf sich hat.

Ich weiß, womit der Verstand des Menschen zusammenhängt: mit einer raschen Funktion unserer Nervenzellen, das ist absolut klar. Für die elektronischen Maschinen ist eine hohe Arbeitsgeschwindigkeit von größter Bedeutung. Schafft es eine Maschine nicht, ihre Aufgabe zu lösen, ehe der Treibstoff in der startenden Rakete verbrennt, dann saust die Rakete, Purzelbäume schlagend, zur Erde zurück, anstatt die vorgesehene Flugbahn zu erreichen.

Wir machen die meisten Dummheiten auf analoge Weise. Wir schaffen es nicht, eine Aufgabe in der geforderten Zeit zu lösen, wir können nicht schnell genug schalten. Die Aufgaben im Leben sind nicht einfacher als die Aufgabe, eine Rakete auf die vorausberechnete Flugbahn zu bringen. Zeit ist immer knapp. Schon allein der Gedanke daran ist schrecklich, wie viele Dummheiten in der Welt allein deshalb gemacht werden, weil wir in der Sekunde nur zwei Zehntel und nicht zweihundert bit einer logischen Information verarbeiten können.

Was folgt daraus? Es gibt unzählige Aufsätze, Berichte und Monographien über die Vervollkommnung der Logik und die Beschleunigung der Funktion einer Rechenmaschine (obwohl ihre Arbeitsgeschwindigkeit bereits annähernd 10 Millionen Operationen pro Sekunde beträgt), doch nichts über die Verbesserung der Logik und der Arbeitsgeschwindigkeit des menschlichen Denkens. Der Schuster geht barfuß.

So betrüblich das auch ist, dieses Vorhaben muß auf bessere Zeiten verschoben werden.

Der Aspirant Kriwoschein rieb sich nachdenklich den Hals. Ja, in der Tat ... Über dieses Problem hatte er noch nicht nachgedacht, vielleicht deshalb nicht, weil er von seinem Aspirantenstipendium schwerlich noch was verpumpen konnte, er hatte sich lediglich mit der Vervollkommnung seines Gedächtnisses befaßt, und auch das ganz zwangsläufig, weil er ja vorwiegend mit seiner Umwandlung beschäftigt gewesen war. Nach Abschluß dieses Versuchs hatte die nicht mehr benötigte Information die neue Arbeit behindert, und er mußte sich das gesteuerte Vergessen zu eigen machen, mußte in der Hirnrinde alle unwichtigen Einzelheiten der neuen Kenntnisse »auslöschen«, die man besser von neuem durchdachte, als daß man sie sich merkte.

Doch das hier war etwas ganz anderes. Über die logische Schnellwirkung des Gehirns hatte er nicht nachgedacht. Er hatte sich so sehr in die Biologie hineingekniet, daß er sogar vergessen hatte, warum er zu ihr gekommen war: als Ingenieur für Systemologie, um neue Möglichkeiten im Menschen ausfindig zu machen. Also hatte nicht er die Arbeit gelenkt, sondern die Arbeit hatte ihn mitgerissen? Er hatte bloß das getan, was gerade angefallen war. »Die Welt wird ein schlechtes Ende nehmen, wenn sich jeder nur mit dem beschäftigt, was gerade anfällt«, hatte Androssiaschwili einmal gesagt. Sehr einleuchtend!

Diesem Problem ist schwer beizukommen: Im Menschen wird die Information von Ionen transportiert, von ihnen kann man so hohe Arbeitsgeschwindigkeiten erwarten wie von den schnellen und leichten Elektronen eines Rechners ... He, ich will mich doch nicht etwa rechtfertigen? Der Mensch kann komplizierte Aufgaben sehr schnell lösen: sich bewegen, arbeiten oder sprechen, doch bezüglich der Logik hat er einfach zu wenig biologische Erfahrung. Die Tiere brauchten im Evolutionsprozeß nicht zu denken, sie mußten in allen Situationen etwas unternehmen: beißen, heulen, springen, kriechen – und je schneller, desto besser. Ja, wenn die Tiere im Kampf ums Dasein Systeme von Gleichungen lösen, diplomatische Gespräche führen, Handel treiben und die Welt durchdenken müßten ... Kaum vorstellbar, welche Logik sich bei ihnen entwickelt hätte! Hier muß man ansetzen, weitersuchen ...

4. August. Das Flackern der Lämpchen am Steuerpult der ZWM-12 hat sich beruhigt. Das bedeutet, die Information über meine Person ist restlos in der Muttermaschine gespeichert. Wo stecken sie jetzt, meine Träume, meine Gedanken, meine Charakterfehler, die Struktur meines Darms und mein einzigartiges Äußeres – in den Würfeln des »Magnetspeichers«? In den Zellen des Kristallblocks? Oder haben sie sich in der goldfarbenen Flüssigkeit des Versuchsbeckens aufgelöst? Ich weiß es nicht, und es ist auch nicht so wichtig.

Morgen mache ich eine Reproduktionsprobe. Nur eine Probe, mehr nicht.

5. August. 14.05 Uhr – Es geht! Im Becken in der Flüssigkeit von der Farbe des Sonnenlichts nahm ein neues gespenstisches »Ich« Gestalt an. Das gleiche Bild wie bei der Entstehung eines Kaninchens, bloß bildete sich gleichzeitig mit dem Kreislaufsystem im oberen Teil des Beckens ein verschwommener gräulicher Klumpen; aus ihm formte sich später das Gehirn. Das Gehirn, für das ich keine verbessernde Information auf Lager habe. Das Fleisch ist willig, aber der Geist ist schwach ...

Gegen vier Uhr nachmittags hatte sich das neue Double in das nichttransparente Stadium vergegenständlicht; Turnhose und Turnhemd zeichneten sich an ihm ab ...

Wenn mir vor einem halben Jahr jemand gesagt hätte, Fragen von Leben und Tod, der Moral und der Strafgesetzgebung würden in die Methodik meiner Versuche Eingang finden, wäre ein solcher Geistesblitz vor mir wohl kaum richtig eingeschätzt worden, heute aber stand ich am Becken und dachte: Gleich wird er sich beleben, wird aus der Flüssigkeit auftauchen ... Wozu? Was werde ich mit ihm anfangen?

»In der Maschine existierte ich schon vor dem Auftauchen«, hat Double I gesagt. »Ich war du.«

Er war mit seinem Los nicht zufrieden, und auch mit diesem hier werden nun die Tücken eines gemeinsamen Lebens beginnen: Meinungsverschiedenheiten wegen Lena, die Angst, zusammen ertappt zu werden, das Problem Couch oder Klappbett ... Aber was die Hauptsache ist: Das ist nicht das, was ich mir von einem neuen Versuch erhoffe. Ich will die gesteuerte Synthese des Menschen durchführen, und das hier ist nur eine Probe. Die Probe ist geglückt: Die Maschine reproduziert mich. Nun muß ich weitergehen.

Wenn ich ihn mit dem Kommando »NEIN!« auflöse, ist das dann der Tod? Wessen Tod, mit Verlaub? Meiner? Nein, ich lebe. Des Doubles im Becken? Aber das existiert ja noch gar nicht.

Sind meine Experimente nicht eigentlich strafwürdig? Wenn ich in jedem Versuch Doubles von mir herstelle, ist das nicht Amtsmißbrauch?

Das Gewissen ist wohl eher eine Schwäche des Charakters. In unserer modernen Welt ziehen die Menschen im Namen von Ideen und politischen Zielen aus, um zu töten und zu sterben, oder sie schicken andere, das zu tun. Es gibt Ideen und Ziele, die so etwas rechtfertigen. Auch ich habe eine große Idee und ein großes Ziel: ein Verfahren zu entwickeln, das den Menschen und die menschliche Gesellschaft besser macht; um seinetwillen werde ich, wenn nötig, auch mich selbst nicht schonen. Warum also sträube ich mich, im Interesse meiner Arbeit »NEIN!« zu befehlen? Wenn man einmal so was übernommen hat, muß man hart sein.

Dies um so mehr, als das ja gar kein richtiger Tod ist. Der Tod ist das Verschwinden der Information über einen Menschen, in der Muttermaschine aber verschwindet die Information nicht, sondern geht lediglich aus einer Form (elektrische Impulse und Potentiale) in eine andere, den Menschen, über. Ich kann jederzeit auf Bestellung ein neues Double liefern ...

Das alles ging mir durch den Kopf, noch bevor sich die an das Becken angeschlossenen Schläuche rhythmisch zu kontrahieren begannen, um die überflüssige Flüssigkeit abzusaugen. Jetzt setzte ich den Helm auf und befahl der Maschine »NEIN!«.

Ein unschöner Anblick: Ein Mensch war da, und nun löst er sich auf. Mir ist nicht ganz wohl dabei ... Macht nichts, lieber Freund, hab's nicht so eilig. Ich werde dich so hinkriegen, daß es eine Freude ist. Zwar kann ich dir nicht mehr Geist mitgeben, als ich selbst habe, aber dein Äußeres werde ich dir so hinzaubern, daß dir die Spucke wegbleibt. Schließlich steckt in uns beiden eine Vielzahl von Mängeln: O-Beine, zu breite und zu dicke Hüften, krummer Rücken, ein Rumpf wie ein Holzklotz, viel zu starke Behaarung auf Beinen, Brust und Rücken, Segelohren und Kinnladen, die meinem Gesicht einen ausgesprochen idiotischen Ausdruck verleihen, und Stirn und Nase ... nein, wenn ich selbstkritisch sein will, muß ich schon sagen, daß mit einem solchen Äußeren wirklich nicht viel Staat zu machen ist!

6. August. Zweite Probe – von Stunde zu Stunde wird es schwieriger! Heute hatte ich die Absicht, das Äußere des neuen Doubles in einem Zuge zu korrigieren, und geriet dabei so durcheinander, daß ich das Ganze am liebsten aus meinem Gedächtnis verbannt hätte.

Als ich den Versuch begann, wußte ich genau, was an meiner Person »DAS NICHT« war (im Grunde genommen ist alles nicht das Richtige, wenn man es verändern kann). Aber was ist »DAS«? In den Versuchen mit den Kaninchen war das Kriterium für »DAS« alles gewesen, was mir richtig erschienen war. Aber der Mensch ist kein Kaninchen; wenn man auch sagt, zwei Köpfe sind klüger als einer, faßt das wohl niemand im biologischen Sinne auf.

Als nach dem Befehl »ES GEHT!« die Gestalt des neuen Doppelgängers entstand und sich die halbtransparenten fliederblauen Bauchmuskeln mit einer gelben Fettschicht zu bedecken begannen, gab ich das Signal »DAS NICHT!«. Die Maschine fügte sich meinen Vorstellungen und löste das Fettgewebe dort auf, wo ich es sah: an Bauch und Hals. Am Rücken und an den Hüften aber blieb das Fett. Ich merkte es nicht gleich, weil ich gerade dabei war, das Gesicht zu korrigieren. Mit meiner Vorstellung verlieh ich der Stirn des Doubles eine edle Form, doch als ich mir das Profil betrachtete, packte mich das kalte Grausen: der Hinterkopf ging vom Nacken aus platt nach oben! Außerdem paßte die Stirn überhaupt nicht zum Gesicht.

Kurz, ich kam ins Schwimmen. Die Maschine nahm das richtig als kontinuierliches »DAS NICHT!« wahr und löste das Double auf.

Ich war in eine Sackgasse geraten. »DAS« ist zweifellos die Schönheit des menschlichen Körpers, klassische Vorbilder gibt es genug. Aber im Verlauf einer zweistündigen Synthese das Double in einen Adonis mit antiken Formen zu verwandeln – das war weder mir noch dem qualifiziertesten Bildhauer vom Verband der Bildenden Künstler der UdSSR möglich! Die einzige Hoffnung bestand darin, daß sich die Maschine alle an dem Double vorgenommenen Veränderungen merken würde.

Da befahl ich noch einmal »ES GEHT!«. Jawohl, die Muttermaschine hatte sich alles gemerkt: Meine dilettantischen Korrekturen an dem Double waren erhalten geblieben. Nun war die Sache schon einfacher. Ich konnte in so vielen Sitzungen arbeiten, wie ich benötigte.

In dieser Sitzung entfernte ich endgültig das überflüssige Fett vom Körper des Doubles. Das Bäuchlein verschwand, es deutete sich sogar eine Taille an, der Hals erhielt klare Umrisse. Für den Anfang war das genug. »NEIN!« Alles löste sich auf, und ich eilte in die Stadtbibliothek.

Gleich darauf blätterte ich im Atlas der plastischen Anatomie von Prof. G. Gizesku (weitere vier reich illustrierte Bücher über die Kunst der Renaissance hatte ich noch in Reserve), drang in die Proportionen des menschlichen Körpers ein und schneiderte dem Double ein Äußeres zurecht wie einen Maßanzug. Die Kanons von Leonardo da Vinci und Dürer, die Proportionen von Schmidt-Fritsch ... Wie ich herausfand, müssen sich bei einem richtig proportionierten Mann die Gesäßbacken genau in halber Körperhöhe befinden. Wer hätte das gedacht!

Mein Gott, was so ein armer Ingenieur alles machen muß!

Ich wählte den Farnesischen Herakles als Grundlage, nicht zuletzt deswegen, weil er im Atlas von allen Seiten abgebildet war.

14. August. 12 Proben, und alles nicht das Richtige. Zu plump, zu vulgär. Mal war ein Bein kürzer als das andere, mal waren die Arme unterschiedlich lang. Stop: Vielleicht sollte man das Double lieber nach den Proportionen des Dürerschen Adam schaffen.

20. August. Die Proportionen sind da. Aber mit dem Gesicht ist's zum Heulen. Ein augenloser, toter Blinder mit den Zügen Kriwoscheïns. Rotbraunes Marmorgelock anstelle der Haare. Kurz – heute kam das 21. »NEIN!«.

Etwas Vorsichtiges und Mißtrauisches in mir fragt ständig: Ist »DAS« richtig? Das Verfahren, das du jetzt entwickelst, ist es richtig?

Meiner Meinung nach ja. Zumindest ist es ein Schritt in dieser Richtung. Einstweilen gebe ich zur Synthese des Menschen nur eine Information von hoher Qualität über seinen Körper ein, doch auf die gleiche Weise kann man (mit der Zeit werden wir schon draufkommen, wie man das macht) die Muttermaschine auch mit jeder beliebigen von der Menschheit gesammelten Information über die besten menschlichen Eigenschaften speisen. Dann wird man nicht nur äußerlich schöne Menschen schaffen, sondern Menschen, die auch in ihren geistigen und seelischen Eigenschaften schön und stark sind. In den Menschen ist das Gute gewöhnlich mit dem Schlechten gepaart. Der eine ist klug, aber willenlos, der andere hat einen starken Willen, gebraucht ihn aber aus Dummheit und Unwissenheit für blödsinniges Zeug, während ein dritter sowohl klug als auch willensstark und gutmütig ist, doch um seine Gesundheit steht es nicht zum besten. Nach diesem Verfahren aber wird es möglich sein, alles Schlechte über Bord zu werfen und im Menschen nur die besten Eigenschaften zu synthetisieren.

»Synthetischer Ritter ohne Furcht und Tadel«, das mag fürchterlich klingen, aber schließlich und endlich, was macht es schon aus, ob synthetisch oder natürlich? Wenn's nur möglichst viele von dieser Sorte gibt! Eigentlich kenne ich solche »Ritter« nur aus Büchern und Filmen, und dabei werden sie im Leben so dringend gebraucht. Alle könnten sie ihren Platz und Arbeit finden und bewirken, daß die Dinge in der Welt besser laufen.

28. August. Es geht! Ach, diese Unglückswürmer, die da verversuchen, mit Pinsel oder Meißel die Schönheit und die Kraft eines lebendigen Menschen in totem Werkstoff festzuhalten! Da ist er, mein Pinsel: eine elektronisch-chemische Maschine, die Verlängerung meines Gehirns, meiner Phantasie, und ich – ein Ingenieur, kein Künstler! – reproduziere, ohne einen Finger zu rühren, mit der Kraft des Gedankens die Schönheit des Lebenden in lebendigem Material.

Die eleganten und exakten Proportionen des Dürerschen Adam, die reliefartig hervortretende Muskulatur des Herakles und ein angenehmes Gesicht... Noch zwei bis drei kleinere Korrekturen, dann ist es soweit.

1. September. Heute ist der Tag seiner Geburt! Auf ins Labor. Hosen für ihn habe ich, ein Hemd und Schuhe auch. In den Koffer damit! Die Filmkamera nicht vergessen! Ich werde die Entstehung des großartigen Doubles aufnehmen. Ich genieße schon im voraus, welche Erschütterung der Geister später mal die Vorführung diese Amateurfilms auslösen wird!

Gleich werde ich dort sein, den Monomachhelm aufsetzen und gedanklich befehlen ... Ach, zum Teufel, ich werde mit kräftiger, schöner Stimme wie einst der Gott Zebaoth in einer ähnlichen

Situation sagen: »Es werde! Erscheine, Double Adam-Herakles-Kriwoscheïn!«

Und Gott sah an, was er gemacht hatte, und siehe, es war wohlgetan ...

Natürlich bin ich nicht Gott, einen ganzen Monat habe ich gebraucht, um einen Menschen zu schaffen, während er es an einem verkürzten Werktag, einem Sonnabend, schaffte. Aber kann man das Arbeit nennen?

Elftes Kapitel

Der Mensch hat sich stets für klug gehalten, sogar als er noch auf allen vieren ging und seinen Schwanz rollte wie einen Teekannenhenkel. Um klug zu werden, muß er sich wenigstens einmal wie ein richtiger Dummkopf vorkommen.

Ingenieur K. Prutkow,
Sentenz Nr. 29

An der folgenden Tagebucheintragung verblüffte den Aspiranten Kriwoschein die kraklige, veränderte Handschrift.

6. September. Das habe ich nicht gewollt... Wirklich! Ich muß es hinausschreien: Das habe ich nicht gewollt! Ich hatte mir solche Mühe gegeben, damit er gut gerate... ohne Fehl und Tadel, sogar nachts hatte ich schlaflos mit geschlossenen Augen dagelegen, hatte mir den Körper des Herakles und dann den des Adam in allen Einzelheiten vorgestellt und festgelegt, welche Veränderungen ich an dem Double vornehmen wollte.

In einer Sitzung war das nicht zu schaffen, darum löste ich ihn wieder auf. Man kann doch keinen Krüppel mit verschieden langen Armen und Beinen herumlaufen lassen. Ich habe doch nicht gewußt, daß ich ihn bei jedem Auflösen tötete. Woher hätte ich das auch wissen sollen.

... Sobald die Flüssigkeit seinen Kopf und seine Schultern freigab, stemmte sich das Double mit den kräftigen Armen auf den Beckenrand und sprang heraus. Ich ließ gerade die Filmkamera laufen, um den historischen Augenblick des Auftauchens eines Menschen aus einer Maschine festzuhalten. Doch das Double fiel heiser schluchzend und winselnd vor mir auf den Linoleumboden. Rasch beugte ich mich zu ihm hinab.

»Was hast du?«

Er umklammerte mit seinen klebrigen Händen meine Beine, preßte seinen Kopf an sie und küßte meine Hände, als ich versuchte, ihn aufzuheben.

»Bring mich nicht um! Bring mich nicht mehr um! Warum hast du mir das angetan? Tu es nie wieder! Fünfundzwanzigmal ... fünfundzwanzigmal hast du mich umgebracht ...«

Aber ich hatte doch keine Ahnung davon. Ich konnte doch nicht wissen, daß sich sein Bewußtsein bei jeder Probe belebte. Er hat miterlebt, wie ich seinen Körper kreuz und quer zerschnitt, wie ich mit ihm anstellte, was mir gefiel; er konnte sich nicht dagegen wehren. Auf mein Kommando »NEIN!« löste sich zuerst sein Körper auf, dann erst erlosch das Bewußtsein. Warum hat dieser künstliche Idiot nur nichts davon gesagt, daß das Bewußtsein früher funktioniert als der Körper?

»Ach verdammt!« murmelte der Aspirant verstört. »Ja, in der Tat, das Gehirn stellt erst ganz zuletzt seine Funktion ein ... Moment mal, wann war das?« Er blätterte zurück, sah die Daten durch und seufzte erleichtert auf: Nein, ihn traf keine Schuld. Im August und im September hätte er noch nichts sagen können, denn damals hatte er es selbst noch nicht gewußt. Hätte er selber diesen Versuch durchgeführt, ihm wäre der gleiche Fehler unterlaufen.

... Und so entstand ein Adonis mit klassischem Körperbau und der gebrochenen Psyche eines geprügelten Sklaven. Ein feiner »Ritter ohne Furcht und Tadel« ...

Nun spute dich, such die Schuldigen, du Abschaum: Hast es nicht gewußt, hast dir alle Mühe gegeben? War es nicht auch Ehrgeiz? Hast du dich nicht als Gott gefühlt, der über den Wolken in einem inventarisierten Ledersessel thront? Als Gott, von dessen Launen und Stimmungen es abhängt, ob ein Mensch entsteht oder sich auflöst, ob er sein oder nicht sein soll. Hast du etwa nicht so etwas wie intellektuelle Wollust verspürt, als du der Muttermaschine immer von neuem die Kommandos »ES GEHT!«, »DAS NICHT!« und »NEIN!« erteiltest?

Wie er ging und stand, versuchte er aus dem Labor zu entfliehen, einfach abzuhauen, nur mit Mühe und Not konnte ich ihn dazu bewegen, sich zu waschen und anzuziehen. Er zitterte am ganzen Leibe. Davon, daß er mit mir im Labor arbeiten würde, konnte nicht die Rede sein.

Fünf Tage wohnte er bei mir, fünf schreckliche Tage. Ständig hoffte ich, er würde sich fangen, würde zur Besinnung kommen. Doch keine Spur. Körperlich war er gesund, er wußte alles, konnte sich an alles erinnern – die Muttermaschine hatte ihm gewissenhaft meine Information, meine Kenntnisse, mein Gedächtnis mitgegeben, doch wurde das alles überdeckt durch das weder seinem Willen noch seinen Gedanken unterworfene Entsetzen über das Erlebte. Sein Haar war gleich am ersten Tag durch die Erinnerung daran ergraut.

Vor mir hatte er eine unüberwindliche Angst. Wenn ich nach Hause kam, sprang er sofort auf und nahm eine demütige Haltung an. Sein Gladiatorenrücken krümmte sich, seine Arme mit den mächtigen Muskelpaketen hingen kraftlos herab, als bemühte er sich, weniger zu werden. Und die Augen erst ... Sie bettelten flehentlich um Vergebung für etwas, was es gar nicht gegeben hatte. Das Ganze war mir schrecklich und peinlich zugleich. Nie hatte ich bei einem Menschen solchen Ausdruck in den Augen gesehen.

Heute nacht jedoch, etwa gegen vier Uhr ... Ich kann nicht sagen, was mich geweckt hatte. An der Decke hing der graublaue Schein der Straßenlaternen. Das Double Adam stand über mich gebeugt, mit der Hantel zum Schlag gegen mein Kopf ausholend. Ich sah ganz deutlich, wie sich die Muskeln des rechten Armes zum Schlag spannten. Einige Sekunden lang starrten wir einander reglos an, dann kicherte er wie ein Geisteskranker und verzog sich. Die bloßen Füße schlurften über das Parkett.

Ich setzte mich auf und schaltete die Deckenlampe ein. Er hatte sich vorm Schrank auf den Fußboden gehockt und den Kopf zwischen die Knie gesteckt. Seine Schultern und die Hantel in seiner Hand zitterten.

»Was machst du nur für Sachen?« fragte ich ihn ärgerlich. »Wenn du schon ausgeholt hast, hättest du auch zuschlagen müssen, dann wär dir jetzt bestimmt leichter ums Herz.«

»Ich kann es nicht vergessen«, murmelte er schluchzend mit dumpfer Stimme, »versteh doch, ich kann es nicht vergessen, wie du mich umgebracht hast ... fünfundzwanzigmal! ...«

Ich zog die Tischschublade auf, legte meinen Paß, das Ingenieurdiplom und alles Geld, das da war, heraus und rüttelte ihn an der Schulter.

»Steh auf! Zieh dich an und geh! Fahr irgendwohin, richte dich ein, arbeite, lebe! Wenn wir zusammenbleiben, wird aus uns nichts. Du findest keine Ruhe und ich auch nicht. Ich habe keine Schuld! Kannst du denn nicht begreifen, daß ich das vorher nicht gewußt habe?! Ich tat, was vor mir noch nie jemand getan hat, konnte ich da etwas wissen?! Ein Mensch kann als Mißgeburt oder als Geistesgestörter auf die Welt kommen, er kann auch nach einer Krankheit, nach einem Unfall ein Krüppel oder ein Idiot werden, doch niemandem wird in so einem Fall die Schuld aufgebürdet, niemandem wird mit einer Hantel der Schädel eingeschlagen! Wärst du an meiner Stelle gewesen, dir wäre das gleiche passiert, denn du bist ich. Begreifst du denn das nicht?!«

Zitternd zog er sich an die Wand zurück. Das ernüchterte mich.

»Entschuldige. Nimm meine Papiere, ich werde hier schon ohne sie auskommen. Sieh mal«, ich schlug den Paß auf, »auf dem Foto gleichst du mir sogar mehr als ich mir selbst. Anscheinend war auch der Fotograf bemüht, meine Physiognomie zu verbessern. Nimm das Geld, den Koffer, Kleidung, und ab mit dir in die Freiheit. Wirst allein leben, wirst arbeiten, vielleicht wirst du dann zu dir selbst finden.«

Vor zwei Stunden ist er gegangen. Wir haben ausgemacht, daß er mir von dort, wo er sich niederlassen wird, schreibt. Er wird nicht schreiben ...

Dennoch ist es gut, daß er versucht hat, mich umzubringen. Er ist also kein Sklave, er empfindet das ihm zugefügte Unrecht. Vielleicht kommt bei ihm doch noch alles ins Lot.

Und ich sitze da, kann keinen einzigen Gedanken fassen. Ganz von vorn muß ich anfangen. Oh, Natur, wie bist du doch hinterhältig! Machst dir einen Spaß daraus, dich über unsere Pläne lustig zu machen! Erst verleitest du einen, und dann ...

Schluß damit! Suchst ja nur einen Schuldigen! Die Natur hat damit gar nichts zu tun, sie ist nur elementar beteiligt. Alles andere geht auf deine Kappe, daran gibt es nichts zu deuteln.

Der Wecker hat geklingelt: Viertel acht, Zeit aufzustehen, sich zu waschen, zu rasieren und zur Arbeit zu gehen. Die trübe Sonne steht über den Häusern, der Himmel ist verhangen, schmutzig wie eine angegraute Gardine. Der Wind wirbelt Staub auf, schüttelt die Bäume, bläst durch die Balkontür. An der Haltestelle vorm Haus saugt der Bus die Menschen ein. Neue sammeln sich an, und in allen Gesichtern steht die gleiche Sorge: Nur nicht zu spät zur Arbeit kommen!

Auch ich muß zur Arbeit. Gleich werde ich im Labor sein, werde das Ergebnis des mißglückten Experiments eintragen und mich mit Schlagworten trösten – »Aus Fehlern wird man klug« oder »In der Wissenschaft gibt es keine gebahnten Wege« ... Dann werde ich den nächsten Versuch starten. Wieder werde ich mich irren, nicht Prototypen schaffen, sondern Menschen zu Krüppeln machen. Ein in sich selbst verliebter, Träumen nachhängender Kretin, gewappnet mit der modernsten Technik!

Der Wind schüttelt die Bäume ... Alles gehört der Vergangenheit an: die Tage des Suchens und der Entdeckungen, die Abende des Nachdenkens, die Nächte des Träumens. Und nun bist du angebrochen, klarer, kalter Morgen, der klüger ist als der Abend. Erbarmungsloser Morgen. Wahrscheinlich gehen gerade um diese nüchterne Tageszeit Frauen, die in der Nacht von einem Kind geträumt haben, hin und lassen sich eine Schwangerschaftsunterbrechung machen. Auch bei mir hat es eine Unterbrechung gegeben, eine Fehlgeburt ... Ich träumte, wollte nur das Beste für die Menschen und habe doch schon zwei Unglückswürmer geschaffen. Eine solche Arbeit kann ich nicht bewältigen, ich bin schwach, unbedeutend und dumm. Ich muß irgend etwas Mittelmäßiges anpacken, etwas, was meinen Kräften entspricht – für eine Veröffentlichung, für die Dissertation, und alles wird in schönster Ordnung sein.

Der Wind schüttelt die Bäume. Der Wind schüttelt die Bäume ...

Auf dem Nachbarbalkon spielt der Plattenspieler Mozarts »Requiem«. Mein Nachbar, Dozent Pristschepa, stimmt sich vom frühen Morgen an auf die Mathematik ein. »Requi ... Requiem ...« Klar und unwiderruflich wird man von den Stimmen aus dem Leben verabschiedet. Bei diesen Klängen müßte es schön sein, sich zu erschießen. Keiner würde den Schuß beachten.

Der Wind schüttelt die Bäume ...

Was habe ich da bloß angerichtet? Zweifel hatte es ja gegeben, und später waren das nicht mehr nur Zweifel gewesen, sondern Wissen: Ich wußte, daß jegliche von mir vorgenommene Veränderung in ihm erhalten bleiben würde, daß sich die Muttermaschine alles merkte. Hatte ich dem keine Bedeutung beigemessen? Und warum nicht?

... Da gab es einen (damit man sich seiner nicht zu schämen brauchte – nicht in Worte gekleideten) Gedanken oder ein Gefühl der Sicherheit: Wenn schon, das bin doch nicht ich, das geschieht nicht mit mir ... Und dann noch das Gefühl, ungestraft davonzukommen: Das, was ich mir vorgenommen habe, führe ich auch durch, es wird schon alles glatt gehen.

Wirst dich nicht erschießen, Feigling! Nichts wirst du dir antun, wirst das Rentenalter erreichen, und dein Leben wird auch noch anderen als Beispiel hingestellt werden.

Der Wind schüttelt die Bäume, der Obus saugt die Menschen an der Haltestelle ein ...

Ich habe keine Lust, zur Arbeit zu gehen.

20. September. Grauer Asphalt. Graue Wolken. Das Motorrad frißt die Kilometer wie Nudeln, an der Straße steht ein kleiner Junge; seiner Haltung ist zu entnehmen, daß er in diesem Augenblick den festen Entschluß faßt: Wenn ich erst groß bin, werde ich Motorradfahrer auf einem roten Motorrad! Werde Motorradfahrer, mein Junge, werde bloß nicht Forscher ...

Ich gebe immer mehr Gas. Der Zeiger des Tachometers hat die Neunzig überschritten. Hart schlägt der Wind ins Gesicht. Ein Kipper taucht auf, natürlich fährt er mitten auf der Straße, nimmt sogar noch ein Stück der linken Fahrbahnseite in Anspruch. Dieses Gesindel von Kipperfahrern sieht die Motorradfahrer nicht als Menschen an. Möchte sie am liebsten an den Straßenrand abdrängen. Na, dem weiche ich nicht aus!

Nein, ich bin nicht gegen ihn geprallt. Ich lebe noch. Jetzt schreibe ich auf, wie ich heute mit glasigen Augen losgerast bin, ohne zu wissen, warum und wohin. Irgend etwas muß ich ja eintragen ... Der Kipper ist in letzter Sekunde nach rechts ausgewichen. Im Rückspiegel sah ich, wie der Fahrer auf die Straße sprang und mir mit beiden Fäusten drohte.

Was wär schon dabei gewesen, wenn ich draufgegangen wäre? In Moskau gibt es ja einen Reserve-Kriwoscheïn ... Ach, wie mich das jetzt alles ankotzt.

... Wie er zitterte, als er meine Beine umschlang, dieser starke, schöne »Nicht-Ich«! Und doch hätte ich es erkennen und verhindern können. Können! Aber ich hatte entschieden: Es geht auch so, warum also nicht. Schließlich ist er es und nicht ich.

Dabei haben wir uns alles so interessant, so gut und schön vorgestellt. Haben geträumt und dummes Zeug geredet, uns Gedanken um das Wohl der Menschheit gemacht, einen Schwur abgelegt ... Welche Schande! Bei der Arbeit übersah ich dann, daß ich einen Menschen schuf. Hatte an alles gedacht, an elegante Formen, an einen intellektuellen Inhalt, aber daß es ihm Schmerzen bereiten und für ihn schrecklich sein könnte, darauf war ich nicht gekommen. In aller Eile hatte ich mir die »Begründung« zusammengebaut, im Versuch gäbe es keinen Informationstod, und basta. Und doch hatte es den Tod gegeben, als einen Akt der Gewalt gegen ihn.

Wie konnte das nur passieren?

Die weißen Meilensteine entlang der Chaussee warfen das Heulen des Motors zurück. Wie-wie-wie-wie konnte das passieren? Wie-wie-wie-wie konnte das passieren? Der Tacho zeigt 110 an, graugrüne Streifen aus Erde und Bäumen fliegen vorbei. Mit dieser Geschwindigkeit könnte ich Verfolger abschütteln oder jemanden retten, wenn ich rechtzeitig irgendwo hinkäme. Aber ich brauche vor niemandem davonzulaufen und brauche auch niemanden zu retten; ich hätte jemanden retten können, doch dazu wäre es notwendig gewesen, ehrlich zu denken, und nicht nur das Gas aufzudrehen. Ehrlich denken ...

Alle möglichen Höhen, alle möglichen Naturkräfte kann ich mit der Anstrengung des Geistes und mit der Anstrengung der Muskeln bezwingen – doch was ist das schon! Mit den Naturkräften ist es klar, die lassen sich zwingen. Doch wie bezwingt man sich selbst?

Ich habe in meinem Tagebuch geblättert und bin auf etwas Schreckliches gestoßen. Wie gemein und unterwürfig waren meine Gedanken! Da hatte ich darüber sinniert, daß die Nöte der Menschen auf ihre Prinzipienlosigkeit zurückzuführen sind, darauf, daß sie sich aus allem heraushalten wollen, und ein paar Seiten weiter begründe ich geschickt mein eigenes Verhalten: Ich werde mich nicht mit Chilobok anlegen, soll er doch seine Dissertation schreiben ... Da hatte ich sinniert, wie man es anstellen könne, damit aus der Entdeckung etwas »Gutes« werde, und an einer anderen Stelle ermahnte ich mich unter Hinweis auf das Morden in der Welt zur Härte ... Da steige ich (oder das Aspirantendouble und ich, ist ja egal) auf das Niveau eines mittelmäßigen Ingenieurs herab, dem es schwerfällt, solch ungewohnte Arbeit zu verrichten – moralische Rückendeckung für den Fall, daß etwas nicht klappt; doch sobald etwas draus wird, vergleiche ich mich mit Gott ... Und all das schrieb ich ganz arglos nieder, bemerkte keinerlei Widersprüche.

Nicht bemerkt? Ich hatte sie nicht bemerken wollen! So war es angenehmer und bequemer: sich beweihräuchern, sich selbst reinsten Herzens etwas vorlügen, die Ideen und Fakten dem eigenen geistigen Komfort anpassen. Also hatte ich im Grunde genommen nicht an die Menschheit, sondern an mich selbst gedacht? Folglich war diese Arbeit, wenn man sie nicht von der wissenschaftlichen, sondern von der moralischen Seite her einschätzte, weiter nichts als Protzerei in Reinkultur? Natürlich, wen interessierten schon x-beliebige Experimente?

Was bist du nur für ein Mensch, Kriwoschein?

22. September. Ich arbeite nicht. Ich kann jetzt nicht arbeiten ... Bin heute mit dem Motorrad, ohne recht zu wissen warum, nach Berditschew gefahren, und so ganz nebenbei begriff ich den Sinn jenes geheimnisvollen Satzes, den der Schnelldrucker seinerzeit ausgegeben hatte: sechsundzwanzig Kopeken – der Preis für einmal Volltanken: 5 Liter Kraftstoff, 200 g Öl – das reichte gerade von Berditschew nach Dneprowsk ... Nun habe ich ein weiteres »Geheimnis« enträtselt!

Wo wohl das Double Adam steckt, wo mag er wohl gelandet sein?

... Und dieses Wesen, das die Maschine unmittelbar nach dem ersten Double auszustoßen versuchte, halb Lena, halb ich ... Wahrscheinlich hat auch dieses Wesen das Entsetzen des Todes erlebt, als wir der Muttermaschine befahlen, es aufzulösen. Und der Vater ... verdammt, wieso fällt mir das jetzt bloß alles ein?

Der Vater, der letzte Kosak aus dem Geschlecht der Kriwoscheïns. Nach der Familienüberlieferung entstammen meine Vorfahren der Saporoger Setsch. Dort lebte einst ein verwegener Kosak, im Kampf wurde er am Hals verwundet, und nach dem krummen Hals, den er zurückbehielt, nannte man ihn und sein Geschlecht Kriwoscheïn – den Krummhalsigen. Als die Zarin Katharina II. die Setsch auflöste, siedelte die Familie in das Gebiet östlich der Wolga um. Mein Großvater Karp Wassiljewitsch verprügelte den Popen und den Polizeihauptmann, als diese im Dorf die staatliche Schule schließen und dafür eine Gemeindeschule aufmachen wollten. Ich habe keine Ahnung, was das für ein Unterschied war, jedenfalls starb der Großvater in der Verbannung.

Der Vater nahm an allen Revolutionen teil und kämpfte im Bürgerkrieg als Kompanieführer unter Tschapajew.

Am letzten Krieg nahm er nur in den ersten beiden Jahren teil, damals war er schon ein alter Mann. Er machte den Rückzug durch die Ukraine mit und führte sein Bataillon bei Charkow aus einem Kessel heraus. Dann wurde er auf Grund einer Verwundung und wegen seines Alters, das den Einsatz bei der Truppe nicht mehr zuließ, in die Etappe versetzt, wurde Kriegskommissar im Transural. Dort, in einer Staniza, lehrte er, der Soldat und Bauer, mich reiten, Pferde pflegen und aufzäumen, pflügen, mähen, mit Gewehr und Pistole schießen, schanzen und mit dem Säbel ein Weidengebüsch abschlagen. Ich mußte auch Hühner schlachten und Schweine mit einem Bajonettstich unter das rechte Schulterblatt abstechen, damit ich mich nicht vor Blut fürchtete. »Das wirst du im Leben brauchen, Söhnchen!«

Kurz vor seinem Tode waren wir mit ihm in seine Heimat, nach Mironowka, zu seinem Vetter Jegor Stepanowitsch Kriwoschein gefahren. Als wir in der Stube saßen und auf unser Wiedersehen tranken, kam Onkel Jegors kleiner Enkel angerannt.

»Opa, in der Schafschlucht, wo der Staudamm gebaut wird, haben sie ein Skelett ausgegraben!«

»In der Schafschlucht?« vergewisserte sich der Vater. Die beiden Alten wechselten einen Blick. »Na, da müssen wir unbedingt hin ...«

Die Schar der Arbeiter und der Neugierigen machte Platz, als die beiden gewichtig ausschreitenden Alten heran waren. Man hatte die grauen morschen Knochen auf einen Haufen gelegt. Der Vater tippte mit seinem Stock auf den Schädel und drehte ihn um. Über der rechten Schläfe klaffte ein Loch.

»Das war mein Einschuß!« Triumphierend schaute der Vater Jegor Stepanowitsch an. »Du hast also nicht getroffen, dir haben wohl die Hände gezittert?«

»Woher willst du wissen, daß es deiner war?« Jegor tat beleidigt und schob kampflustig den Bart vor.

»Hast du's etwa vergessen? Er wollte ins Dorf zurück. Ich lag rechts von der Straße, du links ...« Und der Anschaulichkeit halber zeichnete der Vater mit seinem Stock eine Skizze in den Lehmboden.

»Wessen Überreste sind das eigentlich?« fragte der junge Bauleiter, der aussah wie aus dem Ei gepellt.

»Dem Rittmeister seine«, erläuterte der Vater, und seine Augen blinzelten gegen die Sonne. »In der ersten Revolution waren Uraler Kosaken in unserm Dorf einquartiert, und das hier war ihr Rittmeister. Brauchst die Miliz nicht mehr zu beunruhigen, Söhnchen, die Sache ist verjährt.«

... Ja, das muß was gewesen sein! Man liegt mit Vaters Berdangewehr in der nächtlichen Steppe vor dem Dorf und lauert dem Rittmeister auf, für die gute Sache und weil dieser Schweinehund die Bauern mit der Nagaika geschlagen und die Mädchen in die Scheune gezerrt hatte! Oder man fliegt auf einem Pferd dahin, spürt das Gewicht des Säbels in den Händen und nimmt Maß: Den Bärtigen dort werde ich von der Schulter bis zum Gürtel spalten!

Und ich habe mich vor achtzehn Jahren zum letztenmal geschlagen, und auch das nicht bis zum Sieg, sondern nur bis zum Klingelzeichen, das den Beginn der nächsten Unterrichtsstunde ankündigte. Und auf einem Pferd bin ich seit meinen Transuralzeiten nicht mehr geritten. Mein ganzes Draufgängertum bestand im verwegenen Überholen mit dem Motorrad bei Gegenverkehr.

Ich fürchte mich weder vor Blut noch vor dem Tod, Vater, doch deine einfache Weisheit habe ich nie gebraucht. Heute setzen wir die Revolution mit anderen Mitteln fort. Entdeckungen und Erfindungen sind eine ernster zu nehmende Waffe als ein Säbel. Und Angst habe ich lediglich davor, mich zu irren ...

Du lügst! Gibst schon wieder vor dir selber an, du Laffe, du Halbstarker. Ach, wie schön sich das liest: Angst habe ich lediglich davor, mich zu irren ... und wir setzen die Revolution mit anderen Mitteln fort. Wage es ja nicht!

Du hattest vor, in den Menschen (jawohl, in den Menschen und nicht in künstlichen Doubles!) den Edelmut des Herzens zu synthetisieren, den du selbst nicht hast; die Schönheit, die dir fehlt; die Entschlossenheit zum Handeln, die dir abgeht; die Opferbereitschaft, von der du keine Ahnung hast ...

Du kommst aus einer guten Familie; deine Vorfahren verstanden zu arbeiten, sie haben die rechte Sache verteidigt und das Gesindel geschlagen, mal mit der Faust, mal mit dem Berdangewehr, sie gaben keinen Pardon ... Doch was bist du? Bist du für die Gerechtigkeit eingetreten? Ach, es ergab sich keine passende Gelegenheit? Hast du denn nicht solche Fälle – sehr schlau und sehr vorsichtig – gemieden? Was denn, hast du keine Lust, dich zu erinnern?

Das ist's – ich habe Angst, Angst vor allem: vor dem Leben und vor den Menschen. Selbst meine Liebe zu Lena ist nicht frei von Feigheit. Ich habe Angst, ihr zu nahe zu kommen, Angst, sie zu verlieren. Und Gott behüte, keine Kinder! Kinder komplizieren das Leben ...

Und die Tatsache, daß ich meine Entdeckung verheimliche, ist das nicht auch aus Angst, daß ich ihre Entwicklung nicht richtig verteidigen könnte? Was ja auch stimmt, ich kann es nicht... Ich bin ein Schwächling, einer von der Art jener klugen Schwächlinge, die besser nicht klug sein sollten, weil ihnen der Verstand nur gegeben ist, damit sie ihren eigenen Niedergang und ihre Ohnmacht begreifen können.

Der Aspirant Kriwoscheïn zündete sich eine Zigarette an und ging unruhig im Zimmer auf und ab. Es fiel ihm schwer, diese Notizen zu lesen, schließlich war darin auch von ihm die Rede. Er seufzte und kehrte wieder an den Tisch zurück.

... Ruhig, Kriwoscheïn. Ruhig. Auf die Art wirst du dich noch zu hysterischen Handlungen hinreißen lassen. Die Arbeit hast du ja doch auf dem Hals, und noch ist nicht alles verloren. So ein Schweinehund bist du auch wieder nicht, daß du dich auf der Stelle aufhängen müßtest.

Ich kann mich vor mir selber auch in einem vorteilhaften Licht darstellen. Ich habe diese Entdeckung nicht zu meinem persönlichen Vorteil genutzt und werde das auch nicht tun. Ich habe mit ganzer Kraft gearbeitet, habe nicht gefaulenzt. Jetzt weiß ich, wie's läuft. Ich bin also im Grunde nicht schlechter als andere. Ich habe mich geirrt, doch wer hat sich noch nie geirrt?

Ja, in dieser Arbeit lassen sich aber Vergleiche – ich bin besser oder schlechter als andere – nicht anwenden. Andere erforschen Kristalle, entwickeln Maschinen, sie verstehen etwas von ihrer Sache, und das reicht. Die Schwächen ihres Charakters vergällen nur ihnen selbst, ihren Kollegen im Labor und ihren nächsten Angehörigen das Leben. Bei mir jedoch trifft dieses Spezifikum nicht zu. Um einen Menschen zu machen, genügt es nicht, zu wissen, genügt es nicht, Forscherdrang zu besitzen oder aufs richtige Knöpfchen zu drücken – man muß selbst Mensch sein; nicht besser oder schlechter als andere, sondern im absoluten Sinn: ein Ritter ohne Furcht und Tadel.

Ich wäre ja nicht abgeneigt, bloß weiß ich nicht, wie ich es anstellen soll. So eine Information habe ich nicht...

Ist also diese Arbeit eine zu harte Nuß für mich?

8. Oktober. In unserem Park hat sich der gelbrote Herbst ausgebreitet, und ich kann nicht arbeiten. Überall liegt trockenes Laub, der kleinste Regenschauer prasselt laut auf die dürren

Blätter; danach breitet sich Modergeruch aus, es riecht wie nach Kaffee. Und ich kann nicht arbeiten ...

Vielleicht ist das Ganze gar nicht nötig? Gute Erbanlagen, gründliche Berufsausbildung, hygienische Lebensbedingungen ... Sollen sich kluge Menschen doch selbst reproduzieren, sich möglichst viele Kinder mit guten Erbanlagen anschaffen. Durchbringen werden sie sie schon, der Verdienst wird schon reichen – sie sind doch kluge Leute; und erziehen können sie sie auch – sie sind doch kluge Leute ... Dazu braucht man keine Maschinen.

Heute hat Chilobok angerufen. Im Institut wird eine ständige Ausstellung »Erfolge der sowjetischen Systemologie« vorbereitet, selbstverständlich wird sie von ihm betreut.

»Können Sie nicht auch ein Exponat beisteuern, Valentin Wassiljewitsch?«

»Nein.«

»Warum zieren Sie sich so? Die Abteilung von Ippolit Illarionowitsch Voltampernow stellt drei Exponate aus, von den anderen Abteilungen und Labors bekommen wir eine Menge, ich brauchte mindestens ein Exponat zu Ihrem Thema, oder liegt etwa immer noch nichts vor?«

»Nein. Aber wie sieht es eigentlich mit dem Biogebersystem aus, Garri Charitonowitsch?«

»Ach, Valentin Wassiljewitsch, was ist schon ein System im Vergleich zu der ganzen Systemologie, haha! Sie kriegen Ihre Biogeber, selbstverständlich, doch einstweilen – das werden Sie doch verstehen – hat sich alles in den Kampf für die Ausgestaltung der Ausstellungsräume gestürzt. Wir machen die Beschriftung in drei Sprachen, da hat man natürlich den Kopf voll. Das Labor und die Werkstätten sind überlastet. Wenn Sie etwas zur Ausstellung beisteuern, Valentin Wassiljewitsch, werden wir schon dafür sorgen, daß Ihr Auftrag grünes Licht bekommt.«

Beinahe hätte ich ihm gesagt, daß ich gerade dieses System brauchte, um die Ausstellung mit einem eigenen Exponat beglükken zu können (soll er kurbeln, danach werden wir weitersehen!), doch ich beherrschte mich. Laß dich nicht aufs Glatteis führen, Kriwoscheïn!

Meine Exponate sind in die weite Welt verstreut. Das eine nagt in Moskau am Granit der biologischen Wissenschaft, die anderen knabbern Gras und Kohl in den Gemüsegärten. Und eins ist gänzlich verschollen.

Soll ich etwa die Muttermaschine ausstellen, um die akademische Öffentlichkeit zu erschüttern? Soll ich zu Demonstrationszwecken zweiköpfige und sechsläufige Karnickel erzeugen – zwei in der Stunde? Das würde sicher Aufsehen erregen!

Nein, mein Lieber, diese Vorrichtung macht Menschen, darum kommst du nicht herum.

Zwölftes Kapitel

Jede Tat verpflichtet, Untätigkeit verpflichtet zu nichts.

Ingenieur K. Prutkow

11. Oktober. Ich wiederhole die Versuche zur gesteuerten Synthese von Kaninchen, bloß so, damit die Maschinen nicht herumstehen. Ich filme alles. Das wird ein Filmdokument werden! Bürger, weisen Sie Ihre Filmgeburtsurkunden vor!

13. Oktober. Ich habe ein Verfahren gefunden, wie man eine biologische Information in der Muttermaschine zuverlässig und schnell vernichten kann. Man kann es »elektrischer Radiergummi« nennen: An die Eingänge des Kristallblocks und der ZWM-12 schließe ich die Spannung vom Geräuschgenerator an, und binnen 15 bis 20 Minuten vergißt die Maschine alles von dem Kaninchen. Hätte ich früher dieses Verfahren anstelle des Befehls »NEIN!« gehabt, dann wäre das Double Adam jedesmal unwiederbringlich und gründlich vernichtet worden.

Die Frage ist bloß, ob ihm das angenehm gewesen wäre ...

Die Zeit schüttelt die Blätter von den Bäumen, der Himmel wird kalt, und die Sache geht nicht voran. Ich kann mich nicht von neuem an ernsthafte Versuche machen, mir fehlt der Mut. Ich bin ein gebranntes Kind ...

Nun paß mal auf, Kriwoschein! Man kann als erwiesen ansehen, daß du weder Gott noch der Nabel der Welt bist. Und wenn es so ist, dann mußt du bei anderen Hilfe suchen, mußt zu Arkadi Arkadjewitsch gehen!

Ich muß den Dienstweg einhalten, schließlich ist er mein Chef. Das ist es übrigens nicht allein: Er ist ein kluger Mann, der viel weiß und Einfluß hat. Und ein großartiger Methodiker, er versteht es, beliebige Aufgaben exakt zu formulieren. Und »eine formulierte Aufgabe«, wie es in seiner »Einführung in die Systemologie« heißt, »ist die in impliziter Form niedergeschriebene Lösung dieser Aufgabe«. Das ist gerade das, was mir fehlt. Er hat mein Thema im wissenschaftlichen Rat unterstützt. Allerdings ist er ziemlich arrogant und ehrgeizig, aber wir werden uns schon zusammenraufen. Schließlich ist er ein kluger Mann, er wird begreifen, daß bei dieser Arbeit Ruhm nicht alles ist.

Halt! Deine guten Absichten in allen Ehren, aber etwas Vorsicht kann nie schaden. Ich darf Asarow keinesfalls die heiligste aller Entdeckungen offenbaren: daß die Muttermaschine lebende Systeme synthetisieren kann. Ich muß mit etwas Einfacherem anfangen. »Wir werden sehen«, wie er immer zu sagen pflegt.

In der Maschine sind elektronische Schaltungen zu synthetisieren. Das ist das, was den alten Voltampernow so in Rage gebracht hat, und nebenbei bemerkt, ist das für die nächsten anderthalb Jahre auch mein offizielles Thema. »Es wird Zeit, es wird Zeit, Valentin Wassiljewitsch! . . .«

Entwerfen wir das Versuchsschema. In die Flüssigkeit werden sechs Leitungen eingeführt: zwei für die Energieversorgung, zwei für den Kontrolloszillographen, zwei für den Impulsgenerator. Über den Monomachhelm gebe ich der Maschine die Parameter der Typenschemen und die annähernden Abmessungen vor. Hier weiß ich genau Bescheid, DAS und DAS NICHT sind bekannt.

15. Oktober. Im Becken bilden sich kleine stumpfkantige Quadrate von brauner, Pertinax ähnlicher Farbe. An ihnen setzen sich die metallischen Linien der Leiter des Schaltbildes, die Zwischenschichten der Isolatoren ab, die Folien der Kondensatoren schichten sich übereinander, gleich daneben ordnen sich die Streifen der Widerstände, die Punkte der Dioden und Transistoren an. Das Ganze ähnelt der Folientechnologie, die gegenwärtig in der Mikroelektronik entwickelt wird, nur ohne Vakuum, ohne elektrische Entladungen und die sonstige Pyrotechnik.

Wie angenehm ist es doch, nach all den aufreibenden Alpträumen die Schalter knacken zu lassen, an den Knöpfen die Bündelungsschärfe einzustellen und die Helligkeit des Strahls auf dem Bildschirm des Oszillographen abzulesen! Alles ist exakt, klar und verständlich. Ganz so, als wäre man von einer weiten Reise heimgekehrt ... Der Teufel hat mich ohne Führer und ohne Kompaß in den finsteren Dschungel namens »Mensch« verschlagen. Wer hätte hier auch Führer sein sollen und was Kompaß?

Nun gut. Die Parameter der Schaltbilder entsprechen den Forderungen, das Thema 152 ist zur Hälfte bewältigt; Ippolit Illarionowitsch wird sich gewiß freuen!

Ich werde zu Asarow gehen, ihm die Prototypen zeigen, einiges erläutern und die weiteren Perspektiven andeuten. Morgen gehe ich hin und sage: »Arkadi Arkadjewitsch, als kluger Mann komme ich zu Ihnen, um Ihre Klugheit ...«

16. Oktober. Ich war da ... man stürzte mir schon entgegen ...

Am frühen Morgen hatte ich mir das bevorstehende Gespräch noch einmal gründlich durch den Kopf gehen lassen, dann packte ich die Prototypen ein und begab mich zum alten Gebäude. Die Herbstsonne beschien die im Zuckerbäckerstil gehaltene Fassade, die granitenen Stufen und mich, der sie hinanschritt.

Bereits am Portal begann die Unterdrückung meiner Psyche. Oh, diese drei Meter hohen, geschnitzten staatlichen Eichenportale mit den großen, geschwungenen Türgriffen und den automatischen Türschließern! Sie scheinen eigens für jene hünenhaften, großmäuligen Bürokratenjünglinge geschaffen zu sein, die Pranken haben wie eine Bratpfanne für ein Dutzend Eier. Diese Jünglinge öffnen das Tor mit einem leichten Stoß und schreiten dann an ihre großen und wichtigen Aufgaben. Nachdem ich das Portal hinter mich gebracht hatte, sagte ich mir, ich dürfe das Gespräch mit Asarow nicht mit so einem schockierenden Satz (»Als kluger Mann komme ich zu Ihnen ...«) beginnen, sondern müsse die Subordination beachten, schließlich war er Akademiemitglied und ich nur Ingenieur.

Als ich die Marmortreppe hinaufstieg, die mit Läufern belegt war und ein derart breites Geländer hatte, daß man es gar nicht umfassen konnte, entstand in meinem Innern die ehrfürchtige Bereitschaft, allem zuzustimmen, was das Akademiemitglied sagen und empfehlen würde. Kurz: Während der Entdecker Kriwoscheïn elastischen Schrittes auf die Treppe zugegangen war, betrat der Bittsteller Kriwoscheïn schlurfenden Schrittes, mit gebeugtem Rücken und schuldbewußter Miene das Vorzimmer des Direktors.

Die Sekretärin Ninotschka sprang mir mit einem Satz in die Quere, um den sie der Torhüter Lew Jaschin beneidet hätte.

»Nein, nein, Genosse Kriwoscheïn, das geht nicht, Arkadi Arkadjewitsch bereitet sich auf die Abreise zu einem Kongreß in Neuseeland vor, stellen Sie sich vor, was passiert, wenn ich Sie jetzt vorlasse, er empfängt niemanden, sehen Sie doch selbst!«

Im Vorzimmer befanden sich tatsächlich eine Menge Mitarbeiter und Dienstreisende aus anderen Orten. Alle musterten mich feindselig. Ich blieb, um zu warten, freilich ohne viel Hoffnung auf Erfolg, einfach so: Wenn die anderen warten, warte ich auch. Um mich nicht vom Kollektiv abzusondern. Eine blödsinnige Situation.

Immer mehr Menschen kamen. Alle hatten finstere, unschöne Gesichter. Keiner sprach ein Wort.

Je mehr Leute das Vorzimmer füllten, desto nichtiger erschien mir mein Anliegen. Meine Prototypen waren lediglich gemessen, aber nicht geprüft, Asarow würde bestimmt versuchen, mir klarzumachen, daß technologische Arbeiten auf dem Gebiet der Elektronik nicht zu unserer Fachrichtung gehörten.

Was hatte ich hier überhaupt zu suchen? Bis zum Abschluß des Themas hatte ich noch ein reichliches Jahr Zeit. Nur damit Chilobok wieder seine Bonmots in Umlauf bringen konnte?

Wie gerufen tauchte Chilobok außer Atem in der Tür auf; ich bezog eine günstige Stellung und schlüpfte hinter ihm ins Arbeitszimmer.

»Arkadi Arkadjewitsch, ich möchte . . .«

»Nein, nein, Valentin . . . äh, äh, Wassiljewitsch«, knurrte Asarow in meine Richtung, während er von Chilobok irgendwelche Papiere in Empfang nahm. »Ich kann nicht! Ich kann wirklich nicht! Mit dem Visum hat es eine Verzögerung gegeben, das Referat hier muß ich noch in der Reinschrift lesen . . . Wenden Sie sich doch an Ippolit Illarionowitsch, er wird mich in diesem Monat vertreten, oder an Garri Charitonowitsch, schließlich bin ich ja nicht allein auf der Welt!«

So ist das also. Der Mann fliegt nach Neuseeland. Was gibt's da noch zu sagen. Zu einem Kongreß, um sich mit der Situation dort bekannt zu machen. Und ich habe mir eingebildet, ich könnte ihn noch am Rockschoß erwischen. Lächerlich! Arbeite vor dich hin, solange man keine Rechenschaft von dir verlangt.

Eines Tages wird man wegen dieser Arbeit eine Regierungssitzung unterbrechen . . . doch warum eigentlich erst eines Tages?

Man wird keine Sitzung unterbrechen, beruhige dich. Subalterne Beamte, die es niemals wagen werden, auf eigene Faust etwas zu tun, werden dich anhören, genausolche Schwächlinge, wie du selbst einer bist.

Schwächling! Ein Schwächling, und mehr nicht! Wenn ich mich einmal dazu entschlossen hatte, hätte ich auch sprechen müssen. Ich brachte es nicht fertig, sondern entschuldigte mich servil und verließ das Arbeitszimmer. Ja, einen Asarow, der in Gedanken schon über den Ozean reist, für seine Arbeit zu gewinnen ist eben doch was anderes, als der Muttermaschine Befehle zu erteilen.

Trotzdem, richtig ist es nicht...

25. Oktober. Aber das scheint das Richtige zu sein! Der angesehene Fachmann der Mikroelektronik, Kandidat der technischen Wissenschaften und künftige Doktor der gleichen Wissenschaften, Valeri Iwanow weilt in unserer Stadt. Heute hat er mich angerufen. Morgen abend um acht treffen wir uns im »Dynamo«, Anzug dem Anlaß entsprechend, Damenbegleitung erlaubt.

Valeri Iwanow, mit dem ich im Studentenheim zusammengewohnt habe! Gemeinsam haben wir uns in den Vorlesungen über Betriebsorganisation mit »Schafskopf« und Wortspielen die Zeit vertrieben, gemeinsam haben wir unser Praktikum abgeleistet und die Bälle im Institut für Bibliothekswesen besucht. Valeri Iwanow, mein ehemaliger Vorgesetzter und Miturheber von zwei Erfindungen, ein streitbarer und voll kühner Ideen stekkender Mann! Valeri Iwanow, mit dem ich fünf Jahre Seite an Seite gearbeitet habe! Ich freue mich!

»Weißt du was, Valeri«, werde ich zu ihm sagen, »laß deine Mikroelektronik sausen und komm zurück. Hier gibt es was für dich zu tun!«

Soll er doch von mir aus das Labor leiten, schließlich ist er Kandidat, ich wäre damit einverstanden. Und arbeiten kann er.

Na, erst mal sehen, was das verflossene Jahr aus ihm gemacht hat.

26. Oktober, nachts. Im Leben bleibt einem auch nichts erspart!

Schon der erste Blick auf Iwanow sagte mir, den früheren Gleichklang der Seelen werde es nicht mehr geben. Und das lag nicht an dem Jahr der Trennung. Chiloboks Niedertracht stand zwischen uns. Dafür konnten weder er noch ich etwas, es war, als stünden wir auf verschiedenen Seiten. Er, der stolz seine Kündigung eingereicht und einfach die Tür hinter sich zugeschlagen hatte, fühlte sich mir gegenüber im Recht, der ich geblieben war und diesen bitteren Stolz nicht mit ihm geteilt hatte. So war den ganzen Abend eine kaum spürbare, aber doch unüberwindliche Peinlichkeit und Bitterkeit zwischen uns, und das wohl deshalb, weil wir es damals nicht vermocht hatten, uns gegen diese Niedertracht zu wehren. Wir vertrauten einander nicht mehr so uneingeschränkt . . . Nur gut, daß ich Lena mitgenommen hatte, so verschönte zumindest sie unser Wiedersehen.

Unser Gespräch war übrigens sehr interessant. Es verdient, festgehalten zu werden.

Wir trafen uns um 20.00 Uhr. Er, der Leningrader, saß mir gegenüber. Kleinkariertes graues Importsakko ohne Revers, weißes gestärktes Hemd, eine sechskantige Brille auf der geraden Nase, das schwarze Haar zur Bürste geschnitten. Einzig die eingefallenen Wangen lösten in mir Assoziationen an die Blokkadezeit aus.

Auch Lena hatte sich in Schale geworfen. Als wir durch den Saal gingen, wandten alle den Kopf nach ihr. Nur ich kam wie einer vom Land: kariertes Hemd und zerknautschte graue Hosen; die beiden Doubles hatten meine Garderobe spürbar reduziert.

Während wir auf das Essen warteten, musterten wir einander wohlgefällig.

»Na«, brach der Leningrader das Schweigen, »schieß los!«

»Deine Fresse kommt mir so asymmetrisch vor.«

»Diese Asymmetrie ist ein Symptom der Gegenwart, das kommt von den Zähnen«, besorgt strich er sich über die Wangen, »im Zug hat es gezogen.«

»Ich kleb dir eine, dann bist du wieder normal.«

»Schönen Dank, ich gurgle lieber mit Kognak.«

Das war unser übliches Geplänkel vor einem guten Gespräch.

Kognak für uns und Wein für die Dame wurde aufgetragen. Wir tranken, stillten den ersten Appetit mit Stör in Aspik und starrten einander erneut erwartungsvoll an. In unserer Nachbarschaft ging es hoch her, ein beleibter Mann, der mit einer ganzen Gesellschaft an zwei aneinandergeschobenen Tischen saß, brachte einen Toast auf die »Mutter Wissenschaft« aus (sicher wurde eine Dissertation begossen). Ein schon leicht beschwipster, einsamer Mann am Nebentisch drohte der Wodkaflasche mit dem Finger und murmelte: »Ich sage nichts, ich sage nichts!« Irgendein Geheimnis schien ihn zu drücken.

»Hör mal, Valka ...«

»Hör mal, Valeri ...«

Verdutzt schauten wir einander an.

»Na, fang du an«, sagte ich ihm zunickend.

»Hör mal, Valka«, Iwanows Augen hinter den Brillengläsern blitzten verführerisch, »laß doch deine ... na, deine Systemologie sausen und komm zu uns, deine Versetzung kann ich schon bewerkstelligen. Wir haben da jetzt eine Sache vor! Einen mikroelektronischen Komplex. Eine Maschine, die Maschinen macht. Riechst du was?«

»Binäre Schaltsysteme?«

»Ach was, binäre Schaltsysteme sind Kroppzeug, gehören längst der Vergangenheit an! Elektronen- und Plasmastrahlen plus Elektrofotografie plus kathodisches Aufstäuben der Folien plus ... Mit einem Wort, die Idee ist folgende: Das Schaltbild der Elektronenmaschine wird wie das Bild auf einem Fernsehschirm durch Bündel von Elektronen und Ionen entwickelt. Das ist alles. Schon ist sie fertig, kann in Betrieb genommen werden. Dichte der Elemente wie im menschlichen Gehirn. Riechst du was?«

»Und das gibt es schon?«

»Na ja, weißt du ...« Er hob die Brauen. »Wenn es das bereits gäbe, würde ich dann versuchen, dich zu uns zu holen? Wir machen es zum gestellten Termin.«

Natürlich, ich sollte die Systemologie sausenlassen und zu ihm kommen! Nicht er zu mir, unter meine Fittiche ... Alles klar! So war es immer gewesen.

»Und wie sieht es damit bei den Amerikanern aus?«

»Die sind auch scharf drauf. Fragt sich nur, wer's früher schafft. Wir arbeiten auf Teufel komm raus, ich hab schon zwölf Erfindungen angemeldet. Riechst du was?«

»Und das Ziel?«

»Ganz einfach: die Produktion von Rechnern auf den Massencharakter und den Preis einer Zeitung zu bringen. Was meinst du, unter welcher Deckbezeichnung das Thema läuft? ›Poem‹. Und es ist auch wirklich ein technologisches Poem.« Vom Alkohol begann Valeris Nase zu glänzen, er gab sich alle Mühe, und sicher zweifelte er nicht am Erfolg, denn er hatte mich immer leicht zu einer Sache überreden können. »Ein Werk für Rechenmaschinen, die kaum größer sind als ein Fernsehgerät, kannst du dir das vorstellen? Ein ganzes Werk in einer Maschine! Per Fernschreiber erhält es die technischen Aufträge für neue Maschinen, rechnet diese in Schaltbilder um, kodiert die Berechnung durch elektrische Impulse, und diese jagen die Strahlen über den Schirm, drucken die Schaltung. In zwanzig Sekunden ist die Maschine fertig. Ein Blatt Papier, auf dem die gleiche elektronische Schaltung Platz findet, die heute einen ganzen Saal einnimmt. Kannst du dir das vorstellen? Das Blatt wird in einem Umschlag an den Auftraggeber geschickt, er gibt es einer Ausführungsanlage ein ... Na, sagen wir dem Befehlsstand einer chemischen Fabrik, dem Steuersystem der städtischen Beleuchtung, einem Auto oder was es sonst noch gibt. Und alles, was der Mensch früher langsam, umständlich und mit Fehlern behaftet verrichtet hat, erledigt nun das kluge mikroelektronische Blättchen mit elektronischer Genauigkeit! Riechst du was?«

Lena sah Valeri begeistert an. Tatsächlich, das Bild, das er da entwarf, war so verlockend, daß ich nicht gleich begriff, daß von den gleichen Folienschaltungen die Rede war, die ich unlängst im Becken der Muttermaschine realisiert hatte. Allerdings waren diese einfacher, aber im Prinzip ließen sich auch »kluge« Blättchen-Maschinen machen.

»Aber warum das Vakuum und die verschiedenen Strahlen? Warum nicht mit Hilfe der Chemie? ... Das ginge doch bestimmt auch?«

»Chemie? Was mich betrifft, habe ich die Chemie, seit uns Dozent Bartholomäus mit seinen Bartholomäustests folterte, nicht sehr ins Herz geschlossen.« Das war an Lena gerichtet. Sie lachte. »Aber falls du auf dem Gebiet der chemischen Mikroelektronik eine Idee haben solltest, raus damit, ich bin dabei. In der Richtung könntest du arbeiten. Schließlich kommt es nicht darauf an, wie man es macht, sondern daß es gemacht wird. Und dann – damit läßt sich so einiges anfangen.« Träumerisch lehnte er sich in seinem Stuhl zurück. »Urteile selbst! Warum diesem Werk in einer Maschine Aufträge für Schaltungen erteilen? Das ist doch unnötige Arbeit. Man teilt ihr einfach die Information über die Probleme mit. Heute sind doch überall – in der Produktion, im Haushalt, im Verkehrswesen, in der Verteidigung – Maschinen eingesetzt. Warum erst ihre Impulse in die menschliche Sprache umwandeln, wenn man sie nachher erneut in Impulse umwandeln muß! Stell dir vor: Diese Werke in einer Maschine erhalten per Funk eine Information über Tochtermaschinen aus dem Bereich der Produktion, der Planung, des Absatzes der Erzeugnisse, des Transports ... von überallher ... sogar übers Wetter, über die Ernteaussichten, über den Bedarf an Menschen. Sie verarbeiten alles selbständig in den gewünschten Schaltbildern und versenden sie ...«

»Mikroelektronische Empfehlungen?«

»Direktiven, mein Lieber! Hat sich was mit Empfehlungen: mathematisch begründete elektronische Schaltbilder für die Steuerung, sozusagen Reflexe der Produktion. Mit der Mathematik wird nicht diskutiert!«

Wir leerten unsere Gläser.

»Hör mal, Valeri«, sagte ich, »wenn du diese Idee verwirklichst, wirst du so berühmt, daß man dein Porträt sogar auf Toilettenpapier drucken wird!«

»Und deins auch«, fügte er großzügig hinzu. »Gemeinsam werden wir überall prangen.«

»Aber Valeri«, sagte Lena, »in Ihrem Komplex ist ja gar kein Platz mehr für den Menschen. Wie stellen Sie sich denn das vor?«

»Lena, Sie sind doch Ingenieur ...«, entgegnete Iwanow herablassend und ließ seine Brauen zucken. »Wollen wir doch dieses Objekt, das heißt den Menschen, vom technischen Standpunkt aus betrachten: Wozu braucht er dort einen Platz? Kann der Mensch Funksignale, Ultra- und Infraschall, Wärme-, Ultraviolett- und Röntgenstrahlen oder überhaupt eine Strahlung wahrnehmen? Hält er einem Vakuum, einem Gasdruck von mehreren hundert Atmosphären, einem giftigen Medium, einer Überbelastung von Hunderten von Erdgravitationen, Resonanzvibrationen, thermischen Stößen von minus hundertzwanzig bis plus hundertzwanzig Grad Celsius längere Zeit stand oder der Kälte flüssigen Heliums? Kann er mit der Geschwindigkeit eines Geschosses fliegen, auf den Grund des Ozeans oder in flüssiges Metall tauchen? Kann er sich im Bruchteil einer Sekunde über das Zusammenwirken von zehn – sagen wir nur zehn! – Faktoren orientieren? Das alles kann er nicht.«

»Mit Hilfe von Maschinen kann er das alles«, verteidigte Lena die Menschheit.

»Ja, aber die Maschinen können das auch ohne seine Hilfe! Und deshalb bleibt für ihn in unserem ungemütlichen Zeitalter des Atoms und der Elektronik nichts anderes zu tun, als auf Knöpfe zu drücken. Gerade diese Operationen lassen sich am einfachsten automatisieren. Sie wissen ja: In der modernen Technik ist der Mensch das unzuverlässigste Glied. Nicht von ungefähr baut man überall Sicherungen, Blocksysteme und sonstigen ›Schutz gegen die Dummheit‹ ein.«

»Ich sage nichts!« verkündete der Betrunkene drohend.

»Aber sicher läßt sich doch auch der Mensch vervollkommnen«, stotterte ich.

»Vervollkommnen? Daß ich nicht lache! Das ist doch so, als wollte man Dampflokomotiven modernisieren, anstatt sie durch Diesel- oder Elektroloks zu ersetzen. Das im Menschen enthaltene physikalische Prinzip an sich – die Ionenreaktionen in Lösungen, der Stoffwechselprozeß – ist fehlerhaft. Schau dich doch mal um«, er wies mit einer weit ausholenden Handbewegung in den Saal, »dieser verdammte Prozeß raubt den Menschen doch alle Kräfte!«

Ich sah mich um. Hinter den zusammengeschobenen Tischen küßten die Feiernden den frischgebackenen Kandidaten, einen glatzköpfigen jungen Mann, dessen Gesicht noch von der anstrengenden Arbeit und von der Aufregung gezeichnet war. Neben ihm strahlte seine Frau. An dem Tisch neben ihnen speisten sehr manierlich zwölf ausländische Touristen. Über den Tischen hing Rauch und Lärm. Auf dem Podium spielte der Saxophonist, die Hüften unanständig verrenkend und den Bauch vorschiebend, ein Solo mit Variationen. Die gestopften Trompeten synkopierten, der Schlagzeuger tobte – das Orchester spielte »Stenka Rasin« in einer Twistbearbeitung. Vor dem Podium verrenkten Paare, ohne sich von der Stelle zu rühren, sämtliche Körperteile. »Ich sage nichts!« verkündete unser Nachbar und starrte auf die leere Flasche.

»Eigentlich ist die Universalität der einzige Vorzug des Menschen«, bemerkte Iwanow herablassend. »Wenn auch nur schlecht und recht, so kann er doch vieles machen. Aber Universalität ist ein Produkt der Kompliziertheit, und Kompliziertheit ist ein quantitativer Faktor. Wir werden es lernen, mit Elektronen- und Ionenbündeln Maschinen mit einer Kompliziertheit von Dutzenden Milliarden von Elementen herzustellen, und dann ist's aus. Die Platte des Menschen ist abgelaufen.«

»Wieso abgelaufen?« fragte Lena besorgt.

»Es wird nichts Schreckliches passieren, nur keine Aufregung. Ganz leise, wohlanständig und unmerklich wird es dazu kommen, daß die Maschinen ohne den Menschen auskommen können. Natürlich werden die Maschinen ihre Schöpfer pietätvoll ehren und ihnen wohlwollen, sie werden dafür sorgen, daß ihre primitiven Bedürfnisse hinsichtlich des Stoffwechsels befriedigt werden. Die Mehrheit der Menschen wird damit sicher auch zufrieden sein – in ihrem unausrottbaren Dünkel werden sie sogar meinen, die Maschinen dienten ihnen. Aber für die Maschinen wird das so etwas sein wie ein zweitrangiger unbedingter Reflex, eine ererbte Gewohnheit. Allerdings kann es auch sein, daß die Maschinen solche Gewohnheiten nicht beibehalten werden, denn die Grundlage einer Maschine ist Rationalität ... Wozu hätten sie das nötig?«

»Aber rationelle Maschinen dienen uns doch auch heute schon!« fiel ihm Lena ungeduldig ins Wort. »Sie befriedigen unsere Bedürfnisse, oder etwa nicht?«

Ich schwieg. Valeri lachte.

»Das kommt drauf an, wie man es sieht, Lenotschka! Die Maschinen haben nicht weniger Grund, anzunehmen, daß die Menschen ihre Bedürfnisse befriedigen. Wenn ich, sagen wir, eine elektronische Maschine Typ ›Ural-4‹ wäre, hätte ich keinerlei Forderungen an die Menschen. Ich hauste in einem lichtdurchfluteten Raum mit Klimaanlage, mit Gleich- und Wechselstrom – dem Äquivalent für Warm- und Kaltwasser sozusagen –, Dienstboten in weißen Kitteln befriedigten jeden meiner Wünsche, in den Zeitungen würde über mich geschrieben. Und die Arbeit ist nicht schmutzig: man braucht nur Ströme umzuschalten, Impulse durchzulassen. Ist das etwa kein Leben?!«

»Ich sage nichts!« sprach der Nachbar zum letztenmal, dann stand er auf und grölte ein ordinäres Lied.

Sofort stürzten der Maître d'hôtel und ein paar Milizhelfer zu ihm.

»Was ist schon dabei, wenn ich besoffen bin!« tobte der Alte, als sie ihn untergefaßt zum Ausgang schleiften. »Ich trinke für mein eigenes schwerverdientes Geld. Klauen ist schließlich auch Arbeit.«

»Da haben Sie es, das Objekt Ihrer Sorgen, in seiner vollen Schönheit!« meinte Valeri und verzog spöttisch seine schmalen Lippen. »Ein würdiger Nachkomme jenes Halunken, der im Suff schrie: ›Ein Mensch – wie stolz das klingt!‹ Es hat sich ausgeklungen ... Na, wie ist's, Valka«, wandte er sich an mich. »Komm zu uns, arbeite an unserem Thema mit, dann bleibt in der Zukunft auch etwas von dir erhalten, vernunftbegabte Werke in einer Maschine, tätige und allmächtige Elektronengehirne, und in ihnen deine Ideen, dein Schaffen, das Beste, was in uns steckt ... Riechst du es? Der Mensch als Schöpfer – das klingt einstweilen noch großartig! Und dieses Bessere wird bleiben und sich sogar dann entwickeln, wenn das halbgebildete Weib Natur mit ihrem Homo sapiens endgültig Pleite macht!«

»Aber das ist ja schrecklich! Was sagen Sie da?!« rief Lena empört. »Sie ... Sie sind wie ein Roboter! Sie lieben die Menschen nicht, das ist es!«

Iwanow maß sie mit einem nachsichtigen, gönnerhaften Blick.

»Wir wollen uns doch nicht streiten, Lena. Ich sage Ihnen doch nur, wie es ist.«

Das ging ein bißchen zu weit. Lena kochte innerlich und sagte kein Wort. Auch ich schwieg. Das Schweigen wurde peinlich. Ich rief nach dem Kellner und zahlte. Wir traten auf den Marxprospekt, den »Broadway von Dneprowsk«. Spaziergänger flanierten vorbei.

Da packte mich Valeri plötzlich so heftig am Arm, daß es schmerzte.

»Valka, hörst du? Siehst du?«

Zuerst wußte ich nicht recht, was ich hören und sehen sollte.

Ein Bursche und sein Mädchen gingen an uns vorbei, beide hatten dicke Pullover an und trugen die gleiche Haartracht. Um den Hals hatte sich der Bursche eine Heule in gelbem Perlmuttgehäuse gehängt, auf dem diagonal die Silhouette einer Rakete abgebildet war. Aus der Heule kam Jazzmusik. Die reinen Klänge des Saxophons und die klaren Synkopen der Trompeten breiteten sich im ganzen Umkreis aus ... Ich hätte den Klang dieses Transistorgeräts aus hundert anderen Radios und Plattenspielern herausgehört, so wie eine Mutter die Stimme ihres Kindes aus dem Geschrei im Kindergarten heraushört. Den »rauscharmen Breitbandverstärker«, mit dem es bestückt war, hatten Valeri und ich erfunden.

»Sie stellen ihn also in Serie her«, folgerte ich. »Da könnten wir vom Werk die Urhebergebühren anfordern. He, junger Mann, was hast du für die Heule bezahlt?«

»Fuffzich Dollar«, gab der Langmähnige stolz zur Antwort.

»Sieh einer an: fünfzig Dollar, das sind fünfundvierzig Tugrik. Bestimmt ein Aufschlag für die Klangqualität. Freu dich doch!«

»Freuen?! Freu dich allein! Und da hast du gesagt: schrecklich ... (eigentlich hatte das Lena zu ihm gesagt, nicht ich.) Dann schon lieber schrecklich als so!«

Da sind wir nun damals in die Geheimnisse der Quantenphysik eingedrungen, haben uns von der abstrusen Dualität »Teilchen – Welle« des Elektrons verblüffen lassen; haben die Theorie und die Technologie von Halbleitern studiert, uns die raffiniertesten Verfahren der Labortechnik zu eigen gemacht. Halbleitergeräte waren damals die Zukunft der Elektronik: von ihnen schrieben die Verfasser populärwissenschaftlicher Schriften, und von ihnen träumten die Ingenieure. Vieles lag in diesen Träumen – einiges davon ging in Erfüllung, anderes wurde von der Technik über Bord geworfen. Aber davon, daß Transistorgeräte als Halsschmuck auf den hypermodernen Klamotten pickliger Beatles prangen würden, davon hatten wir nie geträumt.

Wie hatten wir – Valeri und ich – uns mit dem Problem des Rauschens herumgeschlagen! Die Elektronen breiten sich im Halbleiterkristall genauso aus wie Farbteilchen im Wasser, die gleiche chaotisch-sinnlose »Brownsche Bewegung«. Sie hat zur Folge, daß man in den Kopfhörern oder im Lautsprecher ein Rauschen hört, das gleichzeitig dem Kratzen der Nadel eines Plattenspielers und dem fernen Rauschen der Meeresbrandung ähnelt. Na, die Geschichte ist zu lang, um sie hier zu erzählen ... Es war meine erste Erfindung, und die offizielle Formulierung auf dem Antrag an das Komitee für Erfindungswesen der UdSSR »Unter Beifügung aller weiter unten angeführten Unterlagen bitten wir um Erteilung eines Patents auf die Erfindung unter der Bezeichnung ...« klang damals wie Musik in meinen Ohren.

Da empfand einer die Freuden der Erkenntnis, entflammte in schöpferischer Unrast, erlebte einen Erfolg als Ingenieur, und dieser Langhaarige, welchen Anteil hatte er daran? Für ihn ist von diesen Freuden nichts abgefallen. Doch, etwas ist ihm geblieben: Blättere deine schwerverdienten Tugriks hin, drück aufs Knöpfchen, dreh am Schalter und stolziere wie ein aufgeblasener Hohlkopf herum ...

Wir begleiteten Valeri zu seinem Hotel.

»Also, wie ist es?« fragte er, als er mir die Hand reichte.

»Ich muß es mir überlegen, Valeri.«

»Überlegen?!« Lena warf mir einen zornigen Blick zu. »Das mußt du dir noch überlegen?«

Sie ist doch recht unbeherrscht. Kann einfach nicht ihre Zunge im Zaum halten ...

Am interessantesten war, daß Valeri mit keiner Silbe danach

gefragt hatte, woran ich eigentlich jetzt arbeite, so klar war es für ihn, daß es am Institut für Systemologie nichts Gutes geben könne und ich zu ihm kommen müßte.

Nun ja, überlegen konnte man es sich ja mal ...

27. Oktober. Valeri hat angerufen: »Na, hast du's dir überlegt?«

»Noch nicht.«

»Ach, diese Weiber! Ich kann dich natürlich verstehen ... Entschließe dich, Valka, wir werden gemeinsam arbeiten. Ich ruf dich morgen, bevor ich abfahre, noch mal an, ja?«

... Wenn ich damals, im März, als mein Komplex eben erst im Entstehen war, den Versuch abgebrochen und erst die möglichen Entwicklungswege analysiert hätte, dann wäre ich bestimmt bei der Synthese mikroelektronischer Blöcke gelandet. Einfach darum, weil das etwas war, wovon ich was verstand. Dann läge ich jetzt schon vor Valeri. Die Arbeit wäre in anderen Bahnen verlaufen, und weder mir noch irgendeinem anderen wäre in den Sinn gekommen, daß man hier ein Verfahren zur Synthese lebender Organismen verpaßt hatte.

Aber es ist nicht verpaßt worden, dieses Verfahren ...

Wie schön war es doch, unter Anspannung des technischen Denkens im Becken diese Blättchen mit den Mikroschaltbildern – Trigger, Inverter, Dechiffratoren – zu bauen! Dieses sein »Poem« ist schon eine gute Sache, wenn man es mit meiner Muttermaschine kombiniert. Eigentlich ist die Muttermaschine ja schon sein »Werk in einer Maschine«. Auch in dieser Hinsicht bin ich auf der Höhe. Noch ist es nicht zu spät. die Richtung zu wechseln.

Derartige Arbeiten können in der Tat zur Schaffung einer von den Menschen unabhängigen Welt (oder Gesellschaft) der Maschinen führen; nicht von Robotern, sondern von einander gegenseitig ergänzenden verschiedenartigen Maschinen. Sollte das tatsächlich die natürliche Weiterführung der Evolution sein? Betrachtet man das als Außenstehender, ist daran gar nichts Schreckliches. Nun ja, auf der Erde gab es Eiweißsysteme, und auf ihrer Informationsgrundlage entwickelten sich die Elektronen-Kristall-Systeme. Die Evolution geht weiter ...

Ja, aber von außen gesehen wird auch bei einer weltweiten thermonuklearen Katastrophe nichts Schreckliches passieren. Gewiß, irgendwo ist was in die Luft gegangen, die Radioaktivität der Atmosphäre ist gestiegen. Aber dreht sich die Erde um ihre Achse? Ja. Dreht sie sich um die Sonne? Ja. Also ist die

Stabilität des Sonnensystems nicht beeinträchtigt worden, alles ist in bester Ordnung.

»Sie lieben die Menschen nicht!« hat Lena zu Valeri gesagt. Was wahr ist, muß wahr bleiben: Die widerliche Affäre mit Chilobok, die ihm immer noch zu schaffen macht, sein Weggang aus dem Institut, die gestrige Begegnung mit unserer Erfindung – das alles sind Sprossen auf der Leiter des Menschenhasses. Gibt es etwa wenige solcher Sprossen im Leben eines jeden tätigen Menschen? Vergleicht man seine Lebenserfahrungen mit den Erfahrungen als Ingenieur, kann man tatsächlich zu der Überzeugung kommen, daß es einfacher ist, Maschinen zu entwickeln, in denen alles rationell und klar zugeht.

Aber liebe ich denn die Menschen? Davon hängt es ab, womit ich mich in Zukunft beschäftigen werde.

Ich habe mir nie darüber Gedanken gemacht. Ich liebe mich selbst, so schlimm das vielleicht auch ist. Ich liebte den Vater, die Mutter schon weniger – sie hätte das nicht sagen sollen. Ich liebe (nehmen wir es mal an) Lena. Wenn ich eines Tages Kinder haben sollte, werde ich wahrscheinlich auch sie lieben. Valeri liebe ich nicht gerade, aber ich schätze ihn. Doch daß ich alle Menschen liebte, alle auf der Straße, alle, die mir bei der Arbeit begegnen, alle, die mir bei den Behörden über den Weg laufen, von denen man in den Zeitungen liest oder in Gesprächen hört . . . Was gehen sie mich an? Was gehe ich sie an? Mir gefallen schöne Frauen und kluge, fröhliche Männer, aber ich verachte Dummköpfe und Trunkenbolde, kann Verkehrsmilizionäre nicht ausstehen, verhalte mich alten Leuten gegenüber reserviert, und in den Spitzenzeiten im Berufsverkehr überkommen mich zuweilen Anfälle von SOW – Straßenbahn-Obus-Wut –, und ich möchte am liebsten mit dem Knüppel dreinschlagen, nur um schneller rauszukommen . . . Mit einem Wort, ich habe den Menschen gegenüber die unterschiedlichsten Gefühle.

Aha, da ist was dran. Den Menschen gegenüber empfinden wir Achtung, Liebe, Verachtung, Scham, Angst, Stolz, Sympathie, Demütigung und so weiter. Und den Maschinen gegenüber? Auch sie lösen Emotionen aus: Mit einer guten Maschine arbeitet es sich gut; versagt eine Maschine oder ein Gerät einmal, ist das bedauerlich, und man schimpft sich manchmal die Lunge aus dem Hals, bis der Fehler gefunden ist . . . Aber das ist was ganz anderes. Diese Gefühle betreffen eigentlich nicht die Maschinen, sondern die Menschen, die sie gebaut und benutzt haben. Oder sie benutzen können. Selbst die Angst vor der Atombombe ist lediglich die Reflexion unserer Angst vor den Menschen, die sie hergestellt haben und auch einsetzen können. Und die Vorhaben der Menschen, Maschinen zu bauen, die den Menschen in den Hintergrund drängen werden, lösen ebenfalls Angst aus.

Ich liebe das Leben, liebe es, alles zu fühlen, das ist schon richtig. Was wäre das Leben ohne die Menschen? Lachhaft... Natürlich, das ist es, man muß Valeris hypothetischem »Werk in einer Maschine« die Muttermaschine gegenüberstellen!

Die Sache ist klar: Ich wähle die Menschen!

Und der kluge und starke Valeri ist noch schwächer als ich, denn nicht er ist es, der sich die Arbeit auswählt, sondern die Arbeit wählt ihn aus...

Na, und wenn wir ganz offen sein wollen, Kriwoschein? Ganz und gar offen: Wenn du jetzt nicht das Verfahren gefunden hättest, Menschen zu machen, würdest du dich etwa nicht positiv über die elektronischen Maschinen äußern? Jeder Spezialist trachtet doch danach, seiner Arbeit eine ideelle Basis zu geben. Es wird doch keiner zugeben, er beschäftigte sich nur deshalb mit ihr, weil er nichts anderes verstehe! Für einen schöpferisch Tätigen käme ein solches Eingeständnis einem Bankrott gleich.

Übrigens, bin ich denn in der Lage, das auszuführen, was ich vorhabe?

Nun langt's aber! Natürlich, es ist sehr intelligent und liebenswürdig, sich selbst zu bespeien, Tränen über die eigene Unvollkommenheit zu vergießen, sich innerlich wegen des Widerspruchs zwischen Träumen und Taten zu zerfleischen. Aber wo ist er, der Ritter des Geistes mit Hochschulbildung und der entsprechenden Arbeitspraxis in der geforderten Fachrichtung, dem ich seelenruhig das Thema übergeben könnte? Iwanow? Nein. Asarow? Das konnte ich nicht feststellen. Und mit der Arbeit geht es nicht weiter.

Und deshalb mag, wie ich auch immer beschaffen bin, einstweilen mein Finger auf diesem Knopf liegen.

28. Oktober. Ein Telefonanruf im Labor.

»Na, Valja, hast dich entschlossen?« (Wie raffiniert die Frage gestellt war!)

»Nein, Valeri.«

»Schade. Wir hätten prima zusammengearbeitet. Ich kann dich übrigens verstehen. Schönen Gruß an sie, eine sehr nette Frau, ich freu mich für dich.«

»Schönen Dank, werd's ausrichten.«

»Na, dann mach's gut. Solltest du mal nach Leningrad kommen, melde dich.«

»Ganz bestimmt! Guten Flug, Valeri!«

Einen Dreck verstehst du, Valeri ... Na schön, Schluß damit! Wie es scheint, hat mich die Arbeitswut gepackt. Zumindest dafür sei dir gedankt!

Dreizehntes Kapitel

Man kann nie wissen, was gut ist und was schlecht. So entstand die Stenographie aus einer schlechten Handschrift und die Zuverlässigkeitstheorie aus Defekten und Ausfällen von Maschinen.

Ingenieur K. Prutkow,
Sentenz Nr. 100

1. November. Ich habe also, ohne es gewollt zu haben, bewiesen, daß man bei Steuerung der Synthese aufgrund der Information über einen ... na, sagen wir mal, ganz ordentlichen Menschen einen Psychopaten und Sklaven schaffen kann. Und das, weil bei Eingabe der zusätzlichen Information rohe Gewalt angewendet wurde. (Oh, dieses »Resultat« wird sich kaum in akademische Phrasen pressen lassen!) Jetzt muß ich zumindest die gegenteilige Möglichkeit beweisen.

Positiv an dem Versuch mit dem Double Adam war, daß er lebte und physisch bei bester Gesundheit war. Auch sein Äußeres hat meinen Vorstellungen entsprochen. Zudem verfüge ich jetzt über Erfahrungen, wie ich die Formen des menschlichen Körpers umgestalten kann. Als negativ erwies sich das »bequeme« Verfahren der mehrfachen Umgestaltungen und Auflösungen. Es kommt absolut nicht in Frage. Alles muß auf einmal geschehen. Auch das Korrekturverfahren »DAS NICHT« darf ich nur dann anwenden, wenn ich ganz genau weiß, was »DAS« ist, und wenn ich die Veränderungen kontrollieren kann. Ich darf also nur geringfügige äußere Mängel korrigieren.

Nun muß ich zum drittenmal ganz von vorn anfangen.

Ich will eine verbesserte Variante meiner selbst schaffen. Eine schönere und klügere. Das einzig mögliche Verfahren ist, der

Maschine zusammen mit meiner Information auch meine Wünsche einzugeben. Sie kann diese berücksichtigen, braucht es aber auch nicht. Schlimmstenfalls kommt genau so ein Kriwoschein heraus, wie ich es bin. Wenn er nur nicht schlechter ist!

Was das Äußere anbelangt, ist mir alles so gut wie klar: Ich setze den Monomachhelm auf und stelle mir bis zur Halluzination meine Wenigkeit vor, schlank, ohne defekte Physiognomie (weg mit den Sommersprossen, weg mit der Narbe über der Braue, die Nase korrigiert, die Kinnladen verkleinert usw.), ohne defekten Körper (weg mit dem Fett, ohne Bänderriß!). Und mit dunklerem Haar ...

Nun die geistigen Fähigkeiten. Die müssen verstärkt werden – aber wie? Sich einfach wünschen, mein neuer Zwilling solle klüger sein als ich? Die Muttermaschine wird das nicht beachten. Sie nimmt nur konstruktive Informationen auf. Darüber muß ich noch nachdenken.

2. November. Ich habe eine Idee, zwar primitiv wie ein Bastschuh, aber immerhin eine Idee. Meine geistigen Potenzen sind zu den verschiedenen Tageszeiten nicht gleich, nach dem Mittagessen stumpft man bekanntlich ab, wofür es auch eine biologische Erklärung gibt (die Blutzufuhr zum Kopf ist nicht mehr so stark). Folglich darf ich der Maschine die Information nur im Zustand starker geistiger Leistungsfähigkeit eingeben. Vor allem darf ich dabei nicht rauchen, das benebelt.

Und noch eine Eigenschaft meines Denkens gilt es zu berücksichtigen: Je später der Abend, desto mehr wird meine geistige Leistungsfähigkeit durch Träumereien. durch das Spiel der Phantasie und der Gefühle beeinträchtigt. Schon einmal hab ich mir mit meiner Träumerei was eingehandelt. Folglich muß ich, sobald es Abend wird, aus der Kammer verschwinden. Mein neues Double soll geistig leistungsfähig, aufgeweckt und ausgeglichen sein.

17. November. Es ist nun drei Wochen her, daß ich die Muttermaschine auf die Vervollkommnung meiner selbst eingestellt habe. Schon lockt es mich, über den Monomachhelm den Befehl »ES GEHT« zu erteilen und zu sehen, was herauskommt. Doch nein: Es handelt sich um einen Menschen! Mag die Maschine erst alle meine Gedanken, Vorstellungen und Wünsche aufnehmen. Mag sie verstehen, was ich will.

25. November, abends. Schnee fällt auf die weißen Laternen-

pfähle, pausenlos, als wollte er die Norm übererfüllen. Wieder geht an unserem Haus das Mädchen mit den Krücken vorbei. Sie ist auf dem Heimweg von der Schule. Sicher hat sie Kinderlähmung gehabt.

Jedesmal, wenn ich sie so sehe, die große Schulmappe auf den eckigen Schultern und ungeschickt mit den Krücken hantierend, schäme ich mich im tiefsten Innern. Ich schäme mich, weil ich selbst kerngesund bin; ich schäme mich, daß ich, ein kluger, mit Wissen ausgestatteter Mann, ihr in keiner Weise zu helfen vermag. Ich schäme mich angesichts dieser immensen Sinnlosigkeit, die es in unserem Leben gibt.

Kinder dürften nicht an Krücken gehen. Was ist denn die ganze Wissenschaft und die ganze Technik auf der Welt wert, wenn Kinder an Krücken laufen müssen!

Tue ich etwa auch jetzt wieder etwas Sinnloses? Etwas, was die Menschen nicht brauchen? Schließlich bringt mein Verfahren dem Mädchen keinerlei Hilfe.

... Fast ein Monat ist vergangen, seit ich mir ein »Denkprogramm« zusammengestellt habe, in die Informationskammer steige, die Geber an mir befestige, den Monomachhelm aufsetze, denke und laut vor mich hin spreche. Manchmal packen mich Zweifel: Wenn nun in der Muttermaschine wieder etwas nicht klappt? Ich habe keine Kontrolle, hol's der Teufel! Ich bin so verzagt, daß ich fürchte, dies könnte sich im Charakter des künftigen Doubles niederschlagen.

Die nächste Eintragung im Tagebuch war mit Bleistift geschrieben.

4. Dezember. Na also... Eigentlich müßte ich jetzt jubeln: Es ist gelungen! Aber ich bin völlig ausgepumpt. Habe keine Kraft mehr, keine Gedanken, keine Emotionen. Bin nur müde, hundemüde! Ich bin sogar zu faul, meinen Füllhalter zu suchen.

Die Maschine hat meine Wünsche in bezug auf das Äußere im großen und ganzen berücksichtigt. Einiges habe ich noch während der Synthese korrigiert. Aus jeder Erfahrung lernt man; als das Double entstand, brauchte ich nicht mehr zu schätzen oder nachzumessen – das geübte Auge bemerkte sofort »DAS NICHT« in seinem Bau, und die Maschine korrigierte es.

Ich stellte eine kleine Stufenleiter ans Becken und half ihm beim Aussteigen. Da stand er vor mir: nackt, wohlgebaut, muskulös, schön, dunkelhaarig – mir ähnlich und doch wieder nicht. Zu seinen Füßen bildeten sich Pfützen.

»Na, wie geht's?« fragte ich mit heiserer Stimme.

»Alles in Ordnung.« Er lächelte.

Und dann ... dann bebten meine Lippen, das Gesicht zuckte, die Hände zitterten, ich konnte mir nicht einmal eine Zigarette anzünden. Er gab mir Feuer, goß eine halbe Mensur voll Schnaps, sprach beschwichtigend auf mich ein: »Na, na! Ist ja alles in Ordnung, was soll sein?« Kurz gesagt, er beruhigte mich. Es ist zum Lachen ...

Jetzt will ich versuchen zu schlafen.

5. Dezember. Heute habe ich die logischen Fähigkeiten des Doubles III überprüft.

Erste Runde (Schafskopf): 5:3 für ihn. Zweite Runde (Wortspiele): Aus dem Wort »Abbreviatur« hat er in zehn Minuten acht Wörter mehr gebildet als ich; aus dem Wort »Überbelastung« zwölf mehr. Dritte Runde (wir lösten um die Wette logische Aufgaben aus dem Hochschulaufgabenbuch für Systemologie von Asarow, beginnend bei Nr. 223); innerhalb von zwei Stunden kam ich nur bis zu Nr. 235, er jedoch bis Nr. 240.

Keine Rede davon, daß ich ihm absichtlich den Vorrang gelassen hätte, ich habe mich echt angestrengt. Er ist demzufolge im Denken um 25 bis 30 Prozent schneller als ich. Und das trotz des altmodischen Eingabeverfahrens. Wie würden sich die Fähigkeiten erst verstärken, wenn man modernste wissenschaftliche Methoden anwendete.

Na, erst mal sehen, wie er sich bei der Arbeit macht.

7. Dezember. Vorläufig verrichten wir keine intellektuelle Arbeit, sondern räumen im Labor auf. Das ist wegen des Gewirrs der Kabel und der lebenden Schläuche nicht einfach. Wir wischen und saugen den Staub ab, säubern die Kolben und Geräte, entfernen den Schimmelbelag von den Platten.

»Sag mir, wie stehst du eigentlich zur Biologie?«

»Zur Biologie?« Er sah mich verständnislos an, dann begriff er. »Ach, das meinst du. Ich verstehe ihn auch nicht. Meiner Meinung nach war das bei ihm nur so ein Spleen, er brauchte eine Selbstbestätigung ...«

Der Aspirant Kriwoscheïn pfiff durch die Zähne und sprang vor Überraschung vom Stuhl auf. »Na so was!«

War das die Möglichkeit? Ja doch, das Double III war eben

auch eine Fortsetzung der Muttermaschine! Demnach hatte die Maschine es gelernt, den Organismus eines Menschen zu konstruieren. Natürlich. Bei ihm, bei Numero eins, war eine komplizierte Forschung nötig gewesen. Inzwischen hatte sich die Maschine alle ausprobierten Wege eingeprägt und diejenigen ausgewählt, die unmittelbar zum Ziel führten, hatte sich ein Programm zur Synthese des Menschen zusammengestellt.

Seine Entdeckung der inneren Verwandlung war also wirklich unikal. Man mußte sie hüten. Das beste wäre, der Muttermaschine die eigenen Daten einzugeben, um die neugewonnenen Kenntnisse zu fixieren. Doch wozu?

Ach, darüber könnte man stundenlang nachdenken! Der Aspirant verzog das Gesicht und vertiefte sich wieder in das Tagebuch.

18. Dezember. Der Nordostwind verursachte einen solchen Kälteeinbruch, daß die Dampfheizung nur mit Müh und Not die Räume erwärmt. Im Park ist alles weiß, dadurch ist es auch im Labor heller.

Ob nun genau nach Vorschrift der Bibel oder nicht, die Taufe des neuen Doubles hat stattgefunden. Taufpate war Garri Charitonowitsch Chilobok, und das geschah so: Studenten von der Charkower Universität waren zu einem einjährigen Praktikum ans Institut gekommen. Vorgestern suchte ich die jungen Spezialisten im Wohnheim auf und lieh mir »für psychologische Versuche« einen Studentenausweis und ein Delegiertenformular zum Praktikum. Die Studenten betrachteten mich mit schüchterner Hochachtung, und aus ihren Augen sprach die Bereitschaft, für die Wissenschaft nicht nur ihre Studentenausweise herzugeben, sondern auch ihre Schuhe auszuziehen. Einen Personalausweis pumpte ich mir bei Pascha Pupkin.

Anschließend machten wir die Maschine mit Form und Inhalt dieser Dokumente vertraut. Wir drehten sie vor den Objektiven hin und her und blätterten die Seiten um. Als der Personalausweis, der Studentenausweis und das Delegiertenformular im Becken entstanden, setzte ich den Monomachhelm auf und korrigierte nach der Methode »DAS« und »DAS NICHT« alle Eintragungen nach unseren Wünschen.

Das Double III erhielt den Namen Viktor Vitaljewitsch Krawez. Den Papieren zufolge war er dreiundzwanzig Jahre alt, Russe, militärdienstpflichtig, Student im fünften Studienjahr an der Physikalischen Fakultät der Charkower Staatlichen Universität, wohnhaft in Charkow, Cholodnaja gora 17 ... Sehr angenehm, Sie kennengelernt zu haben!

Wirklich so angenehm? Während dieser Operation unterhielt ich mich mit dem Neuling Krawez nur im Flüsterton, wir kamen uns vor wie Geldfälscher, die jeden Augenblick auffliegen können. Der Respekt vor der Gesetzlichkeit läßt sich bei uns Intellektuellen nun mal nicht unterdrücken.

Als wir uns am nächsten Tag zu Chilobok begaben – Krawez, um sich anzumelden, ich, um darum zu bitten, den Studenten in meinem Labor einzusetzen –, war uns ebenfalls nicht sehr wohl in unserer Haut. Unter anderem befürchtete ich, Chilobok werde ihn in ein anderes Labor schicken. Doch alles ging gut. In diesem Jahr waren mehr Studenten bei uns hereingeschneit, als Schnee vom Himmel gefallen war. Kaum hörte Chilobok, ich wolle dem Studenten behilflich sein, Material für seine Diplomarbeit zu sammeln, versuchte er mir noch zwei weitere aufzuschwatzen.

Unsere Ähnlichkeit fiel ihm natürlich auf.

»Ist er mit Ihnen verwandt, Valentin Wassiljewitsch?«

»Hm, wie soll ich sagen ... ganz entfernt, ein Neffe um sieben Ecken.«

»Na ja, das versteht man!« Sein Gesicht drückte Nachsicht für meine verwandtschaftlichen Gefühle aus. »Wird er auch bei Ihnen wohnen?«

»Nein, wieso? Er kann doch im Studentenheim wohnen.«

»Jaja, natürlich, warum auch nicht...« Chiloboks Miene war zu entnehmen, daß meine Beziehungen zu Lena für ihn kein Geheimnis waren. »Ich verstehe Sie, Valentin Wassiljewitsch, ach, wie gut ich Sie verstehe!«

Mein Gott, ist das widerlich, wenn Chilobok einen »ach so gut versteht«!

»Und was macht Ihre Doktorarbeit, Garri Charitonowitsch?« erkundigte ich mich, um das Thema zu wechseln.

»Meine Doktorarbeit?« Chilobok musterte mich mit einem vorsichtigen Blick. »Na ja ... Wieso interessieren Sie sich dafür, Valentin Wassiljewitsch? Sie sind doch Digitalelektroniker, die Analogelektronik gehört doch gar nicht in Ihr Gebiet.«

»Ich weiß im Augenblick selbst nicht recht, was zu meinem Gebiet gehört und was nicht«, bekannte ich aufrichtig.

»Was Sie nicht sagen! Nun, das ist lobenswert. Aber so bald werde ich die Dissertation nicht zur Verteidigung einreichen.

Andere Dinge halten mich ab, diese Fluktuation, man kommt zu keiner schöpferischen Arbeit. Sie werden Ihre Dissertation sicher eher verteidigen, Valentin Wassiljewitsch, Ihre Kandidaten- und Ihre Doktordissertation, haha ...«

Schlecht gelaunt kehrten wir ins Labor zurück. Unserer Arbeit haftet eine zweifelhafte Dualität an: Im Labor sind wir Götter, doch sobald wir Kontakt mit unserer Umwelt aufnehmen, beginnen wir zu lavieren, zu schwindeln und vorsichtig zu sein. Was ist das? Ein Spezifikum der Forschung? Oder ein Spezifikum der Wirklichkeit? Oder vielleicht ein Spezifikum unseres Charakters?

»Schließlich und endlich ist der ganze Papierkram für den Menschen nicht meine Erfindung: Personalausweis, Aufenthaltsgenehmigungen, Fragebogen, Passierscheine und Bescheinigungen«, sagte ich. »Ohne Papiere bist du ein Insekt und kein Mensch.«

Viktor Krawez schwieg.

20. Dezember. Heute beginnt unsere gemeinsame Arbeit!

»Meinst du nicht auch, daß ihr mit eurem Schwur ziemlichen Blödsinn verzapft habt?«

»?!«

»Na ja, nicht mit dem ganzen Schwur, nur mit diesem verflixten Punkt ...«

»Eine Entdeckung mit absoluter Zuverlässigkeit zum Nutzen der Menschen anzuwenden?«

»Genau. Vier Verfahren sind realisiert: Synthese der Information über einen Menschen zu einem Menschen, Synthese von Kaninchen mit und ohne Korrekturen, Synthese von elektronischen Schaltbildern und Synthese eines Menschen mit Korrekturen. Gibt denn auch nur eins davon eine absolute Garantie für den Nutzen?«

»Hm ... nein. Aber das letzte Verfahren erlaubt im Prinzip ...«

»... Ritter ohne Furcht und Tadel, Ritter des Georgskreuzes und flammende Kämpfer zu machen?«

»Sagen wir es einfacher: gute Menschen. Hast du was dagegen?«

»Noch stimmen wir nicht ab, sondern diskutieren nur. Und mir scheint, daß diese Idee auf – entschuldige bitte – sehr primitiven Vorstellungen von den sogenannten guten Menschen basiert. Es gibt keine abstrakt ›guten‹ oder abstrakt ›schlechten‹ Menschen – jeder Mensch ist für den einen gut und für den anderen schlecht, hierfür gibt es keine objektiven Kriterien. Deshalb hatten die echten Ritter ohne Furcht und Tadel auch weit mehr Feinde als irgendein anderer. Gut für alle ist nur ein schlauer und gemeiner Egoist, der, um seine Ziele zu erreichen, bemüht ist, sich bei allen lieb Kind zu machen. Vielleicht sollten wir so sagen: gut ist derjenige, der die Mehrheit hinter sich hat. Bist du einverstanden, daß wir dem Verfahren ein solches Kriterium zugrunde legen?«

»Hm ... laß mich nachdenken.«

»Das lohnt nicht, weil ich schon drüber nachgedacht habe und du ja doch zu dem gleichen Ergebnis kommen wirst. (Da hört doch alles auf!) Auch dieses Kriterium taugt nichts: Wer hat nicht alles im Laufe der Jahrhunderte die Mehrheit auf seiner Seite gehabt ... Es gibt noch zwei weitere Kriterien: Gut ist, was (oder wen) ich für gut halte, und: Gut ist, was für mich gut ist. Wir, wie auch die überwiegende Mehrheit der Menschen, die sich hauptamtlich um das Wohl der Menschheit sorgen, haben uns von beiden Kriterien leiten lassen, bloß glaubten wir in unserer Einfalt, wir ließen uns allein von ersterem leiten, hielten es sogar für objektiv ...«

»Na, jetzt übertreibst du aber!«

»Kein bißchen! Ich will nicht an das unglückselige Double II erinnern, aber sogar als du mich synthetisiertest, warst du besorgt, ob es mir gut gehe (gut in dem Sinne, wie du es verstehst), und auch, ob es dir selbst gut gehe. Oder etwa nicht? Dies ist also ein rein subjektives Kriterium, und andere Leute ...«

»... könnten mit Hilfe dieses Verfahrens etwas zusammenbrauen, was sie ihrerseits für gut halten?«

»Genau.«

»Na schön, nehmen wir's an. Demnach muß man noch weitere Verfahren zur Synthese und zur Umwandlung der Information im Menschen suchen.«

»Und was für welche?«

»Das weiß ich nicht.«

»Ich will dir sagen, was für ein Verfahren wir brauchen. Wir müssen unsere Muttermaschine in eine Vorrichtung zur kontinuierlichen Produktion des ›Guten‹ mit einer Produktivität von, sagen wir, anderthalb Millionen guten Taten pro Sekunde umwandeln. Gleichzeitig müssen wir sie zu einem Absorber von schlechten Taten mit der gleichen Produktivität machen. Übrigens sind anderthalb Millionen nur ein Tropfen auf den heißen Stein:

Auf der Erde leben dreieinhalb Milliarden Menschen, und jeder von ihnen vollbringt pro Tag mehrere Dutzend Handlungen, von denen keine einzige neutral zu sein pflegt. Außerdem muß man sich noch ein Verfahren zur gleichmäßigen Verteilung dieser ... hm ... Erzeugnisse über den ganzen Erdball einfallen lassen, so was wie einen mit Magnetronen bestückten Düngerverteiler ...«

»Du willst dich wohl über mich lustig machen?«

»Ja, ich trample auf deinem zarten Traum herum. Er führt zu nichts.«

»Du meinst, daß ich ...?«

»Nein, ich meine nicht, daß du falsch gearbeitet hast. Es wäre ja auch mehr als seltsam, wenn ausgerechnet ich das meinte. Aber paß auf: Subjektiv magst du schon geträumt und überlegt haben, doch objektiv hast du nur das gemacht, was möglich war. Und das ist der springende Punkt! Man muß seine Pläne mit den Möglichkeiten seiner Arbeit in Einklang bringen. Du hattest vor, den tagtäglich anfallenden hundert Milliarden verschiedenen Handlungen der Menschheit irgend so ein Maschinchen entgegenzustellen. Aber diese hundert Milliarden plus unzählige Milliarden vergangener Handlungen bestimmen doch gerade die sozialen Prozesse in der Welt, ihr Gutes und ihr Schlechtes. Die Wissenschaft ist nicht imstande, diese gewaltigen Prozesse, diese Lawine von Handlungen und Dingen aufzuhalten; erstens deshalb nicht, weil die Angelegenheiten der Wissenschaft nur einen Bruchteil der Weltangelegenheiten ausmachen, und zweitens, weil das gar nicht zu ihren Aufgaben gehört. Die Wissenschaft entwickelt weder das Gute noch das Böse – sie entwickelt neue Informationen und erschließt neue Möglichkeiten. Das ist alles. Die Anwendung dieser Informationen und die Nutzung der Möglichkeiten werden bestimmt von den bereits erwähnten sozialen Prozessen und sozialen Kräften. Wir bieten den Menschen lediglich neue Möglichkeiten zur Produktion von ihresgleichen, und es liegt dann schon in ihrem Ermessen, ob sie diese Möglichkeiten zu ihrem Schaden oder Frommen oder überhaupt nicht nutzen.«

»Wie denn, du meinst, man sollte die Entdeckung bekanntgeben und die Hände in Unschuld waschen?! Na weißt du! Wenn wir schon darauf pfeifen, was im Leben daraus wird, dann tun das die anderen erst recht.«

»Reg dich nicht auf! Ich meine ja nicht, daß man sie bekanntgeben und auf alles andere pfeifen sollte. Man muß weiterarbeiten, muß die Möglichkeiten untersuchen, so, wie es überall gemacht wird. Aber sowohl in der Forschung als auch in den Plänen und sogar in den Träumen zum Thema 152 muß man eins berücksichtigen: Das, was dieses Thema dem Leben geben wird, hängt vor allem vom Leben selbst oder, niveauvoll ausgedrückt, von der sozialpolitischen Lage in der Welt ab. Entwickelt sich die Lage günstig, dann kann man die Entdeckung bekanntgeben, wenn nicht, muß man sie geheimhalten oder sogar vernichten, wie es jener Schwur fordert. Es liegt nicht in unseren Kräften, die Menschheit zu retten, aber es liegt in unseren Kräften, ihr keinen Schaden zuzufügen.«

»Hm . . . das klingt ja sehr bescheiden. Meiner Meinung nach unterschätzt du die Möglichkeiten der modernen Wissenschaft. Es gibt heute schon ein Verfahren, die Menschheit durch einen Druck auf einen Knopf – oder mehrere Knöpfe – zu vernichten. Warum sollte kein alternatives Verfahren entstehen: durch einen Knopfdruck die Menschheit zu retten oder sie zu beschützen? Und warum, zum Teufel, sollte dieses Verfahren nicht in unserer Forschungsrichtung liegen?«

»Weil es eben nicht drin liegt. Unsere Richtung ist schöpferisch. Eine Brücke zu bauen ist ungleich schwieriger, als sie zu sprengen.«

»Einverstanden. Aber es werden Brücken gebaut.«

»Aber noch keiner hat eine Brücke gebaut, die man nicht in die Luft jagen könnte.«

Wir gerieten in so etwas wie eine scholastische Sackgasse. Und er legte mir schließlich klipp und klar all die verschwommenen Zweifel dar, die mich schon seit langem peinigten. Ich weiß nicht recht, ob ich darüber böse sein oder mich freuen soll.

28. Dezember. Ein Jahr ist vergangen seit dem Tag, da ich zum erstenmal im neugegründeten Labor auf dem noch nicht ausgepackten Impulsgenerator saß und grübelte, wie ich experimentieren sollte.

Ein Jahr nur? Nein, die Zeit wird nach Ereignissen gemessen und nicht nach Erdumdrehungen. Mir kommt es vor, als wären zehn Jahre vergangen. Nicht nur, weil ich viel geschafft, viel erlebt habe. Ich habe auch begonnen, mehr über das Leben nachzudenken, die Menschen und mich selbst besser zu verstehen, ich habe mich sogar ein bißchen verändert – hoffentlich zum Besseren!

Und doch: Irgendwie bin ich unzufrieden – ob das von den

lästigen Träumen kommt? Alles, was ich mir ausgedacht habe, ist gelungen, wenn auch unter Schwierigkeiten, mit schrecklichen Komplikationen, mit Enttäuschungen. So ist es nun mal im Leben: Der Mensch träumt nie von möglichen Enttäuschungen, träumt nie, er könne mit der Nase in den Dreck fallen. Das passiert ganz von selber. Mit dem Verstand begreife ich das ja sehr gut, aber abfinden kann ich mich trotzdem nicht damit.

Als ich das Double III synthetisierte (für die Welt – Krawez), hegte ich unbewußt die vage Hoffnung, in der Muttermaschine werde es einen Knacks geben, und heraus spränge ein Ritter ohne Furcht und Tadel! Es gab keinen Knacks. Er ist gut, da kann man nichts sagen, aber ein Ritter ist er nicht. Scharfsinnig, vernünftig und vorsichtig ist er. Wo sollte er denn auch das Ritterliche herhaben, von mir etwa?

Schwärmerischer Narr! Du hoffst, die Natur werde dir weiterhelfen, werde dir das »absolut zuverlässige« Verfahren in den Schoß legen – sie wird dir nicht weiterhelfen, nichts wird sie dir in den Schoß legen. Sie verfügt nicht über solche Information.

Verdammt noch mal, sollte es vielleicht doch unmöglich sein? Sollte der von mir vervollkommnete Kriwoschein-Krawez doch recht haben?

Es gibt ein Verfahren, die Welt durch den Druck auf einen Knopf zu retten; im Falle eines thermonuklearen Krieges ist es anwendbar. Man versteckt mehrere Muttermaschinen, denen die Information über die Menschen (Männer und Frauen) eingegeben ist, mitsamt einem großen Vorrat an Reagenzien in einem tiefen Schacht. Sollten auf der zu Schutt und Asche gewordenen Erdoberfläche keine Menschen mehr übriggeblieben sein, so haben die Maschinen die Menschheit für die Wiedergeburt aufbewahrt. Immerhin ein Ausweg aus dieser Lage.

Letzten Endes wird es aber doch wieder ganz anders kommen. Offenbart man ein solches Verfahren der Welt, stört es das hergestellte Gleichgewicht und treibt die Menschen erst recht in einen nuklearen Krieg. »Die Menschen werden überleben, Atombomben schrecken uns nicht mehr. Los, wir wollen's denen zeigen!« entscheidet so ein mit allen Hunden gehetzter Politikaster. »Nahostproblem? Es gibt keinen Nahen Osten! Vietnamproblem? Es gibt kein Vietnam! Kaufen Sie personengebundene Atomschutzbunker für Ihre Seele!«

Also ist auch das »DAS NICHT!«. Was aber ist »DAS«? Gibt es »DAS« überhaupt?

Dritter Teil

Besonnenheit

(Prüfung seiner selbst)

Erstes Kapitel

Das beste Mittel zur Bekämpfung der Schlafsucht ist Schlaf.

Ingenieur K. Prutkow,
»Entwurf einer Enzyklopädie«

Die Juninacht ist kurz: kaum ist das Abendrot im Südwesten erloschen, wird im Südosten jenseits des Dnepr der Himmel schon wieder heller. Doch auch eine kurze Nacht ist eine Nacht; sie übt auf die Menschen ihre gewohnte Wirkung aus. Die Bewohner des im Schatten liegenden Teils des Planeten schlafen. Es schlafen die Bürger der Stadt Dneprowsk. Es schlafen fast alle an den beschriebenen Ereignissen Beteiligten.

Matwej Apollonowitsch Onissimow schläft unruhig. Er hatte lange keinen Schlaf finden können – hatte geraucht, sich im Bett hin und her gewälzt und dabei auch noch seine Frau aufgeweckt, kurz, er hatte sich das Geschehene durch den Kopf gehen lassen. Übermüdet war er schließlich eingeduselt, und seine überreizte Psyche hatte ihm einen scheußlichen Traum beschert: In drei Parks der Stadt war jeweils eine Leiche aufgefunden worden, und alle drei wiesen Spuren der Einwirkung einer Schußwaffe auf. Gerichtsmediziner Subato, zu faul, jeden Fall einzeln zu untersuchen, dachte sich eine eigene Version aus: Alle drei wären durch einen einzigen Schuß umgebracht worden. Um die Richtigkeit dieser Version zu beweisen, setzte er die Leichen auf der Marmorbank im Seziersaal so nebeneinander, daß die Einschuß- und die Ausschußöffnungen einen einzigen Schußkanal ergaben.

Und Onissimow, der für gewöhnlich nur verschwommene und

schwarzweiße, alten Filmen ähnliche Träume hatte, sah dieses Bild räumlich, in Farbe und mit Geruch: Da saßen drei Kriwoscheïns – riesig, nackt, rosig und nach Fleisch riechend – und schauten ihn fotogen lächelnd an. Eine Regung des Protests ließ Onissimow erwachen. Jetzt (den Traum beim Schopf packen!) begann sich in seinem Kopf der mutmaßliche Hergang abzuzeichnen. Die dort im Labor hatten Kriwoscheïns Leiche gekocht! Schließlich ist eine Leiche immer ein Hauptbelastungsgegenstand. Sie verstecken oder vergraben ist gefährlich, zu unsicher, könnte sie doch entdeckt und identifiziert werden. So kochten oder zersetzten sie die Leiche in einer Speziallösung, und da das keine einfache Sache war, da sie irgend etwas nicht einkalkuliert hatten, war das Becken umgekippt. Deshalb war die Leiche auch noch warm, als der Elektriker Prachow sie in dem Becken entdeckte! Der Laborant war dabei verletzt worden, und der andere Komplize, jener, der ihm gestern etwas vorgegaukelt hatte (Mystifikator, Zirkusartist, aufblasbare Masken oder Training der Mimik – geschickt gemacht, alles was recht ist!), war getürmt und hatte sich ein Alibi verschafft. Mit seinen Masken und mit seiner Mimotechnik hatte er auch den Moskauer Professor irregeführt. Und seine Papiere waren nichts weiter als eine gut gemachte Fälschung.

Onissimow steckte sich eine Zigarette an. Und doch sah dieser Fall nicht nach einem gewöhnlichen Verbrechen aus. Wenn die Verbrecher sowohl in Moskau als auch hier am Werke waren und keine Motive wie Diebstahl, persönliche Racheakte und Sex vorhanden waren, so hatte Kriwoscheïn tatsächlich eine ernst zu nehmende Erfindung oder Entdeckung gemacht. Ja, gleich morgen würde er bei Alexej Ignatjewitsch darauf dringen, daß die Sicherheitsorgane eingeschaltet wurden!

(Obwohl Onissimow niemals herauskriegen wird, was es mit diesem Fall auf sich hat, muß man doch seinen kriminalistischen Spürsinn bewundern. Überhaupt nichts zu wissen, nichts vom Wesen der Sache zu begreifen und nur auf Grund äußerer, zufälliger Fakten einen logisch einwandfreien Hergang zu konstruieren – das soll ihm erst mal einer nachmachen!)

Nachdem sich Onissimow das hatte durch den Kopf gehen lassen, schlief er beruhigt ein. Jetzt träumte er etwas Angenehmes: Er war für die Aufklärung dieses Falles befördert worden. Träume aber sind nun mal unseren Hoffnungen noch weniger untertan als die Wirklichkeit. Deshalb auch schnaubte der Untersuchungsführer verärgert, und seine Frau, davon munter geworden, erkundigte sich besorgt: »Matjuscha, ist dir was?« Onissimow hatte geträumt, im städtischen Milizamt wäre ein Brand ausgebrochen und dabei wäre der neue Stellenplan verbrannt ...

Arkadi Arkadjewitsch Asarow war erst vor kurzer Zeit eingeschlafen, und das auch nur, weil er zwei Schlaftabletten genommen hatte; am Morgen würde er mit einer Neurasthenie aufwachen. Auch ihm ließen die Gedanken an den Zwischenfall im Labor für neue Systeme keine Ruhe. Aus dem Stadtkomitee der Partei war schon angerufen worden: »Schon wieder was bei Ihnen passiert, Arkadi Arkadjewitsch? Es hat Menschenleben gekostet?« Woher die das nur immer so schnell erfuhren?! Jetzt würde es losgehen: Vorladungen, Kommissionen, Erklärungen ... Na ja, dafür bist du schließlich Direktor und bekommst ein schönes Gehalt, damit man dir ständig in den Ohren liegen kann! Und das einiger Dinge wegen, an denen du nicht schuld bist und nicht schuld sein kannst; trotzdem wird eine ehrliche, positive Arbeit in Mißkredit gebracht! Asarow fühlte sich einsam und unglücklich.

Man hätte dieses »Labor für Zufallsforschung« nicht einrichten dürfen. Wieder einmal hatte er nicht auf sich gehört. Schließlich war die Idee, man könne durch zufällige Versuche und willkürliche Kombinationen in der Wissenschaft zu brauchbaren Lösungen kommen, seinem eigenen Denken zutiefst zuwider. Und das ist es auch heute noch. Monte-Carlo-Methode – schon der Name sagt alles! Glaube an den Zufall – was kann es für einen Forscher Schrecklicheres geben? Anstatt ein Problem logisch zu analysieren, sich sicher und bedächtig an seine Lösung heranzupirschen, sein Glück im Spiel versuchen, und sei es auch mit Hilfe von Geräten und Maschinen! Natürlich, auch auf diese Weise lassen sich Systeme und Algorithmen konstruieren, aber ähneln sie nicht jenen »Systemen«, mit deren Hilfe die Roulettspieler in der Hoffnung zu gewinnen ihr ganzes Vermögen durchbringen? Den Namen des Labors hatte er zwar geändert, sein Wesen jedoch war dasselbe geblieben. Er hatte die Dinge dem Selbstlauf überlassen, hatte sich gedacht, in der internationalen Systemologie gibt es so eine Richtung, mag sie sich also auch bei uns entwickeln. Und nun hatte sie sich »entwickelt«!

Kriwoschein gegenüber hatte Asarow damals seine Zweifel nicht geäußert, um ihm seinen Enthusiasmus nicht zu rauben. Er hatte nur gefragt: »Was wollen Sie denn mit der ... äh, äh ... Zufallsforschung erreichen?«

»Vor allem will ich mir ihre Methoden zu eigen machen«, war Kriwoscheïns Antwort gewesen, und das hatte Asarow mehr imponiert, als wenn er ihn mit Ideen überschüttet hätte.

Nein, er ist nicht nur in die Methodik eingedrungen – Asarow sah das Labor vor sich, jene Anlage, die einem Achtfüßler ähnelte, die Fülle von Apparaten und Kolben –, er hat irgendeine große experimentelle Arbeit in Angriff genommen. Sollte ihm etwa das gelungen sein, worüber er vor dem Wissenschaftlichen Rat gesprochen hatte? Geendet aber hatte alles mit einer Leiche, mit einer Leiche, die sich in ein Skelett verwandelte!

Abscheu und Zorn überkamen Asarow. Man muß das Experimentieren einschränken, ewig passiert dabei was! Unbedingt einschränken! Die Systemologie ist ihrem Wesen nach eine abstrakte Wissenschaft, die Analyse und die Synthese beliebiger Systeme muß mathematisch erfolgen und nicht auf solche Weise. Die Theorie muß man voranbringen! Und wenn einer unbedingt mit Maschinen arbeiten will, bitte sehr, programmier deine Aufgaben und geh in den Maschinensaal. Überhaupt diese Experimente . . .

Das Akademiemitglied beruhigte sich wieder und lächelte. Hinterher weiß man nie recht, was man nun eigentlich gemacht hat: eine Dummheit oder eine Entdeckung!

Asarow hatte seit langem noch eine Rechnung mit der experimentellen Wissenschaft zu begleichen, sein Urteil über sie war endgültig. Vor mehr als dreißig Jahren hatte der junge Physiker Asarow den Prozeß der Heliumverbrennung studiert. Eines Tages hatte er einige Kapillarröhrchen aus Glas in ein Dewarsches Gefäß eingebracht, und die nach der absoluten Skala auf zwei Grad abgekühlte Flüssigkeit war ungewöhnlich schnell verdampft. Zwei Liter des zu der Zeit so kostbaren Heliums waren vertan, das Experiment war gescheitert! Asarow hatte im ersten Zorn den Laborglasbläser beschuldigt, ihm ein defektes Dewarsches Gefäß untergeschoben zu haben. Der Glasbläser war bestraft worden. Zwei Jahre später entdeckte Asarows Kommilitone Pjotr Kapiza bei einem analogen Versuch (Eintauchen von Kapillaren in ein Gefäß) die Erscheinung der Supraflüssigkeit des Heliums!

Seitdem wollte Asarow nichts mehr von der Experimentalphysik wissen, er schloß das zuverlässige und exakte Reich der Mathematik in sein Herz und hatte das noch nie bereut. Ja, die Mathematik war es, die ihn zum mathematischen Herangehen an die Lösung nichtmathematischer Probleme beflügelt hatte. In den dreißiger Jahren hatte er seine Methoden bei Problemen der allgemeinen Relativitätstheorie angewendet, die damals die Wissenschaftler in ihren Bann geschlagen hatte; später trugen seine Forschungsergebnisse dazu bei, wichtige theoretische Aufgaben auf dem Gebiet der Kettenreaktionen in Uran und Plutonium zu lösen. Danach hatte er seine Methoden bei Problemen der chemischen Katalyse von Polymeren angewendet, und heute war er auf dem Gebiet der diskreten Systeme in der Systemologie führend.

Halt, nicht abschweifen! – Asarow rief sich zur Ordnung. Was mag nur in Kriwoscheïns Labor passiert sein? Da fällt mir ein: Letzten Herbst kam er zu mir, wollte irgend etwas mit mir besprechen. Aber was? Selbstverständlich seine Arbeit. Ich hab ihn abgewimmelt, keine Zeit. Hätte ich mit ihm gesprochen, wüßte ich jetzt, was passiert ist. Später ist Kriwoscheïn nicht mehr zu mir gekommen. Natürlich, solche Leute sind stolz und sensibel. Moment mal, was für Leute? Was war Kriwoscheïn für ein Mensch? Was weißt du eigentlich von ihm? Die paar Referate in den Seminaren, die Vorträge vor dem Wissenschaftlichen Rat, die wenigen Einwände und Fragen an andere Vortragende und daß man sich, kam es zu einer Begegnung, grüßte – kann man sich danach ein Bild von ihm machen? Man kann, so ein schlechter Menschenkenner bist du nun wieder nicht, Arkadi ... Kriwoscheïn war ein tatkräftiger, schöpferischer Mann, jawohl, das war er. Solche erkennt man bei der ersten Frage und beim ersten Satz, an ihrer ganzen Haltung. Man sieht ihnen die ständige Denkarbeit an – nicht jeder sieht es, aber du bist ja selbst so, du kannst es sehen. Da ist ein Mann, er geht zur Arbeit, grüßt seine Bekannten oder erwidert ihren Gruß, geht ins Kino, streitet sich mit den Kollegen, verborgt Geld, holt sich am Strand einen Sonnenbrand – das alles tut er vollblütig, nicht bloß, weil es alle so machen, und doch denkt er dabei, denkt und denkt. Er denkt über eine Idee nach, die weder mit seiner Tätigkeit noch mit seinem täglichen Kleinkram zusammenhängen muß; nichts vermag ihn von dieser Idee abzubringen. Sie ist sein Lebensinhalt. Aus ihr wird das Neue geboren. Und so einer war Kriwoscheïn. War? Schade, sehr schade. Mit dem Tod solcher Männer scheidet etwas aus dem Leben, was sehr gebraucht wird. Und man kommt sich noch einsamer vor. Genug jetzt, was schlage ich mich damit herum! Jetzt wird geschlafen!

Auch Garri Charitonowitsch Chilobok konnte in dieser Nacht lange keinen Schlaf finden. Immer wieder sah er nach dem erleuchteten Fenster von Kriwoscheïns Wohnung im Haus gegenüber und zermarterte sich den Kopf, wer sich wohl dort aufhalte. Gegen dreiundzwanzig Uhr war Lena Kolomijez rasch aus der Haustür getreten (Chilobok hatte sie an der Figur und am Gang erkannt und zerstreut gedacht: Jetzt müßte man mit ihr anbändeln, könnte ganz interessant sein!), doch das Licht in der Wohnung brannte weiter. Chilobok schaltete das Licht in seiner Wohnung aus und stützte sich, mit einem Theaterglas bewaffnet, aufs Fensterbrett. Der Zimmerausschnitt, den er sah, war ungünstig, er erspähte nur einen Teil des Bücherschranks und einen Wandbehang mit den olympischen Ringen. Hatte sie vergessen, das Licht auszumachen, oder hielt sich dort noch jemand auf? Ob er bei der Miliz anrufen sollte? Ach was, sollten die sich doch selber kümmern. Chilobok gähnte genüßlich. Vielleicht machten sie dort gerade Haussuchung?

Er trat zurück und knipste die intime Beleuchtung an, eine nackte Frau aus künstlichem Marmor, deren Inneres ein Lämpchen barg. Das gedämpfte Licht traf das Bärenfell auf dem Fußboden, fiel auf blautapezierte, mit Goldleisten eingefaßte Wände, auf die Kanten des polierten Schreibtischs, auf den Bücherschrank, den Kleiderschrank, die Fernsehtruhe, eine gesteppte rosafarbene Couch, einen dunkelroten Teppich mit der eingewebten Szene eines antiken Festgelages – alles darauf abgestimmt, eine anheimelnde Atmosphäre zu schaffen.

Chilobok zog sich aus, trat vor den Schrankspiegel und betrachtete sich. Er liebte sein Gesicht: seine große, gerade Nase, die glatten, aber nicht vollen Wangen, den dunklen Schnurrbart – er hatte etwas von Guy de Maupassant an sich. Vor noch gar nicht langer Zeit hatte er vor diesem Spiegel den Gesichtsausdruck eines Doktors der technischen Wissenschaften einstudiert. Was hatte dieser Kriwoscheïn bloß gegen ihn gehabt? Chilobok kochte fast vor Haß. Was hatte er ihm denn getan? Für sein Thema hatte er gestimmt, war ihm behilflich gewesen, seinen Verwandten im Labor unterzubringen. Zur Verteidigung einer Dissertation trat Kriwoscheïn nicht an, auf andere aber war er neidisch gewesen! Oder hatte er das wegen der nichterledigten Bestellung des SEG-2 gemacht? Na, wie dem auch sei, Kriwoscheïn war nicht mehr, er hatte sich selber aufgelöst. So war es nun mal: Im Leben bleibt letztlich immer derjenige Sieger, der seinen Gegner überlebt.

Der überraschende Scharfsinn dieses Gedankens freute Chilobok. Das mußte er sich merken und bei Gelegenheit anbringen. Überhaupt war er gar nicht so dumm, wie er sich gab. Seinen Erfolg im Leben hatte er auf der Regel aufgebaut, daß man von einem Dummkopf nicht viel verlangt. Von ihm erwartete niemand kluge Gedanken oder Kenntnisse; wenn er dann mal, was selten genug vorkam, Kenntnisse offenbarte oder in aller Bescheidenheit überhaupt Gedanken äußerte, war das eine so angenehme Überraschung, daß die anderen bei sich dachten: Wir haben Chilobok unterschätzt. Und das schlug sogleich in das Bemühen um, diese Unterschätzung durch Sympathiekundgebungen wiedergutzumachen. So waren seine Aufsätze, von denen sich die Redakteure nichts versprochen hatten und in denen sie dann doch ein Körnchen Gutes entdeckten, in den Sammelband »Probleme der Systemologie« gerutscht, und auf die gleiche Weise verteilte Chilobok die einzelnen Themen an die durch sein Verhalten und sein Geschwafel demoralisierten Auftraggeber. Nur mit seiner Doktordissertation hatte es nicht geklappt. Na, wenn schon, er würde auch das noch schaffen!

Angenehme Gedanken und frohe Hoffnungen hatten Chilobok schließlich doch eingeschläfert. Nun schlief er so fest und traumlos, wie wohl die Steinzeitmenschen geschlafen haben.

Auch der Milizionär Gajewoi, vom Nachtdienst in der Stadt zurückgekehrt, schlief und lächelte glücklich im Traum.

Weinend vor Kummer über Kriwoscheïn und sich selbst war Lena eingeschlafen.

Doch nicht alle schliefen. Erfolgreich kämpfte der Milizwachtmeister Goloworesow gegen die Müdigkeit an, während er das Labor für neue Systeme bewachte; er saß auf der Vortreppe, rauchte und sah zu den Sternen hinauf. Da raschelte ganz in der Nähe etwas im Gras. Mit der Taschenlampe leuchtete er hin. Aus dem Klettengestrüpp beäugte ihn ein rotäugiges Albinokaninchen. Der Wachtmeister machte »ksch«, das Kaninchen verschwand in der Dunkelheit. Goloworesow hatte keine Ahnung, was das für ein Kaninchen war.

Viktor Krawez auf der harten Pritsche in der Einzelzelle des Untersuchungsgefängnisses wälzte sich unter der nach Desinfektionsmitteln riechenden Decke von einer Seite auf die andere. Er befand sich in einem Zustand nervlicher Erregung, in dem sich der Schlaf nicht einstellen will.

Was soll jetzt werden? Was soll bloß werden? Wird sich der Aspirant Kriwoscheïn herauswinden können, oder werden das Labor und die Arbeit vor die Hunde gehen? Was kann ich denn noch tun?

Leugnen? Gestehen? Bürger Untersuchungsführer, ich habe mich edler Absichten schuldig gemacht, edler Absichten, die niemandem geholfen haben. Ja, es stimmt schon, ich trage eine schwere Schuld. Ständig haben wir einander angetrieben: schneller, schneller!, nur um die Entdeckung in den Griff zu bekommen und ein absolut zuverlässiges Verfahren zu entwickeln. Wenn ich mir dessen auch nicht bewußt war, so hatte doch auch ich gehofft, wir würden dieses Verfahren finden ... Die Evolution hat dem Menschen jede neue Information allmählich eingegeben, und zwar nach der Methode der kleinen Proben und kleinen Abweichungen, wobei sie ihre Nützlichkeit in zahllosen natürlichen Experimenten überprüfte. Wir aber wollten alles in einem Versuch machen!

Wir hätten uns von Anfang an die Gedanken an die eventuellen sozialen Folgen aus dem Kopf schlagen und offen und ruhig arbeiten sollen wie alle anderen auch. Schließlich und endlich sind die Menschen keine Wickelkinder, sie müssen selbst wissen, was sie zu tun haben. Alles haben wir herausgefunden: daß der Mensch ein hochkompliziertes, eiweißhaltiges Quanten-Molekularsystem ist, ein Produkt der natürlichen Evolution, eine in einer Lösung gespeicherte Information. Bloß eins haben wir nicht berücksichtigt: daß der Mensch ein Mensch ist. Ein freies Wesen. Herr seines Lebens und seiner Handlungen. Und seine Freiheit begann lange vor allen Aufständen und Revolutionen, nämlich an dem Tag, an dem der Menschenaffe daraufkam, daß man auf einen Baum klettern und eine Frucht pflücken, daß man aber auch versuchen kann, sie mit einem Stock herunterzuschlagen. Wie geht es besser? Er machte sich nicht von ungefähr Gedanken, dieser Affe. Er hatte gesehen, wie ein vom Sturm abgebrochener Ast die Früchte herunterschlug. Freiheit, das ist die Möglichkeit, Varianten seines Verhaltens zu wählen; ihre Quelle ist das Wissen. Seither erschloß jede Entdeckung, jede Erfindung den Menschen neue Möglichkeiten, machte sie freier.

Allerdings gab es auch Entdeckungen (wenn auch nicht sehr viele), die den Menschen sagten: Das geht nicht! Man kann keine Perpetua mobilia erster und zweiter Art bauen, man kann die Lichtgeschwindigkeit nicht übertreffen, man kann nicht gleichzeitig die Geschwindigkeit und die Stellung eines Elektrons exakt messen. Unsere Entdeckung aber verbietet nichts, sie erklärt nichts für unmöglich, sie sagt: Es geht!

Freiheit ... Es ist nicht einfach, sich seiner Freiheit in der modernen Welt bewußt zu werden, die Varianten seines Verhaltens klug und nüchtern zu wählen. Der Mensch ist mit den Millionen vergangener Jahre belastet, jener Zeit, da die biologischen Gesetze eindeutig das Verhalten seiner animalischen Vorfahren bestimmten und alles einfach war. Heute trachtet er danach, seine Fehler und Dummheiten auf den Zwang der Umstände, auf das böse Schicksal abzuwälzen, er setzt seine Hoffnungen in Gott, in eine starke Persönlichkeit, in den Erfolg, nur nicht in sich selbst. Zerbröckeln die Hoffnungen aber, sucht und findet er einen Sündenbock; die gleichen Menschen, die Hoffnungen genährt haben, wollen auf einmal nichts mehr davon wissen! Im wesentlichen kennen Menschen, die den Weg des geringsten Widerstandes gehen, keine Freiheit.

Das Guckfenster in der Zellentür öffnete sich, ließ einen Lichtstrahl eindringen und wurde dann vom Gesicht eines Aufsehers verdunkelt. Sicher wollte er kontrollieren, ob der unruhige Untersuchungshäftling nicht einen neuen Fluchtversuch ausheckte. Viktor Krawez lachte lautlos: Das Kittchen ist eben doch der geeignetste Ort für Betrachtungen über die Freiheit! Zufrieden stellte er fest, daß er trotz des ganzen Schlamassels seinen Sinn für Humor noch nicht verloren hatte.

Das Double Adam-Herakles saß einsam auf der Bank an der Bushaltestelle und ließ seine Gedanken zurückschweifen. Gestern hatte er, vom Bahnhof kommend, über die Wirkung der drei Informationsströme (Wissenschaft, Leben, Kunst) auf den Menschen nachgedacht. Dabei war ihm eine noch verschwommene, aber sehr wichtige Idee gekommen. Die mit ihrer blöden Ausweiskontrolle hatten ihn dabei gestört. Geblieben war das Gefühl einer wertvollen Vermutung. Hätte es dieses Gefühl doch nie gegeben, jetzt würde es ihm keine Ruhe mehr lassen!

Wollen wir doch mal rekonstruieren: Mit welcher Information und auf welche Weise kann man den Menschen veredeln? Kriwoscheïn I hatte die Idee, einen »Ritter ohne Furcht und Tadel« zu synthetisieren, und sie ist auf mich übergegangen, ich kann mich nicht von ihr lossagen. Die Information der Umwelt und die Information der Wissenschaft habe ich verworfen, weil ihre Wirkung auf den Menschen sowohl positiv wie negativ sein kann. Bliebe das Verfahren, »mit der Leier edle Gefühle zu wecken« – die Kunst. Stimmt, sie erweckt welche. Bloß ist die Leier ein unvollkommenes Instrument. Solange sie zirpt, ist der Mensch edel; ist sie verklungen, ist alles vorbei. Etwas bleibt natürlich zurück, aber das ist nicht viel: eine oberflächliche Erinnerung an ein gesehenes Theaterstück oder an ein gelesenes Buch. Schön, aber wenn man der Muttermaschine nun diese Information bei der Synthese irgendeines Menschen eingäbe, sagen wir, wenn man sie mit dem Inhalt vieler Bücher speiste, ihr hervorragende Filme vorführte? Dann würde sich gar nichts ändern, der Inhalt würde gespeichert, das wäre alles. Schließlich handeln die Bücher nicht von ihm!

Aha, folgendes habe ich mir noch durch den Kopf gehen lassen: Zwischen der Quelle der Information über die Kunst und ihrem Empfänger – einem konkreten Menschen – steht so etwas wie eine durchsichtige Wand. Was ist das für eine Wand? Verdammt noch mal, wird denn die Lebenserfahrung immer der Hauptfaktor bei der Formung der Persönlichkeit sein? Muß man selbst leiden, um die Leiden anderer verstehen zu können? Muß man sich irren, um zu lernen, wie man richtig handelt? Muß man sich erst verbrennen wie ein Kind, um die Finger nicht mehr ins Feuer zu stecken? Die Wissenschaft von der Lebenserfahrung ist sehr schwierig, nicht jeder wird mit ihr fertig. Das Leben kann veredeln, es kann aber auch schlecht und gemein machen; es kann den Menschen klug machen, kann ihn aber auch zum Narren werden lassen.

Er zündete sich eine Zigarette an und begann auf dem Bürgersteig vor der Bank auf und ab zu gehen.

Die Information über die Kunst wird vom Menschen nicht so weit verarbeitet, daß sie die Lösung seiner Lebensaufgaben bestimmt. Stop: die Information wird nicht verarbeitet ...

Das hatten wir doch schon mal. Wann? Zu Beginn des Versuchs: der ursprüngliche Komplex Geber–Kristallblock–ZWM-12 hat die Information von mir – von Kriwoscheïn vielmehr, ist ja auch egal – nicht angenommen. Und damals verwendete ich die Rückkopplung!

Jetzt ging Adam nicht mehr auf dem vollgespuckten Bürgersteig auf und ab, er rannte vom Papierkorb bis zum Laternenpfahl und wieder zurück.

Eine Rückkopplung – wenn das auch nicht gerade der Stein der Weisen ist! Eine Rückkopplung, die die Effektivität der Informationssysteme um das Tausendfache erhöht. Daher die »Wand«, daher die geringe Effektivität der Kunst – es gibt keine Rückkopplung zwischen der Quelle und dem Empfänger der Information. Einiges gibt es zwar: Rezensionen, Leserkonferenzen, Verrisse, aber das ist nicht das Richtige. Es muß eine »unmittelbare technische« Rückkopplung sein, um die dem Menschen eingegebene Information über die Kunst anwendbar auf seine Individualität, auf seinen Charakter, auf sein Gedächtnis, auf seine Fähigkeiten, ja sogar auf sein

Äußeres und die Angaben in seinem Fragebogen zu verändern. So kann man während der Synthese *sein* Verhalten in kritischen Situationen durchspielen (soll er sich doch irren, soll er aus Fehlern lernen, soll er doch nach richtigen Lösungen suchen!), *seine* geistige Welt, seine Fähigkeiten, Vorzüge und Mängel vor ihm aufdecken – und nicht die eines ausgedachten Helden, und ihm helfen, sich selbst zu verstehen, sich zu finden... Dann wird diese große Information *seine* Lebenserfahrung werden, der eigentlichen Lebenserfahrung ebenbürtig, wird für ihn zur verallgemeinerten Wahrheit, ebenbürtig der wissenschaftlichen Wahrheit. Das wird eine andere Kunst sein – nicht Literatur, nicht Theater und auch nicht Musik, sondern alles zusammen, ausgedrückt in Biopotentialen und chemischen Reaktionen. Die Kunst der Synthese des Menschen!

Er blieb unvermittelt stehen. Wie aber war das in der Muttermaschine zu realisieren? Wie sollte man in ihr eine solche Rückkopplung einrichten? Das würde nicht einfach sein. Ach was, Versuche und nochmals Versuche – dann würden sie es schon schaffen! Schließlich waren sie ja auch imstande gewesen, eine Rückkopplung zwischen den Blöcken des Komplexes zu bauen. Die Idee war die Hauptsache!

Wano Alexandrowitsch Androssiaschwili in seiner Datsche bei Moskau schlief ebenfalls nicht. Er stand auf seiner Veranda, lauschte dem Plätschern des nächtlichen Regens. Heute waren auf einer Sitzung des Lehrstuhls die Arbeitsergebnisse der Aspiranten besprochen worden. Der Aspirant Kriwoscheïn hatte sehr schlecht abgeschnitten: Er hatte in dem einen Jahr nicht eine einzige Kandidatenprüfung abgelegt, war in der letzten Zeit immer seltener zu Vorlesungen und Laborübungen gegangen und hatte immer noch kein Thema für die Kandidatendissertation. Professor Wladimir Wenjaminowitsch Walerno hatte die Meinung geäußert, der Mann beziehe lediglich ein Stipendium und blockiere eine Aspirantenstelle, es sei wohl am besten, die Stelle für einen fleißigeren Aspiranten frei zu machen. Androssiaschwili hatte sich eigentlich nicht einmischen wollen, konnte sich aber dann doch nicht beherrschen und protestierte so heftig gegen Trägheit bei der Beurteilung junger Forscher, gegen Mißachtung und so weiter, daß Walerno wie vor den Kopf geschlagen war. Darauf war Androssiaschwili das Ganze etwas peinlich, denn im großen und ganzen hatte sein Kollege solche Vorwürfe nicht verdient.

Androssiaschwili hatte abends des öfteren über die wundersame Heilung des Aspiranten von den Verletzungen durch den schweren Eiszapfen nachgedacht, hatte sich das Gespräch, das sie seinerzeit über die Steuerung des Stoffwechsels im Organismus geführt hatten, durch den Kopf gehen lassen und war zu dem Ergebnis gelangt, daß Kriwoscheïn die Eigenschaft der raschen Regeneration von Geweben, die in der Natur nur den primitivsten Hohltieren eigen ist, entdeckt und sich angeeignet haben mußte. Es ließ ihm keine Ruhe, daß er nicht begriff, wie Kriwoscheïn das wohl fertiggebracht hatte. Er hatte gehofft, Kriwoscheïn werde zu ihm kommen und ihm alles erklären. Androssiaschwili war bereit, die Kränkung zu vergessen, ja, wenn nötig, sogar ein Schweigegelübde abzulegen, sofern er es nur erfuhr. Kriwoscheïn aber hatte geschwiegen.

Jetzt war Androssiaschwili ärgerlich, weil er gestern, als er an das Videotelefon der Miliz geholt worden war, nicht versucht hatte herauszubekommen, weshalb der Aspirant festgehalten wurde. Ob er was angestellt hatte? Aber wann hätte er das tun können? Erst am Morgen war er ins Institut gekommen, um mitzuteilen, er müsse für ein paar Tage nach Dneprowsk! Das zweite Geheimnis Kriwoscheïns . . . Der Professor lächelte grimmig. Die Unruhe aber ließ ihn nicht los. Schön, es konnte sich um ein Mißverständnis handeln, doch wenn nun wirklich etwas Ernstes vorlag? Was man auch immer sagen mochte, Kriwoscheïn war Urheber einer wichtigen Entdeckung über den Menschen. Diese Entdeckung durfte nicht verlorengehen.

Ich muß nach Dneprowsk fliegen! Das stolze Blut des Hochländers und Korrespondierenden Mitglieds der Akademie wallte auf: Er, Wano Androssiaschwili, würde lospreschen, um den in eine heikle Situation geratenen Aspiranten herauszupauken! Jenen Aspiranten, den er aus Barmherzigkeit am Lehrstuhl aufgenommen und der ihn mit seinem Mißtrauen zutiefst gekränkt hatte!

Tja, lospreschen! Androssiaschwili wiegte den Kopf und beschwichtigte sich: Erstens: glaubst du doch selbst nicht, daß Kriwoscheïn ein Verbrechen begangen haben könnte, so einer ist er nicht. Entweder ist ein Unglück geschehen, oder es liegt ein Mißverständnis vor. Ich muß ihn raushauen. Zweitens hast du eine Gelegenheit herbeigewünscht, sein Vertrauen zu erringen, ihm näherzukommen. Das ist die Gelegenheit! Schon möglich, daß er seine Gründe hat, etwas zu verheimlichen, aber er soll bloß nicht denken, Androssiaschwili wäre ein Mann, auf den kein Verlaß ist, der sich aus niedrigen Beweggründen einfach abwendet. Nein! Natürlich werde ich ihn auch in Dneprowsk nicht ausfragen; wenn er will, wird er schon sprechen. Aber diese Entdeckung muß ich hüten. Die ist mehr wert als mein Stolz!

Androssiaschwili war erleichtert und ruhigen Herzens, weil er sich selbst überwunden und einen klugen Entschluß gefaßt hatte.

Der Aspirant Kriwoscheïn schlief ebenfalls nicht. Er setzte die Lektüre des Tagebuchs fort.

Zweites Kapitel

Nach der Lehre Buddhas muß man, will man sich von Leiden befreien, seine Begierden unterdrücken. Man sage mir, welche Begierden ich unterdrücken muß, damit mein Augenzahn aufhört, weh zu tun, und das so bald wie möglich!!!

Ingenieur K. Prutkow,
Sentenz ohne Nummer

5. Januar. So sah ich mich nun als Menschenmanuskript für eine vollkommenere Kopie. Und obwohl ich selbst der Schöpfer dieser Kopie bin, hat das für mich nicht viel Angenehmes.

»Einen netten Neffen hast du«, sagte Lena, nachdem ich die beiden am Neujahrsabend miteinander bekannt gemacht hatte. »Sehr sympathisch.«

Hinterher betrachtete ich mich zu Hause eine geschlagene Stunde lang im Spiegel: ein trostloses Bild ... Und er ist so ein guter Gesellschafter, da komme ich nicht mit.

Viktor Krawez verhält sich Lena gegenüber wie ein Gentleman. Ob da alte Erinnerungen wach werden, oder wittert er seine Chancen als Herzensbrecher? Nach außen hin benimmt er sich ihr gegenüber jedenfalls gleichgültig. Wenn er es aber darauf anlegte, sähe ich Lena nie wieder ...

Gehe ich mit ihm durch Akademgorodok oder durch den Institutspark, grüßen die uns entgegenkommenden Mädchen, die mir früher kaum zunickten, heute schon von weitem: »Guten Tag, Valentin Wassiljewitsch!« Und dabei schielen sie verlangend nach dem fremden jungen Mann an meiner Seite.

Und wie er Ski läuft! Gestern haben wir zu dritt einen Ausflug vor die Stadt gemacht, er und Lena haben mich ganz schön abgehängt.

Und wie er auf dem Neujahrsball getanzt hat!

Sogar die Sekretärin Ninotschka, die früher nie den Weg zu unserem Gebäude gefunden hat, kommt jetzt alle naselang angelaufen und bringt irgendeinen Wisch.

»Tag, Valentin Wassiljewitsch! Guten Tag, Vitja ... Ist das aber interessant bei euch, lauter Rohre!«

Kurz gesagt, jetzt beobachte ich täglich nicht nur, wie ich bin, sondern auch, wie ich sein könnte, wenn es nicht ... Wenn es nicht – was? Wenn es nicht die Hungerzeit im Krieg und danach gegeben hätte, nicht die Familienähnlichkeit mit dem – leider! – nicht eben schönen Erzeuger (»Dem Papi wie aus dem Gesicht geschnitten!« hatten die Verwandten damals gesäuselt), nicht die Schlaglöcher auf dem Lebensweg, die ungesunde Lebensweise: Labor – Bibliothek – Wohnung – Gespräch – Überlegungen, nicht die Reagenziendämpfe und die physische Belastung. Ich bin nicht darauf versessen gewesen, ein häßlicher, dicker, krummer Tolpatsch zu werden, es ist eben so gekommen.

Was die Idee anbelangt, so habe ich allen Grund, stolz zu sein. Ich habe die Natur übertroffen! Aber irgend etwas stimmt dabei nicht ...

Nein, die Idee hat noch einen Haken. Nehmen wir mal an, wir entwickeln das Verfahren der gesteuerten Synthese bis zur Perfektion. Großartige Menschen werden entstehen, kräftig, schön, talentiert, energisch, mit reichem Wissen ausgestattet, nun ja, solche Musterexemplare wie auf den optimistischen Plakaten »Wer spart, hat mehr vom Leben!«. Und diejenigen, von denen sie reproduziert werden, sind dann also die vom Leben hingeklierten Manuskripte? Warum sie so erniedrigen? Eine schöne »Belohnung für das Leben«!: Betrübt sein über die eigene Unvollkommenheit, der Gedanke, daß man niemals vollkommen sein wird, weil einen anstelle der nunmehr angelaufenen Produktion eine gewöhnliche Mutter zur Welt gebracht hat! Also steht unser Verfahren zur Synthese des Menschen doch im Widerspruch zu den Menschen? Und nicht nur zu den weniger gelungenen, nein, zu allen, denn jeder von uns ist in irgendeiner Hinsicht unvollkommen. Also auch die guten (nichtkünstlichen) Menschen werden sich im Leben benachteiligt fühlen?

(He, was bist du doch für ein Dickhäuter, Kriwoschein! Erst wenn es dich ins eigene Fleisch trifft, merkst du was. »Mußt dir immer erst den Schädel einrennen«, hat der Vater gesagt. Unwichtig, wie du es gemerkt hast, Hauptsache, du hast es gemerkt.)

Man muß noch über so einiges nachdenken ... Alle Mängel des Menschen haben eins gemeinsam – sie sind Extreme. Nehmen wir zum Beispiel eine gute, für gewöhnlich ganz angenehme Charaktereigenschaft: die Einfalt. Sie steckt von Kindheit an in uns. Aber dann hat es die Natur nicht ganz geschafft, die Erziehung hat was verdorben, das Lebensmilieu war nicht entsprechend, und anstelle der Einfalt kam eine schreckliche, himmelschreiende Dummheit heraus. Anstelle vernünftiger Vorsicht entwickelte sich Feigheit, anstelle des im Leben so notwendigen Selbstvertrauens falsche Selbstsicherheit, anstelle von Geradheit und gesundem Skeptizismus Zynismus, anstelle nüchterner Kühnheit hemmungslose Flegelhaftigkeit, anstelle von Klugheit Schlauheit.

Wir verbergen unsere Ohnmacht gegenüber der Unvollkommenheit der Menschen hinter vielen Worten: hinter scherzhaften (»Der hat die Weisheit nicht mit Löffeln gegessen« oder »Der ist als Kind zu heiß gebadet worden«), hinter wissenschaftlich klingenden (Anämie, Degradation der Persönlichkeit, Minderwertigkeitskomplex), hinter alltäglichen (»Das ist ihm nicht gegeben« oder »Dafür hat er Talent«) ... Früher hieß es »Gottesgabe«, in unserem materialistischen Zeitalter sagt man »Ein Geschenk der Natur«, und im Grunde genommen ist es dasselbe, es liegt ohnehin nicht in der Macht des Menschen. Die einen haben es, die anderen nicht.

Man kann vermuten, warum es »nicht gegeben« ist. In der Urgemeinschaft und in den sonstigen Gesellschaftsformationen war die Vollkommenheit des Menschen nicht obligatorisch. Er lebte, arbeitete und vermehrte sich, er war schlau und gerissen, das langte! Erst jetzt, da in unsere Vorstellungen die nicht utopische, sondern konstruktive Idee des Kommunismus Eingang gefunden hat, werden die richtigen Forderungen an den Menschen herausgearbeitet. Wir passen die Menschen dieser herrlichen Idee an, und es schmerzt richtig, wenn man so sieht, was früher alles nicht beachtet worden ist.

8. Januar. Ich habe meine Gedanken Krawez vorgetragen.

»Du willst das Syntheseverfahren bei normalen Menschen anwenden?« folgerte das aufgeweckte Double III sofort.

»Ja. Aber wie?« Ich sah ihn erwartungsvoll an. Vielleicht wußte er einen Weg.

Er verstand meinen Blick und lachte.

»Vergiß nicht, daß ich du bin. Was den Wissensstand anbelangt, auf alle Fälle.«

»Aber vielleicht weißt du besser, was das für eine Flüssigkeit ist?« Ich wies auf das Becken. »Du bist doch aus ihm gestiegen wie ... wie Aphrodite aus dem Meeresschaum. Ihre Zusammensetzung und dergleichen ...«

»In zwei Worten?«

»Meinetwegen auch in dreien.«

»Bitte sehr. Diese Flüssigkeit ist der Mensch. Ihre Zusammensetzung ist die gleiche wie die des menschlichen Körpers. Außerdem ist diese Flüssigkeit eine quanten-molekulare biochemische Rechenmaschine, selbstlernend und mit einem riesigen Speicher ausgestattet, und jedes Flüssigkeitsmolekül enthält eine bestimmte eigene Information. Wie du es auch drehst und wendest, die Flüssigkeit der Muttermaschine ist und bleibt einfach der Mensch in der flüssigen Phase. Aus dieser Tatsache kannst du wissenschaftliche, praktische und organisatorische Schlußfolgerungen ziehen.«

Es war zu merken, daß ihn das neue Problem nicht so lebhaft beschäftigte wie mich. Deshalb versuchte ich, seine Phantasie anzuregen.

»Vitja, was nun, wenn dieses Verfahren tatsächlich DAS ist? Für normale Menschen bestimmt und nicht für ...«

»Scher dich zum Teufel!« (O weh, er ist doch ein künstlicher Mensch!) »Ich weigere mich entschieden, unsere Arbeit von den Positionen DAS oder DAS NICHT und der Treue zu einem Schwur aus zu betrachten, den ich nicht abgelegt habe. In unserer Zeit nimmt man Schwüre nicht mehr so tragisch!« (Von wegen »nicht so tragisch« ...) »Willst du die Entdeckung verwenden, um Menschen umzuwandeln?«

»In Engel ...«, stichelte ich weiter.

»Fahr zur Hölle mit deinen Engeln! Informationsumwandlung des Homo sapiens – mehr ist das nicht! Du mußt die Probleme mehr theoretisch sehen!«

Zum erstenmal erlebte ich, wie er aus sich herausging, um mich in die Enge zu treiben. Da kann man sich die größte Mühe geben, die Kriwoscheïnsche Natur bricht immer wieder durch. Aber was das wichtigste war: Er hatte angebissen, seine Arbeitswut war geweckt, und das ist unerläßlich, will man eine neue Forschungsarbeit in Angriff nehmen.

In einem sechsstündigen Gespräch, nur unterbrochen von der Mittagspause, vollzogen wir vier Gedankengänge beim Durchforschen des neuen Problems.

Erster Gedankengang: Künstliche und natürliche Menschen sind, nach allem zu urteilen (und sei es danach, daß normale Nahrung für die Doubles kein Gift ist), biologisch gleichartig. Folglich kann man alles, was die Muttermaschine mit den Doubles tut, im *Prinzip* (wenn man die Schwierigkeiten der technischen Realisierung abstrahiert, wie es in wissenschaftlichen Aufsätzen immer heißt) auch auf normale Menschen ausdehnen.

Zweiter Gedankengang: Die Muttermaschine führt die Befehle zur Umwandlung im Becken ohne jedwede mechanische Vorrichtungen und Kontrollgeräte aus. Folglich ist die Flüssigkeit Kontroll- und Steuerschaltung und zugleich ausführender biochemischer Mechanismus; sie verwirklicht im Becken, wie die Biologen sagen würden, den gesteuerten Stoffwechsel ...

»Ach, diese Teufel!« murmelte der Aspirant und zündete sich nervös eine Zigarette an.

... oder genauer: Die Flüssigkeit wandelt die äußere Information in strukturelle Aufzeichnungen im Stoff um: organische Moleküle, Zellen, Blutkörperchen, Gewebe ...

Dritter Gedankengang: Wie kann man im Prinzip einen Menschen in der Muttermaschine umwandeln? Das künstliche Double entsteht in ihr als Fortsetzung und Entwicklung eines mechanischen Schaltbildes. Im transparenten Stadium nimmt es bereits wahr und empfindet sich als Mensch, doch kann es nicht aktiv handeln (Versuch mit Adam, Bestätigung durch Krawez). Danach wird das Double in das nichttransparente Stadium vergegenständlicht, es schaltet sich von der flüssigen Schaltung der Muttermaschine ab (oder die Schaltung sich von ihm), gewinnt Macht über sich und steigt aus ... Nein, man muß das akademisch ausdrücken! ... trennt sich von der Maschine. Mit einem normalen Menschen muß man offensichtlich in umgekehrter Reihenfolge vorgehen, das heißt, man muß ihn vor allem in das Schaltbild der Maschine »einschalten«. Praktisch bedeutet das: der Mensch wird in das Becken getaucht.

Vierter Gedankengang: Wird sich der Mensch erneut in das Schaltbild der Muttermaschine einschalten lassen? Immerhin ist dazu nicht mehr und nicht weniger erforderlich als ein – ich verstehe ja ein bißchen von der Neurophysiologie, habe Ashby gelesen – als ein vollständiger Kontakt des gesamten Nervennetzes des Menschen mit der Flüssigkeit; alle als Leiter dienenden Nerven sind jedoch bereits durch die Haut, durch die Gewebe, durch die Schädelknochen von der Umwelt isoliert. Um an sie heranzugelangen, muß die als Schaltbild dienende Flüssigkeit ins Innere des Menschen eindringen.

Wir sagten uns, daß sie eindringen könne. Schließlich ist der Mensch nichts anderes als eine Lösung, bloß keine wäßrige (sonst würden sich die Menschen im Wasser auflösen); freies Wasser gibt es im Menschen nicht allzuviel Die quantitative Analyse verschleiert das alles, diese verdammte Hypnose durch die Zahlen, wenn wir bei der Zerlegung lebenden Gewebes überzeugende Werte erhalten: 75 Prozent Wasser, 20 Prozent Eiweiße, 2 Prozent Fette, 1 Prozent Salze usw Der Mensch ist eine biologische Lösung, alle Komponenten existieren in ihm einzeln und in wechselseitiger Bindung. Im Körper gibt es »flüssige Flüssigkeiten«: Speichel, Urin, Blutplasma, Lymphe, Magensaft – sie lassen sich in ein Reagenzglas gießen. Alle anderen Flüssigkeiten füllen die Zellgewebe: Muskeln, Nerven, Gehirn – jede Zelle ist an sich ein Reagenzglas. Die biologischen Flüssigkeiten durchdringen sogar Knochen wie einen Schwamm. Also hat der Mensch trotz des Nichtvorhandenseins eines entsprechenden Gefäßes weit mehr Grund, sich als Flüssigkeit zu betrachten, als dies, sagen wir, bei einer 40prozentigen Ätznatronlösung der Fall ist.

Um noch genauer zu sein: Der Mensch ist eine in einer biologischen Lösung aufgezeichnete Information. Vom Augenblick der Konzeption an vollziehen sich in dieser Lösung Umwandlungen, bilden sich Muskeln, Eingeweide, Nerven, das Gehirn, die Haut. Dasselbe, nur schneller und auf andere Weise, vollzieht sich in der biologischen Flüssigkeit der Muttermaschine. Von welcher Seite wir es auch betrachten – diese beiden Flüssigkeiten sind also nahe miteinander verwandt, und ihre gegenseitige Durchdringung liegt im Bereich des Möglichen.

Sosehr es uns auch drängte, jeden Gedanken und jede Vermutung unverzüglich an der Muttermaschine zu überprüfen, überwanden wir uns und beschäftigten uns den ganzen Tag mit der Theorie. Genug des Spiels mit dem Zufall, jetzt muß alles vorher durchdacht werden.

1. Februar. Wie schön waren doch die Theorien, mit denen wir das bereits Vollbrachte untermauern konnten! Das Würfelspiel, die Arithmetik »DAS« – »DAS NICHT« – es tut gut, sich daran zu erinnern, wie glatt das alles gelaufen ist. Eine Theorie konstruieren, mit deren Hilfe man neue Resultate erzielen kann, ist weitaus komplizierter.

Einstweilen verhält sich die theoretisch durchdachte Flüssigkeit (das flüssige Schaltbild) im Becken wie gewöhnliches Wasser, nur hat sie eine höhere Dichte.

Muß ich überhaupt betonen, daß wir am nächsten Tag schon früher als sonst ins Labor eilten, daß wir in Erwartung großer Ereignisse aufgeregt die Spitzen der Zeigefinger in das Becken tauchten, uns »einschalteten«. Doch nichts geschah. Die Flüssigkeit war weder warm noch kalt. So verbrachten wir rund eine Stunde: keine Empfindungen, keine Veränderungen.

Muß ich beschreiben, wie wir die letzten beiden Kaninchen in der Flüssigkeit badeten, in dem Bestreben, sie in die Maschine einzuschalten? Die Muttermaschine gehorchte nicht einmal dem Befehl »NEIN!« und löste sie nicht auf. Es endete damit, daß die Kaninchen ertranken und wir bei ihnen nicht die künstliche Atmung anwenden konnten. Muß man denn erwähnen, daß wir Kabel in die Flüssigkeit tauchten und am Oszillographen die Schwingungen der schwimmenden Potentiale verfolgten? Schwingende Potentiale. Eine Kurve ähnlich den Zacken eines Elektroenzephalogramms. Und was geschah?

Wieder das gleiche . . . Wäre ich ein Anfänger, ich hätte schon längst aufgegeben.

6. Februar. Versuch: Ich tauchte einen Finger in die Flüssigkeit, Krawez setzte den Monomachhelm auf und berührte mit einem Finger verschiedene Gegenstände. Ich fühlte, was für eine Oberfläche er berührte. Erst etwas Warmes (den Heizkörper), dann etwas Geripptes (die Lüftungsschlitze am Gehäuse eines Gleichrichters), dann etwas Kaltes und Nasses (er hielt den Finger unter den Wasserhahn). Hieß das, mein Finger hatte sich *eingeschaltet*? Übermittelte mir die Maschine über ihn die äußere Information einer Empfindung? Ja, aber es waren keine Empfindungen. Ich brauche Signale (und sei es mittels Empfindungen) über die Arbeit der flüssigen Schaltung im Becken!

10. Februar. Wenn man die Hand lange in die Flüssigkeit hält und sich konzentriert, empfindet man ein sehr schwaches Brennen und Jucken der Haut. Sollte das Autosuggestion sein?

15. Februar. Ein winziges, harmloses, unbedeutendes Ergebnis, harmloser als die Herstellung der Kaninchen. Heute habe ich mich in die linke Handfläche geschnitten und heilte dann den Schnitt.

»Weißt du was«, hatte Krawez am Morgen nachdenklich gesagt, »wenn man die Arbeit der ›flüssigen Schaltung‹ spüren soll, muß sie auch arbeiten. Aber woran soll sie denn arbeiten? Warum soll man sie an dich, an mich oder an die Kaninchen anschließen? In uns ist alles bereits getan, alles befindet sich im Informationsgleichgewicht.«

Ich weiß nicht, ob ich wirklich schneller daraufkam, was zu tun sei, als er (ich schmeichle mir damit) oder ob er nur keine Lust hatte, sich Schmerzen zuzufügen? Jedenfalls begann ich den Versuch: Ich störte das Informationsgleichgewicht in meinem Organismus.

Das Skalpell war so scharf, daß ich mir aus mangelnder Erfahrung das Fleisch bis auf den Knochen durchschnitt. Das Blut strömte über die Hand. Ich tauchte sie in das Becken. Die Flüssigkeit in der Umgebung färbte sich purpurrot. Der Schmerz ließ nicht nach.

»Den Helm! Setz den Helm auf!« rief Krawez.

»Welchen Helm denn? Warum?« Vor Schmerzen konnte ich keinen klaren Gedanken fassen, außerdem kann ich kein Blut sehen.

Da drückte er mir den Monomachhelm auf den Kopf, ließ die Kippschalter knacken, und im Nu war der Schmerz verschwunden; binnen weniger Sekunden klarte die Flüssigkeit wieder auf. Ein angenehmes Brennen strich über die Hand, und dann geschah ein Wunder: sie wurde vor meinen Augen durchsichtig!

Zuerst zeichneten sich die roten Muskelstränge ab. Wenige Augenblicke später lösten sie sich auf, und durch das rötliche Gallert schimmerten die weißen Fingerknochen. Unmittelbar an den Sehnen des Handgelenkes verdickte und verdünnte sich in schneller Folge ein fliederfarbenes Gefäß: es ließ das Blut durchtreten.

Ich bekam Angst und riß die Hand aus dem Becken. Sofort war der Schmerz wieder da. Die Hand war heil, sie glänzte bloß wie eingeschmiert; von den durchsichtigen Fingern tropften schwere Tropfen herab. Ich versuchte die Finger zu bewegen – sie gehorchten nicht. Plötzlich bemerkte ich, daß die Fingerspitzen Tropfenform annahmen ... Das war ja noch schrecklicher.

»Steck die Hand wieder rein, sonst verlierst du sie!« schrie Krawez.

Ich tauchte sie ein und konzentrierte meine ganze Aufmerksamkeit auf die Schnittwunde. Gerade an dieser Stelle brannte es angenehm. »Ja, Maschine, ›DAS . . . DAS‹!« ermunterte ich sie. Das Brennen ließ allmählich nach, die Hand wurde wieder undurchsichtig! Erleichtert aufatmend zog ich sie heraus. Von dem Schnitt war kaum noch was zu sehen, nur eine rötlichblaue Narbe zog sich über die verletzte Stelle. An den feinen Hautrissen traten transparente Blutwassertropfen hervor. Die Narbe brannte und juckte unausstehlich. Wahrscheinlich war das noch nicht alles gewesen. Wieder tauchte ich die Hand in die Flüssigkeit . . . Erneut Transparenz, Brennen, »DAS, Maschine, DAS . . .«. Endlich – das Brennen hörte auf, die Hand wurde undurchsichtig.

Der ganze Versuch dauerte 20 Minuten. Jetzt hätte nicht einmal ich selbst noch die Stelle angeben können, wo ich mich mit dem Skalpell geschnitten hatte.

Man muß sich das mal durch den Kopf gehen lassen. Das Interessanteste war, daß ich der Muttermaschine keine spezielle Information zu suggerieren brauchte! Wie man eine Schnittwunde heilt, hätte ich ihr ohnehin nicht vorsagen können. Vielleicht war auch meine Aufmunterung »DAS . . . DAS . . .« überflüssig. Die Schmerzempfindung hatte sowieso in meinem Gehirn recht beredte Bioströme ausgelöst.

Also schließt ein Signal über eine Störung des Informationsgleichgewichts im System die Muttermaschine an den Menschen an. Ein solches Signal muß nicht unbedingt ein Schmerz sein. Ein energischer Befehl, etwas in sich selbst zu verändern, die Unzufriedenheit (»DAS NICHT«) tut es auch. Alles Weitere kann man mit den Empfindungen steuern.

Verglichen mit allen anderen ein unbedeutender, nicht sehr effektvoller Versuch. Schließlich hätte man die Wunde auch mit Jod bepinseln und verbinden können, sie wäre auch so geheilt.

Und doch ist dies das Wichtigste, was wir in einem Jahr Arbeit erreichten! Jetzt kann die Entdeckung nicht nur zur Synthese und zur Vervollkommnung künstlicher Doubles, sondern auch zur Umwandlung eines komplizierten Informationssystems verwendet werden, das in einer höchst komplizierten biologischen Lösung eingeschlossen ist, die wir simplifiziert »Mensch« nennen. Jeder Mensch kann das sein!

20. Februar. Ja, die flüssige Schaltung schließt sich auch auf

einen energischen Befehl hin an den Organismus eines Menschen an. Heute entfernte ich auf diese Weise den Haarwuchs meines linken Armes bis zum Ellbogen. Ich tauchte den Arm in das Becken, setzte den Helm auf. Befehl: DAS NICHT, konzentriert auf die Haare. Das Brennen und Jucken verstärkte sich, die Haut wurde transparent. Wenig später lösten sich die Haare auf.

Nach der gleichen Methode ließ sich Krawez innerhalb von fünf Minuten am kleinen Finger und am Zeigefinger zwei Zentimeter lange Nägel wachsen. Er tauchte beide Hände in die Flüssigkeit und verwandelte das normale Hautrelief der Fingerkuppen in etwas, was dem Profil eines Autoreifens ähnelte. Dann wollte er das alte Muster wieder herstellen, doch er wußte nicht mehr, wie es ausgesehen hatte.

Jetzt war klar, warum der Versuch mit den Kaninchen fehlgeschlagen war. Sie haben kein Bewußtsein, keinen Willen, keine Unzufriedenheit mit sich selbst. Dieses Verfahren ist nur auf den Menschen anzuwenden.

Was weiter folgte, überflog der Aspirant Kriwoscheïn nur noch flüchtig; er blätterte die Seiten des Tagebuchs um, und es war, als fotografiere er sie mit seinem Gedächtnis. Ihm war klar: Kriwoscheïn und Krawez waren auf einem anderen Weg zu dem gleichen Ergebnis gelangt wie er – zur Steuerung des Stoffwechsels im Menschen. Mit Hilfe einer Maschine.

Daß dies mit Hilfe einer Maschine geschah, war sehr wichtig, denn nun war seine Entdeckung kein Unikum mehr, keine Spielart der Abnormität, sondern bedeutete das Wissen darum, wie man sich umwandeln kann. Es genügte nicht, ein Verfahren zur Umwandlung zu haben, man mußte die vollständige Information über den menschlichen Organismus besitzen. Sie besaßen sie nicht und konnten sie nicht besitzen. Sein »Wissen in Empfindungen« aber konnte man der Muttermaschine fortan eingeben und über sie an alle weiterleiten. An jeden Menschen. Und jeder Mensch würde unerhörte Macht erlangen.

Träumerisch kniff der Aspirant die Augen zusammen und lehnte sich zurück. Bekämpfung von Krankheiten – man wird sie bald vergessen haben! Auch ohne Maschinen werden dem Menschen alle Elemente untertan sein!

Die blauen Tiefen der Ozeane, in die man ohne Taucheranzug, ohne Bathyskaph nicht hinabsteigen kann – der Mensch als Delphin, mit Kiemen und Flossen versehen, kann sich im feuchten Element vergnügen, er kann darin leben, arbeiten und weite Fahrten unternehmen.

Und zieht es ihn hoch hinauf – nun, dann läßt er sich eben Flügel wachsen und segelt einen Adler gleich in den warmen Luftströmen.

Feindselige fremde Planeten mit einer giftigen Atmosphäre aus Chlordämpfen, glühend von der Sonnenhitze und der Glut nichterkalteten Magmas oder vereist in kosmischer Kälte, mit todbringenden Bakterien infiziert – der Mensch vermag dort so frei zu leben wie auf der Erde, ohne Raumanzug und biologischen Schutz: Er braucht lediglich seinen Organismus von der Sauerstoffoxydation auf die Chloroxydation umzustellen oder eventuell das normale Eiweiß im Körper durch siliziumorganisches zu ersetzen.

Die Hauptsache am Menschen ist schließlich nicht, daß er Sauerstoff atmet. Auch die Arme und die Beine sind nicht die Hauptsache. Er kann sich Kiemen, Flügel, Flossen anschaffen, kann Fluor atmen, kann das Eiweiß durch Organosilizium ersetzen und dabei doch ein Mensch sein. Und er kann normale Extremitäten haben, weiße Haut, einen Kopf und Papiere und braucht doch keiner zu sein!

Nachdenklich stützte Kriwoscheïn die Ellenbogen auf die Tischplatte. Sein Blick fiel erneut auf die Notizen seines Originals.

»... Schmerzen und Mißbildungen werden verschwinden. Wunden, Vergiftungen sind nicht mehr schrecklich. Jeder vermag stark, kühn, schön zu werden, er kann die Ressourcen des Organismus mobilisieren, um eine Arbeit zu bewältigen, die früher seine Kräfte zu übersteigen schien. Die Menschen werden Göttern gleich! Was soll das überhebliche Lächeln? Das ist doch in der Tat *das* Verfahren zur grenzenlosen Vervollkommnung des Menschen.«

»Ich lächle, weil ich weise bin«, parierte Krawez kalt. »Du läßt dich wieder hinreißen. Es braucht nicht nur das zu geben!«

»Ach, hör doch auf! Trachtet denn nicht jeder danach, besser, vollkommener zu werden?«

»Danach trachtet er schon – entsprechend seinen Vorstellungen vom Guten und Vollkommenen. Aus diesem Verfahren können beispielsweise ›Kosmetische Kriwoscheïnbäder‹ entstehen.«

»Was für Bäder?«

»Na, solche zu fünf Rubel pro Sitzung. Da kommt so ein Dämchen, zieht sich hinter einem Schirm aus, taucht in die biologische

Lösung. Der Operator – irgendein Shora Scherwerpupa, vormals Friseur – stülpt sich den Monomachhelm auf, verbeugt sich: ›Wie hätten Sie's denn gern?‹ – ›Heute mal à la Brigitte Bardot‹, wünscht die Kundin. ›Nur noch ein bißchen üppiger und schwarzhaarig. Mein Wassja steht auf Schwarz ...‹ Was verziehst du den Mund? Sie gibt dem guten Shora auch noch ein Trinkgeld. Und die Kunden männlichen Geschlechts werden nach dem Vorbild von Superman Jean Marais oder, falls Blond gewünscht, nach Oleg Strishenow transformiert. In der nächsten Saison kommen die Lollobrigidas und Vitali Subkows in Mode, alles, was es so auf Künstlerpostkarten gibt ...«

»Aber man kann doch der Muttermaschine irgendeine untere Grenze der Informationsauswahl vorgeben ... so etwas wie einen Filter zum Auffangen der Abgeschmacktheit und der Dummheit. Oder ein festes Programm ...«

»... das dem Massenverbraucher mit den Formeln auch gleich einen reichen inneren Gehalt eintrichtert? Und wenn er das nicht wünscht? Er kann doch für sein Geld verlangen, was er will? ›Was denn, bin ich etwa nicht normal‹, kreischt das gleiche Dämchen, ›daß Sie mich korrigieren wollen? Kommen Sie mir ja nicht so!‹ Weißt du, die Stellung des Schurken und des Spießbürgers ist ja gerade deshalb so fest wie Stahlbeton, weil sie ihr eigenes Verhalten als die Norm ansehen.«

»Aber man kann es doch einrichten, daß das für die Muttermaschine nicht die Norm ist.«

»Hm ... Ich möchte einen einfachen Versuch machen. Sei so gut und steck mal einen Finger in die Flüssigkeit.«

»Welchen denn?«

»Einen, um den es dir nicht leid tut.«

Ich tauchte den Ringfinger in die Flüssigkeit. Das Double setzte den Helm auf und trat an den Apothekenschrank.

»Achtung!«

»Au! Was machst du denn da?!« Ich riß den Finger heraus. Er blutete aus einer Schnittwunde.

Viktor Krawez lutschte an seinem Ringfinger, dann wischte er Blut von einem Skalpell ab.

»Hast du jetzt kapiert? Für die Maschine gibt es keine Verhaltensnorm und kann es keine geben. Sie pfeift auf alles; was man ihr befiehlt, das macht sie ...«

Wir ließen unsere Wunden wieder heilen.

Krawez hat mich vom Himmel auf die Erde heruntergeholt. Bin

kopfüber die Treppe runtergeflogen. Wir Erfinder sind schon ein verträumtes Volk! Edison hat bestimmt auch angenommen, die Menschen würden sich über sein Telefon nur angenehme und notwendige Mitteilungen machen. An Klatsch, anonyme Denunziationen oder daran, daß man aus Jux den »Rettungswagen« zu einem völlig gesunden Bekannten schicken kann, hat er bestimmt nicht gedacht. Wir sind alle so. Wir träumen vom Guten, aber wenn das Leben die Idee einer Erfindung ins Gegenteil verkehrt, schlagen wir die Hände überm Kopf zusammen: Was macht ihr da bloß, Leute?!

Es ist der Fluch der Wissenschaft, daß sie Verfahren hervorbringt und mehr nicht. Auch wir werden lediglich ein »Verfahren zur Umwandlung von Informationen in biologische Systeme« hervorbringen. Man kann einen Affen in einen Menschen verwandeln. Aber einen Menschen in einen Affen – das geht auch.

Aber man darf nicht denken, nach unserer Entdeckung bleibe alles so, wie es ist! Nicht der Wissenschaft wegen, nein, dem Leben zuliebe darf man das nicht. Unsere Entdeckung ist ja gerade für das Leben bestimmt: sie schießt nicht, sie tötet nicht – sie schafft. Vielleicht suchen wir nicht an der richtigen Stelle – vielleicht kommt es nicht auf die Eigenschaften der Maschine an, sondern auf die Eigenschaften des Menschen?

Begleitet von den Akkorden dieser Gedanken, las der Aspirant Kriwoscheïn das Tagebuch zu Ende. Sollten ihre Anstrengungen vergebens gewesen sein? War ihre Entdeckung zu früh gemacht worden, konnte sie sich gegen die Menschen richten? In Moskau hatte er sich darüber nicht viel Gedanken gemacht. Seine Entdekkung behielt er für sich. Forsche und schweige ... Zwar hatte er nach dem Bad im Reaktorbassin große Lust verspürt, Androssiaschwili und den Jungs im Studentenheim von dem Erlebten zu berichten: Man kann die Strahlung und die Strahlenkrankheit überwinden! Aber diese seine Kenntnis hing auch mit dem Krieg zusammen. Diese Halunken! Kriwoschein packte die Wut. Diesen Halunken, von denen vielleicht auf tausend einer kam, baute die gefällige Hure Wissenschaft Verfahren zur Sprengung von Brücken und zur Vernichtung von Völkern! Alles nur Verfahren. Verdammt, sollte man dieses Otterngezücht nicht ausrotten? Keiner wird mich fassen, keiner mir was anhaben können. Und deswegen selber zum Verbrecher werden? Nein, das ist auch nicht »DAS« ...

Der Aspirant schlug das Heft zu und sah auf. Die Tischlampe

verbreitete mattes Licht. Sie brauchte nichts mehr zu beleuchten, denn es war hell geworden. Von draußen schauten die gelben, gleichförmigen Fratzen der Häuser von Akademgorodok durch das Grün auf die unsichtbare Sonne. Es sah aus, als schicke die Häuserherde sich an, jeden Augenblick hinter dem Himmelskörper herzutrotten. Die Uhr zeigte halb acht.

Kriwoscheïn zündete sich eine Zigarette an und trat auf den Balkon. An der Bushaltestelle hatten sich Menschen angesammelt. Der breitschultrige Mann im blauen Regenmantel ging immer noch unter den Bäumen auf und ab. Hatte der aber Ausdauer! Kriwoscheïn fand sie bewundernswert. Na schön, aber jetzt mußte man retten, was noch zu retten war.

Er ging ins Zimmer zurück, zog sich aus, nahm eine kalte Dusche. Die Frische kehrte in seinen Körper zurück. Dann öffnete er den Kleiderschrank und wühlte kritisch in dem kärglichen Bestand an Kleidungsstücken. Er wählte ein ukrainisches Hemd mit gestickter Kragen- und Längsborte und zog es über. Mit einem zweifelnden Blick prüfte er den abgetragenen blauen Anzug und zog mit einem Seufzer auch ihn an.

Darauf übte er eine Viertelstunde lang vor dem Spiegel und verließ dann die Wohnung.

Drittes Kapitel

»He, bleiben Sie stehen! Seien Sie doch kein Esel!«
»Leicht gesagt . . .«, murmelte der Esel und lief davon.

Modernes Märchen

Der Mann im Regenmantel bemerkte Kriwoscheïn, wandte sich ihm zu und starrte ihn an.

Kriwoscheïn war empört: War der aber primitiv! Kam nicht auf die Idee, sein Spiegelbild im Schaufenster zu verfolgen oder sich wenigstens mit einer Zeitung zu tarnen. Nein, er starrte ihn an wie ein Neandertaler einen Überlandbus! Erhielten die denn keine Ausbildung? Wenn sie wenigstens zu ihrer Qualifizierung Comics lesen würden!

Wut packte ihn. Er trat ganz nahe an den Mann heran.

»Hören Sie mal, warum werden Sie denn nicht abgelöst? Gilt das Gesetz über den Siebenstundentag nicht auch für Beschatter?«

Der andere hob verwundert die Brauen.

»Valka . . .«, vernahm der Aspirant eine weiche Baritonstimme. »Valentin . . . erkennst du mich denn nicht?«

»Hm . . .« Kriwoscheïn zwinkerte, schaute den anderen aufmerksam an und pfiff durch die Zähne. »Aha, Sie sind das Double Adam-Herakles? Und ich dachte schon . . .«

»Dann . . . sind Sie wohl nicht Kriwoscheïn, das heißt Kriwoscheïn schon, aber der aus Moskau?«

»Genau. Na, sei gegrüßt, Valka-Adam, verlorener Sohn!«

»Sei gegrüßt!«

Sie drückten einander die Hand. Kriwoscheïn betrachtete das von

Wind und Wetter gegerbte, sonnengebräunte Gesicht Adams. Seine Züge waren grob, aber schön. Valka hatte sich Mühe gegeben! Nur in den hellen Augen hinter den farblosen Wimpern verbarg sich Schüchternheit.

»Mittlerweile gibt's schon eine ganze Menge Valentin Wassiljewitsch Kriwoscheïns.«

»Kannst mich Adam nennen.«

»Wo hast du gesteckt, Adam?«

»Na, in Wladiwostok ...« Er lächelte verlegen, als habe er nicht das Recht zu scherzen. »In Wladiwostok und Umgebung.«

»Na prima!« Kriwoscheïn warf ihm einen neidischen Blick zu. »Hast in den Häfen Ausrüstungen montiert?«

»Ganz so war's nicht. Habe Unterwasserfelsen gesprengt. Und nun ... bin ich zurückgekommen, um zu arbeiten.«

»Hast du denn keine Angst mehr?«

Adam blickte Kriwoscheïn fest in die Augen.

»Angst schon, aber ich hab da so eine Idee, weißt du. Ich möchte versuchen, in der Muttermaschine normale Menschen umzuwandeln, statt künstliche zu synthetisieren. Na ja, sie in die Flüssigkeit eintauchen, mit einer äußeren Information auf sie einwirken. Das wird doch gehen, was?«

Adam verlor wieder den Mut. Er merkte es und ärgerte sich, daß er deswegen die von ihm ausgebrütete Idee so ungeschickt formuliert hatte.

»Eine gute Idee«, sagte der Aspirant und musterte Adam abermals neugierig. Im Grunde genommen waren sie gar nicht so verschieden. Machte das die innere Logik der Entdeckung? »Nur war das schon da, Adam. Sie haben verschiedene Körperteile in unser Urelement getaucht. Ich glaube, sie haben sich auch schon ganz darin eingetaucht.«

»Und geht es?«

»Es geht ... Aber mit dem letzten Versuch muß irgend etwas schiefgegangen sein.«

»Das ist ja prima! Begreifst du ... Schließlich ist das ... Dann kann man eine Eingabe von Kunstinformationen beim Menschen mit einer Auswahl nach dem Prinzip der Rückkopplung arrangieren ...« Und Adam, immer noch stockend und ängstlich, legte Kriwoscheïn seine Gedanken über die Veredlung des Menschen durch die Kunst dar.

Der Aspirant verstand ihn.

»›... Wir müssen bei unserer Arbeit davon ausgehen, daß der

Mensch zum Besseren strebt!‹«, zitierte Kriwoscheïn lächelnd eine Stelle aus dem Tagebuch, »›davon, daß niemand oder fast niemand bewußt Niederträchtigkeiten und Dummheiten begehen will, sondern daß sie durch Unverständnis passieren. Alles im Leben ist kompliziert, man merkt nicht gleich, ob man falsch handelt oder nicht; das weiß ich aus eigener Erfahrung. Und wenn man dem Menschen eine klare, auf seine Psyche, auf seine Aufgaben und Handlungen anwendbare Information gibt – das ist gut, das ist selbstverständlich, das ist dumm – sowie die klare Einsicht, daß jede seiner Niederträchtigkeiten oder Dummheiten sich früher oder später nach dem Gesetz der großen Zahl gegen ihn selbst wenden wird, dann braucht man ihn weder zu fürchten, noch muß man sich Sorgen um ihn machen. Eine solche Information kann man auch der Muttermaschine eingeben . . .!‹«

»Wie, und das war schon?« wunderte sich Adam.

»Nein, es gab lediglich die verschwommene Vermutung, daß das nötig sei, daß ohne eine solche Information alles andere keinen Sinn hat. Also kommt deine Idee wie gerufen. Sie füllt, wie man sich in Akademikerkreisen auszudrücken beliebt, eine Lücke. Hör mal!« Kriwoscheïn wurde plötzlich wütend. »Und mit so einer Idee schleichst du hinter mir her wie ein Schatten, drückst dich unter dem Fenster rum? Konntest du nicht anrufen oder raufkommen?«

»Weißt du«, erwiderte Adam verlegen, »ich dachte doch, du wärst er. Gehst an mir vorbei, bemerkst mich nicht, erkennst mich nicht, ich dachte: Er will dich nicht sehen. Zwischen ihm und mir ist damals was gewesen . . .« Er ließ den Kopf sinken.

»Warst du schon im Labor?«

»Im Labor? Ich hatte doch keinen Ausweis.«

»Und über den Zaun?«

»Über den Zaun . . .« Adam zuckte verlegen die Schultern. Darauf war er nicht gekommen.

»Da entwickelt der Mann Pläne und Ideen von beispielloser Kühnheit, und im Leben . . . ach, du meine Güte!« Kriwoscheïn schüttelte mißbilligend den Kopf. »Wir müssen uns von dieser blödsinnigen Schüchternheit dem Leben, den Menschen gegenüber befreien, sonst gehen wir vor die Hunde. Und auch die Arbeit geht sonst vor die Hunde. Na schön«, er gab Adam die Schlüssel, »geh rauf und mach's dir bequem, ruh dich aus, hast dich ja die ganze Nacht hier herumgedrückt. Wirst es nötig haben!«

»Und wo . . . wo ist er?«

»Das möchte ich selbst gerne wissen.« Das Gesicht des Aspiranten verdüsterte sich. »Ich will versuchen, alles zu klären. Wir sehen uns später. Bis dann also.« Er lächelte. »Fein, daß du gekommen bist.«

Nein, es ist nicht so einfach, einen Menschen von seinem Weg abzubringen, sagte sich Kriwoscheïn, während er zum Institut ging. Eine große Sache, eine große Idee – das kann einen schon packen, das kann einen dazu bringen, auch Kränkungen, persönliche Bestrebungen, die eigene Unvollkommenheit zu vergessen. Der Mensch strebt zum Besseren, das ist schon richtig!

Die im Berufsverkehr ewig überfüllten Obusse und Autobusse rasten vorbei. In einem erkannte der Aspirant Lena. Sie saß am Fenster und blickte zerstreut nach vorn. Er blieb für einen Augenblick stehen und sah ihr nach. Ach, Lena, wie konntest du? Die Lektüre des Tagebuches hatte auf den Aspiranten eine Wirkung ausgeübt, die es auf keinen anderen ausgeübt hätte. Es war, als hätte er dieses Jahr in Dneprowsk verbracht. Jetzt war er einfach Kriwoscheïn, und sein Herz schmerzte bei der Erinnerung an die Kränkung, die ihm (jawohl, ihm!) diese Frau zugefügt hatte.

... Ich weiß, worauf unsere Forschungen hinauslaufen. Wollen wir uns doch nichts vormachen: Ich muß in das Becken steigen. Krawez und ich führen kleinere Lehrversuche an unseren Extremitäten durch. Unlängst habe ich mit einer flüssigen Schaltung sogar den Bänderriß geheilt, den ich mir vor längerer Zeit zugezogen hatte, und hinke nun nicht mehr. Das alles ist natürlich ein medizinisches Wunder, aber wir haben uns ein höheres Ziel gesteckt: die Umwandlung des ganzen Menschen! Hier kann man sich nicht mit Kleinigkeiten abgeben, sonst tanzen wir noch zwanzig Jahre um das Becken herum. Und ich muß hinein, ich, der normale, natürliche Mensch. Krawez hat im Becken nichts mehr zu suchen.

Im Grunde genommen steht uns bevor, nicht die Muttermaschine zu erproben, sondern uns selbst. All unsere Kenntnisse und Theorien sind für die Katz, wenn ich nicht genug Willen und Entschlossenheit habe, mich den Informationsumwandlungen in der Flüssigkeit zu unterwerfen.

Natürlich werde ich aus diesem Bad nicht umgewandelt hervorgehen. Erstens haben wir nicht die erforderliche Information für gründliche Veränderungen des menschlichen Organismus und seines Intellekts, und zweitens ist das für den Anfang auch gar nicht nötig. Es reicht, die völlige Einschaltung in die Muttermaschine zu erproben, zu beweisen, daß es möglich ist, daß es nicht gefährlich ist, na ja, und irgend etwas in sich zu verändern. Sozusagen die erste Erdumkreisung zu unternehmen.

Ist das möglich? Ist es auch nicht gefährlich? Werde ich aus dem »Bad«, von der Flugbahn zurückkehren? Werde ich die Prüfung bestehen? Ein kompliziertes Ding, die Muttermaschine. Wieviel Neues wir in ihr entdeckt haben, und doch kennen wir sie noch nicht richtig. Irgendwie ist mir trotz der glänzenden Perspektiven unserer Forschungsarbeit nicht ganz wohl.

Es wird höchste Zeit, daß ich heirate, Schluß mit den Vorbehalten Lena gegenüber! Ich brauche sie, ich will, daß sie bei mir ist, daß sie sich sorgt, daß sie unruhig wird und schimpft, wenn ich spät nach Hause komme, und daß sie mir trotzdem das Abendessen vorsetzt. Sollen doch (da mit der Synthese von Doubles bereits alles klar ist) neue Kriwoscheïns zur Welt kommen, aber nicht aus der Maschine, sondern dank den guten, hochmoralischen Beziehungen zwischen den Eltern. Mag unser Leben auch komplizierter werden – ich bin dafür! Ich heirate! Warum bin ich nicht früher daraufgekommen?

Aber jetzt heiraten, wo wir dieses Experiment vorbereiten ... Na, wenn schon, schlimmstenfalls bleibt eine unauslöschliche Erinnerung an mich zurück: ein Sohn oder eine Tochter. Früher sind die Männer in den Krieg gezogen, haben Frau und Kinder zurückgelassen. Warum sollte ich das heute nicht auch tun?

Schon möglich, daß heiraten nicht gerade fair ist, wo doch die Wahrscheinlichkeit sehr groß ist, daß die Frau bald Witwe wird. Mögen mich jene richten, die selbst so etwas taten oder tun werden. Ihr Urteil werde ich annehmen ...

12. Mai.

»Laß uns heiraten, Lena, wir werden gemeinsam leben und Kinder haben, hübsch wie du und klug wie ich.«

»Hältst du dich wirklich für klug?«

»Wieso, warum denn nicht?«

»Wenn du klug wärst, kämst du mir nicht mit so was.«

»Ich verstehe nicht ...«

»Da siehst du's. Und hoffst auch noch auf kluge Kinder.«

»Was ist los? Warum willst du mich nicht?«

Sie stand vor dem Spiegel, steckte sich das Haar fest und wandte sich mir zu.

»Ach, Valka, mein Rotschopf! Sind bei dir ernsthafte Absichten durchgebrochen? Reizend!«

Ich nahm ihre Hand von meiner Schulter. »Was ist nun? Bist du einverstanden?«

»Nein, mein Lieber.«

»Und warum nicht?«

»Weil ich mich im Familienleben besser auskenne als du. Weil ich weiß, daß es mit uns beiden nicht gut gehen würde. Erinnere dich doch, wann haben wir uns schon mal ernsthaft unterhalten? War es nicht oft so, daß ich zu dir kam, du aber mit deinen Gedanken, deinen Problemen beschäftigt warst und dich gar nicht über mein Kommen freutest, ja sogar ungehalten warst. Natürlich, du tust immer wieder so, als hättest du was für mich übrig, aber ich spüre das doch ... Und was soll das erst werden, wenn wir die ganze Zeit zusammen sind?«

»Heißt das ... du liebst mich nicht?«

»Ja, Valka.« Sie sah mich traurig an. »Ich liebe dich nicht, und ich will dich auch nicht lieben. Früher wollte ich es ... Ehrlich gesagt, habe ich mich dir mit dieser Absicht genähert. Ich dachte, dieser ruhige, wenn auch nicht eben schöne Mann wird mich lieben und schätzen. Du kannst dir gar nicht vorstellen, wie ich mich danach gesehnt habe. Ich wollte mich wärmen! Aber ich habe mich bei dir nicht wärmen können. Du liebst mich auch nicht richtig ... du gehörst mir nicht, das merke ich doch. Du hast eine andere – die Wissenschaft.« Sie lachte zornig auf. »Da hat man sich Spielzeuge ausgedacht: Wissenschaft, Technik, Politik, Krieg, die Frau aber rangiert unter ›ferner liefen ...‹. Ich will aber nicht unter ›ferner liefen ...‹ eingereiht werden. Wir Frauen sind nun mal so dumm, wir nehmen alles ernst, kennen kein Maß in der Liebe, dagegen können wir nichts machen ...« Ihre Stimme bebte, sie wandte sich ab. »Ich wollte dir das ohnehin alles sagen ... Hab mich eben wieder mal geirrt!«

Einzelheiten sind hier wohl nicht wichtig. Ich habe sie rausgeworfen. Nun hocke ich da und suche Ablenkung beim Tagebuch.

Also war alles Berechnung: Häng dich nicht an einen Schönen, Lena, nimm lieber einen Räudigen. Und ich hatte es mir so schön vorgestellt, eine gesunde Familie zu gründen ...

Es ist kalt! Ach, ist es kalt!

»Ja, warum soll mich Marquita mögen?! Habe keine sieben Franken mehr ...« Nun aber Schluß damit! So eine ist Lena nicht. Aber was für eine ist sie denn? Sie hat es ja selbst gesagt, reicht dir das nicht? Und ob! Früher sind mir diese losen Beziehungen zu ihr gerade recht gewesen ... »Ist es Ihnen recht?«, wie die Verkäuferinnen sagen, wenn sie einem statt Butter Margarine anbieten.

Nichts im Leben geht spurlos an einem vorüber. Ich habe mich eben verändert, bin mir über manches klargeworden, sie aber ist immer die gleiche geblieben ... Habe mich einer romantischen Illusion hingegeben, ich komischer Kauz, hab selber Wärme gesucht.

Aus. Mehr wird es in meinem Leben nicht geben. Eine wie Lena finde ich nicht wieder, und auf ein Techtelmechtel lege ich keinen Wert.

Lena hatte keine Lust, meine Witwe zu werden.

Es ist kalt ...

Wir haben die Unbefangenheit eingebüßt, die Fähigkeit, uns von den Gefühlen leiten zu lassen: ohne Vorbehalt zu glauben, weil man glaubt, zu lieben, weil man liebt. Schon möglich, daß dies daher rührt, daß sich jeder mehr als einmal dieser Unbefangenheit wegen die Finger verbrannt hat, oder weil uns auf der Bühne und im Film vorgeführt wird, wie all diese Gefühle gemacht werden, oder auch, weil man in diesem komplizierten Leben alles gut überlegen und berechnen muß – ich weiß es nicht.

Jetzt müssen wir erneut mit dem Verstand erfassen, wie wichtig die zielgerichteten und starken Gefühle im Leben des Menschen sind. Vielleicht ist es auch gut daß man das beweisen muß; man kann es beweisen, und es wird bewiesen werden. Dann werden die Menschen eine neue, durch die Vernunft gefestigte Natürlichkeit der Gefühle und der Handlungen erlangen, werden begreifen, daß alles andere nicht das Leben ist.

Bis dahin aber friere ich ...

Ach, Lena, Lena, du armes, vom Leben gehetztes Mädchen! Jetzt, so scheint mir, liebe ich dich wirklich!

Gegen halb neun ging Onissimow auf das Labor für neue Systeme zu. Wachtmeister Goloworesow hockte, den Rücken gegen die Tür gelehnt, in der prallen Sonne auf der Vortreppe. Sein Mund stand offen, Fliegen krochen über seine Wangen. Die Gesichtsmuskeln des Wachtmeisters zuckten, doch er wurde nicht wach.

»Sie werden sich bei der Arbeit noch einen Sonnenbrand holen, Genosse Wachtmeister«, sagte Onissimow mit strenger Miene.

Der Wachtmeister war sofort hellwach, rückte seine Mütze zurecht und stand auf.

»Alles ruhig, Genosse Hauptmann. In der Nacht keine besonderen Vorkommnisse.«

»Schön. Haben Sie die Schlüssel?«

»Jawohl.« Der Wachtmeister holte die Schlüssel aus der Tasche.

»Niemanden reinlassen.«

Onissimow schloß die Tür auf und ließ sie hinter sich wieder ins Schloß fallen. Er orientierte sich kurz in dem dunklen Gang, der mit Kisten und Geräten vollgestellt war. Gleich darauf hatte er die Tür zum Labor gefunden.

Dort schaute er sich aufmerksam um. Auf dem Fußboden waren gallertartige Pfützen erstarrt, ihre eingetrockneten Ränder hatten sich leicht aufgerollt. Die Schläuche der Maschine hingen schlaff zwischen den Flaschen und Kolben herab. Die Lämpchen am Steuerpult der elektronischen Maschine brannten nicht. Die Schalter an der Schalttafel standen schräg. Mißtrauisch schnupperte und atmete Onissimow die stickige Luft ein, schüttelte den Kopf. Dann zog er das blaue Jackett aus, hängte es sorgfältig über eine Stuhllehne, krempelte die Ärmel hoch und machte sich an die Arbeit.

Zuerst spülte er das Teflonbecken mit Wasser aus, richtete es auf und stellte es an seinen Platz, legte die Enden der Schläuche und Kabel hinein. Dann untersuchte er das Starkstromkabel und entdeckte unten in der Ecke zwischen Wand und Fußboden eine von Säuren zerfressene Stelle, die Brandspuren aufwies. Hier hatte es einen Kurzschluß gegeben. Aus einem Schubfach nahm er Gummihandschuhe, holte vom Werkzeugtisch ein paar Werkzeuge, ging zum Kabel zurück und machte sich daran, die geschmolzenen Kupferadern zu säubern, miteinander zu verbinden und mit Isolierband zu umwickeln.

In ein paar Minuten war er damit fertig. Prustend richtete er sich auf und schaltete den Strom ein. Leise summten die Transformatoren der ZWM-12, und die Lüfter der Klimaanlage kamen auf Touren. Am Steuerpult der elektronischen Maschine flammten regellos grüne, blaue, rote und gelbe Lämpchen auf.

Onissimow, vor Aufregung an seiner Unterlippe kauend, ließ einen großen Kolben mit Wasser aus dem Destilliergerät vollaufen und füllte mit ihm alle Flaschen auf. Dann holte er Kriwoscheïns Laborbuch aus dem Tischkasten, überflog die Eintragungen und schüttete Reagenzien in die Kolben und Flaschen. Damit fertig, stellte er sich erwartungsvoll mitten in den Raum.

Der zuckende Schein der Signallämpchen wanderte von einem Rand des Steuerpults zum anderen, von unten nach oben und von oben nach unten, flog hin und her wie eine außer Rand und Band geratene Kinoreklame. Allmählich aber entstand aus dem systemlosen Flackern eine aus gebrochenen Linien bestehende Zeichnung. Grüne Geraden überstrahlten die blauen und gelben. Das Flakkern der roten Lämpchen ließ nach, bis sie schließlich ganz erloschen. Gespannt wartete Onissimow, ob im oberen Teil des Steuerpults das Signal »Stop!« aufflamme. Fünf Minuten, zehn, fünfzehn – das Signal kam nicht.

»Scheint zu funktionieren.« Onissimow fuhr sich mit der Hand übers Gesicht.

Jetzt mußte er warten. Um die Wartezeit zu überbrücken, ließ er Wasser in einen Eimer laufen, suchte sich im Gang einen Scheuerlappen und wischte den Fußboden auf. Dann umwickelte er die Enden der von dem Monomachhelm abgerissenen Kabel mit Isolierband. Noch einmal überlas er die Eintragungen im Laborbuch, bereitete noch einige Lösungen zu und füllte sie in Flaschen. Nun blieb nichts mehr zu tun.

Auf dem Gang klappten Schritte. Heftig wandte sich Onissimow zur Tür. Wachtmeister Goloworesow trat ein.

»Genosse Hauptmann, der wissenschaftliche Sekretär Chilobok möchte zu Ihnen. Er sagt, er muß mit Ihnen sprechen. Soll ich ihn reinlassen?«

»Nein, aber er soll warten. Ich habe mit ihm zu reden.«

»Jawohl«, sagte der Wachtmeister und ging.

Ja, auch mit Chilobok würde man sich unterhalten müssen. Onissimow grinste. Es war an der Zeit, ihn an die jüngsten Ereignisse zu erinnern.

17. Mai. Und da hat Chilobok damals so getan, als habe er keine Zeit, seine Dissertation zu schreiben! Was vorgemacht hat er mir. Wie sich herausstellt, hat gestern auf einer geschlossenen Sitzung des Wissenschaftlichen Rates die Vorverteidigung seiner Doktordissertation stattgefunden. Bei uns ist das so wie an den meisten anderen Instituten: Bevor man jemanden an die Öffentlichkeit läßt, hört man ihn im engeren Kreise an. In den nächsten Tagen wird in Lenas Konstruktionsbüro die offizielle Verteidigung stattfinden.

Chilobok wird sich nicht ohne Grund so verstellt haben! Da steckt irgend etwas dahinter!

18. Mai. Heute hat irgendein Dichter aus dem Institut, der unbedingt anonym bleiben wollte, neben dem Guckfenster in der Pförtnerloge mit Bleistift an die Wand geschrieben:

Sei der vordersten Front würdig.
Der Feind schläft nicht!
Major Pronin

Ich bin ihrer würdig. Deshalb ließ mich Jogann Jogannowitsch auch in den Lesesaal, obwohl er geschlossen war, und gewährte mir zu Studienzwecken Einblick in ein Exemplar der Dissertation des Kand. d. techn. Wiss. G. Ch. Chilobok zur Erlangung des akademischen Grades eines Doktors der technischen Wissenschaften über das Thema ... (darüber muß ich Stillschweigen bewahren).

Das ist ja ein Ding! Erstens grenzt besagtes Thema unmittelbar an die Entwicklungsarbeit von Speicherblöcken, mit der sich Valeri und ich seinerzeit befaßt haben, und nun zeigt sich auf einmal, daß Chilobok diese Arbeit sozusagen ins Leben gerufen und geleitet hat. Das wird zwar nicht direkt gesagt, läßt sich aber herauslesen. Zweitens hat er sich bei der Deutung und beim Durchdenken der gewonnenen Ergebnisse von völlig aus der Luft gegriffenen Improvisationen leiten lassen, die zu grundlegenden Irrtümern geführt haben. Drittens laufen bei ihm auch längst bekannte Fakten, die von ausländischen Systemexperten und Elektronikern erarbeitet wurden, unter der Formulierung »Durch die Forschungen wurde festgestellt ...«. Wie konnte unser Wissenschaftlicher Rat so etwas durchgehen lassen? Wir haben Mai, die Hälfte der Leute ist auf Dienstreise oder im Urlaub.

Nein, damit wird er nicht so ohne weiteres durchkommen.

19. Mai.

»Kannst du rechnen?« fragte Krawez, als ich ihm den Sachverhalt und meine Absichten dargelegt hatte.

»Ja. Und?«

»Dann rechne mal: zwei Tage für die Vorbereitung zur Teilnahme an der Verteidigung plus einen Tag für die Verteidigung plus einen Monat Nervenzittern hinterher. Du bist ja schließlich kein Säugling und weißt, daß solche Dinge immer ein Nachspiel haben. Was wiegt mehr: ein Monat unserer Forschungen, deren Ergebnisse die Welt stärker beeinflussen werden als die ganze heutige Technik, oder eine zusammengestoppelte Dissertation ohne jede Auswirkung? Es wird eben eine Dissertation mehr geben – das ist alles.«

»Und nun stelle ich dir mal eine Rechenaufgabe. Wir beide sind gleichgeartete Menschen und gleichgeartete Spezialisten, in manchem übertriffst du mich sogar. Aber angenommen, ich ginge jetzt zu besagtem wissenschaftlichem Sekretär Chilobok und erklärte ihm ohne jegliche Begründung, der Praktikant Krawez sei ein Trottel, beherrsche nicht mal das Einmaleins der Rechentechnik, ruiniere die Geräte und sei ein heimlicher Säufer . . . was würde dann wohl mit dem Praktikanten Krawez geschehen? Raus mit ihm aus dem Institut und raus aus dem Studentenheim! Und damit ist der Praktikant verloren. Er wird niemandem etwas beweisen können, weil er nur Student ist. Solche Macht wird Chilobok auch über uns erlangen, wenn er erst einmal Doktor der Wissenschaften ist. Habe ich dich überzeugt?«

Ich hatte ihn so überzeugt, daß er auf der Stelle in die Bibliothek eilte, um die zugänglichen Literaturquellen zu studieren und sich Auszüge zu machen.

Ich kann es auch noch anders begründen: Wir dürfen nicht nur an die Forschungsarbeit denken, es wird auch darauf ankommen, die richtige Anwendungsweise der Erfindung zu verteidigen. Das können wir noch nicht, das müssen wir erst lernen.

Ach, zum Teufel mit solchen ängstlichen Begründungen! Bin ich auf der Welt, oder führe ich nur ein Scheindasein?

22. Mai. Alles begann wie üblich. Im kleinen Saal des Konstruktionsbüros hatte sich ein zahlenmäßig schwaches, aber repräsentatives Auditorium versammelt. Chilobok hatte an der Tafel Zeichenblätter mit verschiedenfarbigen Schaltbildern und Graphiken befestigt, hatte sich malerisch daneben aufgebaut und hielt die vorgeschriebene Zwanzigminutenrede. Die Eingeladenen hörten zu und fühlten sich wie üblich nicht recht wohl in ihrer Haut. Die einen begriffen überhaupt nicht, wovon die Rede war; andere begriffen einiges und wieder andere alles: was Chilobok für einer war, was er da für eine Arbeit zusammengeschustert hatte und warum er sie mit dem Siegel der Geheimhaltung umgab . . . Jeder aber dachte bedrückt, daß er seine Nase besser nicht in fremde Angelegenheiten stecke, und fragte sich, ob er denn selbst so vollkommen sei, daß er andere kritisieren dürfe. Die üblichen schläfrigen Überlegungen, die es schon vielen

Nichtskönnern und Gaunern ermöglicht haben, sich in die Wissenschaft einzuschleichen.

Chilobok beendete seinen Vortrag. Der Vorsitzende verlas die Stellungnahmen. Freundliche Stellungnahmen! (Wer wird schon bei einer Verteidigung Schwierigkeiten machen?) Überrascht war ich nur, daß sogar Asarow Stellung genommen hatte. Dann kamen die Ausführungen der offiziellen Opponenten. Man weiß ja, was das ist, ein offizieller Opponent. Um diese Bezeichnung zu rechtfertigen, erwähnt er ein paar Unzulänglichkeiten, ein paar Diskrepanzen, »aber im großen und ganzen entspricht die Arbeit ... verdient der Autor ...«. Ich will es nicht verschweigen: Ein Opponent aus Moskau machte sich in sehr qualifizierter Form über sämtliche Thesen der Dissertation lustig und ließ durchblicken, man könne sie sehr wohl auseinandernehmen, doch er tat das so elegant und vorsichtig, daß nicht einmal Chilobok ihn verstanden haben dürfte, »aber im großen und ganzen verdient die Arbeit ...«.

Schließlich: »Wer wünscht noch das Wort?« Gewöhnlich sind zu diesem Zeitpunkt schon alle so bedient vom Ablauf der Dinge, daß keiner mehr das Wort wünscht, der Dissertant bedankt sich, und Schluß.

Da holte der Laborleiter V. Kriwoschein tief Luft (ich war mir sofort bewußt, daß es zu einem Skandal kommen würde) und hob den Arm. Chilobok war betroffen. Genau wie er sprach ich zwanzig Minuten lang, und während ich meine Argumente entwickelte, übergab ich den Mitgliedern des Rates Zeitschriften, Monographien und Broschüren, in denen die von Chilobok verteidigten Ergebnisse dargelegt waren, ohne daß er darauf verwiesen hätte; dann reproduzierte ich an der Tafel eins seiner Schaltbilder ... welches, ist unwichtig, um so mehr, als sein einziger Vorzug die »Originalität« war, und wies nach, daß die Schaltung aus den und den Gründen nicht funktionieren würde. Ein Raunen ging durch den Saal.

Nach mir ergriff der Kandidat der Wissenschaften Valeri Iwanow das Wort, der (auf meinen Anruf hin) mit dem Flugzeug aus Leningrad gekommen war. Er präzisierte ebenfalls die Prioritätsdaten und nahm den »originalen« Teil der Dissertation auseinander; Valeris Rede zeugte von hoher Bildung und feinem Humor. Die Bewegung im Saal nahm zu, und dann ging es erst richtig los!

Mein alter Bekannter Shalbek Balbekowitsch Pschembakow,

den ich mir vor anderthalb Jahren zu Dank verpflichtet hatte, begann nun in Chiloboks Arbeit einiges zu präzisieren: Wie kommt es denn, daß im Schaltbild Nummer zwo ... (Näher darauf einzugehen lohnt sich ebenfalls nicht.) Chilobok wußte nicht mehr ein noch aus und versuchte, das Ganze mit einem auf die Nerven gehenden Redeschwall abzutun. Andere Mitarbeiter des Konstruktionsbüros schalteten sich auch noch in die interessante Diskussion ein. Abschließend meldete sich der Chefingenieur des Konstruktionsbüros zu Wort, Professor und Träger ... (es liegt kein Grund vor, seinen Namen zu nennen): »Ich hatte von Anfang an den Eindruck, daß hier etwas nicht stimmt«, begann er.

Kurz gesagt, Chiloboks Dissertation wurde zerrissen, daß die Fetzen nur so flogen. Er konnte einem richtig leid tun. Alle gingen wieder zurück an ihre Arbeit, während er sich abmühte, die störrischen Zeichnungen von der Tafel zu lösen. Einige rollten sich von allein auf und schlugen gegen seine Schnurrbartspitzen. Ich eilte ihm zu Hilfe.

»Besten Dank, nicht nötig«, knurrte Chilobok. »Na, zufrieden? Sie selbst verteidigen keine Dissertation und gönnen es auch anderen nicht. Sie machen es sich verdammt leicht, Valentin Wassiljewitsch, die Natur hat Sie mit Fähigkeiten ausgestattet ...«

»Ja, verdammt leicht«, platzte ich heraus. »Ich bekomme nur halb soviel Gehalt wie Sie, mit dem Urlaub ist es das gleiche. Aber die Arbeit und die Sorgen wachsen mir über den Kopf ...«

»Es ist doch Ihre eigene Schuld, wenn Sie sich soviel aufladen. Was hatten Sie denn für einen Grund, sich hier einzumischen?« Chilobok rollte die Blätter zusammen und warf mir dabei einen beredten bösen Blick zu. »Ans Institut muß man denken, nicht nur an sich selbst und an mich ... Na ja, hier ist nicht der Ort, darüber zu sprechen!«

Das war ja zu erwarten gewesen. Eins steht jedenfalls fest: Ich fühle mich jetzt erstaunlich gut. Ein schönes Gefühl, eine zwar nicht bedeutendere, zweifellos aber nützlichere Sache gemacht zu haben, als es unsere Entdeckung ist: einen Lumpen in die Mangel genommen zu haben. Es geht also. Und es war gar nicht so schlimm, wie es zuerst schien. Jetzt mache ich mir auch um meine künftige Arbeit nicht mehr soviel Sorgen. Man kann mit solchen Problemen fertig werden.

»Die Arbeit hat es aber doch beeinflußt«, murmelte Onissimow-Kriwoschein, die Muttermaschine beobachtend, »ach, was beeinflußt nicht alles die Arbeit!«

29. Mai. Heute wurde ich zu Asarow gerufen. Er war gerade von einer Dienstreise zurückgekehrt.

»Wissen Sie überhaupt, was Sie da angerichtet haben?«

»Aber, Arkadi Arkadjewitsch, die Dissertation ist doch . . .«

»Es geht hier nicht um Garri Charitonowitschs Dissertation, sondern um Ihr Verhalten! Sie haben das Prestige des Instituts untergraben, und wie Sie das gemacht haben!«

»Ich habe meine Meinung geäußert.«

»Ja, aber wo haben Sie sie geäußert? *Wie* haben Sie sie geäußert? Ist es denn so schwer, zu begreifen, daß Sie nach außen hin nicht einfach ein Ingenieur sind, der danach trachtet, seine . . . äh, äh . . . wissenschaftlichen Meinungsverschiedenheiten mit jemandem auszutragen« (Aha, Chilobok hat vorgearbeitet!), »sondern ein Angehöriger des Instituts für Systemologie! Warum haben Sie Ihre Meinung nicht bei der Vorverteidigung geäußert?«

»Weil ich von einer Vorverteidigung nichts gewußt habe.«

»Dann hätten Sie Ihre Meinung eben meinem Stellvertreter vortragen sollen.« (Voltampernow also!) »Man hätte sie berücksichtigt!«

»Man hätte sie nicht berücksichtigt!«

»Ich sehe schon, wir kommen auf keinen gemeinsamen Nenner. Wie sind Ihre weiteren Pläne?«

»Ich habe nicht die Absicht zu kündigen.«

»Das schlage ich Ihnen auch nicht vor. Aber mir scheint, Sie sind noch nicht reif genug, ein Labor zu leiten. Ein Wissenschaftler, der in einem Kollektiv arbeitet, muß den Interessen des Kollektivs Rechnung tragen, auf keinen Fall aber darf er ihm durch seine Handlungen schaden. Ich nehme an, daß Sie beim nächsten Wettbewerb Schwierigkeiten haben werden, den Posten eines Laborleiters zu erhalten . . . Das ist alles, ich will Sie nicht länger aufhalten.«

Na also. Nun würde im Institut das beleidigte Truthahngeschrei losgehen: »Ein Ingenieur gegen einen Kandidaten! Gegen einen Doktor!« Chilobok wird schon dafür sorgen, daß es so aussieht, als hätte ich eine alte Rechnung mit ihm begleichen wollen. Alle meine Sünden wird man wieder auskramen: den Verweis, die Havarie in Iwanows Labor (der Wirtschaftsleiter Matjuschin trägt sich mit dem Gedanken, mir die Kosten für den damals entstandenen Schaden aufzubrummen). Man wird herausfinden, daß ich keinen Jahresbericht über meine Arbeit vorgelegt habe, obwohl das Thema 152 erst in diesem Jahr ausläuft. Es heißt, eine Kommission müsse gebildet werden, die die Arbeit meines Labors überprüft.

Die mir Übelwollenden machen ein großes Geschrei, die mir Wohlwollenden flüstern hinter vorgehaltener Hand mitfühlend: »Hast es Chilobok prima gegeben ... Recht ist ihm geschehen, dem Idioten ... Aber jetzt hat man dich am Wickel ...« Und sie geben mir Ratschläge, wohin ich überwechseln könnte. »Ihr könntet euch ja auf meine Seite stellen!« – »Weißt du ...«, meint Fenja Sagrebnjak, sonst ein netter Bursche, und winkt ab, »was kann ich schon machen? Es ist doch nicht mein Fachgebiet ...«

So ein Superspezialist hat schon ein scheußliches Leben. Satt, gesichert, aber scheußlich. Sein ganzes Lebensinteresse konzentriert sich auf Elemente eines passiven Speichers, und nicht etwa auf beliebige Elemente, sondern auf Kryotrone, genauer gesagt auf Folienkryotrone, und das sind wiederum keine beliebigen Folien, sondern Folien aus einer Blei-Zinn-Legierung ... Ein Arbeiter, ein Bauer, ein Techniker, ein Ingenieur mit weitgestecktem Aufgabenfeld, ein Lehrer, ja sogar ein Bürohengst können in einer Vielzahl von Berufen, Betrieben und Institutionen eine ihren Kräften und Kenntnissen angemessene Arbeit finden, aber mit diesen dreimal verfluchten Folien befaßt man sich in der ganzen Union nur an zwei oder drei Institutionen. Wo soll der arme Fenja hin, wenn das schiefgeht? Also hock da und mucks dich nicht! Im Grunde genommen ist die Superspezialisierung ein Verfahren zur Selbstversklavung.

Deshalb kommt es bei uns, die wir ein Kreis von Superspezialisten sind, so gut wie niemals vor, daß alle für einen eintreten (abgesehen von den Fällen, wo dieser eine Asarow heißt); alle gegen einen, das ist was anderes, das ist leichter. Deshalb auch entfachen sich die Leidenschaften bei jedem Verstoß gegen die wissenschaftliche Subordination. »Auf die Art und Weise kann man ja jeden fertigmachen!« hatte Voltampernow getobt. Und dann ging's los ...

Na, wir werden es schon überstehen. Werden durchhalten. Hauptsache, die Sache ist gelaufen. Ich habe ja schließlich gewußt, worauf ich mich da einließ. Aber es widert mich an.

Onissimow drückte die Zigarette aus und heftete seinen Blick auf die Maschine. Die Lage der Schläuche veränderte sich ganz allmählich und kaum wahrnehmbar. Sie schienen sich zu spannen, von Krämpfen geschüttelt zu werden. Und da – Onissimow zuckte zusammen – fiel der erste Tropfen aus dem linken dunkelgrauen Schlauch dumpf auf den Boden des Beckens.

Onissimow stellte die Treppenleiter an das Becken und stieg hinauf. Er hielt eine Hand unter den Schlauch. Innerhalb einer Minute hatte sich darin eine dickflüssige, goldfarbene Flüssigkeitslache angesammelt. Unter ihr zeichneten sich wie unter einem Vergrößerungsglas die Hautlinien ab. Er konzentrierte sich: die Haut verschwand, die roten Muskelfasern, die weißen Fingerknöchelchen und die Sehnenstränge wurden sichtbar ... Ach, wenn sie das gewußt und gekonnt hätten, wäre der Versuch anders ausgegangen, dachte er und seufzte, sie haben es nicht gewußt. Daran hat es gelegen.

Er ließ die Flüssigkeit von der Hand ins Becken laufen, stieg herab und spülte die Hand unter dem Wasserhahn ab. Das Aufschlagen der Tropfen aus allen Schläuchen klang jetzt frühlingshaft fröhlich und hell.

»Sie arbeitet! Bist schon stark, Maschine«, sagte Onissimow-Kriwoscheïn voller Hochachtung. »Stark wie das Leben.«

Offensichtlich hatte er keine Lust, das Labor zu verlassen. Nach einem Blick auf die Uhr aber hatte er es plötzlich eilig und schlüpfte in sein Jackett.

»Guten Morgen, Matwej Apollonowitsch!« begrüßte ihn Chilobok erfreut. »Schon bei der Arbeit? Ich habe auf Sie gewartet, muß Ihnen etwas melden.« Er näherte seinen Schnurrbart Onissimows Ohr. »Gestern ist diese Frau, Jelena Iwanowna Kolomijez, in Kriwoscheïns Wohnung gewesen, hat was geholt und ist wieder gegangen. Es muß noch jemand dort gewesen sein, die ganze Nacht hat Licht gebrannt.«

»Klar. Gut, daß Sie mir das melden. Das wird Ihnen vor Gericht angerechnet werden, wie man so sagt.«

»Ach was, ich steh immer zu Diensten, das ist doch meine Pflicht!«

»Pflicht hin, Pflicht her,« Onissimows Stimme nahm einen harten Klang an, »aber, Bürger Chilobok, werden Sie nicht auch noch von anderen Motiven getrieben?«

»Von welchen Motiven denn?«

»Na, Kriwoscheïn hat Ihnen doch die Doktordissertation vermasselt.«

Chiloboks Gesicht drückte einen Augenblick lang Fassungslosigkeit aus, doch gleich darauf nahm es eine Miene an, als sei in seiner Person die ganze Menschheit beleidigt worden.

»So sind die Menschen, was? Da hat wieder mal einer seinen Mund nicht halten können ... Ach, was meinen Sie, was wir für Leute bei uns haben, du meine Güte! Aber, Matwej Apollonowitsch, wie können Sie zweifeln? Ich habe es aus reinstem Herzen getan! So sehr, wie man Ihnen vielleicht berichtet hat, ist die Verteidigung von Kriwoscheïn gar nicht beeinflußt worden. Es waren Fachleute da, die ernster zu nehmen sind als er. Viele haben die Dissertation gebilligt, er aber, das ist ja bekannt, war neidisch. Na, und da hat man mir natürlich empfohlen, die Arbeit noch ein bißchen auszufeilen. Das ist nichts Ungewöhnliches, ich werde sie in Kürze wieder einreichen ... Aber wenn Sie mir mißtrauen, überzeugen Sie sich doch selbst. Meine Pflicht war es, die Sache zu melden, alles Weitere ... Ich wünsche Ihnen alles Gute!«

»Danke, gleichfalls.«

Chilobok entfernte sich schockiert: Selbst der tote Kriwoscheïn setzte ihm noch zu!

»Dem haben Sie's aber gegeben, Genosse Hauptmann!« meinte der Wachtmeister.

Onissimow hörte es nicht. Er sah Chilobok nach.

Eins kommt zum andern. Unwillkürlich fragt man sich: Lohnt es sich überhaupt?

Leg die Karten auf den Tisch, Kriwoscheïn. Schließlich kannst du bei diesem Versuch leicht vor die Hunde gehen; deine Statistik der erfolgreichen und der mißglückten Versuche zeigt es. Wissenschaft hin, Wissenschaft her, Methodik hin, Methodik her, aber beim erstenmal geht es meistens schief, das ist nichts Neues. Und ein Fehler bei diesem Versuch ist eben nicht nur ein mißlungenes Experiment.

Es ist doch so: Ich steige als Superspezialist ins Becken. Das ist nun mal meine Fachrichtung, so wie es bei Fenja Sagrebnjak die Kryotronfolien sind. Aber ich brauche es auch nicht zu tun, niemand zwingt mich dazu ... Komisch: Einfach deshalb in dieses zweifelhafte Medium zu steigen, das lebende Organismen im Handumdrehen auflöst, nur weil sich die Fachrichtung etwas unglücklich entwickelt hat!

Der Menschen wegen? Soll sie doch der Teufel holen! Brauche ich etwa mehr zu tun als die anderen? Ich werde ruhig und für mich allein dahinleben. Und es gut haben.

Kaltblütig wie ein Verbrecher sehe ich alles vor mir: Mein Leben lang werde ich dieses Zurückweichen damit rechtfertigen müssen, daß die Menschen alle so sind, keinen Deut besser als ich, eher noch schlechter, jeder denkt nur an sich. Ich werde mich möglichst schnell von all meinen Hoffnungen und Wunschträumen frei machen müssen, damit sie mich nicht erinnern: Du bist ein Verräter! Du bist ein Verräter und hast nicht das Recht, von den Menschen Gutes zu erwarten.

Und dann wird das Leben auf der Erde erst richtig kalt sein ...

Wachtmeister Goloworesow hatte etwas gefragt.

»Wie?«

»Ich meine, ob die Ablösung bald kommt, Genosse Hauptmann? Schließlich habe ich um zweiundzwanzignullnull angefangen.«

»Haben Sie etwa nicht ausgeschlafen?« Onissimow blinzelte ihm fröhlich zu. »Ein Stündchen oder auch anderthalb müssen Sie sich hier noch langweilen, dann werden Sie abgezogen, das verspreche ich Ihnen. Die Schlüssel nehme ich mit, das erscheint mir sicherer. Und daß Sie niemanden reinlassen!«

Viertes Kapitel

Auch Einstein hatte Vorgesetzte, Faraday und Popow ebenfalls, doch sonderbar – kein Mensch spricht heute mehr von ihnen. Das ist ein Verstoß gegen die Subordination!

Ingenieur K. Prutkow,
Sentenz Nr. 40

Die Fenster von Asarows Arbeitszimmer gingen auf den Park hinaus. Man sah die Wipfel der Linden und das graugestreifte verglaste Parallelepiped des neuen Gebäudes, das die grünen Baumkronen überragte. Asarow konnte sich nie genug an diesem Bild erfreuen. In den Morgenstunden vertrieb es ihm die Neurasthenie und verlieh ihm neue Kräfte. Als er heute jedoch aus dem Fenster sah, verzog er das Gesicht und wandte sich ab.

Das Gefühl der Einsamkeit und einer gewissen Schuld, das ihn gestern überkommen hatte, war nicht verflogen. Asarow versuchte es abzutun. Ach was! Wenn jemand stirbt, fühlt man sich schon allein deshalb schuldig, weil man noch lebt, besonders, wenn der Verstorbene jünger gewesen ist als man selbst. Und Einsamkeit ist für jeden schöpferisch tätigen Wissenschaftler etwas Natürliches und Gewohntes. Jeder von uns weiß alles über nichts, und jeder weiß das seine. Es ist schwer, einander zu verstehen, deshalb ersetzen wir das gegenseitige Verstehen oft durch das stillschweigende Übereinkommen, sich nur nicht in die Angelegenheiten des anderen einzumischen. Doch was hat Kriwoschein wirklich gewußt? Was hat er gemacht?

»Ist es erlaubt? Guten Morgen, Arkadi Arkadjewitsch!« Kölnischwasserduft verbreitend, kam Chilobok auf dem Teppich näher.

Onissimows Andeutung hatte Chilobok in Aufregung versetzt

ihm war eingefallen, daß man das Ganze so auslegen könnte, als hätte er Kriwoscheïn angetrieben, um ihm die Sache mit der Dissertation heimzuzahlen, und damit seinen Tod verschuldet. Ist jemand umgekommen, sucht man bekanntlich immer einen Schuldigen. Das wäre durchaus möglich, bei uns gibt's solche Leute, dachte der Dozent gehetzt. Er wußte zwar noch nicht genau, vor was und vor wem er auf der Hut sein mußte, aber auf der Hut sein mußte er, damit er keinen Fehler beging.

»Ich habe den Entwurf der Anweisung betreffs des Vorfalls mit Kriwoscheïn vorbereitet, Arkadi Arkadjewitsch, damit bezüglich seiner Person und dieses Vorfalls alles geregelt wird, wie es sich gehört. Es sind nur zwei Punkte. Sie betreffen die Kommission und die Schließung des Labors. Sehen Sie es sich doch bitte einmal an, Arkadi Arkadjewitsch, und falls Sie nichts einzuwenden haben...«

Chilobok beugte sich über den polierten Tisch und legte eine maschinengeschriebene Seite vor das Akademiemitglied.

»Für die Untersuchungskommission habe ich den Genossen Besmerny, Ingenieur für Arbeitsschutz, vorgeschlagen – auf Grund seiner Stellung hat er sich ja mit solchen Dingen zu befassen... haha –, ferner Ippolit Illarionowitsch Voltampernow als Fachmann für Elektronentechnik, Aglaja Mitrofanowna Garasha als Mitglied des Ortsausschusses für Arbeitsschutz, Ljudmila Iwanowna als technischen Sekretär der Kommission, und falls Sie, Arkadi Arkadjewitsch, nichts dagegen einzuwenden haben, werde ich sie leiten und diese Last auch noch auf meine Schultern nehmen, haha!« Vorsichtig schaute er das Akademiemitglied an.

Asarow musterte seinen wissenschaftlichen Sekretär mit einem prüfenden Blick. Der Dozent war wie immer sorgfältig rasiert und wie aus dem Ei gepellt, die schmale scharlachrote Krawatte leuchtete über dem gestärkten Hemd wie Blut, das aus der vom Kragen abgeschnürten Kehle fließt. Alles an Chilobok – sein Äußeres wie auch seine servil klingende Stimme – widerte das Akademiemitglied plötzlich an.

Wie er heimlich vor mir zittert... Diese bewußt zur Schau getragene Unteroffiziersdümmlichkeit... Du bist erkannt, Garri Charitonowitsch, ich habe dich durchschaut! Halte ich ihn vielleicht gerade deshalb, weil er ein Hohlkopf ist? Weil von ihm nichts Außergewöhnliches und Großes zu erwarten ist? Weil seine Ziele klar sind? Wenn die Ziele eines funktionellen Systems verständlich sind, läßt sich sein Verhalten tausendmal leichter voraussehen, als wenn die Ziele unbekannt sind – in der Systemologie gibt es so einen Lehrsatz ... Oder gefällt es mir, mich täglich neben ihm bestätigt zu wissen? Sollte die Einsamkeit gerade daher rühren, daß man sich mit Menschen umgibt, die man mühelos überragt?

»Punkt zwei: Schließung des Labors für neue Systeme beziehungsweise Einstellung der Arbeiten im Labor für die Zeit der Tätigkeit der Kommission ... Na ja, und wenn die Kommission ihre Arbeit abgeschlossen hat, wird wohl Klarheit bestehen, was weiter mit diesem Labor zu geschehen hat, ob man es einer anderen Abteilung angliedert oder es besser auflöst ...«

»Die Arbeiten dort wurden auf ganz natürliche Weise eingestellt, Garri Charitonowitsch.« Asarow lächelte mißmutig. »Jetzt hat dort keiner was zu arbeiten, und es ist nichts da, was aufzulösen wäre ...« Wieder sah er Kriwoscheïns Leiche mit den vorquellenden Augen und den gebleckten Zähnen vor sich. Das Akademiemitglied massierte seine Schläfen mit den Fingern und seufzte: »Übrigens, im Prinzip akzeptiere ich Ihren Vorschlag über die Kommission, nur die Zusammensetzung muß etwas korrigiert werden.« Er zog das Blatt näher zu sich und schraubte den Füllhalter auf. »Ippolit Illarionowitsch können wir belassen, den Arbeitsschutzingenieur auch, ein technischer Sekretär wird ebenfalls gebraucht, alle anderen sind nicht nötig. Leiten werde ich die Kommission, werde, wie Sie sich auszudrücken beliebten, auch diese Last noch auf mich nehmen, um Sie zu entlasten. Ich möchte herausfinden, was Kriwoscheïn eigentlich gemacht hat.«

»Und ... ich?« fragte der wissenschaftliche Sekretär mit versagender Stimme.

»Sie gehen Ihren Pflichten nach, Garri Charitonowitsch.«

Nun war Chilobok erst recht beunruhigt. Seine Befürchtungen hatten sich bewahrheitet. Er wurde abgeschoben! Jetzt fürchtete und haßte er den toten Kriwoscheïn noch mehr als den lebenden.

»Na bitte! Totgearbeitet hat er sich, stimmt's?« Betrübt legte Chilobok den Kopf auf die Schulter. »Und jetzt hat man nichts als Scherereien! Ach, Arkadi Arkadjewitsch, meinen Sie, ich sähe nicht, was Sie durchmachen, meinen Sie, ich könnte das nicht verstehen? Aber lohnt es denn, daß Sie sich deswegen von Ihrer Arbeit ablenken lassen, daß Sie sich aufregen ... Das wird doch die Runde durch die ganze Stadt machen, es wird heißen, schon wieder was passiert in Asarows Institut für Systemologie, und nun bemüht er sich, die Geschichte zu vertuschen – Sie wissen doch, wie die Leute heutzutage sind. Ach, dieser Kriwoscheïn, dieser Valentin Wassiljewitsch! Habe ich es nicht vorausgesagt, daß wir nichts als Schaden und Scherereien durch ihn haben werden, daß da nichts Positives rauskommen kann! Sie hätten sein Thema nicht unterstützen sollen, Arkadi Arkadjewitsch ...«

Asarow hörte zu, verzog das Gesicht und fühlte, wie von seinem Gehirn – als kehre die Neurasthenie wieder – die bekannte hoffnungslose Erstarrung Besitz ergriff. Eine derartige Benommenheit überkam ihn immer bei solchen Gesprächen mit Chilobok und veranlaßte ihn dann auch, diesem in allem beizupflichten. Jetzt aber durchzuckte das Akademiemitglied der merkwürdige Gedanke, daß wohl nicht mathematische Forschungsarbeiten die größten geistigen Anstrengungen verlangten, sondern die Fähigkeit, sich solchem Geschwätz zu widersetzen.

Warum werfe ich ihn eigentlich nicht raus? Ich werfe ihn aus dem Institut, und fertig! Schließlich und endlich ist das auf die Dauer erniedrigend ... Ja, aber warum eigentlich? Seinen Pflichten kommt er nach, er hat achtzehn wissenschaftliche Veröffentlichungen zu verbuchen, hinter ihm liegt eine zehnjährige Praxis, seinen Posten hat er auf dem Ausschreibungswege erlangt (allerdings gab es keinen anderen Bewerber) – man kann nirgends einhaken! Und ich habe ihm auch noch diese unglückselige Stellungnahme zu seiner Dissertation gegeben ... Einfach wegen Dummheit und Talentlosigkeit rausschmeißen? Na, das wäre aber ein außerordentlicher Präzedenzfall in der Wissenschaft.

»Bestellungen hat er gemacht, Material und Ausrüstung verbraucht, ein besonderes Gebäude beansprucht, und bitte sehr, das ist nun dabei herausgekommen!« Chilobok redete sich immer mehr in Rage. »Und wie er sich bei der Verteidigung aufgeführt hat ... Schließlich hat er nicht nur mich in ein schlechtes Licht gesetzt. Mir macht das nichts aus, aber auch Sie, Arkadi Arkadjewitsch, Sie ... Wenn es nach mir ginge, Arkadi Arkadjewitsch, ich würde diesen Kriwoscheïn für das, was er sich da herausgenommen hat ... Ich würde ihm dafür ...!« Der Dozent beugte sich weit über den Tisch, in seinen braunen Augen lag ein unerträgliches Funkeln. »Wie schade, daß es bei uns nur üblich ist, post mortem Lorbeeren zu verteilen, alle möglichen Nachrufe und Nekrologe. ›De mortuis nil nisi bene‹. Sie wissen schon! Über diesen Kriwoscheïn aber müßte man post mortem ein Urteil fällen, daß den anderen die Lust vergeht! Ein ganz strenges! Mit Eintragung ...«

»... auf dem Grabstein. Das ist ein Gedanke!« beendete eine Stimme hinter seinem Rücken den Satz. »Sie sind vielleicht ein mieser Patron, Chilobok!«

Chilobok fuhr so schnell herum, als hätte ihm jemand eine Ladung Salz in den verlängerten Rücken gejagt. Asarow sah auf. In der Tür stand Kriwoscheïn.

»Guten Tag, Arkadi Arkadjewitsch, verzeihen Sie bitte, daß ich unangemeldet eindringe. Darf ich näher treten?«

»Gut... Guten Tag, Valentin Wassiljewitsch!« Asarow erhob sich. Sein Herz klopfte plötzlich wie rasend. »Guten Tag... Also... Sie sind nicht... Ich freue mich, Sie bei guter Gesundheit zu sehen. Kommen Sie doch bitte weiter!«

Kriwoscheïn drückte die ihm vom Akademiemitglied tapfer entgegengestreckte Hand (Asarow stellte erleichtert fest, daß sich die Hand des anderen warm anfühlte) und wandte sich Chilobok zu. Der schnappte lautlos nach Luft.

»Garri Charitonowitsch, wollen Sie uns nicht allein lassen? Ich wäre Ihnen sehr verbunden.«

»Ja, Garri Charitonowitsch, gehen Sie«, bekräftigte Asarow.

Chilobok taumelte rückwärts zur Tür, stieß krachend mit dem Hinterkopf gegen die Wand, ertastete die Klinke und verschwand.

Nachdem Asarow den ersten Schock überwunden hatte, holte er tief Luft, damit sich sein Herz beruhigte, setzte sich auf den Direktorensessel, und eine gewisse Gereiztheit überkam ihn. Hatte er sich zum Narren halten lassen?

»Hätten Sie bitte die Freundlichkeit, Valentin Wassiljewitsch, mir zu erklären, was das alles zu bedeuten hat? Was das für eine Geschichte ist mit Ihrer, verzeihen Sie, Leiche, mit Ihrem Skelett und dergleichen?«

»Nichts Kriminelles, Arkadi Arkadjewitsch. Sie erlauben doch?« Kriwoscheïn ließ sich in den Ledersessel sinken, der vor dem Schreibtisch stand. »Die sich selbst organisierende Maschine – über das Projekt habe ich letzten Sommer vor dem Wissenschaftlichen Rat berichtet – hat sich tatsächlich entwickelt und ein Stadium erreicht, in dem sie versucht hat, einen Menschen zu schaffen. Mich. Na ja, wie man so sagt – aller Anfang ist schwer...«

»Aber warum habe ich von alldem nichts gewußt?« fragte Asarow konsterniert. Er erinnerte sich plötzlich des vor zwei Tagen mit Onissimow geführten peinlichen Gesprächs und der anderen Erlebnisse dieser Tage. »Warum nicht?«

Kriwoscheïn packte die Wut. »Da soll doch der Teufel dreinfahren!« Zornig beugte er sich vor und schlug mit der Faust auf die weiche Armlehne des Sessels. »Warum fragen Sie nicht, wie wir das gemacht haben? Wie uns das gelungen ist? Warum beschäftigt

Sie vor allem Ihr persönliches Prestige, die Subordination, die Einstellung der anderen zu Ihrem ›Direktoren-Ich‹?«

Kriwoscheïns Mitteilung war Asarow zunächst nur in allgemeinster Form eingegangen: Das und das Ergebnis ist erreicht worden. Was hatten ihm die Abteilungs- und Laborleiter, im gleichen Ledersessel sitzend, nicht alles schon für Ergebnisse mitgeteilt! So begriff Asarow die Tragweite dieses Ergebnisses erst mit einiger Verspätung. Die Welt geriet aus den Fugen und wurde für einen Augenblick irreal. Das kann doch nicht sein! Aber nein, das ist es ja gerade – es kann sein ... Dann fügt sich alles zusammen und wird erklärbar.

Das Akademiemitglied schlug eine andere Tonart an.

»Zweifellos, das ist ... grandios. Ich spreche Ihnen meine Gratulation aus, Valentin Wassiljewitsch. Und bitte um Entschuldigung. Ich habe mich geärgert, und da ist mir das eben so rausgerutscht. Ich bitte tausendmal um Entschuldigung. Das ist wirklich eine sehr große ... äh ... äh ... Erfindung, obwohl die Ideen von der Übertragung und der Synthese der im Menschen enthaltenen Information schon vom seligen Norbert Wiener geäußert wurden.« (Kriwoscheïn lächelte.) »Was selbstverständlich Ihre Leistung nicht schmälert ... Ich erinnere mich Ihrer Idee, vorgestern im Labor sah ich einige ... äh ... äh ... Resultate Ihrer Arbeit. Da ich selbst eine gewissen Beziehung zur Systemologie habe« (wieder lächelte Kriwoscheïn), »bin ich wohl genügend prädestiniert, um zu verstehen, was Sie gesagt haben. Selbstverständlich, ich gratuliere Ihnen von ganzem Herzen! Aber Sie werden mir sicher beipflichten, Valentin Wassiljewitsch, daß dieses für die Wissenschaft so glückliche Ereignis nicht so verblüffende und gewissermaßen sogar skandalöse Folgen gehabt hätte, wenn Sie mich während des letzten Jahres über Ihre Arbeit auf dem laufenden gehalten hätten.«

»Es ist nicht leicht, zu Ihnen vorzudringen, Arkadi Arkadjewitsch.«

»Hm ... Erlauben Sie trotzdem, daß ich Ihr Argument nicht für begründet halte, Valentin Wassiljewitsch!« Asarow runzelte die Stirn. »Ich räume ein, daß Sie sich durch die Prozedur der Anmeldung bei mir gedemütigt fühlten (obwohl sie für alle Mitarbeiter des Instituts gilt und auch ich mich ihr bei den verschiedensten Stellen unterwerfen muß). Aber Sie hätten mich anrufen, eine Notiz (nicht unbedingt einen Bericht in der vorgeschriebenen Form) für mich hinterlegen oder mich in meiner Wohnung aufsuchen können!«

Asarow konnte trotz allem nicht dagegen an, daß er gekränkt war. Da arbeitet man nun und arbeitet, und das hat man davon! Schon seit der Zeit, da sein mißglückter Versuch mit dem Helium bei einem anderen Forscher zur Entdeckung der Supraflüssigkeit geführt hatte, hegte Asarow die Hoffnung, das Neue in der Natur, in der Welt zu sehen, zu finden und zu begreifen. Er träumte von einer Entdeckung so genießerisch und ängstlich wie ein Knabe vom Verlust seiner Unschuld. Aber es hatte nie geklappt. Andere hatten das Glück, er nicht. Er hatte eine hochwertige, notwendige, mit vielen Titeln und Prämien belohnte Arbeit geleistet, doch eine Entdeckung, den Gipfel der Erkenntnis, hatte er nicht aufzuweisen. Und nun war in dem ihm anvertrauten Institut ohne ihn und ohne sein Wissen eine gewaltige Entdeckung gemacht worden, verglichen mit der sowohl seine Tätigkeit als auch die Tätigkeit des ganzen Instituts pygmäenhaft wirkten! Man war ohne ihn ausgekommen! Mehr noch, es sah so aus, als hätte Kriwoscheïn ihn gemieden. Warum nur? Hatte er ihn etwa für einen unehrenhaften Menschen gehalten? Wodurch hatte er ihm Veranlassung gegeben, so über ihn zu denken? Schon lange hatte Akademiemitglied Asarow seelisch nicht mehr so gelitten wie jetzt.

»Wenn ich auch Ihre Freude über die Entdeckung teile, Valentin Wassiljewitsch«, fuhr er fort, »bin ich doch über eine solche Einstellung sehr erstaunt und verbittert. Es mag schockierend klingen, aber diese Frage beschäftigt mich nicht so sehr als Wissenschaftler oder als Direktor, sondern als Mensch. Warum? Sie hätten eigentlich wissen müssen, daß meine Informiertheit über Ihre Arbeit Ihnen nicht geschadet, sondern nur genützt hätte. Sie wären einer zuverlässigen Anleitung und Konsultation sicher gewesen. Und wenn ich der Meinung gewesen wäre, Ihr Thema hätte durch weitere Mitarbeiter oder durch Material unterstützt werden müssen, so wäre das auch geschehen. Warum also, Valentin Wassiljewitsch? Den Gedanken, Sie wären um Ihr Urheberrecht besorgt gewesen, schließe ich natürlich aus ...«

»Was Sie jedoch nicht hindert, diesen Gedanken auszusprechen.« Kriwoscheïn lächelte bekümmert. »Na schön, wenigstens beschäftigt diese Tatsache Sie vor allem als Mensch, das läßt hoffen. Wir haben eine Zeitlang geschwankt, ob wir Sie einweihen sollen oder nicht. Haben versucht, mit Ihnen Kontakt aufzunehmen. Das ist nicht gelungen. Später haben wir uns dann gesagt, daß es einstweilen, in der Etappe des Suchens, so besser wäre.« Er hob den Kopf und schaute Asarow an. »Wir hatten nicht viel Vertrauen zu

Ihnen, Arkadi Arkadjewitsch. Was sich zumindest deswegen als begründet herausstellt, weil Sie auch jetzt zunächst einmal versucht haben, ohne etwas vom Wesen der Sache zu wissen, die Entdeckung und ihre Urheber auf einen bestimmten Platz zu verweisen: Bereits Wiener hat geäußert ... Was hat denn Wieners ›televisionäre‹ Idee überhaupt damit zu tun – bei uns ist doch alles anders! Was hätten hier Konsultationen für einen Sinn gehabt: Wollten Sie als Akademiemitglied vor den Ihnen unterstellten Ingenieuren Ihre Unkenntnis demonstrieren? Es wäre auch deswegen sinnlos gewesen, weil Sie, obwohl Sie sehr wohl wissen, daß der Wert eines Forschers weder durch seinen akademischen Grad noch durch seinen Titel bestimmt wird, niemals gewagt haben, den ›Graduierten‹ weh zu tun, ihre verbrieften Rechte auf die Leitung, auf eine freie Planstelle, auf die Unfehlbarkeit ihres Urteils anzutasten. Meinen Sie, ich hätte nicht von Anfang an gewußt, welche Rolle mir bei der Einrichtung des neuen Labors zugedacht war? Meinen Sie, Ihre an mich gerichtete Warnung nach dem Skandal mit Chilobok hätte diesen letzten Versuch nicht beeinflußt? Sie hat ihn beeinflußt. Ich habe deswegen die Arbeit in größter Eile vorangetrieben, bin ein Risiko eingegangen ... Meinen Sie, der Umstand, daß in unserem Institut die Aufträge für Ausstellungen und andere Repräsentationszwecke stets die für die Forschungsarbeit wichtigen Aufträge in den Hintergrund drängen, hätte unsere Einstellung zu Ihnen nicht beeinflußt?«

»Entschuldigen Sie, aber das ist doch kleinlich, Valentin Wassiljewitsch.« Asarow verzog gereizt das Gesicht.

»Wir mußten Sie danach beurteilen, etwas anderes wußten wir ja von Ihnen nicht. Oder nach der ›Kleinigkeit‹, daß eine solche ... ein solcher ... na eben Chilobok dank Ihrer Duldung oder Protektion, halten Sie es damit, wie Sie wollen, im Institut den Ton angibt. Natürlich, neben einem Garri Chilobok kann man seine intellektuelle Überlegenheit sogar im Bad fühlen!«

Asarows Gesicht lief rot an. Es ist recht und billig, wenn du selbst etwas einsiehst, bekommst du es aber von Untergebenen gesagt, dann ist das etwas ganz anderes. Kriwoschein merkte, daß er zu weit gegangen war, und mäßigte seinen Ton.

»Verstehen Sie mich bitte recht, Arkadi Arkadjewitsch. Wir hatten durchaus den Wunsch, Sie an unserer Arbeit teilhaben zu lassen – gerade deshalb und nicht um Sie zu kränken, spreche ich so offen. Wir verstehen an dieser Entdeckung vieles noch nicht. Schon der Mensch ist ein kompliziertes System, aber die Maschine, die ihn produziert, ist noch komplizierter. Hier gibt es Arbeit für Tausende Forscher. Und wir träumen davon, kluge, kenntnisreiche, talentierte Menschen für unsere Arbeit zu gewinnen ... Aber verstehen Sie, bei dieser Arbeit genügt es nicht, Wissenschaftler zu sein.«

»Ich möchte hoffen, daß Sie mich trotzdem ausführlicher mit dem Inhalt Ihrer Arbeit bekannt machen werden.« Asarow fing sich allmählich wieder, er gewann seinen Sinn für Humor und seine Überlegenheit zurück. »Es wäre doch denkbar, daß Sie mich trotz allem brauchen können, als Wissenschaftler und als Menschen.«

»Das walte Gott! Zweifellos werden wir Sie mit der Arbeit vertraut machen. Darüber entscheide ich zwar nicht allein, aber wir werden es tun. Wir brauchen Sie.«

»Valentin Wassiljewitsch«, Asarow hob die Schultern, »verzeihen Sie, aber wollen Sie denn die Frage, ob Sie mich zu Ihrer Arbeit zulassen oder nicht, gemeinsam mit Ihrem als Laboranten eingesetzten Praktikanten entscheiden?! Soweit ich informiert bin, ist sonst niemand im Labor!«

»Jawohl, auch mit ihm ... Ach, du lieber Gott!« Kriwoscheïn seufzte ausdrucksvoll. »Sie sind bereit zu akzeptieren, daß die Maschine imstande ist, einen Menschen zu produzieren, aber einzuräumen, daß dabei ein Laborant mehr bedeuten kann als Sie ... das geht über Ihr Vermögen! Nebenbei, Michael Faraday war auch Laborant, aber bei wem er Laborant war, daß weiß heute keiner mehr. Bereiten Sie sich also darauf vor, Arkadi Arkadjewitsch, daß es, wenn Sie bei uns mitmachen – und ich hofte, daß Sie das tun werden –, dieses akademische ›Ihr unsere Väter, wir eure Kinder‹ nicht geben wird. Wir werden arbeiten, das ist alles. Keiner von uns ist ein Genie, aber auch keiner ist ein Chilobok.«

Er blickte Asarow an und war verblüfft! Das Akademiemitglied lächelte! Er lächelte nicht so fotogen wie für die Presse und auch nicht so charmant wie bei einem auf Publikumserfolg berechneten Zwischenruf im Wissenschaftlichen Rat oder im Seminar, sondern schlicht und herzlich. Das wirkte nicht sehr schön, weil sich dabei Falten in Asarows Gesicht bildeten, aber doch gewinnend.

»Hören Sie«, sagte Asarow, »Sie haben mir jetzt so den Kopf gewaschen, daß ich ... Na, Schwamm drüber.* Ich freue mich außerordentlich, daß Sie leben!«

»Ich auch«, erwiderte Kriwoscheïn trocken.

»Und was wird jetzt mit der Miliz?«

* Der Leser wird gebeten, zu bedenken, daß es sich um einen phantastischen Roman handelt (Anmerkung des Autors)

»Ich denke, es wird mir gelingen, auch sie ... na, wenn nicht gerade zu erfreuen, so doch zumindest zu beruhigen.«

Kriwoscheïn verabschiedete sich und ging. Asarow blieb noch lange sitzen und trommelte mit den Fingern auf die Glasplatte seines Tisches.

»Nun ja ...«, sagte er. Mehr sagte er nicht.

Als Kriwoscheïn zur Obushaltestelle ging, überlegte er, was jetzt noch zu berücksichtigen sei. Aha, schon klar!

30. Mai. Es ist interessant, folgendes mal zu überschlagen: Ich fuhr mit normaler Spazierfahrtgeschwindigkeit – 60 km in der Stunde; dieser Idiot in dem salatgrünen Moskwitsch überquerte die Autobahn, seine Geschwindigkeit in bezug zur Straße war also gleich Null. Und die querlaufende Geschwindigkeit des Moskwitsch, das muß noch gesagt werden, wich auch nur wenig von Null ab, er fuhr ungefähr so schnell wie ein Traktor. Wer solche Esel bloß ans Lenkrad läßt? Wenn man die Autobahn schon entgegen den Regeln der Straßenverkehrsordnung überquert, muß man das wenigstens schnell tun! Er aber rückte mal einen Meter vor, dann bremste er wieder. Bevor ich merkte, daß ich an dem Moskwitsch nicht vorbeikommen würde, war es zu spät zum Bremsen.

Krawez, der danach zum Kilometerstein 18 fuhr, um die Überreste des Motorrades zu bergen, schüttelt heute noch den Kopf. »Du hast vielleicht Schwein gehabt, es ist ein richtiges Wunder! Wenn du siebzig draufgehabt hättest, würde ich jetzt aus den Trümmern der Jawa ein Denkmal errichten und schluchzend auf das Nummernschild malen: Hier ruht Kriwoscheïn – Ingenieur und Motorradfahrer.«

Ja, aber wenn ich siebzig draufgehabt hätte, wäre ich gar nicht mit diesem Trottel zusammengestoßen!

Es ist schon interessant, was für fatale Situationen sich aus Zufällen ergeben können. Hätte ich nicht im Wald angehalten, um zu rauchen und dem Ruf des Kuckucks zu lauschen (Kuckuck, Kuckuck, wie lange leb ich noch? – fünfzigmal hat er gekuckuckt), hätte ich ein oder zwei Kurven mit etwas größerer oder etwas geringerer Geschwindigkeit genommen, wir wären aneinander vorbeigefahren. So aber bin auf gerader Straße und bei ausgezeichneter Sicht mit dem einzigen Fahrzeug zusammengestoßen, dem ich begegnete!

Das einzige, was ich noch denken konnte, als ich über das Motorrad flog, war: Kuckuck, wie lange leb ich noch?

Ich konnte mich allein hochrappeln. An dem Moskwitsch war die salatgrüne Seite verbogen. Der zu Tode erschrockene Fahrer wischte sich das Blut aus dem stoppelbärtigen Gesicht. Mit dem Ellenbogen hatte ich die Seitenscheibe eingestoßen – recht ist ihm geschehen, dem Trottel! –, meine arme Jawa lag auf dem Asphalt. Auf einen Schlag war sie ein Stück kürzer geworden. Der Scheinwerfer, das Vorderrad, die Gabel, der Rahmen, der Tank – alles war zertrümmert, plattgedrückt, verdreht.

Ich habe also eine Anfangsgeschwindigkeit von 17 m pro Sekunde auf einer Strecke von weniger als 1 m aufgefangen. Dabei hatte mein Körper eine Überbelastung von . . . 15 Erdbeschleunigungen auszuhalten. Donnerwetter!

Was ist der Mensch doch für eine ausgezeichnete Maschine! Mein Körper vermochte sich in weniger als einer Zehntelsekunde so zu drehen und zu sammeln, daß der Aufprall möglichst vorteilhaft abgefangen wurde – mit Ellenbogen und Schulter. Und Valeri wollte uns beweisen, der Mensch entspreche nicht der Technik. Das ist noch nicht bewiesen! Übersetzte man die Termini der beschädigten Motorradteile in menschliche Termini, müßte es heißen: zerschmetterter »Kopf«, gebrochene »obere Extremitäten«, gequetschter »Brustkorb« und verletzte »Wirbelsäule«. Eine gute Maschine, hatte was drauf, wollte schnell gefahren sein . . .

Allerdings waren meine rechte Schulter und der Brustkorb offenbar einer zu starken Überbelastung ausgesetzt gewesen. Den rechten Arm kann ich nur mit Mühe bewegen. Wahrscheinlich sind ein paar Rippen gebrochen.

Na ja, immer eins zum anderen. Jetzt gibt es in der flüssigen Schaltung der Muttermaschine was zu reparieren, und zwar keine äußeren, sondern innere Schäden. Wenn man so will, tauchte der Moskwitsch gerade zur rechten Zeit auf. Er hat für die Wissenschaft gearbeitet.

Fünftes Kapitel

»Stellen Sie mir einen Passierschein für eine Leiche aus.«
»Wo ist denn die Leiche?«
»Die kommt gleich.« (Erschießt sich.)
»Na prächtig! Und wer wird sie raustragen?«
Aus einer Singapurer Legende

Der Milizionär Gajewoi saß im Dienstzimmer und schrieb, überquellend von Gefühlen, auf dem Vordruck eines Vernehmungsprotokolls einen Brief. »Liebe Valja! Dies schreibt Alexander Gajewoi. Ich weiß nicht, ob Sie sich überhaupt noch an mich erinnern, meine Person aber kann und kann nicht vergessen, wie Sie mich an der Tanzfläche mit Ihren schönen schwarzen Augen angeschaut haben, und der Mond war groß und konzentrisch. Liebe Valja! Kommen Sie morgen abend in den Schewtschenko-Park, ich habe dort bis 24.00 Dienst . . .«

Onissimow trat ein, die Stirn gerunzelt. Gajewoi sprang auf, der Stuhl klapperte, der Milizionär wurde rot.

»Den Untersuchungsgefangenen Krawez eingeliefert?«

»Jawohl, Genosse Hauptmann, wie befohlen um halb zehn eingeliefert. Sitzt in der Arrestzelle.«

»Kommen Sie mit!«

Viktor Krawez saß auf einer Bank mit Rückenlehne in dem kleinen, aber sehr hohen Raum. Er rauchte eine Zigarette und blies den Rauch in das Sonnenlichtbündel, das durch das vergitterte Fenster hereinfiel. Seine Wangen trugen einen drei Tage alten Stoppelbart. Aus den Augenwinkeln schielte er zu den Eintretenden, drehte sich aber nicht nach ihnen um.

»Sie sollten aufstehen, das ist Vorschrift!« bemerkte Gajewoi vorwurfsvoll.

»Ich betrachte mich nicht als Strafgefangenen!«

»Sie sind auch keiner, Bürger Viktor Vitaljewitsch Krawez«, sagte Onissimow ruhig. »Sie wurden in Gewahrsam genommen, weil es sein konnte, daß wir Sie zur Aufklärung des Falles brauchen. Nun, da sich die Lage abzuzeichnen beginnt, halte ich Ihr weiteres Verbleiben hier nicht mehr für erforderlich. Wenn nötig, werden Sie vorgeladen. Sie sind frei.«

Krawez stand auf und musterte den Untersuchungsführer argwöhnisch. Der musterte ihn seinerseits mit einem skeptischen Blick, seine schmalen Lippen verzogen sich und deuteten ein Lächeln an.

»Gerade Stirn, markantes Kinn, gutgeformte Nase... dunkle Locken umrahmten den melonenförmigen Kopf. Original-Kriwoscheïn hatte recht provinzielle Vorstellungen von der menschlichen Schönheit, kein Wunder.« (Krawez machte große Augen.) »Und wo ist das Motorrad?«

»W-welches Motorrad?«

»Jawa, Erkennungszeichen 21-11 DNA. In der Reparatur?«

»Im ... im Schuppen.«

»Klar. Übrigens: Das Telegramm«, Onissimows Augen verengten sich und nahmen einen zornigen Ausdruck an, »das Telegramm hätte vor dem Versuch aufgegeben werden müssen! Vorher, und nicht hinterher!«

Krawez stand mehr tot als lebendig da.

»Na gut. Die Papiere werden wir Ihnen später zurückgeben«, fuhr Onissimow in dienstlichem Ton fort. »Alles Gute, Bürger Krawez. Vergessen Sie uns nicht. Begleiten Sie ihn, Genosse Gajewoi!«

Nach einer schlecht verbrachten Nacht kam Onissimow mit Kopfschmerzen zur Arbeit. Jetzt saß er in seinem Zimmer am Schreibtisch und stellte den Arbeitsplan für den Tag auf. »1. Die Flüssigkeit zur Einholung eines Zusatzgutachtens zwecks Feststellung ungelöster Gewebereste eines menschlichen Körpers wegschicken. 2. Mit den Organen der Staatssicherheit Verbindung aufnehmen (über Alexej Ignatjewitsch). 3. ...«

»Darf ich eintreten?« erklang eine freundliche Stimme, die Onissimow frösteln ließ. »Guten Morgen!«

In der Tür stand Kriwoscheïn.

»Hat mich der Diensthabende richtig hierher verwiesen? Sind Sie Untersuchungsführer Onissimow, der den Vorfall in meinem Labor bearbeitet? Sehr angenehm. Erlauben Sie?« Er setzte sich auf einen Stuhl, zog sein Taschentuch heraus und wischte sich über das schweißglänzende Gesicht. »So früh am Morgen, und schon so eine Hitze! Einfach erstaunlich!«

Onissimow saß da wie erstarrt.

»Mein Name ist Valentin Wassiljewitsch Kriwoscheïn, Leiter des Labors für neue Systeme im Institut für Systemologie«, erläuterte der Besucher gelassen. »Sie müssen wissen, ich habe erst heute davon erfahren, daß Sie ... daß die Milizorgane sich für diesen ärgerlichen Vorfall interessieren, und bin sofort hierhergeeilt. Selbstverständlich hätte ich Ihnen schon gestern oder vorgestern eine erschöpfende Erklärung abgegeben, aber (ein Schulterzucken) ich habe ja nicht ahnen können, daß ein einziger mißglückter Versuch ein solches, verzeihen Sie schon, Durcheinander unter Einschaltung der Miliz verursachen würde! Ich lag zu Hause, weil ich mich nach dem Experiment nicht ganz wohl gefühlt habe. Wissen Sie, Genosse Onissimow ... verzeihen Sie, wie ist Ihr Vor- und Vatersname?«

»Apollon Matwej ... äh Matwej Apollonowitsch«, krächzte Onissimow und hüstelte.

»Wissen Sie, Matwej Apollonowitsch: Während des Experiments mußte ich in das Becken mit dem biologischen Informationsmedium steigen. Bedauerlicherweise stand es nicht fest und kippte um. Ich fiel raus, schlug mit dem Kopf gegen den Boden und verlor das Bewußtsein. Ich fürchte, daß das Becken beim Umstürzen auch meinen Laboranten verletzt hat. Soweit mir erinnerlich, hat er noch im letzten Augenblick versucht, es festzuhalten. Unter einem Wachstuch auf dem Fußboden liegend, kam ich wieder zu mir. Ich hörte, wie sich Leute im Labor unterhielten ...« Kriwoscheïn setzte ein gewinnendes Lächeln auf. »Sie werden mir beipflichten, Matwej Apollonowitsch, daß es für mich äußerst peinlich gewesen wäre, in meinem Labor Fremden in so einem schockierenden Aufzug – nackt und mit einer Kopfwunde – gegenübertreten zu müssen. Zudem hat es diese Flüssigkeit in sich ... Sie beißt schlimmer als Seifenschaum, müssen Sie wissen! Deshalb stahl ich mich klammheimlich unter dem Wachstuch hervor und schlüpfte in den Duschraum, um mich zu waschen und anzuziehen. Ich muß gestehen, mir dröhnte der Kopf, die Gedanken schwirrten durcheinander; nicht einmal mir selbst hätte ich Rechenschaft über meine Handlung geben können. Ich weiß nicht mehr, wie lange ich mich im Duschraum aufhielt, ich erinnere mich nur, daß niemand mehr im Labor war, als ich herauskam. Und so ging ich nach Hause und legte mich hin ... Das wäre in groben Zügen alles. Wenn es gewünscht wird, kann ich Ihnen auch eine schriftliche Erklärung geben. Und damit ist der Fall wohl erledigt.«

»So also, natürlich . . .« Onissimow gewann seine Fassung allmählich wieder. »Mit was für Versuchen haben Sie sich eigentlich in Ihrem Labor beschäftigt?«

»Ich betreibe unter systemologischem Aspekt Forschungen auf dem Gebiet der Biochemie höherer Verbindungen unter Heranziehung des polymorphen Anthropologismus.« Kriwoscheïn hob friedlich die Brauen. »Oder unter biochemischem Aspekt auf dem Gebiet der Systemologie höherer Systeme unter Heranziehung des anthropologischen Polymorphismus, ganz wie Sie wollen.«

»Klar . . . Und wo ist das Skelett hergekommen?« Matwej Apollonowitsch warf einen kurzen Blick auf den Kasten, der am Rand seines Schreibtisches stand. Na warte nur!

»Das Skelett? Ach ja, das Skelett!« Kriwoscheïn lächelte. »Wissen Sie, das Skelett haben wir sozusagen als Lehrmittel und Anschauungsmaterial im Labor. Es liegt immer in der Ecke, in die man mich gelegt hat, als ich bewußtlos war . . .«

»Und was sagen Sie dazu?« Mit einer raschen Bewegung nahm Matwej Apollonowitsch den Kasten ab, unter dem die Kopie von Kriwoscheïns Kopf stand. Die hellgrauen Augäpfel aus Plastilin starrten den Besucher an, dessen Gesicht plötzlich aschfahl wurde und erschlaffte. »Erkennen Sie das?«

Der Aspirant Kriwoscheïn ließ den Kopf sinken. Erst jetzt war seine Vermutung, mit der er sich bis zum letzten Moment nicht hatte abfinden wollen, endgültig bestätigt: Valka war bei dem Experiment umgekommen.

»Was Sie mir da auftischen, stimmt nicht, Bürger. Ich weiß nicht, wie ich Sie nennen soll und wer Sie sind!« Onissimow, der vergeblich versuchte, seinen Triumph zu unterdrücken, lehnte sich im Stuhl zurück. »Gestern haben Sie mir was vorgemacht, aber heute wird da nichts draus! Ich werde sofort eine Gegenüberstellung mit Ihrem Komplizen Krawez in die Wege leiten. Und was werden Sie mir dann erzählen?«

Er streckte die Hand nach dem Telefon aus, doch Kriwoscheïn hielt den Hörer fest.

»Was machen Sie da, erlau . . .« Onissimow warf kriegerisch den Kopf hoch und verstummte mitten im Wort: Ihm gegenüber saß . . . er selbst. Das breitknochige Gesicht mit den schmalen Lippen und dem spitzen Kinn, die dünne Nase, die Falten am Mund und um die eng beieinander stehenden Augen. Erst jetzt fiel Matwej Apollonowitsch der blaue Anzug seines Gesprächspartners auf, der genauso aussah wie der seine, und das Hemd mit dem bestickten Kragen.

»Machen Sie keine Dummheiten, Onissimow, das wird nichts mit der Gegenüberstellung – Sie bringen sich nur in eine unmögliche Lage. Vor zwanzig Minuten hat Untersuchungsführer Onissimow den Untersuchungsgefangenen Krawez mangels Beweisen freigelassen.«

»Dann also ...« Onissimow beobachtete gebannt, wie Kriwoscheïns Gesicht erschlaffte und allmählich seine früheren Umrisse annahm; das Blut floß aus den Wangen zurück. Onissimow stockte der Atem. Während seiner langjährigen Tätigkeit bei der Miliz war er schon oft in heikle Situationen geraten; er hatte geschossen, auf ihn war geschossen worden – doch niemals war ihm so schrecklich zumute gewesen wie jetzt. »Dann sind Sie ... Sie ...?!«

»Genau: Ich bin ich.« Kriwoscheïn stand auf und trat an den Tisch. Onissimow erschauerte unter seinem grimmigen Blick. »Hören Sie mal, Schluß jetzt mit dem Theater! Alle leben, alle sind auf ihren Plätzen – was wollen Sie mehr? Mit keinen Kopien, mit keinen Skeletten können Sie beweisen, daß Kriwoscheïn umgekommen ist. Er steht vor Ihnen, es ist nichts geschehen, begreifen Sie doch! Das gehört einfach zu unserer Arbeit.«

»Aber ... wie ist denn das möglich?« brabbelte Matwej Apollonowitsch. »Vielleicht können Sie mir das erklären?«

Kriwoscheïn machte ein ärgerliches Gesicht. »Ach, Matwej Apollonowitsch, was soll ich Ihnen da erklären? Sie haben die gesamte Fahndungstechnik eingesetzt: Videotelefone, Daktyloskopie, chemische Analysen, Reproduktion des Äußeren nach Gerassimow – und trotzdem ... Nicht mal so eine Type wie Chilobok haben Sie durchschaut. Sämtliche Unklarheiten sind beseitigt, wie man so sagt. Ein Verbrechen ist nicht geschehen, da können Sie ganz beruhigt sein.«

»Aber schließlich wird man mich fragen. Ich muß doch über den Fall berichten, Rechenschaft ablegen. Was soll ich machen?«

»Das nenne ich ein sachliches Gespräch.« Kriwoscheïn setzte sich wieder auf den Stuhl. »Jetzt werde ich Ihnen erklären, wie es gewesen ist. Zunächst was die Ähnlichkeit des Skeletts mit mir angeht. Dieses Skelett ist eine Familienreliquie. Es war der letzte Wunsch meines Großvaters mütterlicherseits, Andrej Stepanowitsch Kotljar, seinerzeit ein bekannter Biologe, ihn nicht zu begraben, sondern zu präparieren und das Skelett an jene Nachkommen weiterzugeben, die die wissenschaftliche Laufbahn einschlagen. Die Schrulle eines alten Gelehrten, verstehen Sie? Und noch etwas: Sie haben gewiß an dem Skelett rechtsseitige Rippenfrakturen festgestellt, was verständlicherweise Zweifel auslösen kann. Dazu folgendes: Der Großvater ist bei einem Verkehrsunfall ums Leben gekommen. Der Alte fuhr zu gern mit unerlaubt hoher Geschwindigkeit Motorrad. Haben Sie das begriffen?«

»Klar«, Onissimow nickte schnell.

»Sehr schön. Ich hoffe, daß die Familienreliquie nach Abschluß des Falls an den Eigentümer zurückgegeben wird. Ebenso die anderen Beweisstücke, die dem Labor entnommen wurden. Es wird die Zeit kommen, Matwej Apollonowitsch«, Kriwoscheïns Stimme nahm einen nachdenklichen Klang an, »es wird die Zeit kommen, da dieser Kopf nicht auf Ihrem Tisch, sondern auf einem Denkmal prangen wird ... Nun muß ich mich aber sputen. Ich hoffe, ich habe Ihnen alles plausibel gemacht. Seien Sie so gut und geben Sie mir die Papiere von Krawez wieder. Ich danke Ihnen. Übrigens, der Wachtmeister, den Sie freundlicherweise zur Bewachung des Labors abgestellt haben, möchte abgelöst werden. Ziehen Sie ihn doch bitte selbst ab. Alles Gute weiterhin!«

Kriwoscheïn schob die Papiere in die Tasche und ging zur Tür. Plötzlich blitzte ein Gedanke in ihm auf.

»Hören Sie, Matwej Apollonowitsch«, sagte er, zum Tisch zurückkehrend, »nehmen Sie meinen Vorschlag um Himmels willen nicht übel: Aber möchten Sie nicht klüger werden? Sie werden eine rasche Auffassungsgabe erlangen, werden umfassend und tiefschürfend denken können. Sie werden nicht nur Beweisstücke zu sehen bekommen, sondern in das Wesen der Dinge und Erscheinungen eindringen, die menschliche Seele begreifen! Ihr Kopf wird so großartige Ideen produzieren, daß Ihnen vor Begeisterung die Wangen kalt werden. Wissen Sie, das Leben ist kompliziert, und je weiter es fortschreitet, desto komplizierter wird es. Die einzige Möglichkeit, sich ihm als Mensch in jeder Lage gewachsen zu zeigen, ist, sich in allem zurechtzufinden. Einen anderen Weg gibt es nicht. Und das ist möglich, Matwej Apollonowitsch! Wollen Sie? Ich könnte es veranlassen.«

Onissimows Gesicht zuckte ob der ihm zugefügten Kränkung. Das Blut stieg ihm zu Kopf.

»Sie machen sich über mich lustig ...«, stieß er hervor. »Nicht genug damit, daß Sie ... Und jetzt halten Sie mich auch noch zum besten. Gehen Sie lieber, Bürger!«

Kriwoscheïn zuckte die Schultern und wandte sich zur Tür.

»Moment mal!«

»Was gibt's denn noch?«

»Einen Augenblick noch, Bürger ... Kriwoscheïn. Schön, ich habe nichts verstanden; mag sein, daß Sie wirklich eine solche Wissenschaft haben. Ich akzeptiere Ihre Version, was bleibt mir schon anderes übrig. Sie können von mir denken, was Sie wollen, das ist Ihre Sache ...« Matwej Apollonowitsch konnte die Beleidigung nicht verwinden. Kriwoscheïn verzog das Gesicht: Was will er damit sagen? »Aber wenn man die Version mal ausklammert? Schließlich ist ein Mensch ums Leben gekommen! Einer muß doch daran schuld sein!«

Der Aspirant sah ihn aufmerksam an. »Alle sind ein bißchen schuld, Matwej Apollonowitsch. Er selbst, aber auch ich, Asarow und die anderen, ja sogar Sie sind ein wenig schuld, obwohl Sie ihn gar nicht gekannt haben, schon allein deswegen, weil Sie, ohne Beweise, rein professionell Menschen verdächtigt haben. Aber nach dem Strafgesetzbuch hat sich niemand eines Vergehens schuldig gemacht. So was gibt es.«

Auch diese Frage scheint erledigt zu sein, sagte sich der Aspirant erleichtert, als er in den Obus stieg.

Morgen ist der neue Versuch. Eigentlich nicht erst morgen, sondern heute nacht noch, in sieben bis acht Stunden. Vor einer wichtigen Aufgabe ist mir nie nach Schlafen zumute gewesen, obwohl man gerade dann ausgeruht sein muß. Deshalb bin ich vier Stunden lang kreuz und quer durch die Stadt gegangen und gefahren, um richtig müde zu werden und mich abzulenken.

Wo bin ich nicht überall gewesen: im Zentrum, in den Vororten, in den Parks, auch am Busbahnhof war ich – hab mir die Menschen, die Häuser, die Bäume und auch die Tiere angesehen. Habe die Parade des Lebens abgenommen.

In der Sonnenglut kam mir ein hagerer Greis mit vergilbtem Schnurrbart und rotem, verhutzeltem Gesicht entgegengehumpelt. An seinem grauen Satinhemd baumelten, beim Gehen aneinander klirrend, drei Georgskreuze und eine Medaille an gestreiften Bändern. Im kurzen Schatten einer Linde hielt der Alte inne, um zu verschnaufen.

Ja, Großvater, auch mal jung gewesen! Hast viel durchgemacht und erlebt, und wie man sieht, ist das Leben noch frisch. Bist ausgegangen, willst dich der Öffentlichkeit zeigen, ein echter Ritter des Georgskreuzes! Könnte man dir die vollen Muskelkräfte einflößen, die Linsen deiner Augen aufklaren, das Gehirn von Sklerose und Marasmus reinigen, die Nerven auffrischen – du würdest uns noch was vormachen, uns, den Jungen der Sputnikepoche!

Ein paar Dreikäsehochs unterhalten sich im Vorübergehen über einen Film: »Da hat er 'ne Atompistole auf ihn angelegt ... Trrrach! Und die zurück: ta-ta-ta ... tach-tach!« – »Warum eigentlich mit 'ner Atompistole?« – »Ja, mit was denn sonst? Auf der Venus – und 'ne gewöhnliche Pistole?«

Eine Katze schaut mich mit unruhigen Augen an. Warum haben Katzen nur so unruhige Augen? Wissen sie etwas? Bestimmt, aber sie sagen es nicht ... Hau ab, du Biest! – und sie verschwindet unter einem Haustor.

Ein stattlicher Bursche mit niedriger Stirn und Bürstenhaarschnitt kommt mir entgegen. Unter den Hosen zeichnen sich die kräftigen Waden und Oberschenkel ab, unter dem Polohemd spannt sich ein kräftiger Brustkorb. Vom Gesicht des Burschen läßt sich ablesen, daß er alle Probleme des Lebens mit rechten Geraden zum Kinn oder mit einem Schulterschwung meistern kann.

Wir werden allen solche Muskeln verpassen, werden allen eine Information über Boxen und Judo eingeben. Was aber wird dann wohl aus den rechten Geraden?

Im Schewtschenko-Park schlendern, sich bei den Händen haltend, als existiere außer ihnen nichts auf der Welt, ein junger Mann und ein Mädchen an mir vorbei.

Ihr braucht unsere Entdeckung nicht, ihr Verliebten, ihr seid auch so gut genug füreinander. Von Herzen alles Gute für euch! Aber im Leben ist alles möglich. Auch eurer Liebe lauern Gefahren auf: der Alltag, mangelndes Verständnis, Vernunftdenken, Verwandtschaft, Übersättigung und was nicht noch alles! Seht zu, daß ihr das selbst überwindet, dann gebührt euch Ruhm und Ehre! Schafft ihr es nicht, laßt euch bei uns sehen: Wir reparieren eure Liebe, bringen sie besser als einen Fernseher wieder in Schuß. Wie neu wird sie wieder sein, sagen wir, so neu wie an dem Tag, als ihr einander zum erstenmal in der Schlange vor der Kinokasse gesehen habt.

Auf dem Prospekt am Kaufhaus beobachte ich eine Dame. Und was für eine! Den vollbusigen Körper in ein Brokatkleid gezwängt, behängt mit einer vergoldeten Brosche und einer imitierten Bernsteinkette, untertassengroße Schweißflecke unter den Armen und auf dem Rücken! Im Gehen schillert der blaue Brokat wie ein vom Sturm aufgewühltes Meer.

Aber Madame! Wer wird sich denn bei so einer Hitze in Brokatgewänder zwängen, das sind doch keine Georgskreuze! Ihr Mann liebt Sie nicht, Madame, hab ich recht? Entsetzt schaut er auf Ihre Arme, die so dick sind wie sein Bein, und die Fettwulst im Nacken ... Sie sind unglücklich, Madame. Leid tun Sie mir nicht, aber ich weiß, wie Ihnen zumute ist. Ihr Mann liebt Sie nicht, Ihre Kinder achten Sie nicht, die Ärzte haben kein Mitgefühl mit Ihnen, und die Nachbarn ... oh, diese Nachbarn! Schön, Madame, wir werden uns auch für Sie etwas einfallen lassen. Schließlich und endlich haben auch Sie ein Recht auf eine zusätzliche Portion Glück. Apropos Glück, Madame: Mit Ihrem Geschmack ist es nicht weit her. Nein, nein, ich verstehe schon: Sie sind in das unbequeme Brokatkleid gestiegen, haben sich mit den Ohrringen, der vergoldeten Brosche und der Kette, die Ihnen gar nicht steht, behängt und protzige Ringe angesteckt, um zu beweisen, daß Sie nicht schlechter dran sind als wir anderen, daß Sie alles haben ... Verzeihen Sie, Madame, einen Dreck haben Sie! Ob Ihnen das paßt oder nicht, bei Ihnen müssen wir wohl nicht nur den Körper, sondern auch den Geschmack und in einem Aufwasch den Verstand und die Gefühle korrigieren. Zum gleichen Preis, Madame, erschrecken Sie nicht. Aber aufgepaßt, Madame: Wenn Sie die neuerworbene Schönheit und Frische in Restaurants und auf Parties verschleudern, sie an Liebhaber vergeuden ... Lohnte sich da die Mühe? Wahre Schönheit, Madame, ist Harmonie des Körpers, des Geistes und der Seele.

Zwei hübsche Mädchen kommen vorbei, sie beachten mich nicht. Wieso auch? Der Himmel ist klar, die Sonne steht hoch, die Prüfungen sind vorbei. Und dieser Obus bringt einen bis zum Strand.

Ein Junge, sicher hat er Stubenarrest, drückt seine Nase an der Fensterscheibe platt. Er fängt meinen Blick auf, schneidet eine Grimasse. Ich schneide auch eine. Darauf führt er eine ganze Pantomime vor ...

Ich liebe das Leben, ach, wie sehr ich das Leben liebe! Ich brauche kein besseres, mag es so bleiben, wie es ist, bloß ... Was heißt »bloß«? Was? Ach, du ...

Es gibt schon noch einiges, was besser sein müßte. Sehr vieles stimmt nicht in der Welt.

Ich werde meinen Weg gehen. Ich habe euch nicht verraten, Menschen. Vieles wird man mit diesem Verfahren erreichen: den Menschen mehr Schönheit und Geist geben, ihnen neue Fähigkeiten, ja sogar neue Eigenschaften verleihen. Sagen wir, es so einrichten, daß der Mensch über ein Radargefühl verfügt, das im Dunkeln sieht, Ultraschall hört, ein Magnetfeld spürt, Funksignale sendet, ohne Chronometer die Zeit mit einer Genauigkeit von Bruchteilen von Sekunden bestimmt und sogar Gedanken über eine größere Entfernung hinweg errät – wollt ihr das? Übrigens ist das wahrscheinlich nicht die Hauptsache.

Hauptsache ist, ich gehe. Nach mir wird ein anderer gehen, wenn was schiefläuft. Und noch einer ... So wird es sein.

»Niemand ist umgekommen!« flüstert der Aspirant Kriwoschein mit nervösen Lippen und am ganzen Körper zitternd im Obus. »Niemand ist gestorben ...«

Ich gehe, Leben! Dank dir, Schicksal, oder wie man dich nennen mag. Dank für alles, was mir widerfahren ist. Wie schrecklich, wenn ich daran denke, daß ich auf halbem Wege hätte stehenbleiben und ein Kupons schneide..der Dutzendmensch hätte werden können! Möge es auch weiterhin in meinem Leben Schweres und Schreckliches, Schwierigkeiten und Entbehrungen geben, nur keine Plattheiten. Auf daß ich mich nie zu einer Rauferei um den Wohlstand und um den Erfolg erniedrige oder um meine Haut bange!

Es wird Nacht, aber mir ist immer noch nicht nach Schlafen zumute. Schlafen ist eine ausgesprochen blödsinnige Beschäftigung. Von ihr kann man sich wahrscheinlich auch befreien. Es wird erzählt, in Jugoslawien gäbe es so einen Wunderkerl, der schon dreißig Jahre nicht mehr geschlafen hätte und dabei ganz frisch und munter sei. »Mitternacht ist in Madrid. Schlaft ruhig! Ehrt den König und die Königin! Und möget ihr nie dem Leibhaftigen begegnen.« Seinerzeit wäre ich bestimmt auf dem Scheiterhaufen geendet!

Schlaft nicht ruhig, Menschen! Ehrt keinen König und keine Königin! Mag euch ruhig der Leibhaftige über den Weg laufen – das ist nicht schrecklich.

Als junger Bursche träumte ich davon (wovon habe ich nicht alles geträumt!), eine wichtige, riskante Aufgabe zu übernehmen und vorher ein letztes Mal mit dem Vater zu sprechen. Mir waren keine wichtigen Aufgaben beschieden, der Vater hat es nicht erlebt. Nun denn, versuchen wir es eben jetzt!

»Hör zu, Vater, morgen muß ich auf die Brustwehr. War es schrecklich, dort zu stehen?«

»Ja, wie soll ich sagen? Schrecklich schon ... Bis zu den deutschen Gräben waren's vierhundert Meter, ich gab eine gut sichtbare Zielscheibe ab. Noch hatte man sich nicht überall verbrüdert, noch wurde geschossen. Ein paarmal schossen sie auch auf mich – es gab bei den Deutschen auch alles mögliche Volk! Aber sie haben mich nicht getroffen. Vielleicht wollten sie mich nur erschrecken ...«

»Was war das nur für eine merkwürdige Maßnahme: auf der Brustwehr stehen!«

»Die Provisorische Regierung hatte das eingeführt, speziell für jene, die für eine Beendigung des imperialistischen Krieges agitierten. ›Ach so, die Arbeiter und Bauern dort drüben sind deine Brüder?! Na, dann wollen wir uns mal ansehen, ob sie auf dich feuern!‹ Und das zwei Stunden lang. Manche mußten auch vier Stunden stehen.«

»Verdammt schlau, da gibt's nichts ... Vater, hast du eigentlich gewußt, daß ich ... na, daß ich dir früher nicht geglaubt habe?«

»Ja, Söhnchen ... Macht nichts. Das waren schon schlimme Zeiten. Ich habe mir ja manchmal selber nicht geglaubt ... Was hast du eigentlich vor?«

»Einen Versuch zur Steuerung der Information in meinem Organismus. Es muß doch gelingen, ein Verfahren zur Analyse und Synthese des eigenen Organismus, der Psyche und des Gedächtnisses durch den Menschen selbst zu finden ... Verstehst du das?«

»Du redest immer so klug daher, Valka, eure Wissenschaft werde ich nie kapieren. Zu meiner Zeit konnte ich das MG mit verbundenen Augen auseinandernehmen und wieder zusammensetzen, aber das hier geht nicht in meinen Kopf ... Was soll dabei herauskommen?«

»Paß mal auf ... Du hast doch für die allgemeine Gleichheit gekämpft, stimmt's? Das erste Stadium dieses Vorhabens erfüllt sich: der Unterschied zwischen arm und reich, zwischen schwach und stark wird beseitigt. Die Gesellschaft räumt heute allen die gleichen Möglichkeiten ein. Doch außer der gesellschaftlich begründeten Ungleichheit gibt es noch eine andere, sie steckt in den Menschen selbst. Ein untalentierter Mensch ist einem talentierten nicht gleich. Ein Kranker oder ein Krüppel ist nicht einem Gesunden gleich. Ein häßlicher Mensch ist einem schönen nicht gleich ... Wenn es nun mit diesem Verfahren klappt, kann sich jeder Mensch so machen, wie er sein will: jung, schön, klug, ehrenhaft.«

»Jung, schön, klug ... das ist klar. Das wollen alle. Aber ehrenhaft? – da wird's schon schwieriger. Ehrenhaft zu sein ist das schwerste von allem.«

»Wenn der Mensch nun aber genau weiß, diese Information verleiht ihm Niederträchtigkeit und Unredlichkeit, jene aber Ehrenhaftigkeit und Aufrichtigkeit, wird er dann zögern, welche er wählen soll?«

»Was soll man da sagen ... Es gibt Menschen, für die es nur wichtig ist, daß die anderen sie für ehrenhaft halten, und dabei klauen sie, was nicht niet- und nagelfest ist – wenn sie bloß nicht ertappt werden. Solche werden die Unredlichkeit wählen.«

»Ich weiß ... Aber von denen wollen wir jetzt nicht sprechen, Vater. Morgen findet der Versuch statt.«

»Mußt du denn unbedingt gehen? Sieh mal ...«

»Wer denn, wenn nicht ich? Sag, hättest du von der Brustwehr in den Graben hinunterspringen können?«

»Unten haben zwei Offiziere aufgepaßt. Die hätten mich sofort umgelegt.«

»Und sie um Gnade anflehen war nicht möglich?«

»Warum nicht? Hätte ich gesagt, daß ich nicht mehr agitieren und bei den Bolschewiki nicht mehr mitmachen will, hätten sie mich sofort laufenlassen.«

»Und warum hast du es ihnen nicht gesagt?«

»Ich – denen? Das wär mir nie eingefallen. Ich habe an was anderes gedacht: Wenn sie dich abknallen, ist es mit der Verbrüderung in unserem Abschnitt vorbei.«

»Und warum hast du daran gedacht? Hast die Menschen sicher sehr geliebt, was? Aber du hast doch auch Menschen getötet, vorher und später auch noch?«

»Ich habe getötet, und man wollte mich töten. Das waren eben solche Zeiten.«

»Warum also?«

»Ich war stolz. Wahrscheinlich deshalb. Sehr stolz war ich damals. Dachte, ich stände gegen den ganzen Krieg.«

»Auch ich, Vater, bin jetzt so stolz.«

»Natürlich, wenn man nun schon mal auf die Brustwehr muß, dann in stolzer Haltung, das ist wahr. Aber vergleich du deine Sache nicht mit dieser Brustwehr, Söhnchen. Ich habe schließlich nicht volle zwei Stunden stehen müssen. Der Soldatenrat hat das Bataillon alarmiert, die haben mit den Offizieren Schluß gemacht, und aus war's. Hast du jemanden, der Alarm schlagen könnte?«

Auf diese Frage weiß ich keine Antwort – das erdachte Gespräch ist zu Ende.

Nun aber schlafen! Kuckuck, Kuckuck, wie lange leb ich noch?

Sechstes Kapitel

»Da sind welche von der Erde gekommen, Eure Vollkommenheit!«
»Von der Er-de? . . . Er-de, Erde, hm . . .«
»Das ist der Planet, auf dem die ›Fledermaus‹ komponiert worden ist, Eure Vollkommenheit.«
»Ah ja! Trjam-tiri, trjam-tiri-riri, trjam-pam-pam-pam! Ein hübsches Stückchen. Na gut, Empfang dritter Klasse.«

Gespräch im Weltall

Der Aspirant stieg hinauf in den vierten Stock und betrat die Wohnung. Viktor Krawez und das Double Adam standen rauchend auf dem Balkon; als sie ihn bemerkten, kamen sie ins Zimmer.

Kriwoscheïn II musterte sie mißmutig: »Drei aus einer Schote, und dabei waren es vier . . .« Er warf einen Blick auf die Uhr, noch genügend Zeit. Er setzte sich: »Erzähle, Viktor Krawez, was war bei euch los?«

Krawez zündete sich eine neue Zigarette an und berichtete mit dumpfer Stimme: »Unser Versuchsprogramm sah so aus: bis zum Hals in die Flüssigkeit eintauchen – die Empfindungen kontrollieren – den Monomachhelm aufsetzen – wieder die Empfindungen kontrollieren – den ›Unzufriedenheitsbefehl‹ (DAS NICHT) geben – in gegenseitigen Kontakt mit der flüssigen Schaltung treten – das Stadium der steuerbaren Transparenz erreichen – die gebrochenen Rippen zusammenwachsen lassen – den ›Zufriedenheitsimpuls‹ für den Befehl DAS ausnutzen – die Undurchsichtigkeit wieder herstellen – sich aus dem Kontakt mit der flüssigen Schaltung lösen – das Becken verlassen.

Diese Methodik hatten Kriwoscheïn und ich mehrere Dutzend Male erprobt und ausgefeilt, wenn wir den Arm oder ein Bein eingetaucht hatten. Die gegenseitige Durchdringung der Flüssigkeit und des Körpers konnte mühelos kontrolliert und reguliert werden.

Dabei zeigte sich, daß es in unserem Körper immer einige nicht ganz gesunde Stellen gibt, kleine Defekte oder so, genauso wie es auf der Haut, auch auf der gesunden, hier und dort Risse, Kratzer, wund geriebene Stellen oder lokale Entzündungen gibt. Ich weiß nicht, welcher Art die inneren ›Kratzer‹ sind, aber man hat das Gefühl, der Arm oder das Bein wären nach der Arbeit in der Flüssigkeit gesünder und kräftiger. Die flüssige Schaltung korrigiert diese kleinen Mängel, und jede dieser Korrekturen merkt man: das Brennen an diesen Stellen wird zunächst stärker und läßt dann plötzlich wieder nach. Wenn man gleich anschließend den ›Zufriedenheitsbefehl‹ (DAS) gibt, löst die Maschine die flüssige Schaltung aus dem Kontakt mit dem Körper, der Arm oder das Bein werden undurchsichtig. Ich sage das, weil es beim Eintreten in den Kontakt und beim Austreten aus dem Kontakt mit der flüssigen Schaltung nie Probleme gegeben hatte . . .«

»Bis dahin hattet ihr nur zehn bis fünfzehn Prozent des Körpers eingetaucht«, warf Kriwoscheïn II ein.

»Ja . . . Für uns stand fest, daß der menschliche Körper im Stadium der steuerbaren Transparenz die Elastizität der Muskeln bewahrt. Wie oft hatten wir in der Flüssigkeit einen Ringkampf veranstaltet: sein Arm (transparent) gegen meinen undurchsichtigen oder der rechte gegen den linken (beide transparent). Das heißt, die flüssige Schaltung hält die Lebensfähigkeit des Körpers voll und ganz aufrecht . . .«

»Eines Körperteils«, korrigierte ihn Kriwoscheïn II erneut pedantisch.

»Möglich, daß es daran liegt«, Krawez seufzte.

»Natürlich war es schrecklich. Immerhin ist es ein Unterschied, ob man einen Arm oder ein Bein in die Flüssigkeit taucht – man kann sie wieder herausreißen, wenn Gefahr droht, schlimmstenfalls verliert man den Arm oder das Bein – oder ob man völlig in das Becken eintaucht und sich der Willkür des komplizierten und im wahrsten Sinne des Wortes rätselhaften Mediums ausliefert, von dem man sich nicht befreien und vor dem man nicht weglaufen kann.

Diese Befürchtungen verbargen wir voreinander, Kriwoscheïn, weil er Angst hatte, ich, um seine Angst nicht zu vergrößern.

Alles war sorgfältig und gewissenhaft vorbereitet. Der Flüssigkeitsspiegel im Becken war so bemessen, daß er Kriwoscheïn beim Eintauchen bis zum Hals reichte und er stehen konnte. Dem Becken gegenüber hatten wir einen großen Spiegel aufgestellt (wir hatten ihn von unserem eigenen Geld kaufen müssen, weil es im Lager so was nicht gab). In ihm konnte Kriwoscheïn die an seinem Körper vorgehenden Veränderungen beobachten und kontrollieren.

Um den Einfluß elektromagnetischer Störungen auf den Monomachhelm und auf die elektronischen Schaltungen möglichst gering zu halten, hatten wir uns entschlossen, den Versuch nach zwei Uhr nachts durchzuführen, wenn ringsum alle elektrischen Anlagen abgeschaltet waren und die Straßenbahnen und Obusse in den Depots standen.

Kriwoscheïn zog sich nackt aus, stieg die Treppenleiter hinauf, hielt sich mit der Linken am Beckenrand fest (die Rechte wollte nach dem Motorradunfall noch nicht so recht) und ließ sich hineinplumpsen. Die Flüssigkeit wogte auf. Er stand bis an den Hals darin – der Kopf schien vom Rumpf getrennt zu sein. Den Monomachhelm in der Hand, stand ich auf einer Stehleiter.

Kriwoscheïn fuhr sich mit der Zunge über die Lippen.

›Schmeckt salzig . . .‹ Seine Stimme klang heiser.

›Was sagst du?‹ fragte ich.

›Die Flüssigkeit, sie schmeckt wie Seewasser.‹

Wir warteten eine Minute.

›Scheint alles in Ordnung zu sein. Wie zu erwarten keinerlei Empfindungen. Gib den Helm her‹, sagte er zu mir.

Ich drückte den Helm fest auf Kriwoscheïns Kopf, rastete die Kipphebel ein und stieg von der Leiter. Meine Aufgabe war es jetzt, Kriwoscheïn zu beobachten, nötigenfalls Ratschläge zu geben und ihm bei unvorhergesehenen Komplikationen behilflich zu sein, aus dem Becken zu gelangen.

Kriwoscheïn orientierte sich noch einen Augenblick in seiner neuen Lage.

›Die üblichen Empfindungen: Brennen, Stechen‹, sagte er. ›Nichts Neues. Na, dann los . . . Wünsch mir was! Ich schalte mich jetzt ein.‹

›Hals- und Beinbruch, Valka‹, sagte ich.

›Los geht's!‹

Mehr sprachen wir nicht miteinander.

Kriwoscheïns Körper wurde in der Flüssigkeit sichtbar wie das Negativ eines Farbfotos. Hinter den purpurroten, von gelben Fettschichten durchsetzten Muskeln zeichneten sich die weißen Umrisse der Knochen und Sehnen ab. Wie die Streben eines Schmiedeblasebalgs hoben und senkten sich die Rippen. An zwei Rippen der rechten Seite sah ich Bruchstellen mit weißen Verdickungen. Der lilarote

Klumpen des Herzens zog sich rhythmisch zusammen, löste sich und transportierte hellrote Blutströme weiter (worin, war schon nicht mehr auszumachen).

Kriwoscheïn wandte den Blick nicht von seinem Spiegelbild. Sein Gesicht war blaß und konzentriert.

Kurz darauf nahmen die Muskeln eine goldgelbe Tönung an, sie waren nur auf Grund der Lichtbrechung von der Flüssigkeit zu unterscheiden. Und da . . .«, Krawez rieb sich kräftig die Schläfen und machte einen tiefen Zug an der Zigarette, »da setzten die Selbstschwingungen ein. Na ja, so wie damals, ganz zu Anfang, mit den Kaninchen: Alles an Valka begann synchron Abmessungen und Farbtöne zu verändern . . . Ich sprang zum Becken und rief: ›Valka, was machst du da?‹ Er sah mich an, gab aber keine Antwort. ›Selbstschwingungen! Schalt dich ab!‹ rief ich. Er versuchte zu antworten, öffnete den Mund, und dann tauchte sein Kopf plötzlich in der Flüssigkeit unter! Gleich darauf ruckte etwas, begann sich zu drehen, klapperte mit den Knochen . . . ein tanzendes Skelett mit einem vernickelten Helm auf dem Kopf!«

Wieder sog Krawez gierig den Rauch ein.

»Das einzige, was ich zu seiner Rettung tun konnte, war, mit Hilfe des Monomachhelms und den Befehlen DAS und DAS NICHT in den Rhythmus der Selbstschwingungen seines Körpers einzudringen, sie zu beruhigen und allmählich die Rückkehr des Körpers in das undurchsichtige Stadium anzubahnen. Na ja, eben die äußere Steuerung, das Verfahren, mit dem er dich«, Krawez wies mit dem Kinn auf Adam, »und mich vergegenständlicht hat.« Er preßte die Zähne zusammen und schwieg.

»Dieser Schweinehund Garri!« fuhr er fort. »Jetzt hätte man den Reservehelm SEG-2 gebraucht. Aber nach der Sache mit der Dissertation konnte von dem SEG-2 natürlich nicht die Rede sein! Eine Gefängnisstrafe wäre noch viel zu mild für dieses Miststück!«

»Wegen der nichttermingerechten Ausführung eines Laborauftrags gibt es nicht einmal einen Verweis; das ist doch was ganz anderes, als einem Professor grob zu kommen.« Kriwoscheïn II lächelte kalt. »Und mehr kannst du gegen ihn nicht vorbringen.«

»Es blieb noch die Möglichkeit, Valka den Monomachhelm abzunehmen«, berichtete Krawez weiter. »Ich sprang auf die Stehleiter, tauchte die Arme in die Flüssigkeit – und bekam einen elektrischen Schlag. Meiner Meinung nach so vierhundert bis fünfhundert Volt; solche Potentiale hatte es früher in der Flüssigkeit nie gegeben. Ihr könnt euch ja vorstellen, wie meine Arme da zurückzuckten. Ich stürzte zum Schrank, zog mir Gummihandschuhe über, griff wieder in das Becken, doch Valka war schon zu tief gesunken, die Länge der Handschuhe reichte nicht aus. Diesmal war der Schlag so stark, daß ich auf die Erde flog. Nun blieb mir nichts weiter übrig, als das Becken umzukippen. Ich konnte doch nicht zulassen, daß er sich vor meinen Augen in der Flüssigkeit auflöste wie ... wie du.« Krawez schaute Adam an. »Schließlich war ich er, Kriwoscheïn, als er dich schuf und immer wieder auflöste.« (Adams Gesicht spannte sich.) »Außerdem lebte er noch. Sein Gesicht hatte sich zwar aufgelöst, aber der Helm auf dem Schädel zuckte hin und her, also funktionierten die Muskeln noch. Ich packte das Becken an den Rändern und schaukelte es hin und her. Die Wände waren elastisch und glitschig, sie gaben nach, das Becken kippte, und er wäre beinahe auf mich draufgefallen, ich konnte jedoch im letzten Moment zur Seite springen. Ein ganzer Schwall der Flüssigkeit schwappte mir ins Gesicht und gegen den Hals, und davon bekam ich den dritten Schlag. An mehr kann ich mich nicht erinnern. Ich bin erst auf der Trage wieder zu mir gekommen.«

Er verstummte. Auch die anderen beiden schwiegen. Kriwoscheïn II stand auf und ging nachdenklich im Zimmer auf und ab.

»Da kann man nichts sagen, ihr hattet den Versuch ordentlich vorbereitet. Kein Verbrechen, kein fataler Zufall, nicht mal ein grober Fehler ... Ein Mensch wurde, wie man so sagt, nach allen Regeln der Kunst ins Jenseits befördert! Er hätte sich aufgelöst, wenn du das Becken nicht umgekippt hättest, und außerhalb des Beckens hat er sich auch aufgelöst, weil die Flüssigkeit, die ihn durchdrang, bereits aufgehört hatte, eine organisierende flüssige Schaltung zu sein. Er hätte den Monomachhelm nicht aufhaben dürfen, das ist es! Nachdem er sich in die Flüssigkeit eingeschaltet hatte, wäre eine Steuerung auch ohne ihn möglich gewesen.«

»Das ist es also!« Krawez riß den Kopf hoch.

»Ja. Diesen blöden Helm brauchtet ihr nur, um euch in die Muttermaschine einzuschalten. Im weiteren Verlauf kommandiert das Gehirn die Nerven direkt und nicht über die Leitungen und Schaltungen. Als dann die nichtsteuerbaren Selbstschwingungen begannen, hat der Helm ihn umgebracht. Ein fremder Gegenstand in einer lebenden Flüssigkeit – das ist dasselbe, als wollte man einen Bären mit dem Jagdspieß zur Strecke bringen!«

»Aber wieso kam es zu den Selbstschwingungen?« schaltete sich Adam ein. »Sag, Viktor, habt ihr diesen Prozeß nach dem Versuch mit den Kaninchen und ... mir nicht weiter untersucht?«

»Nein, bei den letzten Versuchen gab es dieses Problem nicht. Alle Umwandlungen ließen sich mit den Empfindungen gut steuern, das sagte ich ja schon. Es will mir nicht in den Kopf, wie er die Selbststeuerung verlieren konnte! Hat es bei ihm ausgehakt? Alles deutet darauf hin. Aber warum hat er den Kopf verloren?«

»Vielleicht war der Umschlag von Quantität in Qualität der Grund«, sagte Adam. »Als ihr einen Arm oder ein Bein in die Flüssigkeit tauchtet, gab es nur wenige ›Fehlerherde‹, anhand deren man das Eindringen der flüssigen Schaltung in den Körper kontrollieren und steuern konnte. Es war so, als spräche einer mit einem oder zwei Gesprächspartnern. Da er nun aber den ganzen Körper eintauchte, gab es bei ihm natürlich wesentlich mehr solcher Herde als in einem Körperteil und . . .«

». . . und anstelle eines angenehmen Gesprächs kam es zu dem unartikulierten Johlen einer Menge«, ergänzte der Aspirant. »Und er verlor den Kopf. So kann es gewesen sein.«

»Hört mal, ihr Autodidakten-Experten!« Krawez sah sie wütend an. »Immer, wenn irgend etwas nicht klappt, finden sich kluge Leute, die ganz versessen darauf sind, ihre Meinung kundzutun, warum es nicht geklappt hat. ›Das habe ich vorausgesehen! Ich habe es gleich gesagt!‹ Selbst wenn es zu einem Atomkrieg kommen sollte, werden sich noch Leute finden, die, bevor sie verbrennen, beglückt ausrufen: ›Ich habe ja gesagt, daß es einen Atomkrieg geben wird!‹ Seid ihr so davon überzeugt, daß der Versuch gerade infolge dieser Mängel nicht geklappt hat, daß ihr in das Becken steigen würdet, wenn sie abgestellt wären?«

»Nein, Viktor«, sagte Kriwoscheïn. »Von uns wird keiner in das Becken steigen, nur um zu beweisen, daß er recht und der andere unrecht hat. Das ist nichts für uns. Hineinsteigen werden wir natürlich, und nicht nur einmal, denn die Idee ist richtig. Aber wir werden das mit dem geringsten Risiko und dem größtmöglichen Nutzen tun. Und du regst dich umsonst auf: Ein Versuch ist gescheitert. So ein Versuch! Und beinahe hättet ihr die ganze Arbeit und das Labor zunichte gemacht. Alles war da: große Ideen, Entdeckermut, innere Konzentration, qualifizierte Bemühungen . . . außer einem, vernünftiger Vorsicht! Natürlich, es steht mir eigentlich nicht zu, euch Vorwürfe zu machen, ich habe mich ja wie ihr auf ein gefährliches Experiment eingelassen und wäre beinahe umgekommen. Sag mal, wäre es denn nicht möglich gewesen, mich vorher aus Moskau herzuholen? Ich hätte euch doch geholfen.«

Krawez musterte ihn mit einem belustigten Blick. »Wie hättest du denn helfen wollen? Du bist doch gar nicht mehr auf dem laufenden.«

Der Aspirant schluckte. Nach all den Mühen sich so etwas anhören zu müssen!

»Du bist ein Schuft, Viktor«, sagte er ungewöhnlich sanft. »Es ist betrüblich, einem Menschen, der einem informationsmäßig nahesteht, so etwas sagen zu müssen, aber du bist wirklich ein Schuft! Mich als Strohmann zur Miliz zu schicken, damit du dich selbst der strafrechtlichen Verantwortung entziehen konntest, dafür war ich dir gut genug. Als Forscher zu diesem Thema aber nicht?« Er wandte sich zum Fenster.

»Was heißt hier strafrechtliche Verantwortung?« murmelte Krawez verwirrt. »Wir mußten doch die Arbeit retten!«

Plötzlich sprang er wie von der Tarantel gestochen auf. Vom Fenster her kam Onissimow auf ihn zu. Auch Adam fuhr zusammen und schaute verblüfft drein.

»Nichts hätten Sie gerettet, Krawez«, sagte Onissimow mit unangenehmer Stimme, »wenn Ihr Laborleiter nicht in Moskau so mancherlei gelernt hätte. Auf der Anklagebank säßen Sie jetzt, Bürger Pseudo-Krawez. Ich habe es schon fertiggebracht, Leute hinter Gitter zu bringen, gegen die weit weniger Indizien sprachen. Klar?«

Diesmal stellte der Aspirant Kriwoscheïn sein Gesicht innerhalb von zehn Sekunden wieder her – die Praxis machte sich bemerkbar.

»Du warst das also?! Du hast mich freigelassen? Moment mal ... wie machst du das?«

»Hat das was mit Biologie zu tun?« mischte sich Adam ein.

»Mit Biologie und Systemologie.« Kriwoscheïn rieb sich seelenruhig die Wangen. »Die Sache ist die, daß ich mich im Gegensatz zu euch noch daran erinnern kann, wie ich als Muttermaschine funktioniert habe.«

»Erzähle, wie du das machst!« bestürmte ihn Krawez.

»Ich werde es schon noch erzählen, nur keine Aufregung. Aber alles zu seiner Zeit. Wir werden ein Seminar veranstalten und die gewonnenen Kenntnisse auch bei der Arbeit mit der Muttermaschine anwenden. Im Leben aber dürfen wir sie nur mit Vorsicht realisieren.« Der Aspirant sah auf die Uhr und wandte sich an Adam und Krawez. »Es ist Zeit, kommt ins Labor. Wir wollen euren Versuch an Ort und Stelle analysieren.«

»Da muß man doch ... Nein, diese Wissenschaftler!« Der Chef der Miliz lachte schallend, als Onissimow ihm die endgültige Klärung des Vorfalls im Institut für Systemologie meldete. »Während Sie nach Spuren gesucht und mit dem Akademiemitglied gesprochen haben, ist die ›Leiche‹ also unter dem Wachstuch vorgekrochen und duschen gegangen?«

»Jawohl... Er war nach dem Aufschlag mit dem Kopf nicht ganz bei sich, Genosse Oberst.«

»Natürlich! Er war ja auch nicht darauf gefaßt gewesen. Und gleich daneben das Skelett... Auch das noch! So was nenne ich schlechte Untersuchung des Ereignisorts, Genosse Onissimow!« Alexej Ignatjewitsch drohte schulmeisterlich mit dem Finger. »Sie haben das Spezifische nicht berücksichtigt. Das war schließlich kein Verkehrsunfall oder die Identifizierung eines Ertrunkenen; hier handelte es sich um ein wissenschaftliches Labor! Weiß der Teufel, was die da auskochen! Ja, die Wissenschaft... Sie haben sie unterschätzt, Matwej Apollonowitsch!«

Soll ich ihm erzählen, wie es wirklich war? dachte Onissimow bedrückt... Nein, er wird es nicht glauben...

»Wie konnte sich die Unfallärztin die Blöße geben, einen lebendigen Menschen für tot zu erklären?« überlegte der Oberst laut. »Ah, mir schwant etwas. Bei denen steht's auch nicht zum besten mit dem Prozentsatz der Rettung schwerer Fälle. Sie hat sich den Mann angeguckt und wußte sofort: Es steht schlecht um ihn, er wird sowieso in der Klinik sterben, wozu soll er da noch die Statistik verderben.«

»Vielleicht hat sie sich auch bloß geirrt, Alexej Ignatjewitsch«, nahm Onissimow die Ärztin in Schutz. »Schockzustand, tiefe Bewußtlosigkeit, äußere Verletzungen, da hat sie eben...«

»Schon möglich. Schade, daß unser Subato nicht da war. Der stellt anhand der Leichenflecke genau fest, wann der Tod eingetreten ist. Immerhin wäre es nicht schlecht gewesen, wenn wir mit diesem Fall den Prozentsatz der aufgeklärten Fälle hätten aufbessern können, das wäre uns zum Halbjahrsende zupaß gekommen. Ach, zum Teufel mit den Prozenten! Hauptsache, alle leben und sind gesund, alles ist in Ordnung. Allerdings«, er richtete den Blick auf Onissimow, »hat doch was mit den Papieren dieses Krawez nicht gestimmt, he?«

»Der Experte konnte weder Radierstellen noch Überklebungen oder Überschreibungen feststellen, Alexej Ignatjewitsch. Papiere wie alle anderen. Ob da nicht die Charkower Miliz was durcheinandergebracht hat?«

»Na, darüber mag sich die Paßabteilung den Kopf zerbrechen, nicht wir.« Der Oberst winkte ab. »Straftaten hat der Mann nicht begangen, also wäre diese Frage auch geklärt. Aber Sie, Matwej Apollonowitsch, he?« Alexej Ignatjewitsch verzog ironisch das Gesicht und lehnte sich in seinem Stuhl zurück. »Sie haben vorgeschlagen, den Fall an die übergeordneten Organe weiterzuleiten. Schön stünden wir jetzt da! Hab ich's Ihnen nicht gesagt: Die verwickeltsten Fälle erweisen sich bei genauerem Hinsehen als die einfachsten!«

Sie gingen durch das mittägliche Akademgorodok: Adam rechts, Kriwoscheïn in der Mitte, Krawez links. Der durch die Hitze weich gewordene Asphalt gab unter ihren Füßen nach.

»Immerhin sind wir jetzt in der Lage, vernünftig zu arbeiten«, meinte Kriwoscheïn. »Wir besitzen Erfahrung und haben eine Menge dazugelernt. Es zeichnet sich eine klare Richtung ab. Viktor, hat dir Adam von seiner Idee erzählt?«

»Hat er.«

»Warum reagierst du so indifferent darauf?«

»Na ja, ein Verfahren mehr. Was soll's?«

Adams Gesicht umwölkte sich, doch er schwieg.

»Nein, wieso denn? Die Muttermaschine gibt dem Menschen die Information kontinuierlich und für lange Zeit ein, fürs ganze Leben und nicht nur für die Dauer einer Sitzung. Und die Information der Kunst vermag die Psyche des Menschen zu verändern, sie zu korrigieren, na ja, so, wie wir dein Äußeres im Vergleich zu mir korrigiert haben. Natürlich ist das eine ernste Sache, nicht so was wie ein Kinobesuch. Wir werden jeden vorher warnen: Mensch, nach unserer Prozedur verlierst du ein für allemal die Fähigkeit zu lügen, dich mit Belanglosigkeiten abzugeben, Schwache zu unterdrücken, zu heucheln, und zwar nicht nur in deinen Handlungen, sondern sogar unter Verzicht auf verdienstvolle Taten. Wir können nicht dafür garantieren, daß du nach dieser Prozedur im Sinne der Befriedigung deiner Bedürfnisse und Absichten glücklich sein wirst. Das Leben wird lichter, aber schwieriger werden. Dafür aber wirst du ein Mensch sein!«

»Na, so ein Witz!« sagte Krawez belustigt. »Ein Verfahren, durch das man die verlorene Unschuld wiedererlangt!«

»Aber wieso denn?« riefen Adam und Kriwoscheïn gleichzeitig.

»Weil ihr im Grunde genommen vorhabt, die Menschen mit Hilfe der Kunst-Information zu vereinfachen und starr zu programmieren! Wenn ihr sie nur auf das Gute programmiert: auf Ehrlichkeit, Opferbereitschaft, schöne Seelenregungen, werden sie keine Menschen mehr sein, sondern Roboter! Wenn ein Mensch nicht lügt und andere nicht beißt, weil er nicht weiß, wie man das macht, so ist das doch nicht sein Verdienst. Nach der Aufnahme der zusätzlichen Information nicht mehr zu lügen und zu heucheln, das ist keine Kunst. Aber wenn der Mensch es versteht, zu lügen, schlau und gerissen zu sein und andere zu unterdrücken (und wir alle verstehen es, wir geben es bloß nicht zu), und wenn er weiß, daß ihm durch die Anwendung dieser tagtäglichen Handlungen alles leichter fallen und er besser leben wird, er es aber trotzdem nicht tut, und zwar nicht aus Angst, erwischt zu werden, sondern weil er begreift, daß dadurch das Leben für ihn und für alle anderen unmoralisch wird – dann ist er ein Mensch!«

»Etwas kompliziert ausgedrückt«, bemerkte Kriwoscheïn.

»Die Menschen sind doch kompliziert, und sie werden immer komplizierter – man kann sie nicht einfacher machen. Warum begreift ihr das bloß nicht? Da läßt sich nichts machen. Die Menschen wissen, daß es Niedertracht auf der Welt gibt, und sie tragen dem in ihren Gedanken, Worten und Taten Rechnung. Was für eine wohlgemeinte neue Information ihnen auch eingegeben wird und nach welchem Verfahren das auch immer geschieht, sie macht die Menschen nur noch komplizierter.«

»Moment mal«, sagte Adam finster. »Es ist ja gar nicht unbedingt nötig, die Menschen einfacher zu machen, damit sie besser werden. Du hast recht: Der Mensch ist kein Roboter, man darf ihn nicht durch ein starres Programm edler Absichten einschränken, aber das ist ja auch gar nicht nötig. Man kann ihm mit Hilfe der Kunst-Information das klare Verstehen dessen eingeben, was gut ist – im großen Rahmen gut und nicht nur vorteilhaft – und was schlecht.«

»Aber er wird immer seine eigenen Ziele und Absichten haben, und ihnen wird alles untergeordnet sein. Man darf dem Menschen nicht Ziele (und seien es edle) suggerieren – das wäre doch wieder der Kurs auf einen wohltätigen Roboter.« Krawez sah die Doubles an und lächelte. »Ich fürchte, mit der Technik allein ist da nichts zu machen. Will es euch nicht in den Schädel, daß unser Suchen nach einem ›absoluten Verfahren‹ nicht vom Verstand, sondern vom traditionellen Ingenieurglauben ausgeht, Wissenschaft und Technik brächten alles zuwege? So ist es aber nicht, und in dieser Richtung werden wir nicht weiterkommen. Ich sehe eine andere klare Richtung: Aus unseren Forschungen wird sich mit der Zeit eine neue Wissenschaft entwickeln – die experimentelle und theoretische Menschenkunde. Eine große und notwendige Wissenschaft, aber eben nur eine Wissenschaft. Ein Wissensgebiet, das sagen wird: So bist du, Mensch. Und es wird die Menschentechnik entstehen. Heute klingt das wahrscheinlich abschreckend – die Technik der Synthese und der Eingabe von Information in die Menschen. Sie beinhaltet alles, von der Medizin bis zur Mathematik und von der Elektronik bis hin zu den Künsten. Trotzdem wird es nur eine Technik sein. Sie wird sagen: Das kannst du, Mensch, so kannst du dich verändern. Und dann soll jeder selbst überlegen und entscheiden: Was verlangst du von dir selber, Mensch?«

Krawez' Worte machten Eindruck. Eine Zeitlang gingen alle drei stumm weiter, überlegten. Sie ließen Akademgorodok hinter sich. In einiger Entfernung waren der Park und die Institutsgebäude zu sehen; dahinter ragte die gewaltige Experimentierhalle des Konstruktionsbüros aus Glas und Stahl auf.

»Und was wird jetzt mit Lena?« fragte Adam und richtete seinen Blick auf Kriwoscheïn. Auch Krawez sah ihn an.

»Na was schon«, sagte der. »Für sie ist nichts passiert, klar?«

Adam und Krawez schwiegen.

Sie betraten die Kastanienallee. Hier war es schattig und kühler.

»›So bist du, Mensch. Das kannst du, Mensch. Was verlangst du von dir selber, Mensch?‹« wiederholte Kriwoscheïn. »Effektvoll gesagt! Sehr effektvoll! Wenn ich viel Geld hätte, würde ich in jeder Stadt einen Obelisken mit der Inschrift aufstellen: ›Menschen! Fürchtet kurzsichtige Wahrheiten, sie sind die Träger der Halbwahrheit! Es gibt nichts Verlogeneres und Gefährlicheres als kurzsichtige Wahrheiten, denn sie sind nicht dem Leben, sondern unseren Gehirnen angepaßt.‹«

Krawez maß ihn mit einem scheelen Blick.

»Was willst du damit sagen?«

»Daß deine Mängel, lieber Vitja, eben die Fortsetzung deiner Vorzüge sind. Mir scheint, der Original-Kriwoscheïn hat bei dir des Guten ein bißchen zu viel getan. Ich habe nie verstanden, weshalb man Menschen mit gutentwickelter Logik klugen Menschen gleichsetzt.«

»Du solltest lieber aufs Wesentliche kommen!«

»Mach ich, Vitja. Der Mensch ist kompliziert und frei, hast du ganz richtig gesagt, man kann ihn nicht simplifizieren und programmieren, es wird eine Menschenlehre und eine Menschentechnik geben, und dann bist du zu dem Schluß gelangt, es wäre unsere Aufgabe, diese Wissenschaft und Technik voranzubringen und auf alles andere zu verzichten. Sollen die Menschen selbst entscheiden. Eine für uns sehr bequeme Schlußfolgerung. Aber laß uns deine Theorie mal auf ein anderes Objekt anwenden. Nehmen wir die Atomwissenschaft und die Atomtechnik. Man gewährt dir – einem Kernwaffengegner mit den besten Absichten – die Freiheit, diese Frage zu lösen. Die erhältst die Schlüssel zu allen Kernwaffenlagern, alle Kodes und Chiffren, du erhältst Zugang zu sämtlichen Betrieben, die mit der Kernwaffenproduktion zu tun haben – nun handle!«

Adam lachte halblaut.

»Wie nutzt du nun diese glänzende Gelegenheit, die Welt zu retten? Ich weiß es: Du wirst dich hinstellen und ein großes Geschrei machen.«

»Warum unbedingt ein Geschrei?«

»Weil du dich in dieser Sache nicht auskennst; und genauso geht es anderen Leuten mit unserer Arbeit. Jawohl, es wird so eine Wissenschaft geben – die Menschenlehre. Jawohl, es wird auch die Menschentechnik geben. Aber die führenden Spezialisten in dieser Wissenschaft und in dieser Technik sind wir Und ein Spezialist hat außer allgemein menschlichen Pflichten auch noch besondere: Er ist verantwortlich für seine Wissenschaft und ihre Anwendung, weil er es letzten Endes ist, der das alles macht. Mit seinen Ideen, seinen Kenntnissen, seinen Entscheidungen. Er und kein anderer! Ob du willst oder nicht – wir haben die Entwicklung der Wissenschaft von der Synthese der Information im Menschen zu lenken.«

»Na schön«, sagte Krawez, »aber wie lenken wir sie? Es gibt doch keine absolut sicheren Verfahren, die Entdeckung nur zum Nutzen der Menschen anzuwenden, wie wir das vor einem Jahr geschworen haben!«

»Guckt mal, Jungs!« sagte Adam halblaut.

Alle drei wandten den Kopf nach links. Auf einer Bank unter den Bäumen saß ein Mädchen. Neben ihr lag die Schulmappe, ihre beiden Krücken hatte sie an die Bank gelehnt. Die dünnen Beine in den schwarzen Strümpfen wirkten unnatürlich lang. Die durch das Laub dringenden Sonnenstrahlen funkelten auf ihrem dunklen Haar.

»Geht schon vor, ich komme gleich nach.« Kriwoscheïn ging zu dem Mädchen und setzte sich ans andere Ende der Bank.

»Guten Tag, Kleine!«

Erstaunt richtete das Mädchen die großen, klaren und gar nicht kindlichen Augen auf ihn. »Guten Tag . . .«

»Sag mal, Fräuleinchen . . .«, Kriwoscheïn lächelte so gutmütig und klug, wie er konnte, damit sie ihn nicht für betrunken hielt und erschrak, »wundre dich bitte nicht über meine Frage: Spuckt man bei euch in der Schule auch dem ins Ohr, der sein Wort nicht gehalten hat?«

»N-nein«, sagte das Mädchen zaghaft.

»Zu meiner Zeit hat man das gemacht, damals gab es so eine barbarische Sitte. Weißt du was? Ich geb dir mein Wort: Kein Jahr wird vergehen, und du wirst gesund und schön sein, wirst laufen, springen, radfahren, im Dnepr baden. Bestimmt! Ich verspreche es dir. Kannst mir ins Ohr spucken, wenn ich mein Wort nicht halte!«

Das Mädchen schaute ihn aus großen Augen an. Ein ungläubiges Lächeln trat auf ihre Lippen. »Aber ... bei uns spuckt man nicht, ich gehe doch in die Sonderschule.«

»Ich verstehe! Sonderschulen wird es auch nicht mehr geben, du wirst in eine normale gehen, paß nur auf! Genauso wird's kommen.«

Mehr konnte er nicht sagen. Das Mädchen sah ihn so zutraulich an, daß er nicht einfach weggehen konnte.

»Ich heiße Sascha. Und Sie?«

»Valka ... Valentin Wassiljewitsch.«

»Ich kenne Sie. Sie wohnen in Nummer dreiunddreißig. Ich wohne in der Neununddreißig, zwei Häuser weiter.«

»Ja, ja ... Aber jetzt muß ich gehen. Zur Arbeit.«

»Zur Nachmittagsschicht?«

»Ja, zur Nachmittagsschicht. Alles Gute, Sascha.«

»Auf Wiedersehen.«

Er stand auf, lächelte, nickte dem Mädchen zu, kniff die Augen zusammen: Sei nicht so schüchtern, schau fröhlicher drein! Alles wird so kommen! Auch sie nickte, kniff die Augen zusammen, lächelte: Ich bin auch nicht mehr schüchtern. Trotzdem ging er mit dem Gefühl weiter, einen Menschen in seiner Not allein gelassen zu haben.

Die Allee mündete in eine Straße. Zwischen den letzten Kastanienbäumen huschten Autos vorüber. Als die drei Männer abbogen, blickten sie sich um. Das Mädchen sah ihnen nach. Sie winkten ihr zu. Die Kleine lächelte und hob die schmächtige Hand.

Kriwoschein legte seinen Arm um Krawez' Schultern. »Weißt du, Vitja, ich hab dich trotzdem gern, obwohl es dafür eigentlich gar keine Veranlassung gibt, du Halunke. Man müßte dir ein paar mit dem Soldatenkoppel überziehen, so wie es der Vater seinerzeit gemacht hat. Du bist bloß so verdammt groß und seriös ...«

»Schon gut!« Krawez machte sich frei.

»Weißt du, Vitja, was den Druck auf den ›Glücksknopf‹ anbelangt, das war natürlich so eine Ingenieursmarotte von uns, da hast du schon recht. Die Menschen erwarten von der Technik immer nur, daß sie ihnen etwas von den an sie gestellten Forderungen abnimmt. Komisch. Für Ratten läßt sich so ein Glücksknopf leicht bauen. Man läßt eine Elektrode in das Befriedigungszentrum der Hirnrinde einwachsen, und dann soll die Ratte gefälligst mit der Pfote den Kontakt auslösen. Für die Menschen aber hätte ein solches Glück wohl nicht viel Sinn. Es gibt jedoch ein Verfahren, keins mit Knöpfen und auch kein mathematisches, aber es gibt eins, und wir werden es uns nach und nach auf empirischem Weg aneignen. Das Verfahren, unsere Köpfe rauchen zu lassen, damit die Entdeckung zum Nutzen der Menschen verwendet wird und nicht nur zu unserem eigenen Nutzen. Dazu gehört auch, daß wir uns auf keine andere Variante einlassen und daß Valka einen derartigen Versuch auf sich nahm, obwohl er wußte, was er riskierte. Natürlich, hätten wir den Versuch noch sorgfältiger vorbereitet, dann lebte er jetzt vielleicht, doch keiner von uns ist gegen Fehler oder gegen einen tragischen Ausgang gefeit. Unsere Arbeit ist nun mal so! Und daß er sich für die Synthese von Menschen entschieden hat, obwohl es viel einfacher und einträglicher gewesen wäre, mikroelektronische Maschinen zu synthetisieren, gehört auch zu diesem Verfahren. So wie dazu auch gehört, daß wir Kenntnisse auf dem Gebiet unserer Entdeckung gesammelt haben. Heute sind wir keine Neulinge und Dilettanten mehr, wir lassen uns weder in der praktischen Arbeit noch in der Diskussion aus der Fassung bringen, eher bringen wir andere aus der Fassung. In einem ehrlichen Streitgespräch ist Wissen die wichtigste Waffe . . .«

»Und in einem unehrlichen?«

»Auch in einem unehrlichen ist dies das geeignete Verfahren. Garri haben wir in die Enge getrieben – mit diesem Verfahren. Wir sind einer schwierigen Lage entronnen und haben die Arbeit gerettet – auch dank diesem Verfahren. Wir können viel, wir wollen unser Licht nicht unter den Scheffel stellen, wir können arbeiten, können kämpfen und sogar politisieren. Natürlich wäre es schöner, immer und mit allen im guten auszukommen, aber wenn das nicht geht, dann können wir es auch im bösen . . . Adam, gib mir doch mal eine Zigarette, ich hab keine mehr.«

Kriwoschein zündete sich eine Zigarette an und fuhr fort: »In Zukunft müssen wir uns bei der Arbeit und auch sonst im Leben von diesem empirischen Verfahren leiten lassen. Als erstes werden wir gemeinsam arbeiten. Eigenbrötelei schadet unserer Sache. Wir haben gesehen, wohin das sonst führt. Wir werden – natürlich überlegt und vorsichtig – kluge, anständige, starke und wissende Menschen um uns scharen. Sie werden alle möglichen Tätigkeiten ausüben, sie werden forschen und die Arbeit organisieren, damit kein

Schurke, kein Dummkopf oder Schuft seine Hand auf unsere Entdeckung legen kann. Damit jemand da ist, den man alarmieren kann! Asarow werden wir hinzuziehen und Wano Alexandrowitsch Androssiaschwili. Auch mit Valeri Iwanow werden wir es versuchen ... Wenn wir die Arbeit auf diese Weise untermauern, wird alles DAS sein: das Verfahren zur Doublierung von Menschen, das Doublieren mit Korrekturen, die Umwandlung normaler Menschen ...«

»Trotzdem ist das keine Ingenieurslösung, es gibt dabei keine hundertprozentige Garantie«, entgegnete Krawez störrisch. »Aber man kann es ja mal versuchen ... Glaubst du, Asarow macht mit?«

»Aber ja, was denn sonst? Stimmt, eine Ingenieurslösung ist es nicht, es ist eine organisatorische Lösung. Und sie ist nicht einfach. Nichts von der logischen Eindeutigkeit, die wir uns erträumt haben, aber eine andere gibt es nicht. Wir werden talentierte Forscher, Konstrukteure, Ärzte, Maler, Bildhauer, Psychologen, Musiker, Schriftsteller um uns scharen, lauter bewanderte Leute. Schließlich haben sie alle ihre spezifischen Kenntnisse vom Leben und von den Menschen. Wir werden die Entdeckung Schritt für Schritt ins Leben einführen. Zuerst zur Heilung von Krankheiten und Mißbildungen, zur Korrektur des Äußeren und der Psyche ... Und dann werden wir allmählich Informationen für ein universelles Programm der Muttermaschine sammeln, um dem Gehirn und dem Körper des Menschen alles das eingeben zu können, was die Menschheit Gutes aufzuweisen hat.«

»UPVM«, sagte Krawez. »Universelles Programm zur Vervollkommnung des Menschen. Wie das klingt!«

»Man muß es versuchen«, sagte Adam fest.

»Ja, wir haben keine hundertprozentige Garantie, allmächtig sind wir nicht. Vielleicht gelingt uns einiges nicht, aber wenn man es nicht versucht, nicht danach trachtet, weiterzukommen, wird es erst recht nichts! Mir scheint, wir haben gar nicht mehr so viel zu tun. Wichtig ist, binnen ein, zwei Generationen dem Entwicklungsprozeß des Menschen die gewünschte Richtung zu geben. Dann wird es auch ohne Maschinen weitergehen.«

»›Alles wird es geben‹«, erinnerte sich der Aspirant einer der letzten Tagebucheintragungen, »›kühne, großartige Ideen und kindliches Staunen angesichts der komplizierten Einzigartigkeit der Welt, das Brüllen des vom Sturm aufgewühlten Ozeans und die rationelle Schönheit der Geräte, heiße Liebe und ein ästhetisches Geschlechtsleben, Schaffensfreude und Begeisterung für eine interessante Arbeit, blauen Himmel und den Duft von der Sonne erwärmter Gräser, die Weisheit des Alters und die Selbstbewußtheit der Jugend ... sogar die Erinnerung an Katastrophen und Irrtümer, damit sie sich nicht wiederholen. Alles wird es geben: die Kenntnis der Welt und gegenseitiges Verstehen, Friedfertigkeit und Beharrlichkeit, Träumerei und Skeptizismus, große Ziele und die Fähigkeit, sie zu erreichen. Im wesentlichen ist für ein gutes Leben schon das meiste getan.

Mögen die Menschen so werden, wie sie es wollen. Mögen sie nur wollen!‹«

Gelb glühte die Sonne am Himmel. Fauchend und ratternd sausten Autos vorbei. Fußgänger schlichen durch die Hitze. Ein Milizionär regelte den Verkehr auf der Kreuzung.

Sie gingen dahin, ihre Absätze hinterließen Spuren im Asphalt. Drei Ingenieure gingen zur Arbeit.